아산정책연구원 선거연구 시리즈 3

한국 유권자의 선택 2
18대 대선

아산정책연구원 선거연구 시리즈 3

한국 유권자의 선택 2
18대 대선

박찬욱 · 김지윤 · 우정엽 엮음

아산정책연구원

차례

서문 · 12

1. 대선 패널조사 어떻게 이루어졌나? **강충구** · 18
2. 총론: 2012년 대선의 전개와 결말 **박찬욱** · 43
3. 2012년 한국의 선거와 유권자의 이념 **강신구** · 87
4. 누가, 왜 대선후보 지지결정을 늦추는가? **한정훈** · 135
5. 무당파의 변화와 연속성 **조원빈** · 172
6. 세대론의 전환: 제18대 대통령 선거와 세대 **박원호** · 201
7. '안철수 현상'과 2012년 대선 **강원택** · 248
8. 18대 대통령 선거에서의 이슈투표 **우정엽·강충구** · 277
9. 후보자, 태도극화, 그리고 미디어 **이상신** · 311
10. 여성 유권자와 여성 대통령 **김지윤** · 346

부록 · 375
　문항목록
　회의록
　찾아보기

표 차례

1. 대선 패널조사 어떻게 이루어졌나? **강충구**
   〈표 1-1〉 패널조사 일정 · **20**
   〈표 1-2〉 패널조사 표집방법 · **22**
   〈표 1-3〉 패널조사 응답자 구성 및 패널 유지율 · **26**
   〈표 1-4〉 대선 패널조사 응답자의 특성 · **32**
   〈표 1-5〉 표집틀 대비 대선 패널조사 표본구성 · **34**
   〈표 1-6〉 패널조사 응답자의 특성 · **36**
   〈표 1-7〉 표집오차 · **40**

2. 총론: 2012년 대선의 전개와 결말 **박찬욱**
   〈표 2-1〉 대선 예상주자에 대한 지지: 2차와 3차 조사 결과의 상관성 · **50**
   〈표 2-2〉 대선주자에 대한 지지: 3차와 4차 조사 결과의 상관성 · **53**
   〈표 2-3〉 대선후보 지지: 4차와 5차 조사 결과의 상관성 · **57**
   〈표 2-4〉 4차 조사 지지후보와 7차 조사에서의 후보선택 · **58**
   〈표 2-5〉 6차 조사 지지후보와 7차 조사에서의 후보선택 · **60**
   〈표 2-6〉 주요 후보자 지역별 득표수와 득표율 · **65**
   〈표 2-7〉 투표자의 정당일체감(6차 조사)과 후보선택 · **69**
   〈표 2-8〉 응답자 전체의 후보 호감도 및 자질 평가: 평균 점수 · **72**
   〈표 2-9〉 유권자의 지지후보 선택별 각 후보 호감도 및 자질 평가: 평균 점수 · **73**
   〈표 2-10〉 후보선택에 대한 이항 로지스틱 회귀분석 · **79**

3. 2012년 한국의 선거와 유권자의 이념 **강신구**

〈표 3-1〉 제17대와 제18대 대통령선거 선거 후 조사에 나타난 유권자 이념성향 비교 · **102**
〈표 3-2〉 이념과 인구통계학적 특성이 박근혜 후보 투표에 미친 영향 · **105**
〈표 3-3〉 이념과 사회경제 · 정치 · 심리적 특성이 박근혜 후보 투표에 미친 영향 · **108**
〈표 3-4〉 이념과 전임 대통령 평가 및 경제상황 평가 · 전망이 박근혜 후보 투표에 미친 영향 · **110**
〈표 3-5〉 유권자의 본인 이념 인식에 따른 박근혜 · 문재인 후보의 이념 평가 · **115**
〈표 3-6〉 박근혜 후보에 대한 투표결정요인 분석: 로짓 모형 · **117**
〈표 3-7〉 박근혜, 문재인 두 후보에 대한 상대적 이념거리의 변화 · **123**
〈표 3-8〉 2012년 한국 사회 '진보'와 '보수': 정책에 대한 차별성을 중심으로 · **125**
〈표 3-9〉 이념 형성의 요인 · **129**

4. 누가, 왜 대선후보 지지결정을 늦추는가? **한정훈**

〈표 4-1〉 지지후보와 지지후보 결정시기 사이의 교차분석 · **150**
〈표 4-2〉 정당일체감과 지지후보 결정시기 사이의 교차분석 · **153**
〈표 4-3〉 후보자 개인요인과 후보자 정당요인 평가 변화 분포 · **155**
〈표 4-4〉 유권자의 지지결정 시기에 관한 로지스틱 회귀분석: 전체 유권자 · **158**
〈표 4-5〉 유권자의 지지결정 시기에 관한 로지스틱 회귀분석: 후보별 지지유권자 · **163**

5. 무당파의 변화와 연속성 **조원빈**

〈표 5-1〉 정당일체감: 1차, 3차 조사결과 · **179**
〈표 5-2〉 정당일체감: 3차, 6차 조사결과 · **180**
〈표 5-3〉 정당 지지자들과 다양한 무당파들의 정치관심도 변화 · **184**
〈표 5-4〉 정당 지지자들과 다양한 무당파들의 정치지식과 정치효능감 · **186**
〈표 5-5〉 정당 지지자들과 다양한 무당파들의 18대 대선 관심도 변화 · **191**
〈표 5-6〉 정당 지지자들과 다양한 무당파들의 정치인 호감도 변화 · **194**
〈표 5-7〉 정당 지지자들과 다양한 무당파들의 18대 대선결과 만족도 · **195**

6. 세대론의 전환: 제18대 대통령 선거와 세대 **박원호**

〈표 6-1〉 세대별 선거인수, 투표율과 지지율 · **217**
〈표 6-2〉 인구구성의 변화 · **222**
〈표 6-3〉 연령대별 투표 후보자 결정시기 · **227**
〈표 6-4〉 연령대별 평균 지지후보 변경 횟수 · **233**
〈표 6-5〉 세대, 정책평가와 후보자 선택 · **241**

7. '안철수 현상'과 2012년 대선 **강원택**

　〈표 7-1〉 인구사회학적 특성별 대선후보에 대한 지지 · 255
　〈표 7-2〉 17대 대선 투표후보별 18대 대선후보 지지 · 257
　〈표 7-3〉 19대 총선 정당투표별 대선후보 지지 · 258
　〈표 7-4〉 정당일체감과 대선후보 지지 · 259
　〈표 7-5〉 대선 지지후보별 이념 평가: 민주통합당에 정당일체감을 갖는 유권자 · 261
　〈표 7-6〉 로지스틱 모델: 민주통합당에 정당일체감을 가진 이들 중 문재인과 안철수 지지 · 263
　〈표 7-7〉 다항 로지스틱 모델: 정당일체감이 없는 유권자의 대선후보 지지 요인 · 269
　〈표 7-8〉 총선 정당 투표별 대선후보 지지: 정당일체감이 없는 유권자 · 271
　〈표 7-9〉 선거 전 지지와 실제 대선후보 선택 · 271
　〈표 7-10〉 선거 전 지지와 대선 투표 여부 · 272
　〈표 7-11〉 선거 전 지지후보와 투표후보 결정시기 · 273

8. 18대 대통령 선거에서의 이슈투표 **우정엽 · 강충구**

　〈표 8-1〉 19대 총선 투표 결정별 정책 및 총선 이슈에 대한 입장 · 283
　〈표 8-2〉 대선관련 주요 이슈 · 287
　〈표 8-3〉 대선후보의 정책적 차별성 · 293
　〈표 8-4〉 지지 및 투표 후보별 긍정적 정책 평가 · 295
　〈표 8-5〉 유권자의 투표선택에 영향을 미친 이슈 · 298
　〈표 8-6〉 대선 투표후보별 대선 주요 이슈 · 301
　〈표 8-7〉 역대 대통령 선거 TV 토론 시청률 · 302

9. 후보자, 태도극화, 그리고 미디어 **이상신**

　〈표 9–1〉 지지후보별 후보호감도의 변화 · 315
　〈표 9–2〉 2차/4차 조사에서의 지지후보 변화 · 319
　〈표 9–3〉 4차/6차 조사에서의 지지후보 변화 · 322
　〈표 9–4〉 지지후보별 태도극화 · 327
　〈표 9–5〉 박근혜–문재인 태도극화 · 329
　〈표 9–6〉 연령대별 태도극화 · 330
　〈표 9–7〉 거주지별 태도극화 · 331
　〈표 9–8〉 교육수준별 태도극화 · 333
　〈표 9–9〉 정치정보 습득경로와 태도극화 · 336
　〈표 9–10〉 TV 토론 시청 후 후보지지 변경여부와 태도극화 · 340

10. 여성 유권자와 여성 대통령 **김지윤**

　〈표 10–1〉 대통령 선거 남녀 유권자 간 지지 격차 · 355
　〈표 10–2〉 정당일체감별 남녀의 대통령 후보 지지 차이 · 358
　〈표 10–3〉 정당일체감별 남녀의 박근혜 후보 호감도 차이 · 359
　〈표 10–4〉 서울시장 보궐선거와 대통령 선거 지지 비교 · 360
　〈표 10–5〉 국가안보에 관한 남녀 간 인식 차이 · 363
　〈표 10–6〉 경제 이슈에 관한 남녀 간 인식 차이 · 364
　〈표 10–7〉 사회 이슈에 관한 남녀 간 인식 차이 · 366
　〈표 10–8〉 이항 로지스틱 분석 결과 · 369

그림 차례

1. 대선 패널조사 어떻게 이루어졌나? **강충구**
   〈그림 1-1〉 패널조사 응답자의 이념성향 · 38

2. 총론: 2012년 대선의 전개와 결말 **박찬욱**
   〈그림 2-1〉 2012년 대선에서 박근혜, 문재인, 안철수 후보의 지지도 변화 · 46
   〈그림 2-2〉 18대 대선 연령대별 선거인수/투표자수 비율 · 64
   〈그림 2-3〉 투표자의 연령과 후보선택 · 67

3. 2012년 한국의 선거와 유권자의 이념 **강신구**
   〈그림 3-1〉 7차 조사에 나타난 응답자의 이념분포 · 101
   〈그림 3-2〉 유권자의 자기이념 평가와 후보선택 · 103
   〈그림 3-3〉 유권자와 후보자 간 이념거리와 박근혜 후보에 대한 투표율의 관계 · 114
   〈그림 3-4〉 유권자의 이념 변화에 따른 박근혜 후보에 대한 투표율 변화 (가상) · 119
   〈그림 3-5〉 이념평가의 변화 · 122

4. 누가, 왜 대선후보 지지결정을 늦추는가? **한정훈**
   〈그림 4-1〉 유권자의 지지후보 결정시기 분포 · 149
   〈그림 4-2〉 선거이슈별 유권자의 중요성 평가 비율 · 156

5. 무당파의 변화와 연속성 **조원빈**
   〈그림 5-1〉 무당파 비율과 주요 정당지지율 변화 · 177

6. 세대론의 전환: 제18대 대통령과 세대 **박원호**

〈그림 6-1〉 세대별 투표참여율 · 209
〈그림 6-2〉 세대별 결집도 (득표율) · 213
〈그림 6-3〉 인구구성의 변화: 현재와 10년 후 · 224
〈그림 6-4〉 세대별 지지의 변화: 양대 후보에 대한 투표 의향 · 229
〈그림 6-5〉 세대별 지지의 변화: 야권(문재인, 안철수)과 지지 후보 미정 · 231
〈그림 6-6〉 연령대별 정책선호 · 238

7. '안철수 현상'과 2012년 대선 **강원택**

8. 18대 대통령 선거에서의 이슈투표 **우정엽 · 강충구**

〈그림 8-1〉 경제민주화: 정당 및 대선후보 평가 · 285
〈그림 8-2〉 TV 토론과 대선후보 지지변화 · 304

9. 후보자, 태도극화, 그리고 미디어 **이상신**

10. 여성 유권자와 여성 대통령 **김지윤**

〈그림 10-1〉 역대선거 성별 투표율 · 353
〈그림 10-2〉 남녀 간 박근혜 후보 지지율 격차 추이 · 356

⊗ 서문

    2012년 12월 19일 한국은 제18대 대통령을 뽑는 선거를 치렀다. 1987년 민주화 이후 5년마다, 여섯 번째로 실시된 대선이었다. 한국의 대선이 끝나면서 지구촌의 여러 국가에서 국정리더십 창출을 위한 선거가 줄지어 있었던 한 해가 마무리되었다.

    2012년의 대선과정은 선거일이 다가오면서 점차 정치적 역동성을 더해갔다. 4월 전초전 성격의 총선 전후로 대선주자 간의 경쟁은 1강(박근혜) 2중(문재인, 안철수) 다약(그 외 인물들)의 구도를 형성하면서 펼쳐졌다. 새누리당과 민주통합당이 후보를 공식적으로 선출하고 안철수 교수가 대선 출마를 선언한 9월 하순경, 경쟁구도는 군소주자들의 존재가 약화된 1강 2중 양상이 되었다. 11월 하순 야권후보 단일화 협상이 교착된 가운데 안 후보가 일방적으로 사퇴 성명을 내면서 대선국면은 요동치기 시작했고 점점 양강구도로 변해갔다.

    선거 막바지에 이르러 새누리당의 박근혜 후보와 민주통합당의 문재인 후보의 대결은 보수와 진보 양 진영이 투표용지에 의한 권력경쟁에 각자의 역량을 집결하는 모양새를 연출했다. 선거일 직전 두 후보의 지지율 차이는 박빙이었고 누가 이길지 모르는 불확실성이 팽배했다.

    선거결과, 박근혜 후보가 전체 유효투표수의 51.6%를 득표하여 48.0%

를 얻은 문재인 후보에 승리했다. 나머지 군소후보의 득표율 합계가 0.4%에 지나지 않을 정도로 극명한 양자대결이었다. 한국 최초로 여성 대통령이 탄생했고, 박정희 전 대통령의 맏딸이 선거를 통해 대통령에 당선됐다. 박 후보는 과반수를 득표했지만 압승은 아니었다. 권력교체의 꿈을 이루고자 문 후보에게 표를 준 유권자들의 상실감이 자못 컸다.

선거경쟁의 주체인 정당이나 정치인, 또한 선거분석가들 상당수는 이번 대선의 투표율이 70%를 상회하고 2030세대의 투표율이 55% 이상 된다면 야권이 승리할 가능성이 크다고 예측했다. 하지만 이러한 예상은 걷잡을 수 없이 빗나갔다. 실제로 투표율은 놀랍게도 75.8%에 달하고 2030세대의 투표율이 70% 내외였지만 문재인 후보는 패배했다. 한국 사회의 고령화가 빠르게 진행되면서 선거인수 비율에서 5060세대가 2030세대보다 높게 됐다. 젊은 세대의 투표율이 신장됐지만 나이 든 세대의 투표율을 능가하지는 못했다. 특히 50대 유권자들은 쌀쌀한 날씨를 무릅쓰고 이른 아침부터 서둘러 가장 적극적으로 투표장에 나왔다. 결국, 보수성향이 강하고 문 후보의 국정운영 리더십에 대한 불안감이 상대적으로 컸던 5060세대의 표심은 박 후보에게로 기울어졌다. 5060세대가 문 후보 쪽에 지지가 쏠렸던 2030세대를 제압한 것이다.

2012년 대선에서는 세대균열의 존재만 현저한 것이 아니었다. 정당과 정치인 수준의 이념대결은 진보-보수 성향 유권자들 간의 뚜렷한 이념균열로 연결되었다. 대구와 경북 지역에서 박근혜 후보가 얻은 매우 높은 득표율과 문재인 후보가 광주와 전라 지역에서 획득한 압도적인 득표율의 선명한 대조는 영·호남 지역균열이 온존함을 말해주었다.

　공공기관과 민간조직을 망라하여 기성 정당들은 일반시민들로부터 가장 저조한 수준의 신뢰를 받고 있다. 하지만 정당을 제치고 조직과 홍보역량을 발휘하여 후보의 선거운동을 보다 더 효과적으로 지원할 수 있는 대안적 기구는 없었다. 이번 대선에서 적어도 70% 가량의 유권자들은 새누리당이나 민주통합당에 대한 일체감을 갖고 자신이 선호하는 정당의 후보를 선택했다. 나머지 무당파들도 종국에는 두 후보로 지지가 갈렸다. 새정치를 내세우며 유권자들의 기대를 안고 탈정당정치를 선보이려고 했던 안철수 후보는 불신의 대상이지만 선거에는 강한 정당이라는 엄연한 역설에 부딪혀 대선경쟁을 중도에서 포기했다.

　야권의 후보 단일화 노력은 선거연합 전략으로서 그 자체가 비난받을 것은 아니다. 문제는 막연한 가치와 철학의 연대라는 추상적 담론을 넘어 차기 행정부의 국정운영과 중요정책의 기조에 대한 합의가 부재했다는 것이다. 졸속한 선거공학 측면만 부각시키고 야권승리를 가져오지 못했다.

경제민주화, 복지, 일자리 창출, 정치쇄신, 사회통합 등의 정치구호가 난무했지만 본격적인 정책토론과 경쟁이 실종된 선거였다. 선거이슈로서는 전직 대통령의 공과에 대한 과거 회귀적 논란과 이따금 불거진 네거티브 공방으로 말미암아 국가 비전의 공론화와 그것에 힘입은 지지호소는 뒷전에 밀렸다. 특히 야권의 패인으로서 이 점을 배제하기 어려울 것이다.

이제 18대 대선은 끝났다. 박근혜 후보와 새누리당의 승리 기쁨도 잠시였다. 박근혜 대통령의 행정부가 당면한 도전이 결코 녹록하지 않기 때문이다. 대내적으로 경제의 저성장과 경제·사회적 양극화에 대처하기 위해서 성장과 복지의 선순환, 공정한 시장경제 질서의 확립, 일반국민의 사회·경제적 권리강화가 요청된다. 대외적으로는 미국과 중국의 글로벌 경쟁, 동북아에서 중국의 패권추구와 일본의 우경화, 북핵 위협과 안보 위험에 직면하여 국가의 존립과 번영에 만전을 기하여야 할 것이다. 정치가 쇄신되어 이러한 대내외적 과제의 해소를 주도해야 한다는 당위성이 이번 대선을 통해 절실하게 확인되었다.

아산정책연구원이 2012년에 추진한 총선과 대선에 대한 조사연구도 이제 종료되었다. 연구팀은 여론조사기관인 리서치앤리서치와 공동보조를 취하면서 총선 전부터 대선 직후까지 동일한 유권자를 대상으로 정치의식과 투표 의사결정을 연속적으로 추적하는 7차에 걸친 패널조사를 실행했다. 연구팀은 조사연구 수행을 위해 회의록이 제대로 작성된 구수응의(鳩首凝議)만도 13차례 가졌다. 전화와 이메일에 의한 팀원 간의 의사소통까지 생각하면 공동연구로서 손색이 없었다.

1차와 2차 조사의 결과는『한국유권자의 선택1: 2012 총선』제하의 단행본에 수록되어 발표되었다. 이제 1차부터 7차까지의 패널조사 연구를 결산하는 후속 성과물을 또다시 단행본의 형태로 발간한다. 이 책에는 10개의 장이 수록되는데, 그 주제는 패널조사 방법론, 총론, 이념성향, 대선후보 지지결정 시기, 무당파층, 세대요인, 안철수 현상, 선거이슈, 정치적 태도의 극화, 성별요인과 후보선택이다.

1년 가깝게 진행된 연구를 마감하는 필자들의 심정은 뿌듯하지만 그 성과물의 학술적 및 실용적 가치에 대한 판단은 독자들의 몫이다. 이 책이 한국 선거연구에서 하나의 유의미한 이정표가 되었으면 한다.

연구와 집필에 참여한 연구팀원, 이 연구를 가능하게 도움을 아끼지 않은 아산정책연구원 가족구성원, 조사연구의 일선에서 중요한 일익을 담당한 리서치앤리서치 관계자 여러분들의 노고에 감사드린다.

2013년 7월
아산정책연구원 『2012년 총선·대선 패널조사』 연구팀을 대신하여
박찬욱

1
대선 패널조사 어떻게 이루어졌나?

강충구

　아산정책연구원은 국회의원 선거와 대통령 선거가 8개월 사이 치러진 2012년, 선거연구 패널조사를 기획했다. 20년 만에 두 차례의 선거가 함께 치러진 2012년은 동일한 응답자 표본을 대상으로 한 패널조사를 통해 정치·선거에 대한 여론의 반응을 측정할 수 있는 최적의 시기였다. 선거연구에서 패널조사는 여론의 향방과 후보자에 대한 지지가 역동적으로 변화하는 양상을 포착할 수 있게 해주는 유용한 조사방법이다(Bartels 1999, 2009). 18대 대선은 무소속 안철수 후보의 출마 선언, 야권 대선후보 단일화, 안철수 전 후보의 사퇴 등 많은 선거이슈가 있었고, 이러한 선거이슈가 유권자의 표심에 미친 영향은 큰 관심사였다. 패널조사는 이에 대한 답을 제공해 줄 수 있는 거의 유일한 자료이다.

국내에서 선거 여론조사가 동일한 응답자를 대상으로 두 차례 이상 지속된 경우는 매우 드물다. 아산정책연구원의 『2012년 총선·대선 패널조사』는 7차례에 걸쳐 동일 응답자를 추적한 반복조사를 실시했다는 점에서 현실적·학술적으로 중요한 의미를 지닌다. 이 장에서는 아산정책연구원에서 실시한 선거연구 패널조사의 조사 설계, 구체적인 조사방법, 패널 응답자 표본의 구축과 관리 과정, 구축된 표본의 특성에 대해 살펴본다.

조사일정

아산정책연구원은 2012년 4월 국회의원 선거 전부터 12월 대통령 선거 직후까지 총 7차례의 조사를 계획했다. 각 차수의 조사 시기는 총선과 대선일정, 선거와 관련된 주요 이슈가 발생한 시점을 고려하여 정했다.[1] 대선 패널조사로 진행된 3차 조사는 주요 정당의 대선후보 경선이 치러지고 있던 8월 11일에서 19일 사이 이뤄졌고, 4차 조사는 안철수 전 서울대 교수가 출마 선언을 한 이후 야권후보 단일화 논의가 활발했던 11월 3일부터 13일에 거쳐 진행됐다. 5차 조사는 야권 단일화 협상이 결렬되고 안철수 전 서울대 교수가 급작스럽게 대선후보 사퇴를 선언하면서 대선구도가 박근혜, 문재인 후보 양자경쟁으로 압축된 시점인 11

---

[1] 총선 전후로 실시된 1, 2차 조사 방법론에 대한 소개는 아산정책연구원의 선거연구시리즈1 『한국 유권자의 선택1: 2012 총선』의 제1장을 참고하기 바란다.

<표 1-1> 패널조사 일정

구분	차수	조사 시기	조사 기간
총선 패널조사	1차	4월 6일~4월 10일	5일
	2차	4월 12일~4월 18일	7일
대선 패널조사	3차	8월 11일~8월 19일	9일
	4차	11월 3일~11월 13일	11일
	5차	11월 30일~12월 9일	10일
	6차	12월 13일~12월 18일	6일
	7차	12월 21일~12월 30일	10일

월 30일에서 12월 9일까지 실시됐다. 6차 조사는 대통령 선거 1주일 전인 12월 13일부터 18일 사이에 이루어졌다. 선거후 조사로 기획된 이번 패널조사의 마지막 조사는 대선 투표일(12월 19일)에서 이틀이 지난 12월 21일부터 30일까지의 기간 동안에 수행됐다. 1~7차 조사는 평균 8.3일에 걸쳐 진행됐고, 짧게는 5일 길게는 11일간 조사가 실시됐다. 조사 기간은 선거이슈가 겹쳐지지 않는 범위에서 표본 이탈을 최소화하기 위해 조사의 실시간 진행 상황에 따라 조정됐다.

패널조사 표집방법 및 조사방법

아산정책연구원의 『2012년 총선·대선 패널조사』는 다단계 표집(multistage sampling)에 의한 층화표집법(stratified sampling method)을 이용하여 표본을 구성했다. 전국단위 무작위 표본을 구축하기 위해 표집에는 휴대전화 및 가구전화 임의번호 걸기(Random Digit Dialing, RDD) 방식을 이용했다. 표집을 위한 전화번호 데이터베이스로 아산정책연구원의 2011년 월례정기조사에 참여했던 13,865명의 전화번호를 활용했다. 추가적으로 성·지역·연령을 기준으로 한 층화표집틀에 맞추어 충분한 표본을 확보하기 위해, 휴대전화 및 가구전화 RDD 방식으로 새로운 표본을 추출했다. 여기에서 휴대전화 및 가구전화를 이용한 무선 표집(random sampling)을 활용한 것은 재택률에 의한 체계적 편향(systematic bias)이 존재할 수 있는 할당 표집(quota sampling)을 보완하기 위해서였다 (조성겸·김지연·나윤정·이명진 2007; 조성겸·조은희 2010).

패널조사를 위한 표본은 서울 및 광역시·도를 기준으로 16개 권역으로 나누고, 해당권역별로 19세 이상 남녀비율을 10세 단위로 구분하여 이에 적합한 응답자를 모집했다. 응답자 모집단계에서는 응답자의 성별, 지역, 연령을 파악하여 패널조사에 참여할 응답자를 선정했다. 이 때, 모집단의 인구사회학적 특성을 반영하기 위해 안전행정부의 2012년 6월 30일 기준 주민등록인구 현황을 활용했다.[2]

위와 같이 조사에 필요한 전화번호를 무작위로 추출하면 유효하지 않은 번호를 걸러내는데 많은 시간과 비용이 소요된다. 그럼에도, 이번 패널조사에서 휴대전화 및 가구전화 RDD 방식으로 표집을 실시한 이유는 모집단의 전화이용으로 나눠지는 여러 유형의 응답자를 모두 포괄하고,

---

[2] 2012년 4월 총선 전후로 실시된 1, 2차 패널조사의 경우에는 표집틀(sampling frame)로 안전행정부의 2012년 3월 31일 기준 주민등록인구 현황을 활용했다.

〈표 1-2〉 패널조사 표집방법

	가구전화	휴대전화
가구전화 이용자	O (KT 전화번호부 등재/비등재번호)	
휴대전화 이용자		O
가구+휴대전화 이용자	O	O

특정 전화이용 유형의 응답자가 표본에서 배제되는 포함오류(coverage error)를 최소화하기 위해서였다(이경택 · 이화정 · 현경보 2012; 허명회 · 김영원 2008). 현실적으로 국내 전화조사에서 그 동안 표집틀로 이용해 온 한국통신(KT) 전화번호부의 등재율이 전체 가구전화의 50% 이하로 추정되기 때문에 무작위로 가구전화 번호를 추출하여 등재(listed) · 비등재(unlisted) 전화번호를 동일한 확률로 추출하고자 했다(강현철 · 한상태 · 김지연 · 정용찬 · 허명회 2008; 김선웅 2004). 또 휴대전화만을 이용하는 인구가 늘어나고 있는 현실을 감안하여, 휴대전화 번호도 이와 동일한 방식으로 추출했다(이경택 · 이화정 · 현경보 2012; 강현철 외 2008). 이 경우에 두 가지 유형의 전화를 모두 갖고 있는 응답자는 표본으로 선정될 확률이 더 높아지게 된다. 특정 응답자가 패널조사 표본에 중복적으로 선정되는 경우를 배제하기 위해, 각 차수의 패널조사에서는 응답자가 동일한 조사에 응한 적이 있는지를 파악하여 이들을 걸러냈다.[3]

패널조사를 위한 응답자는 구체적으로 다음과 같은 절차에 의해 모집

---

[3] 휴대전화와 가구전화를 모두 보유하고 있지 않은 응답자, 또는 인터넷 전화만을 보유하고 있는 응답자는 휴대전화 및 가구전화 RDD 방식의 표집과정에서 배제될 수 있다. 그러나 그러한 전화이용 유형에 따른 비포함률(non-coverage rate)은 매우 낮기 때문에 표집에 문제가 되지 않을 것으로 보인다.

됐다. 휴대전화 및 가구전화 RDD 방식으로 추출된 전화번호에 전화가 연결되면 면접원이 패널조사의 목적, 의뢰기간, 조사 횟수, 참여사례 등에 대해 설명하고, 패널조사 참여를 요청했다. 패널조사에 참여하기로 한 응답자 중에서 가구전화 이용자는 향후 조사를 위해 휴대전화와 같은 연락이 용이한 전화번호를 추가적으로 파악했다. 각 차수의 조사가 진행된 기간 동안에 응답자가 통화중이거나, 전화를 받지 않는 경우(비수신)에 최대 3회까지 전화접촉을 재시도(call-back)했다. 재접촉 시기는 조사시간에 의해 특정 직업군이 편향되어 표본에 포함될 가능성을 줄이기 위해서 낮, 밤, 주말, 주중 등으로 시간대를 달리했다. 조사비용과 시간이 증가함에도 불구하고, 재접촉을 통해 최초 추출된 표본을 조사한 것은 실사기간에 의해 표본이 편향적으로 선정되거나, 이미 모집된 표본이 체계적으로 이탈하는 경우를 줄이기 위해서였다. 그러나 조사를 위한 전화접촉에서 패널조사 참여에 대해 확실한 거절의사를 표명한 경우에는 조사 대상에서 제외했다.

아산정책연구원의 『2012년 총선·대선 패널조사』는 컴퓨터를 활용한 전화조사(Computer Assisted Telephone Interview, CATI) 방법을 이용했다. 면접원은 무작위로 추출된 전화 응답자가 조사에 적합한지를 확인하고, 구조화된 설문지를 이용하여 조사를 시작한다. 면접원은 사전에 컴퓨터에 입력된 구조화된 설문지를 읽어주며, 개별 응답자의 응답을 기록하는 방식으로 자료를 수집한다. 이 조사방법은 다음과 같은 장점이 있다. 첫째,

자동응답전화(Auto Response System, ARS) 조사에 비해 응답 거절율을 낮출 수 있고, 잘못되거나 불성실한 응답을 가려내기 용이하며, 설문에 대한 이해도를 높여 응답과정상의 오류를 줄일 수 있다. 둘째, 컴퓨터에 문항이 자동으로 표시되고, 면접원이 컴퓨터를 사용하여 응답치를 입력하기 때문에 응답치를 잘못 입력하는 오류 등의 비표본오차(non-sampling error)를 줄일 수 있다(Krosnick 1999). 셋째, 컴퓨터가 면접원이 입력한 결과를 곧바로 처리하기 때문에 자료화가 신속하고, 면접원은 면접조사 상황을 실시간으로 확인할 수 있다.

패널 응답자 모집 및 관리

패널 응답자는 성별, 연령, 지역의 인구사회학적 정보에 따라 할당표집틀에 맞추어 모집됐다. 모집된 패널 중 조사에 참여한 패널에게는 휴대전화 문자메시지를 통해 모바일 문화상품권을 지급했다. 3~7차까지의 조사는 대선국면의 변화에 따라 조사일정이 유동적으로 정해졌기 때문에 3차 조사 참여직후에 4~7차 조사를 위한 전화통화 시도가 있을 것이라는 공지를 했다. 그리고 각 개별조사가 실시되기 1주일 전에는 문자메시지를 통해 조사일정을 재공지했다. 이미 두 차례 조사가 실시된 이후인 3차 조사에서는 기존에 구축된 표본을 대상으로 조사를 시행했고, 통화중이거나 부재중일 경우 조사기간 동안 지속적으로 재접촉을 시도

했다.

 2~7차 조사에서는 개별조사에서 구성된 표본이 대표성을 확보할 수 있도록 이탈한 표본을 대체할 수 있는 새로운 응답자를 모집했다. 또 향후 조사에 대한 관심을 환기시키고, 표본 이탈을 방지하기 위해 정기적으로 패널조사에 대한 공지 메시지를 발송하기도 했다. 패널조사 과정에서 모집된 응답자 표본은 아산정책연구원의 패널조사만을 위해 추출된 것이었기 때문에 유사한 조사에 참여한 경험이 많거나, 조사에 대해 잘 교육된 응답자가 아니었다. 결과적으로 이번 패널조사의 표본은 일반 유권자의 정치적 성향, 표심변화 등을 분석하기에 적합했다.

 〈표 1-3〉은 총선과 대선 패널조사의 실사단계에서 나타난 응답자 모집, 표본구성 방식, 응답률, 패널 유지율(panel maintenance)을 정리한 결과이다. 먼저 각 조사차수별로 응답자 모집과 표본 구성에 대해 살펴본다.

 총선 직전 실시한 1차 조사에서 3,062명의 응답자를 모집한 이유는 표본 이탈을 고려하여, 7차까지 진행될 조사에 일정수준의 표본 규모를 유지하기 위해서였다. 즉 초기 표본수를 가능한 많이 확보하여 패널표본의 손실에 대비하고자 했다. 2차 조사에는 1차 조사에 참여한 3,062명 중에서 2,342명이 참여했다. 이탈한 표본을 대체하기 위해 170명의 신규 응답자를 모집하여, 2차 조사의 총 표본은 2,512명이 됐다. 3차 조사에서는 1~2차 조사에 모두 참여했던 2,342명 중에서 1,702명만이 패널 응답자 표본으로 유지됐다. 1차에 참여하고, 2차에 거절했다가 복귀한 표본

〈표 1-3〉 패널조사 응답자 구성 및 패널 유지율

조사 차수	패널 유형		전화시도 유형 (명)			응답률 (%)	패널 유지율 (%)
			총 시도	성공	거절		
1차	최초 응답자		86,371	3,062	16,661	15.5	–
2차	기존 응답자		3,062	2,342	466	83.4	76.5
	신규 응답자		6,882	170	1,077	13.6	
	합계		9,944	2,512	1,543	61.9	
3차	기존 응답자	항상참여	2,342	1,702	224	88.4	55.6
		부분참여	170	118	20	85.5	
		소계	2,512	1,820	244	–	
	신규 응답자		14,162	842	2,281	27.0	
	합계		16,674	2,662	2,525	51.3	
4차	기존 응답자	항상참여	1,702	1,333	244	84.5	43.5
		부분참여	2,371	941	684	57.9	
		소계	4,073	2,274	928	–	
	신규 응답자		7,464	323	1,195	21.3	
	합계		11,537	2,597	2,123	55.0	
5차	기존 응답자	항상참여	1,333	1,162	61	95.0	37.9
		부분참여	2,153	1,090	515	67.9	
		소계	3,486	2,252	576	–	
	신규 응답자		7,461	269	1,019	20.9	
	합계		10,947	2,521	1,595	61.2	
6차	기존 응답자	항상참여	1,162	1,069	62	94.5	34.9
		부분참여	1,568	1,074	251	81.1	
		소계	2,730	2,143	313	–	
	신규 응답자		9,933	400	1,383	22.4	
	합계		12,663	2,543	1,696	60.0	

조사 차수	패널 유형		전화시도 유형 (명)			응답률 (%)	패널 유지율 (%)
			총 시도	성공	거절		
7차	기존 응답자	항상참여	1,069	1,001	56	94.7	32.7
		부분참여	1,595	1,173	189	86.1	
		소계	2,664	2,174	245	–	
	신규 응답자		7,564	377	1,138	24.9	
	합계		10,228	2,551	1,383	64.8	

주) 부분참여는 2차 조사 이후에 패널조사에서 이탈했다가 복귀한 패널을 의미함. 응답률은 '인터뷰 성공 횟수/(인터뷰 성공+인터뷰 거절)×100'으로 산출된 값. 패널유지율은 '1차 조사부터 계속 참여한 응답자/최초 응답자×100'으로 산출된 값

은 118명, 신규로 모집한 표본은 842명으로 3차 조사의 총 표본은 2,662명이었다. 4차 조사에서는 3차 조사까지 모두 참여한 1,702명 중에서 1,333명이 그대로 참여했고, 이전 조사에 참여했다 3차 조사에는 참여하지 않고 4차 조사로 복귀한 응답자가 941명, 신규로 모집한 응답자가 323명이었다. 4차 조사의 총 표본은 2,597명이었다. 5차 조사의 경우, 4차 조사까지 참여한 1,333명 중에서 1,162명이 그대로 조사에 참여했고, 복귀한 표본은 1,090명이었다. 조사에 복귀한 응답자가 많았기 때문에 신규로 모집한 응답자는 269명으로 비교적 적은 수였다. 6차 조사에서는 5차 조사까지 모두 참여한 1,162명 중에서 1,069명이 조사에 응했고, 복귀한 표본이 1,074명, 신규로 모집한 표본이 400명으로 총 2,543명의 표본이 구성됐다. 마지막으로 7차 조사에서는 1,069명 중에서 1,001명이 조사에 참여한 것으로 나타났고, 복귀한 표본이 1,173명, 신규로

모집한 표본이 377명으로 최종 표본은 총 2,551명으로 구성됐다.

이번 패널조사에서는 양질의 조사자료를 구축하기 위해 패널 응답자 표본의 규모를 최대로 유지하는 것이 중요한 이슈였다.[4] 패널 유지율을 보면, 1차 조사에 참여한 3,062명의 응답자 중에서 총선 직후에 이어진 2차 조사에 참여한 표본은 76.5%로 총선 패널 실사기간 사이의 휴지기간이 비교적 짧았지만, 표본 이탈률(sample attrition)이 23.5%나 됐다. 대선 패널조사의 경우, 총선이후에 4개월여의 시차를 두고 조사가 재개되었기 때문에 패널 응답자의 이탈이 많을 것으로 예상됐다. 실제로 3차 조사에서는 20.9%의 응답자가 표본에서 이탈한 것으로 나타났다. 그러나 이후 조사에서는 응답자들이 이미 3차례 조사에 참여했기 때문에 표본에서 이탈한 비율이 각각 4차 12.1%, 5차 5.6%, 6차 3%, 7차 2.2%로 점점 감소했다. 이렇게 패널조사의 표본 이탈은 상대적으로 패널조사 초기에 많은 것으로 나타났는데, 이는 국내외 패널조사에서 나타난 표본 이탈 경향과 유사했다(이현우 2009; Kruse, Y., Callegaro, M., Dennis, J. M., Subias, S., Lawrence, M., DiSogra, C., and Tompson, T. 2009).

표본 이탈률이 지속적으로 낮아졌지만, 이번 선거연구 조사의 패널 유지율은 32.7%였다. 최종 패널 유지율이 낮았던 이유는 이번 패널조사가 사전에 조사를 위해 응답자를 모집해 두지 않았고, 매 차수의 조사 때마

---

[4] 패널조사는 초기 추출된 응답자에 대한 지속적인 유지·관리가 조사의 성패를 가늠하는 기준이 된다. 대표성 패널의 경우에 표본의 모집단 대표성을 확보하기 위해 표본 탈락을 최소화해야 하는데, 선거관련 조사는 아니지만 청년패널, 복지패널, 사업체패널의 경우에 연구 인력의 전문성 부족으로 인해 1차 본 조사 이후에 원표본을 재구성하기도 했다(이희길 2009, 48).

다 조사대상을 무작위로 추출했기 때문이다. 조사에 익숙한 응답자를 표본에 다수 포함할 경우에 발생할 수 있는 측정오차를 줄일 수 있었으나, 최초에 모집된 응답자 중에 최종 조사까지 모두 참여한 응답자는 3명 중 한명 꼴에 그쳤다. 표본 이탈이 상당했기 때문에 각 차수의 조사에서는 이탈한 응답자를 대체할 수 있는 신규 응답자를 모집했다. 신규 응답자는 최초 패널조사를 위해 응답자를 모집했던 방식으로 선별되었고, 2차 조사부터 신규 응답자가 표본에 포함됐다.

응답률(response rate)은 2차 조사(13.6%)를 제외하고, 모두 20%가 넘는 것으로 나타났다. 이러한 각 차수별 무작위 추출 표본의 응답률은 아산정책연구원에서 실시하고 있는『아산 데일리 폴』의 응답률(15~20%)과 유사한 수준이었다. 이와 대조적으로 이미 패널조사에 참여하기로 한 패널 응답자의 조사 응답률은 80~95%로 나타나며, 대다수의 패널 응답자가 조사에 지속적으로 참여한 것으로 밝혀졌다. 일단 조사에 참여했다가 조사 기간에 부재중이었거나, 조사를 지속하는 것에 거부했다가 이후에 복귀한 응답자(부분참여 표본)는 전반적으로 그보다는 낮은 응답률을 보였다.

조사가 막바지에 이르면서 기존 패널 응답자의 응답률은 5차 95%, 6차 94.5%, 7차 94.7%로 증가하며 안정됐다. 부분참여 패널 응답자는 총 7차례 조사에 1회 이상 조사에 참여하지 않은 응답자(ever out)로 조사 참여유형이 매우 다양했다. 이러한 부분참여 응답자가 발생한 이유는 이번 패널조사에서 자료의 유실을 줄이기 위해, 한 번이라도 조사에 참여한

응답자에게 재접촉을 시도하여 조사에 복귀하도록 유도했기 때문이다.[5]

패널조사 응답자의 특성

대선 패널조사는 총선이 끝나고, 주요 정당의 대선후보 경선이 치러지고 있던 8월에 재개됐다. 패널조사에 참여한 응답자의 특성은 다음과 같다.[6] 1차에서 7차 조사에 참여한 응답자는 총 5,444명이었고, 성별 구성은 여성(45.5%, 2,476명)에 비해 남성(54.5%, 2,968명)이 많았다. 조사에 참여한 응답자의 연령대별 비율을 비교해 보면, 20대(19.1%, 1,042명)를 제외한 나머지 연령대가 20% 전후로 구성비에서 큰 차이를 보이지 않았다. 구체적으로 40대가 21%(1,144명), 50대 19.9%(1,084명), 30대 20%(1,131명), 60세 이상 19.2%(1,043명)의 순으로 많았다. 선거직후 각종 매체를 통해 알려진 연령대별 유권자 구성비와 마찬가지로, 젊은 유권자층이 노년층에 비해 상대적으로 적은 편이었다. 거주지역의 경우, 서울이 22.4%(1,221명), 인천/경기가 28.7%(1,561명)로 많았다. 다음으로는 부산/울산/경남(14.9%, 811명), 광주/전라(10.5%, 569명), 대구/경북(10.4%, 565명) 순의 분포를 보였다. 학력은 패널조사 참여자의 58.6%(3,171명)가 대학 재학 이상이었고, 고졸(28.6%, 1,546명), 중졸 이하(12.8%, 695명)

---

[5] 부분참여 패널 응답자는 그 유형을 구분하기 어렵고, 구분할 수 있는 유형이 많기 때문에 이들에 대한 개괄적인 분석은 본 장의 목적에 부합하지 않는다. 그래서 여기에서는 더 이상 논의하지 않는다.
[6] 인구학적 특성에 따른 분석 사례수는 성별, 연령, 거주지 5,444명, 학력 5,412명, 직업 5,433명, 소득수준 5,044명, 이념성향 5,209명이었다.

의 순이었다. 직업은 화이트칼라가 28.9%(1,569명)로 가장 많았고, 가정주부가 20.2%(1,097명), 자영업이 16%(867명), 블루칼라가 14.2%(771명)의 순으로 많았다. 소득수준의 경우, 월평균 가구소득이 501만원 이상이 22.3%(1,124명)로 가장 많았고, 201~300만원, 301~400만원인 중간 소득층의 비율이 각각 19.6%(990명), 19.7%(995명)로 다음으로 많았다. 이념성향별로는 중도와 보수의 비율이 각각 39.1%(2,039명), 35.7%(1,862명)로 진보(25.1%, 1,308명)에 비해 높았다. 다음은 대선 패널조사로 실시된 3차에서 7차 조사의 개별 표본 응답자 구성에 대해 살펴본다.

각 조사의 전체 표본은 각 개별차수의 조사가 대표성이 있는 표본이 되도록 구성했기 때문에 2,500명을 소폭 넘는 수준이었다. 〈표 1-4〉를 보면 성별로는 3~7차 조사 모두에서 남성이 59.9%(1,595명), 60.8%(1,580명), 60.6%(1,528명), 58.4%(1,485명), 60.1%(1,532명)로 여성에 비해 더 많았다. 연령대별로는 3차는 30대(21.8%, 581명), 40대(21.1%, 583명)가 많았고, 4차는 60세 이상(21.8%, 566명), 50대(21.6%, 562명)의 순으로 많았다. 5차의 경우에는 50대, 40대/60세 이상이 각각 21.8%(560명), 21.7%(546명)로 높은 비율을 차지했고, 6차는 40대(21.7%, 553명), 50대(21.4%, 545명)의 순으로 많았다. 그리고 마지막 7차 조사는 50대(22.1%, 565명)와 40대(21.6%, 551명)가 비교적 많았다. 지역별 구성비는 인천/경기 지역이 20% 후반대로 가장 많았고, 다음으로 서울, 부산/울산/경남, 대구/경북, 광주/전라, 대전/충청, 강원/제주의 순으로 많았다. 학력별로는 대학재학 이상의 비

〈표 1-4〉 대선 패널조사 응답자의 특성 (단위: %, (명))

		3차	4차	5차	6차	7차
	전체	100 (2,662)	100 (2,597)	100 (2,521)	100 (2,543)	100 (2,551)
성별	남자	59.9 (1,595)	60.8 (1,580)	60.6 (1,528)	58.4 (1,485)	60.1 (1,532)
	여자	40.1 (1,067)	39.2 (1,017)	39.4 (993)	41.6 (1,058)	39.9 (1,019)
연령별	19~29세	16.6 (443)	14.4 (375)	14.3 (361)	15.8 (402)	15.5 (396)
	30대	21.8 (581)	20.9 (544)	20.5 (518)	20.0 (509)	19.9 (507)
	40대	21.1 (583)	21.2 (550)	21.7 (546)	21.7 (553)	21.6 (551)
	50대	20.2 (538)	21.6 (562)	21.8 (550)	21.4 (545)	22.1 (565)
	60세 이상	20.2 (537)	21.8 (566)	21.7 (546)	21.0 (534)	20.9 (532)
지역별	서울	23.4 (623)	24.0 (622)	22.6 (570)	22.1 (563)	23.3 (594)
	인천/경기	27.9 (742)	26.6 (690)	27.5 (693)	28.2 (717)	28.5 (728)
	대전/충청	8.9 (236)	8.7 (227)	8.9 (225)	9.0 (229)	8.7 (222)
	광주/전라	10.3 (275)	10.7 (279)	10.6 (267)	10.2 (260)	10.1 (258)
	대구/경북	10.6 (282)	10.7 (279)	10.8 (273)	11.3 (288)	10.7 (274)
	부산/울산/경남	15.4 (411)	15.4 (401)	15.6 (393)	15.1 (384)	14.5 (370)
	강원/제주	3.5 (93)	3.8 (99)	4.0 (100)	4.0 (102)	4.1 (105)
학력별	중졸 이하	11.1 (296)	12.7 (330)	12.2 (308)	11.3 (287)	10.9 (277)
	고졸	28.0 (746)	27.4 (711)	28.7 (723)	28.7 (730)	29.2 (744)
	대학재학 이상	60.4 (1,607)	59.5 (1,545)	58.8 (1,483)	59.7 (1,519)	59.7 (1,523)
	잘모름/무응답	0.5 (13)	0.4 (11)	0.3 (7)	0.3 (7)	0.3 (7)
직업별	농/임/어업	2.9 (78)	3.2 (84)	3.2 (80)	3.0 (76)	3.1 (79)
	자영업	16.4 (437)	17.9 (464)	18.1 (458)	17.5 (444)	17.3 (442)
	블루칼라	14 (374)	13.6 (354)	14.2 (358)	13.8 (352)	14.6 (373)
	화이트칼라	29.8 (794)	29.6 (768)	29.0 (732)	29.6 (752)	29.5 (752)
	가정주부	17.8 (474)	17.9 (466)	18.0 (455)	19.0 (482)	18.1 (461)
	학생	8.2 (217)	6.5 (169)	6.7 (168)	7.3 (186)	7.4 (189)
	무직/기타	10.6 (283)	10.9 (284)	10.5 (264)	9.7 (247)	9.9 (252)
	잘모름/무응답	0.2 (5)	0.3 (8)	0.2 (6)	0.2 (4)	0.1 (3)

		3차	4차	5차	6차	7차
소득별	100만원 이하	9.2 (244)	9.9 (257)	9.8 (247)	9.0 (229)	8.5 (216)
	101~200만원	12.7 (339)	13.2 (343)	13.2 (333)	13.0 (331)	13.2 (336)
	201~300만원	18.3 (488)	18.2 (473)	18.1 (457)	18.1 (461)	18.7 (476)
	301~400만원	18.5 (493)	18.1 (471)	18.1 (457)	18.5 (470)	18.2 (464)
	401~500만원	13.8 (367)	13.0 (338)	13.7 (346)	13.9 (353)	14.5 (369)
	501만원 이상	21.6 (576)	21.9 (570)	22.1 (557)	22.6 (574)	21.8 (557)
	잘모름/무응답	5.8 (155)	5.6 (145)	4.9 (124)	4.9 (125)	5.2 (133)
이념별	진보	23.6 (627)	24.1 (627)	–	23.6 (601)	23.8 (607)
	중도	39.1 (1,040)	41.6 (1,081)	–	37.4 (951)	32.9 (839)
	보수	34.2 (910)	34.2 (889)	–	39.0 (991)	43.3 (1,105)
	잘모름/무응답	3.2 (85)	0 (0)	–	0 (0)	0 (0)

주: 5차 조사에는 개별 응답자의 이념성향 문항이 포함되어 있지 않기 때문에 분석에서 제외함. 이념성향은 5점(중도)을 기준으로 0~4점은 진보, 6~10점은 보수로 구분함

율이 60%대로 가장 많았고, 다음으로 고졸, 중졸이하의 순으로 나타났다. 직업별로는 3~7차 조사 모두에서 화이트칼라가 20% 후반대로 가장 많았고, 다음으로 가정주부, 자영업이 유사한 비율을 차지했다. 다음으로는 블루칼라, 학생, 농/임/어업의 순으로 많았다. 소득수준별로는 월평균 가구소득이 501만원 이상이 가장 많았고, 201~300만원, 301~400만원의 비율이 그 다음으로 나타났다. 이념성향별로는 중도, 보수, 진보의 순으로 많았는데, 선거 막바지에 진행된 6, 7차 조사의 경우에 응답자 중 자신을 보수라고 답한 비율이 각각 39%(991명), 43.3%(1,105명)로 가장 많았다.

〈표 1-5〉에 제시된 결과는 대선 패널조사에 참여한 패널 응답자의 특성을 최초 목표했던 성별, 연령대, 지역으로 나눈 2,500명 기준 표집틀과 비교한 것이다. 성별로는 여성에 비해 남성이 적게는 247명, 많게는 357명까지 많이 표집 됐다. 연령별로는 50대, 60세 이상의 고연령층이 최소 22명, 최대 91명까지 표본에 더 많이 포함됐다. 지역을 기준으로는 서울과 대구/경북지역의 응답자들이 과대표집된 것으로 나타났고, 대전/충청지역은 유일하게 3~7차 조사에서 적게는 17명, 많게는 31명까

〈표 1-5〉 표집틀 대비 대선 패널조사 표본구성 (단위: 명)

		3차	4차	5차	6차	7차
	전체	+162	+97	+26	+43	+51
성별	남자	+357	+342	+293	+247	+294
	여자	−195	−245	−267	−204	−243
연령별	19~29세	−14	−82	−95	−55	−61
	30대	+70	+33	+7	−2	−4
	40대	+35	+2	−2	+5	+3
	50대	+64	+88	+76	+71	+91
	60세 이상	+27	+56	+40	+24	+22
지역별	서울	+105	+104	+53	+45	+76
	인천/경기	+29	−23	−18	+4	+15
	대전/충청	−17	−26	−27	−24	−31
	광주/전라	+19	+23	+12	+4	+2
	대구/경북	+26	+23	+17	+32	+18
	부산/울산/경남	+12	+2	−6	−15	−29
	강원/제주	−12	−6	−5	−3	0

지 적게 표집 됐다. 이번 패널조사는 각 개별조사가 표본의 대표성을 확보할 수 있도록 설계되었으나, 표집단계에서 성별, 연령별, 지역별로 편향이 일부 존재하고 있었다. 개별 자료를 분석하는 경우에는 가중치 변수를 이용하여 이를 보정하기 때문에 분석결과를 모집단인 유권자 전체로 환원시키는 것에 문제가 없다. 그러나 패널조사에 지속적으로 참여한 응답자 표본만을 선택하여 분석을 하는 경우에는 위와 같은 표본의 특성을 고려하여 해석에 유의해야 한다.

다음에서는 총선 및 대선 패널조사에 지속적으로 참여한 패널 응답자들의 특성에 대해 살펴보고, 이를 통해 패널자료 해석에 있어 유의할 사항을 검토한다.

2012년 4월부터 시작된 패널조사에 지속적으로 참여한 응답자는 개별조사 응답자와 다른 특성을 갖고 있을까? 만약 그렇다면, 구체적으로 개별조사 참여자와 패널조사에 지속적으로 참여한 응답자가 어떻게 다른지에 대해 분석해 볼 필요가 있다. 패널조사의 장점을 부각시킨 분석을 하기 위해서 1~7차 조사 또는, 3~7차 조사에 반복적으로 참여한 응답자만을 추출해야 한다. 그런데 이렇게 추출한 표본이 모집단에 대한 대표성을 확보하지 못하거나 패널조사에 성실하게 참여하지 않은 표본과 정치참여, 정치·사회 이슈나 정책에 대한 태도, 투표선택에 있어 유의미한 차이를 보인다면 문제가 될 수 있다(이현우 2009).

이번 패널조사의 응답자 특성을 원표본(1차 조사 참여표본), 총선 및 대선

〈표 1-6〉 패널조사 응답자의 특성 (단위: %, (명))

		1차 조사 참여 표본	1~7차 조사 참여 표본	3~7차 조사 참여 표본
	전체	100 (3,062)	100 (1,001)	100 (1,402)
성별	남자	56.8 (1,739)	68.9 (690)	64.1 (898)
	여자	43.2 (1,323)	31.1 (311)	35.9 (504)
연령별	19~29세	17.2 (526)	9.6 (96)	11.6 (163)
	30대	19.8 (605)	19.3 (193)	20.2 (283)
	40대	21.3 (653)	22.5 (225)	21.9 (307)
	50대	21.0 (642)	22.9 (229)	21.7 (304)
	60세 이상	20.8 (636)	25.8 (258)	24.6 (345)
지역별	서울	23.2 (709)	24.9 (249)	24.5 (344)
	인천/경기	27.9 (853)	27.9 (279)	27.3 (383)
	대전/충청	8.9 (272)	7.6 (76)	7.8 (109)
	광주/전라	10.9 (334)	10.9 (109)	10.1 (142)
	대구/경북	10.9 (334)	11.4 (114)	11.7 (164)
	부산/울산/경남	14.6 (448)	13.7 (137)	14.7 (206)
	강원/제주	3.7 (112)	3.7 (37)	3.9 (54)
학력별	중졸 이하	13.7 (418)	10.7 (107)	10.8 (151)
	고졸	28.1 (861)	27.7 (277)	28.3 (397)
	대학재학 이상	57.5 (1,761)	61.4 (615)	60.8 (852)
	잘모름/무응답	0.7 (22)	0.2 (2)	0.1 (2)
직업별	농/임/어업	3.1 (94)	3.5 (35)	3.2 (45)
	자영업	17.3 (531)	20.1 (201)	18.5 (259)
	블루칼라	13.7 (420)	15.2 (152)	14.8 (207)
	화이트칼라	29.0 (888)	24.8 (248)	23.4 (328)
	가정주부	19.3 (592)	5.7 (57)	5.6 (79)
	학생	7.3 (223)	14.5 (145)	17.5 (245)
	무직/기타	10.1 (309)	15.0 (150)	15.6 (219)
	잘모름/무응답	0.2 (5)	1.3 (13)	1.4 (20)

		1차 조사 참여 표본	1~7차 조사 참여 표본	3~7차 조사 참여 표본
소득별	100만원 이하	10.1 (309)	9.2 (92)	9.1 (127)
	101~200만원	13.8 (422)	13.0 (130)	13.8 (193)
	201~300만원	18.5 (568)	19.7 (197)	18.4 (258)
	301~400만원	18.5 (567)	18.5 (185)	18.2 (255)
	401~500만원	13.4 (410)	14.8 (148)	14.5 (203)
	501만원 이상	19.6 (599)	22.1 (221)	22.3 (313)
	잘모름/무응답	6.1 (187)	2.8 (28)	3.8 (53)
이념별	진보	28.5 (873)	25.4 (254)	24.1 (338)
	중도	37.9 (1,160)	31.0 (310)	31.5 (442)
	보수	29.1 (892)	43.7 (437)	44.4 (622)
	잘모름/무응답	4.5 (137)	0 (0)	0 (0)

주) 이념성향은 7차조사 결과를 이용하였고, 5점(중도)을 기준으로 0~4점은 진보, 6~10점은 보수로 구분함

패널조사에 모두 참여한 응답자 표본(1~7차 조사 참여표본), 대선 패널조사에만 모두 참여한 응답자 표본(3~7차 조사 참여표본)으로 나누어 살펴본다. 총 8개월이라는 장기간에 걸쳐 진행된 1~7차 조사에 모두 참여한 응답자는 최초 패널조사를 위해 구성된 원표본에 비해 남성의 비율이 높았고, 연령별로는 50대 이상이 상대적으로 많았다. 지역별로는 표본 구성이 큰 차이를 보이지 않았지만, 학력별로는 원표본에 비해 패널유지 표본에서 대학재학 이상의 비율이 상대적으로 높게 나타났다. 직업별 분포의 경우에 가정주부의 이탈이 많았던 반면, 무직/기타 직업군은 5%가량 증가했다. 소득은 상대적으로 501만원 이상의 고소득층이 표본에서 유

지 비율이 높게 나타났다. 이는 기존의 패널조사에서 발견된 표본 이탈 경향과 유사했다(김장수 2007; 김춘석 · 박종선 · 정원칠 2007; 이현우 2009). 이념성향별로는 진보와 중도의 이탈이 두드러졌다. 그러나 이념성향은 여러 차례 조사된 이념성향 중 대선 이후에 진행된 7차 조사의 결과를 이용했기 때문에 보수의 비율이 높았던 것으로 해석할 수도 있다.

  이념성향에 대한 분석은 자가보고 이념성향 문항(ideological self-identification)을 이용했기 때문에 조사 참여자의 응답이 안정적이지 않았다. 1차부터 이념성향 문항이 포함된 조사차수의 이념성향을 분석한 〈그림 1-1〉을 보면, 패널조사가 진행된 약 8개월 동안 응답자의 이념성향 분포는 상당한 변화를 보였다. 7차 조사에 가까워질수록 보수의 비율이 증

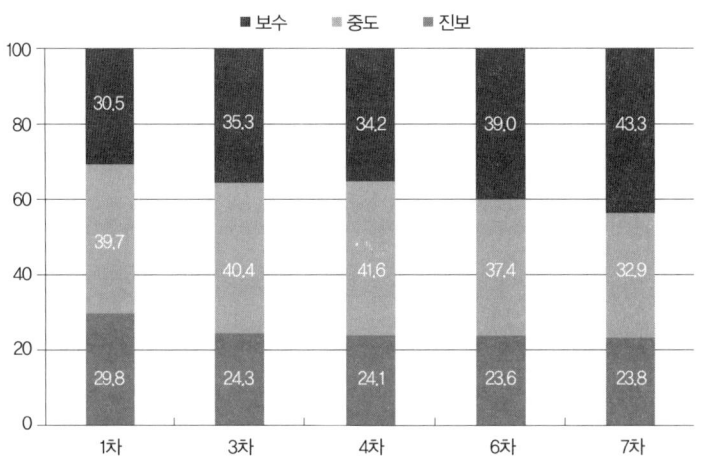

〈그림 1-1〉 패널조사 응답자의 이념성향 (단위: %)

주) 자가보고 이념성향 문항이 포함되지 않은 2차, 5차 조사는 분석에서 제외함

가한 것으로 나타났고, 상대적으로 중도와 진보가 감소했다. 대선 직후 실시된 7차 조사에서는 응답자 중 43.3%가 자신의 이념성향을 보수로 평가하고 있었다. 이는 1차 조사가 실시된 4월과 비교해 볼 때, 보수의 비율이 약 13%가량 증가한 것이었다. 전반적으로 중도와 진보에서 감소한 비율이 보수로 이동한 결과로 해석할 수 있다.

또 대선 일주일 전에 실시된 6차 조사에서의 이념에 대한 응답결과와 대선 이후에 실시된 7차 조사의 결과를 분석한 결과, 응답자들 중 상당수는 자신의 이념성향을 짧은 기간 사이 다르게 평가하고 있었다. 두 차례 이념성향에 대한 측정결과를 진보, 중도, 보수로 구분하여 응답자의 이념변화를 분석한 결과, 대선 전후로 자신의 이념성향을 일관적으로 보고한 비율(보수-보수: 28.4%, 617명, 중도-중도: 20.7%, 450명, 진보-진보: 14.3%, 311명)은 63.4%였다. 진보-보수 4.7%(102명), 중도-보수 10.8%(234명)와 같이 자신의 이념성향을 보수로 변경하여 답한 비율은 15.5%로 두 차례 조사에서 이념성향을 달리 보고한 36.6% 중 절반에 가까웠다. 이는 7차 조사가 대선 이후에 진행되었기 때문에 응답자들이 승자편승 효과에 의해 이념성향에 대한 보고를 변경한 것으로 보인다.

표집오차

각 조사차수별 최종 유효표본수를 기준으로, 95% 신뢰수준에서 산출한 표집오차는 〈표 1-7〉에 제시된 바와 같다.

〈표 1-7〉 표집오차

구분	조사 표본수	표집오차
1차	3,062명	±1.77
2차	2,512명	±1.96
3차	2,662명	±1.90
4차	2,597명	±1.92
5차	2,526명	±1.95
6차	2,543명	±1.94
7차	2,551명	±1.94

결론

아산정책연구원의 『2012년 총선·대선 패널조사』는 전국단위 대규모 패널조사로 2012년 한 해에 치러진 총선과 대선에서 나타난 유권자의 선택을 이해하는 데 있어 중요한 자료가 될 것이다. 이번 패널조사는 총 7회로 기획됐고, 매 조사차수의 자료가 개별 횡단면(cross-sectional) 자료로써 의미를 갖도록 설계됐다. 특히, 아산정책연구원의 선거연구 패널조사는 국내에서 행해진 선거연구 여론조사 중 매 차수의 조사에서 참여 패널의 수를 충분하게 확보하여 대표성 있는 표본을 구성했다는 점과 개별 조사회사에서 사전에 모집한 패널을 조사에 활용하지 않았다는 점에서 다른 패널조사와 질적으로 차별적이었다. 그럼에도 불구하고, 총 8개월에 걸쳐 진행된 조사에 모두 참여한 응답자가 최초 모집한 표본의 1/3 수준인 1,001명에 그쳤다는 점은 향후 패널조사 설계에 있어 패널에 대한 지속적 유지 및 관리의 중요성을 상기시켜준다.

| 참고 문헌 |

강현철 · 한상태 · 김지연 · 정용찬 · 허명회. 2008. "RDD전화조사와 주요결과.", 『조사연구』 9권 1호, 1–22.
김선웅. 2004. "이동전화 확산에 따른 유선전화 가구보유율의 변화: 한국을 포함한 주요국가들을 중심으로.", 『조사연구』 5권 1호, 27–49.
김장수. 2007. "선거연구와 패널조사: 2006년 지방선거를 중심으로.", 『조사연구』 8권 1호, 81–104.
김춘석 · 박종선 · 정원칠 2007. "5 · 31 지방선거 패널조사의 방법과 운용.", 이내영 · 이현우 · 김장수 공편. 『변화하는 한국 유권자: 패널조사를 통해 본 5 · 31 지방선거』, 39–62. 서울: 동아시아연구원.
이경택 · 이화정 · 현경보. 2012. "유 · 무선전화 병행조사에 대한 연구: 2011년 서울시장 보궐선거 여론조사 사례.", 『조사연구』 13권 1호, 135–158.
이현우. 2009. "패널조사의 유용성과 문제점: 17대 대선자료를 대상으로.", 『조사연구』 10권 2호, 23–43.
이희길. 2009. "국내 패널조사의 현황분석.", 『통계개발원 연구보고서』, 1–83.
조성겸 · 김지연 · 나윤정 · 이명진. 2007. "선거여론조사의 문제점과 개선방향: 2006년 지방선거 전화조사를 중심으로.", 『조사연구』 8권 1호, 31–54.
조성겸 · 조은희. 2010. "전화조사 상황에서 무선표집절차의 적용결과: 단계별 응답특성을 중심으로.", 『조사연구』 11권 2호, 141–160.
허명회 · 김영원. 2008. "RDD 표본 대 전화번호부 표본: 2007년 대통령 선거 예측 사례.", 『조사연구』 9권 3호, 55–69.
Bartels, Larry M. 1999. "Panel Effects in the American National Election Studies." *Political Analysis* 8(1), 1–20.
Bartels, Larry M. 2009. "Three Virtues of Panel Data for the Analysis of Campaign Effects." Henry E. Brady and Richard Johnston, eds. *Capturing Campaign Effects*. Michigan: University of Michigan Press. 134–163.
Krosnick, J. A. 1999. "Survey Research." *Annual Review of Psychology* 50, 537–567.
Kruse, Y., Callegaro, M., Dennis, J. M., Subias, S., Lawrence, M., DiSogra, C., and Tompson, T. 2009. "Panel Conditioning and Attrition in the AP-Yahoo! News Election Panel Study." *In 64th conference of the American Association for Public Opinion Research (AAPOR)*, Hollywood, FL.

2
총론: 2012년 대선의 전개와 결말

박찬욱

2012년 4월에 있었던 총선은 8개월 이후 치러질 18대 대선의 전초전이었다. 총선에서 나타난 정당과 대선주자들의 행보뿐만 아니라, 유권자들의 표심도 대선을 향해 있었다. 총선에서 유권자의 투표선택은 단지 국회의원을 선출하는 데 그치지 않았다. 유권자들은 다가 올 대통령 선거에서 누구를 지지할 것인가를 고려해서 투표결정을 했다. 필자를 포함한 아산정책연구원『2012년 총선·대선 패널조사』연구팀은 총선 직전의 1차, 직후의 2차 패널조사 자료를 분석한 결과 다가올 대선의 유력 주자로 전망되는 주요 인물이 유권자의 표심에 큰 영향을 미쳤음을 경험적으로 확인하여 제시했다(박찬욱 2012).

4월 총선에서 유권자의 선택은 박근혜, 문재인, 안철수라는 세 인물에 대한 호감도와 큰 관련이 있었다. 그 점에서 특히 박근혜에 대한 호감도가 가장 두드러졌다. 총선 당시 새누리당의 박근혜 비상대책위원장은 지지도 1위의 대선 유망주였고, 당내 경선 이전에 이미 일반 유권자의 마음속에 새누리당의 대선후보로서 자리 잡았다. 또 19대 총선에서 국회의원으로 처음 당선된 문재인 의원이 민주통합당 경선에서 연승하게 될 것도 유권자의 표심을 통해 진작 짐작됐다. 문재인 호감도와 안철수 호감도가 투표선택에 영향을 미치는 방향은 같았다. 이 두 인물은 반(反)새누리당 성향 유권자 집단의 지지를 받았다. 야권이 대선에서 승리하기 위해서는 후보 단일화에 집착할 것이라는 점도 총선에서의 유권자 투표선택이 시사하는 바였다.

대선국면 막바지에 박근혜, 문재인 후보 간의 극명한 양강 대결로 선거분위기가 혼탁해지기도 했다. 국정원 여직원이 정치적으로 편향된 댓글을 달며 선거에 개입했다는 의혹, 새누리당이 SNS를 통해 불법 선거운동을 했다는 주장 등이 있었다. 문재인 후보는 선거개표 초기 단계에서 자신의 패배에 승복하는 성명을 냈지만, 그의 일부 지지자들은 선관위 투개표 관리에 의문을 제기하기도 했다. 반면, 다수 유권자들은 선거관리의 공정성을 긍정적으로 평가한 편이었다. 대선 직후의 7차 패널조사에서는 "현 정부가 이번 대통령 선거를 얼마나 공정하게 관리했다고 생각하는가?"라는 질문을 했다. 전체 응답자 가운데 64.0%('매우 공정' 15.4% + '공정한 편' 48.6%)가 정부의 선거관리를 긍정적으로, 32.0%('공정하지 못한

편' 22.6% + '전혀 공정하지 못함' 9.4%)는 부정적으로 평가했다('잘모름'과 '무응답'은 합하여 4.0%).

이 글은 총선 전후에 걸친 2차례 조사에 이어 12월 대선 직후까지 추가적으로 실시된 5차례의 패널조사 자료를 토대로 유권자의 정치적 태도와 투표선택에 초점을 맞추어 대선의 전개양상과 결말을 개괄적으로 논의한다. 그로써 뒤 이어 실린 상세한 분석의 배경과 기초를 마련하고자 한다.

4.11총선부터 12.19대선까지 주요 후보의 지지도 변화

제1장에서 언급한 바와 같이 7차에 걸친 패널조사에 1회 이상 표본에 포함된 19세 이상의 유권자는 5,444명이다. 이 가운데 1,001명이 1~7차 조사에 모두 응답했다. 매 조사 마다 이전 응답자 일부의 이탈로 인한 표본 대표성의 결손을 보완하기 위해 신규 응답자를 추가하여 적어도 2,500여명으로 표본규모를 유지했다. 〈그림 2-1〉은 대선의 경쟁구도와 주요 후보자의 지지율 변화를 보여준다. 엄밀히 말하자면 이번 조사는 1,001명 유효표본의 순수 패널조사라기보다는 각 조사마다 표본규모가 다소 상이한 7회(7 waves)에 걸친 패널조사(panel survey)와 연속추적조사(tracking poll)가 혼합된 성격의 조사라고 볼 수 있다.

1. 총선일(4월 11일) 직전과 직후의 시기

1차부터 6차까지의 조사에서 공통적으로 "선생님께서는 이번 대통령 선거에서 다음 중 어떤 인물을 뽑으시겠습니까?"라는 질문을 했다. 〈그림 2-1〉은 응답률이 극히 낮은 '모름'과 '무응답'을 제외하지 않은 주요 후보 지지도이다.

첫 번째 시기는 총선을 전후하여 보름 남짓한 기간이다. 이 기간에 해당하는 1차 조사는 2012년 4월 6일부터 10일까지, 2차 조사는 4월 12일

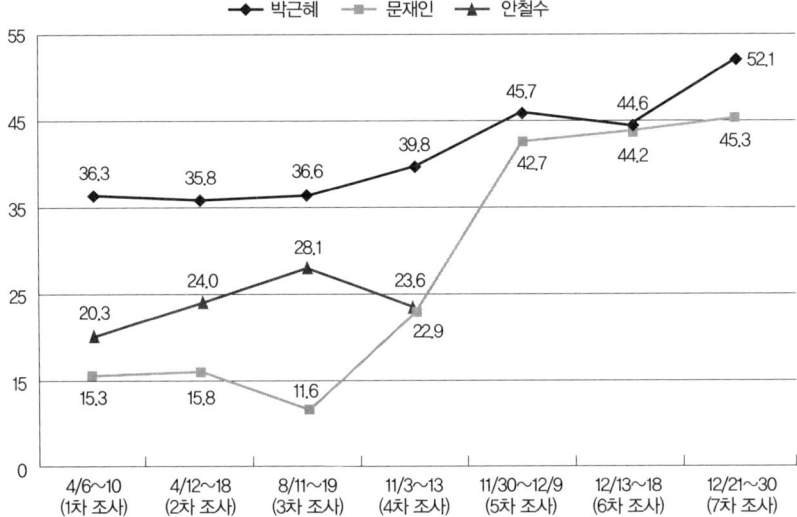

〈그림 2-1〉 2012년 대선에서 박근혜, 문재인, 안철수 후보의 지지도 변화[1] (단위: %)

[1] 박근혜, 문재인, 안철수 후보 확정 및 출마 선언(9/19); 안철수 후보 사퇴(11/23), 선거일(12/19); 사례수는 1차 3,062명, 2차 2,512명, 3차 2,662명, 4차 2,597명, 5차 2,521명, 6차 2,543명, 7차 2,551명. 2012년 4월 총선일과 근접한 전후로부터 12월 대선에 이르기까지를 4시기로 구분했다. 1) 총선일(4월 11일) 직전과 직후의 시기, 2) 주요 후보 확정 및 출마 선언 이전의 시기(4월 하순~9월 19일 이전), 3) 안철수 후보 사퇴 및 각 후보자 공식등록 이전의 시기(9월 하순~11월 23일), 그리고 4) 후보등록 이후의 공식선거운동 기간과 선거일 직후의 시기(11월 26일 ~12월 하순)이다.

부터 18일까지 실시됐다. 조사에서 거론된 대선주자는 유력한 여야 정치인 10여명이었다. 대선주자 간의 경쟁구도는 '1강 2중 다약'이었다. 1차 조사에서 박근혜(36.3%), 안철수(20.3%), 문재인(15.3%)이 선두 그룹을 형성하고 나머지 수 명의 정치인은 각각 3% 이하의 지지율을 보이며 각축을 벌였다. 군소주자들의 지지도는 모두 합해도 11.8%에 그쳤다. 유시민 2.5%, 손학규 2.3%, 정몽준 1.6%, 정동영 1.4%, 이회창 1.2%, 김문수 1.1%, 정운찬 0.6%, 김두관 0.5%, 정세균 0.03%, 기타 합계 0.6%였다. 모름과 무응답은 각각 13.7%, 2.6%로 나타났다. 표본규모는 3,062명으로 표집오차의 범위는 95%의 신뢰수준에서 ±1.79% 포인트였다. 대선주자 지지도 1위와 2위의 차이는 상당했고, 2위와 3위의 격차는 오차범위 내였다.

2차 조사에서도 1강 2중 다약의 경쟁구도는 그대로 유지됐다. 각 후보의 지지도는 박근혜 35.8%, 안철수 24.0%, 문재인 15.8%, 기타 후보 모두 합쳐 8.1%(손학규 1.6%, 유시민 1.5%, 정몽준 1.5%, 정동영 1.1%, 김문수 0.9%, 김두관 0.6%, 정운찬 0.3%, 정세균 0.2%, 기타 합계 0.4%)의 순이었다. 모름은 14.6%, 무응답은 1.7%로 나타났다. 표본규모는 2,512명으로 표집오차는 95% 신뢰수준에서 ±1.96% 포인트였다.

총선 직전과 직후를 비교할 때, 당시 정치에 공개적으로 나서지 않았던 안철수 전 서울대 교수의 지지율이 상승세를 보였다는 점이 주목할 만하다. 문재인 전 대통령비서실장은 부산 사상구에 민주통합당 후보로 총선에 나서 당선됐다. 이른바 '낙동강벨트'인 부산/울산/경남에서 민주통합당이 지역구 5석 이상을 얻으면 그가 대선경쟁을 위한 유력한 기반을 구축하게 되는 것으로 총선 전에 말하는 사람들이 적지 않았다. 하지만 그를 포함한 3명의 민주통합당 후보만이 낙동강벨트에서 당선됐다. 야권에서는 대안적 인물로서 그 지역 출신인 안철수 교수에 대한 기대가 커졌다. 안철수 전 교수의 대선 출마를 유인하는 정치적 분위기가 조성됐던 것이다.

2. 주요 대선후보 확정 및 출마 선언 이전시기(4월 하순~9월 19일 이전)

두 번째 시기는 총선이 끝난 후부터 새누리당의 박근혜, 민주통합당의 문재인 후보가 각각 8월 20일과 9월 16일에 각 당의 대선후보로 선출되는 시점과 9월 19일 안철수 교수가 대선 출마를 선언한 날을 포함한 약 5개월의 기간이다.

이 시기에는 8월 11일부터 19일까지 3차 조사가 실시됐다. 박근혜 후보는 공천의 고지에 올라 서 있고, 문재인 후보도 당내 경선에서 연속 선두에 있던 때였다. 반면, 안철수 전 교수의 행보는 여전히 오리무중이었다. 조사결과, 대선후보의 지지도는 박근혜 36.6%, 안철수 28.1%, 문재인 11.6%, 기타 후보의 합계 7.4%(손학규 2.9%, 김두관 1.7%, 김문수 1.5%, 유시민 0.9%, 기타 후보 0.4%)였다. 모름은 12.1%, 무응답은 4.2%로 나타났다. 2,662명이 표본에 포함된 가운데, 표집오차의 범위는 95% 신뢰수준에서

±1.90% 포인트였다. 이 조사에서는 차기 대통령으로 당선될 가능성이 가장 높은 후보를 묻는 질문도 있었는데, 박근혜 59.1%, 안철수 30.1%, 문재인 8.4%, 손학규 1.3%, 김문수 0.4%, 김두관 0.4%, 유시민 0.2%, 기타 0.1%의 순으로 나타났다.

두 번째 시기에서도 1강, 2중, 다약의 경쟁구도가 변하지는 않았지만, 안철수의 상승세와 문재인의 하락세가 비교적 분명히 나타났다. 상당수 유권자들이 마치 구름위에 올라 보이지 않는 안 전 교수가 지상의 현실 정치로 강림하기를 바라는 형국이었다. 마침내 안 전 교수는 9월 19일 대선을 불과 3개월 앞두고, 자신의 입후보 의사를 공표하고 공식적으로 정치인이 되었다.

패널조사의 이점을 살려 2차와 3차 조사의 대선주자 지지도가 어떠한 상관관계를 보이는지에 대해 교차분석을 통해 살펴봤다. 〈표 2-1〉은 두 조사에 모두 응한 1,820명의 응답 내용을 집약하여 제시하고 있다. 두 조사 사이에는 4개월의 시차가 있었다.

총선 직후의 박근혜 지지자들 가운데 83.4%는 4개월이 지난 시점에도 여전히 그녀를 지지했다. 안철수 지지자들도 71.9%가 지지를 유지하며 무시하지 못할 응집력을 과시했다. 한편, 2차 조사에서 문재인 지지자들 가운데 절반가량(48.7%)은 3차 조사에서 그의 지지자로 남고, 31.7%는 안철수 지지자로 돌아섰다. 야권 지지자들에서 안철수 대안론이 강화되고 있었던 것과, 안철수 지지가 문재인 지지를 잠식하는 추세를 말해주

<표 2-1> 대선 예상주자에 대한 지지: 2차와 3차 조사 결과의 상관성 (단위: 명, (%))

구분		지지 대선주자 (3차 조사)					
		박근혜	안철수	문재인	기타후보 계	모름/무응답	합계
지지 대선주자 (2차 조사)	박근혜	556	25	9	21	56	667
		(83.4)	(3.7)	(1.3)	(3.1)	(8.4)	(100)
	안철수	18	300	44	15	40	417
		(4.3)	(71.9)	(10.6)	(3.6)	(9.6)	(100)
	문재인	8	95	146	23	28	300
		(2.7)	(31.7)	(48.7)	(7.7)	(9.3)	(100)
	기타후보 계	27	32	14	63	27	163
		(16.6)	(19.6)	(8.6)	(38.7)	(16.6)	(100)
	모름/무응답	62	49	20	23	119	273
		(22.7)	(17.9)	(7.3)	(8.4)	(43.6)	(100)

는 결과였다. 모름/무응답을 한 응답자들은 2차 조사에 비해, 3차 조사에서 그 수가 줄었다. 그들 중 22.7%가 박근혜 지지자로, 17.9%가 안철수 지지자가 됐기 때문이다.

유권자들은 총선 직후부터 안철수, 문재인 간에 후보 단일화를 이루고 새누리당 박근혜 후보와 겨루는 경우 여야후보 중 누가 승리할 것인가에 관심을 보였다. 8월 중순경 이뤄진 3차 조사에서 밝혀진 여론은 박근혜 대 안철수 양자구도에서 박근혜 44.7%, 안철수 50.0%로 안 전 교수의 승리를 점치고 있었다. 한편, 박근혜 대 문재인의 양자 경쟁에서는 박근혜 53.5% 대 문재인 40.3%로 박근혜의 승리를 무난하게 예상하고 있었다.

제4장은 대선에서 유권자가 언제 찍은 후보를 결정했는가를 상세히

분석하고 있다. 대선 직후인 7차 조사에서 이와 관련된 문항이 포함됐다. 두 번째 시기 중에 주요 정당이 대선후보를 확정하였는데 이 무렵 직전, 즉 9월 19일 이전에 응답한 유권자 전체의 40%가 지지할 후보를 정했다고 했다. 7차 조사에서 안철수 후보는 선택 대상이 아니었기 때문에 주로 박근혜, 문재인 후보를 지지한 유권자들을 통틀어 대략 40%가 9월 하순 이전에 표심을 다졌다는 것이다.

3. 안철수 후보 사퇴 및 각 후보자 공식등록 이전의 시기(9월 하순~11월 23일)

세 번째 시기는 9월 하순경부터 안철수 후보사퇴(11월 23일)를 포함한 후보등록 마감(11월 26일)까지의 2개월 정도 되는 기간이다. 이 시기에 대선국면이 요동치는 계기가 마련됐다.

4차 조사는 11월 3일부터 13일까지 실시됐다. 조사결과, 박근혜 39.8%, 안철수 23.6%, 문재인 22.9%, 기타 후보의 합계 0.5%(심상정 0.3%, 이정희 0.1% 기타 0.1% 등), 모름 11.3%, 무응답 1.8%로 나타났다. 표본규모는 2,597명, 표집오차는 95% 신뢰수준에서 최대 ±1.92% 포인트였다.

이 시기에 박근혜 후보는 대선경쟁에서 계속 선두 자리를 유지하면서 지지율을 확대하고 있었다. 교수직을 버리고 정치인으로 변신한 안철수 예비후보와 제1야당 민주통합당이 내세운 문재인 후보가 2위를 놓고 겨뤘다. 두 사람의 지지도는 오차범위 안에 들어와 우열을 가리기 어려웠다. 민주통합당이 선출한 문재인 후보는 대선승리를 위해 필요한 단일화에서부터 밀리지 않도록 당 조직의 역량을 극대화하면서 안간힘을 썼다.

4차 조사에서는 양자구도 대결에 관한 질문이 포함되었다. 박근혜 후보에 대항하여 민주통합당 문재인 후보가 야권 단일화를 거쳐 야권의 최종 후보로 나온다면 누구에게 투표할 것인가를 묻는 질문에 박근혜, 문재인에 대한 지지율은 각각 45.6%, 47.4%로 나타났다(투표하지 않음 1.7%, 잘모름 4.5%, 무응답 0.8%). 오차범위 내였지만 종전과 달리 양자구도에서 문 후보가 박 후보를 앞섰다. 한편, 새누리당 박 후보와 무소속 안 후보 간의 양자대결에서는 박근혜 44.0%, 안철수 49.3%였다(투표하지 않음 1.4%, 잘모름 4.6%, 무응답 0.7%). 안 후보가 박 후보를 오차범위를 벗어나 앞섰다.

양자구도 후보 지지도를 보면 박근혜 후보를 상대할 야권단일후보로서 안철수 후보가 문재인 후보보다 좀 더 경쟁력을 가진 것으로 나타났다. 하지만, 야권단일후보로 안과 문 후보의 적합도를 물었을 때, 그 결과는 문재인 51.7%, 안철수 32.8%였다(잘모름 11.5%, 무응답 4%). 문재인 후보가 야권의 단일후보로서 안철수 후보보다 훨씬 더 적합하다는 것이었다. 유권자 집단의 대(對) 여당후보 경쟁력과 야권후보 적합성에 대한 판단 결과는 서로 일치하지 않았다.

당초 후보 단일화에 미온적으로 보였던 안철수 후보도 정치 현실과의 타협을 모색하지 않을 수 없었고 문재인, 안철수 양인은 11월 6일 회동

<표 2-2> 대선주자에 대한 지지: 3차와 4차 조사 결과의 상관성 (단위: 명, (%))

구분		지지후보 (4차 조사)					
		박근혜	안철수	문재인	기타후보 계	모름/무응답	합계
지지 대선주자 (3차 조사)	박근혜	667 (89.8)	28 (3.8)	15 (2.0)	1 (0.1)	32 (4.3)	743 (100)
	안철수	26 (4.8)	344 (63.1)	133 (24.4)	1 (0.2)	41 (7.5)	545 (100)
	문재인	6 (2.5)	21 (8.7)	198 (82.2)	0 (0)	16 (6.6)	241 (100)
	기타후보 계	39 (24.5)	34 (21.4)	59 (37.1)	8 (5.0)	19 (11.9)	159 (100)
	모름/무응답	68 (23.4)	53 (18.3)	60 (20.7)	0 (0)	109 (37.6)	290 (100)

하며 후보등록 이전에 단일화를 하겠다고 합의했다. 그러나 양 진영은 단일화를 하기 위해 수행될 예정이었던 여론조사 문항의 문구 작성에서 여권후보에 대한 경쟁력과 단일후보로서의 적합도 가운데 어느 것을 중시해야 할 것인지를 포함한 단일화 방식에 이견을 보이며 협상은 결렬되었다. 야권 단일화 협상이 교착되자, 11월 23일 안철수 후보는 기자회견을 갖고 다가오는 대선에 나서지 않겠다는 성명을 냈다.

3차와 4차 조사는 거의 3개월 간격을 두고 실시됐다. 대선후보 지지도에 있어서 두 조사결과 간의 상관관계는 〈표 2-2〉에 제시되는 바와 같다. 두 조사에 모두 응한 응답자는 1,978명이었다.

〈표 2-1〉에서의 경우와 같이, 박근혜 지지자들의 응집력은 여전히 강

했다. 3차 조사에서는 종전의 83.4%보다 더 높은 수준인 89.8%의 박 후보 지지자가 여전히 박 후보를 선호하는 것으로 나타났다. 안철수 지지자들은 〈표 2-1〉의 71.9%에서 63.1%로 응집력이 얼마간 약해졌으며, 문재인 지지자들은 48.7%에서 82.2%로 응집력이 강해졌다. 박 후보를 지지하지 않는 유권자들을 상대로 안, 문 후보가 경쟁하는 모습이 확인됐다. 이 시기에 문재인 후보의 지지도 상승세가 힘을 받기 시작했다.

제4장에서 언급되듯이 두 번째 시기와 세 번째 시기를 함께 고려하면, 후보등록이 끝나고 공식 선거운동이 전개되는 11월 26일 이전에 유권자의 65~66%가 대선 때 어느 후보를 지지할지 마음을 정했다. 후보등록 이전 지지후보 결정을 한 유권자들 가운데 58%는 박근혜, 나머지 42%는 문재인 후보에 표를 주기로 이미 작정했던 것으로 나타났다. 결국, 공식 선거운동 이전에 유권자 표심을 통해 박근혜 후보의 승세를 읽을 수 있었다.

4. 후보등록 이후의 공식선거운동 기간과 선거일 직후의 시기
 (11월 26일~12월 하순)

네 번째 시기는 공식선거운동 기간과 선거일이후까지의 30여일에 해당되는데, 2012년 대선에서 가장 숨 가쁘게 돌아가는 시점이었다. 이 시기에 5차 조사가 11월 30일부터 12월 9일까지, 6차 조사가 12월 13일부터 18일까지 진행됐다. 그리고 7차 조사는 이 선거가 치러진 이후인 지난 12월 21일부터 12월 30일까지 실시됐다.

안철수 후보의 자진 사퇴로 인하여 대선경쟁은 새누리당 박근혜 대 민주통합당 문재인 후보의 양강구도로 펼쳐지게 됐다. 문 후보는 안 후보가 사퇴한 이후 그의 지원을 얻기 위해 노력했고, 12월 6일 안 후보는 문 후보의 선거운동을 돕겠다고 천명했다.

5차 조사에서는 야권 단일화에 대한 만족도를 알아보았다. 먼저 이루어진 4차 조사에서 문재인과 안철수 양 후보를 지지했던 사람들에게 야권 단일화 결과를 어떻게 생각하는지 물었다. 응답자의 7.3%가 매우 만족, 45.1%는 대체로 만족, 36.2%는 만족하지 않는 편, 그리고 11.4%는 매우 불만족하다고 했다(잘모름, 무응답은 제외). 박근혜 후보를 지지하지 않는 사람들만 놓고 봤지만, 그들 가운데에서도 야권 단일화 결과에 만족하는 비율이 52.4%에 그쳤다. 야권이 당초에 바라던 '아름다운 단일화'로 보기 어려웠다.

대체로 공식 선거운동 중반 이전에 실시된 5차 조사에서의 대선후보 지지도는 박근혜 45.7%, 문재인 42.7%, 이정희 0.7%, 기타 후보 0.3%, 잘모름 8.5%, 무응답 2.1%로 나타났다. 전체 응답자 수는 2,521명이었고, 표집오차는 95% 신뢰수준에서 ±1.95% 포인트 였다. 박 후보는 오차범위를 벗어나는 차이로 문 후보를 앞섰다. 당선가능성에 대한 질문에서는 박 후보 58.1% 대 문 후보 30.8%였다(잘모름 10.7%, 무응답 0.4%).

공식 선거운동 기간 막바지부터 선거일 하루 전까지 실시된 6차 조사에서의 지지도는 박근혜 44.6%, 문재인 44.2%, 기타 후보 0.2%, 미정 9.4%, 잘모름 0.9%, 무응답 0.7%였다. 표본규모가 2,543명으로 표집오차는 5차 조사의 경우보다는 약간 적은 ±1.95% 포인트였다. 박, 문 후보의 지지율 차이가 0.2% 포인트로 양 후보 간에 치열한 접전이 펼쳐지고 있었다. 박 후보가 지속적으로 유지했던 선두 자리가 문 후보와 뒤 바뀌었을지도 모르는 상황이었다. 하지만 6차 조사에서도 당선가능성에 대해서는 박근혜 52.3%, 문재인 35.3%로 박 후보가 훨씬 앞서는 것으로 예상됐다(잘모름 12.2%, 무응답 0.2%). 박빙의 경쟁 가운데 박 후보가 문 후보에 의해 역전 당했다는 결정적인 근거는 아산정책연구원 패널조사를 통해 제시되지 않았다.

안철수 후보의 사퇴 이전에 그를 지지했던 유권자들의 표심은 누구에게로 향했는가? 〈표 2-3〉은 4차 조사와 5차 조사에 모두 응한 2,071명의 후보지지 변화를 추적한 결과이다. 박근혜 지지자들의 93.4%, 문재인 지지자들의 90.0%가 각각 종전의 지지를 유지했다. 안 후보 지지자들의 67.7%는 문 후보, 14.2%는 박 후보, 1.3%는 기타 후보를 택했다. 16.8%는 모름/무응답에 해당됐다. 선거일을 열흘 정도 앞두고, 문재인 후보는 종전 안철수 지지자들 가운데 70%에 약간 못 미치는 유권자를 자신의 지지자로 흡수했다. 안 후보 지지자들이 야권 단일화에 대해 느끼는 만족도가 별로 높지 않았기 때문에, 문 후보의 지지율 증가도 한계가 있었다.

〈표 2-3〉 대선후보 지지: 4차와 5차 조사 결과의 상관성 (단위: 명, (%))

구분		지지후보 (5차 조사)				
		박근혜	문재인	기타후보 계	모름/무응답	합계
지지후보 (4차 조사)	박근혜	795 (93.4)	28 (3.3)	1 (0.1)	27 (3.2)	851 (100)
	안철수	68 (14.2)	325 (67.7)	6 (1.3)	81 (16.8)	480 (100)
	문재인	18 (3.7)	442 (90.0)	3 (0.6)	28 (5.7)	491 (100)
	기타후보 계	2 (20.0)	6 (60.0)	2 (20.0)	0 (0)	10 (100)
	모름/무응답	64 (26.8)	95 (39.7)	3 (1.3)	77 (32.2)	239 (100)

안철수 후보의 사퇴 이전 그를 지지했던 유권자들은 선거일에 실제로 어느 후보에게 표를 던졌을까? 선거후 실시된 7차 조사의 결과를 살펴보기로 한다. 이 조사의 표본규모는 2,551명이었고, 표집오차는 ±1.94% 포인트였다. 7차 조사의 응답자 중 기권자를 제외한 응답자는 2,466명이었다. 응답자에게 누구에게 투표했는지를 물었을 때, 박근혜 52.1%, 문재인 45.3%, 기타 후보 0.5%, 잘모름 0.5%, 무응답 1.6%의 순으로 나타났다. 실제로 선거에서 득표율은 박근혜 후보 51.6%, 문재인 후보 48.0%로 집계됐다. 7차 조사의 결과는 박 후보의 경우 실제보다 0.5% 포인트 더 높고, 문 후보는 2.7% 포인트 낮았다. 선거후 조사에서 응답

자들이 흔히 보이는 승자편승 효과에 의해 승자를 지지한 비율이 늘었다. 응답자들은 패자를 지지했다는 대답을 다소 기피할 것으로 보였지만, 7차 조사에서 이러한 왜곡 현상은 심각하지 않았다.

안철수 지지자들의 투표선택 문제로 돌아가 보자. 4차 조사와 7차 조사에 모두 응한 사람들은 1,625명이었다. 〈표 2-4〉는 4차 조사에서 각 응답자가 선택한 지지후보와 7차 조사에서 답한 대선 투표선택에 대한 응답을 교차분석한 결과이다. 박근혜 후보 지지자들의 거의 모두(97.3%), 문재인 후보 지지자들의 93.2%가 투표소에 들어가서도 각각 지지하던 후보에게 그대로 표를 줬다. 안철수 지지자들의 경우 79%가 문재인 후보를 선택한 것으로 나왔다. 〈표 2-3〉에서 볼 수 있듯이 안 후보가 사퇴

〈표 2-4〉 4차 조사 지지후보와 7차 조사에서의 후보선택 (단위: 명, (%))

구분		후보선택 (7차조사)				
		박근혜	문재인	기타후보 계	모름/무응답	합계
지지후보 (4차 조사)	박근혜	676	17	0	2	695
		(97.3)	(2.4)	(0)	(0.3)	(100)
	안철수	74	289	1	2	366
		(20.2)	(79.0)	(0.3)	(0.5)	(100)
	문재인	21	359	2	3	385
		(5.5)	(93.2)	(0.5)	(0.8)	(100)
	기타후보 계	1	6	1	1	9
		(11.1)	(66.7)	(11.1)	(11.1)	(100)
	모름/무응답	73	89	2	6	170
		(42.9)	(52.4)	(1.2)	(3.5)	(100)

한 지 1주일이 지난 후 실시된 5차 조사에서 안 후보 지지자들의 67.7%가 문 후보를 지지했던 것에 비하면, 선거 막바지로 가면서 문 후보가 안 후보 지지자들을 흡수하는 데에 얼마간 성공한 것을 알 수 있다. 안 후보의 문 후보 지원에 힘입은 바가 적지 않을 것이다. 그런데 5차 조사 때는 안 후보 지지자들의 14.2%만이 박 후보 쪽으로 돌아섰는데, 투표 시에는 안 후보 지지자들의 20.2%가 박 후보를 찍었다. 박 후보 진영이 문 후보 진영보다는 낮은 비율이지만 안 후보 지지자들의 약 5분의 1로부터 표를 얻은 점은 주목할 만하다.[2] 야권 단일화가 순조롭지 않았던 까닭이 있기는 했지만 모양새 좋은 단일화가 가능했더라도 단일화 효과는 $1+1 \geq 2$라는 식으로 완전하진 못했을 것이다. 단일화는 이러한 시너지를 내기 어렵기 때문에 현실적으로는 $1+1 < 2$의 식으로 나타난다고 할 것이다.

선거 막바지에 진행된 6차 조사에서의 응답자들의 각 후보에 대한 지지율과 7차 조사로 확인된 패널의 최종 후보선택과의 상관관계는 어떠한가? 이 두 조사에 모두 응한 사람들은 당초 2,174명이었는데 이 중 투표 기권자를 제외하면 2,107명이다. 〈표 2-5〉를 보면, 박근혜 후보 지지자들의 98.3%, 문재인 후보 지지자들의 94.5%가 각각 선호하는 후보에 실제로 투표했다. 두 지지자 집단 모두 응집력이 대단했는데, 특히 승자를 만들어낸 박 후보 지지자 집단이 응집력이 좀 더 강했다. 이른바 부동

---

2 7차조사 결과 투표에 기권했다는 응답률은 3.3%에 불과했다. 따라서 4차 조사에서 지지한 후보별로 기권 비율을 고려하지 않았다. 기권을 고려하는 경우 4차 조사에서 안철수 지지자들이 선거일에 실제로 박근혜 또는 문재인 후보를 선택한 비율은 〈표 2-4〉의 경우보다는 어느 정도 낮을 것이다.

〈표 2-5〉 6차 조사 지지후보와 7차 조사에서의 후보선택 (단위: 명, (%))

구분		후보선택 (7차조사)				
		박근혜	문재인	기타후보 계	모름/무응답	합계
지지후보 (6차 조사)	박근혜	960 (98.3)	15 (1.5)	0 (0)	2 (0.2)	977 (100)
	문재인	37 (4.0)	864 (94.5)	1 (0.1)	12 (1.4)	914 (100)
	기타후보 계	0 (0)	0 (0)	1 (50.0)	1 (50.0)	2 (100)
	미정/모름/무응답	108 (50.5)	92 (43.0)	8 (3.7)	6 (2.8)	214 (100)
	합계	1,105 (52.4)	971 (46.1)	10 (0.5)	21 (1.0)	2,107 (100)

층 유권자들(미정/모름/무응답에 해당하는)의 대다수도 마침내 두 후보로 최종 투표결정을 내리게 됐는데 이들 가운데 50.5%가 박 후보, 43.0%는 문 후보에게 투표했다.

1차부터 7차 조사까지 모두 응한 1,001명이 총선 직전에 지지한다고 말했던 인물과 8개월 지난 후 대선에서 실제로 지지한 후보는 어떻게 달라졌는가? 1차 조사에서의 박근혜 지지자 431명 중 97%가 8개월이 지나서도 박 후보를 뽑았다. 문재인 지지자 239명 중 94.1%가 대선에서 문 후보를 선택했다. 이 결과만 보아도 이미 총선에 대선이 깃들어 있었음을 알 수 있다. 안철수 지지자 219명 중 79%가 문 후보의 지지로 변경했다. 안 후보 지지자들은 이미 총선 전부터 안 후보를 야권후보로 인지하는 것이 대세였고, 그가 사퇴하자 결국 안 지지자의 표심은 문 후보 쪽으로 기울었다.

7차 조사 결과에 의하면 전체 투표자의 18.2%가 선거운동 초반에, 12.1%가 중반 이후 선거일 직전까지에 표를 줄 후보를 결정했다. 전체 투표자의 4.6%는 선거당일 누구를 찍을지 정했다고 했다.

한국 사회의 인구학적 변화와 18대 대선 투표율

2007년 대선 투표율은 민주화 이후의 대선 가운데 가장 낮은 63%였다. 주요 정당의 선거 전략가와 선거에 각별한 관심을 가진 유권자, 그리고 선거연구가들의 대부분은 2012년 대선에서 투표율이 70% 이상으로 상승하면 양자구도에서 야당인 민주통합당의 문재인 후보가 새누리당의 박근혜 후보를 이기게 될 것으로 예상했다. 투표율이 상승한다면 통상 저조한 투표율을 보이던 2030세대가 종전보다 투표장에 더 높은 비율로 나올 것으로 봤기 때문이며, 젊은 세대에서는 문 후보에 대한 지지가 상대적으로 훨씬 강하다는 전제에서 도출된 결과였다. 2012년 대선에서 투표율은 놀랍게도 75.8%에 달했다. 후술하는 바와 같이 2030세대의 투표율이 급상승했고, 이들 사이에서는 문 후보에 대한 지지가 대세였다. 승패를 예측하는 전제가 실제에 부합했는데도 문 후보가 패배했다.

투표율 증가와 대선 승패에 관한 예측이 왜 빗나가게 됐는가? 한국사회가 겪고 있는 고령화라는 인구학적 변화와, 젊은 세대의 투표율이 올라도 보다 나이 든 5060세대의 투표율이 여전히 조금 더 높은 연령효과를 충분히 감안하지 못했기 때문이다. 진보성향의 노무현 후보가 당선된 2002년 대선 당시에 선거인수 34,991,529명의 연령대별 구성 비율은 20대 23.2%, 30대 25.1%, 40대 22.4%, 50대 12.9%, 60세 이상 16.4%였다. 2030세대와 5060세대를 비교하면 전자의 비중이 48.3%로 후자의 비중 29.3%를 압도했다. 10년 뒤인 2012년 대선에서의 선거인수는 40,507,842명으로 증가했는데, 연령대별 구성 비율은 20대(19세 포함) 17.9%, 30대 20.0%, 40대 21.8%, 50대 19.2%, 60세 이상 21.1%가 됐다. 2030세대의 비중은 37.9%로 축소되었고, 5060세대의 비중은 40.3%로 확대되면서 후자가 전자를 능가하는 역전 현상이 발생했다.

전체 표수로 말하자면 2012년에는 10년 전에 비하여 전체적으로 551만 6천여 표가 증가했는데 20대에서는 86만 7천여 표, 30대는 68만 1천여 표가 줄었다. 한편 40대에서 99만 2천여 표, 50대에서 무려 326만 3천여 표와 60세 이상에서도 만만치 않은 289만 8천여 표가 늘었다. 한 후보가 2030세대에서 압도적인 비율의 표를 얻어 이기더라도, 5060세대에서 압도적 비율로 눌리는 패배를 한다면 이를 만회하기란 사실상 어렵다. 이 경우 그 후보가 40대에서 어지간하게 높은 득표율로써 우위에 선다해도 모든 세대를 망라할 때에는 전체적으로 승리하기가 쉽지 않은 것이다.

2013년 1월 중앙선관위는 18대 대선 전체 선거인수의 10.3%에 해당하는 투표자를 표본으로 투표율 분석결과를 발표한 바 있다. 이 조사에서 전국 투표율은 75.6%로 실제 투표율보다 불과 0.2%포인트 낮았다. 연령대별로는 19세를 포함한 20대 69.1%, 30대 70.0%, 40대 75.6%, 50대 82.0%, 60세 이상 80.9%를 기록했다. 10년 전 16대 대선의 투표율인 20대 56.5%, 30대 67.4%, 40대 76.3%, 50대 83.7%, 60세 이상 78.7%와 비교하면, 20대는 12.5% 포인트, 30대 2.6% 포인트 증가했고, 40대는 0.7% 포인트, 50대는 1.7% 포인트 오히려 감소했다. 60세 이상에서는 2.2% 포인트 높아졌다. 20대의 투표율이 현저하게 상승했음에도 불구하고, 2030세대의 투표율이 40대는 물론 5060세대에 비하여 낮은 현상이 그대로 유지됐다(중앙선거관리위원회 2003; 2013).

〈그림 2-2〉에는 앞서 서술된 연령대별 선거인수 비율과 함께 실제 투표자수 비율이 제시되어 있다. 선거인수 비율에서 40대가 21.8%로 가장 높고 그 왼쪽의 2030세대는 37.9%, 오른쪽의 5060세대는 이보다 12.2% 포인트 더 높은 40.3%를 차지한다는 점이 이미 언급됐다. 실제로 투표에 참가한 사람들 가운데는 40대가 21.8%, 2030세대가 34.8%, 5060세대는 이보다 18.6% 포인트 더 많은 43.4%였다. 실제 투표자수에서 5060세대는 선거인수의 경우보다 더 두드러지게 2030세대를 능가했다.

각 연령대의 선거인수 비율과 투표자수 비율을 비교하면, 40대는 두 비율이 동일하게 나타났다. 전체 투표자수에서 20대 투표자의 비중은

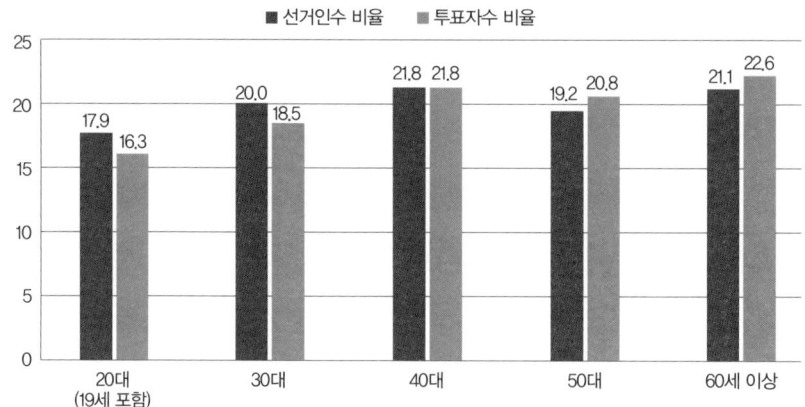

〈그림 2-2〉 18대 대선 연령대별 선거인수/투표자수 비율 (단위: %)

주) 중앙선거관리위원회(http://www.nec.go.kr)

당초의 20대가 선거인수에서 차지하는 비중에 비해 1.6% 포인트 적었다. 30대는 1.5%가 위축됐다. 반면, 선거인수 비율에 비하여 투표자수 비율은 50대에서 1.6%포인트, 60대는 1.5% 포인트 더 높게 나타났다. 2030세대보다 5060세대가 선거결과를 좌우할 가능성이 컸다는 점을 시사한다.

유권자 투표선택의 결정요인

1. 지역과 후보선택

이 절에서는 2012년 18대선에서 유권자가 어떤 요인의 영향을 받아 최종 후보선택을 했는지를 분석하기로 한다. 이번 대선에서 박근혜 후보

〈표 2-6〉 주요 후보자 지역별 득표수와 득표율

지역	유효투표수	후보자별 득표수 (%)	
		박근혜	문재인
전국	30,594,621	15,773,128 (51.6)	14,692,632 (48.0)
서울	6,307,869	3,024,572 (47.9)	3,227,639 (51.2)
인천/경기	8,676,398	4,381,515 (50.5)	4,236,297 (48.8)
강원	911,988	562,876 (61.7)	340,870 (37.4)
대전/세종/충청	3,063,230	1,661,533 (54.2)	1,375,634 (44.9)
광주/전라	3,211,759	336,185 (10.5)	2,842,406 (88.5)
대구/경북	3,295,928	2,642,953 (80.2)	625,693 (19.0)
부산/울산/경남	4,923,320	2,997,310 (60.9)	1,882,858 (38.2)
제주	330,967	166,184 (50.2)	161,235 (48.7)

주) 중앙선거관리위원회(http://www.nec.go.kr)

의 득표율 51.6%와 문재인 후보의 득표율 48.0%를 합하면 99.6%에 이른다. 제3위 이하의 군소후보들이 획득한 득표율 총계는 0.4%이다. 이하의 분석이 득표 제1위 박 후보와 제2위 문재인 후보에 집중하여 수행되어도 별 무리가 없을 것이다.

민주화 이후 전국 규모로 실시된 선거에서 표심의 향방을 예측 또는 설명할 때 가장 먼저 고려된 것은 지역요인이다. 영남 유권자와 호남 유권자의 엇갈린 투표 내용은 지역균열이 정치과정에서 표출되고 있음을 말해 준다. 이번 대선에서 박근혜 후보의 대구/경북 득표율은 80.2%에 달했다. 대조적으로, 문재인 후보의 광주/전라 득표율은 그보다 더 높은 88.5%를 기록했다. 유권자들이 거주하는 지역에 각별한 연고를 갖는 정당 소속의 후보에 몰표를 주는 지역주의 투표가 온존하고 있음을 알 수 있다. 새누리당이나 박 후보 자신의 연고지는 대구/경북이었다. 문 후보 자신은 부산 출신이었지만 그는 부산/울산/경남에서 38.2%를 얻는 데 그쳤고, 소속정당 민주통합당의 연고지인 호남에서 경이롭게 높은 비율의 득표를 기록했다. 문 후보의 경우, 자신의 연고보다는 소속정당의 영향으로 인한 득표를 한 것으로 보인다.

박근혜 후보는 강원(61.7%)과 부산/울산/경남(60.9%)에서도 전국 득표율을 상회하는 득표율을 보였다. 박 후보는 광주/전라와 서울을 제외한 다른 지역에서 문 후보를 앞섰다. 문재인 후보는 서울에서 박 후보에 3.3%포인트 격차를 벌였을 뿐이었다. 서울보다 유효투표수가 많은 인천/경기에서 박 후보가 문 후보에 비해 1.7% 포인트를 더 득표했기 때문에 문 후보는 서울, 인천/경기를 포함한 수도권에서 박 후보에 간신히 이긴 셈이었다.

2. 세대와 후보선택

2012년 대선에서 유권자의 후보선택은 2030세대와 5060세대 사이에서 현격한 대조를 이루었다. 〈그림 2-3〉은 19세를 20세 전반에 포함시키고, 20대 후반, 30대 전반, 30대 후반, 40대 전반 등 70세 이상까지 5세 단위로 나눈 연령대별 박근혜, 문재인 후보에 대한 지지율 그래프이다. 여기서 44~45세가 분수령이 되어 40대 전반까지는 문재인 지지율이 박근혜 지지율보다 높고, 40대 후반부터는 그 반대인 것으로 나타났다. 문 후보는 특히 20대 전반과 후반, 30대 전반에서 가장 높은 비율의 지지를 받았는데 특히 30대 전반에서 71%로 최고 정점에 달했다. 연령대가 높을수록 박 후보에 대한 지지율은 상승했다. 박 후보 지지율은 60대 후반 (81.8%)과 70세 이상(80.2%)의 최고령 층에서 가장 높았고, 60대 전반에서도 대단히 높은 편(77.6%)이었다. 젊은 연령대로 갈수록 박 후보 지지율은 낮아졌다.

〈그림 2-2〉를 통해서 이미 확인된 바와 같이 2012년 대선에서 5060세대가 투표에 적극 참여함으로써 전체 선거인수에서 해당 세대가 차지하

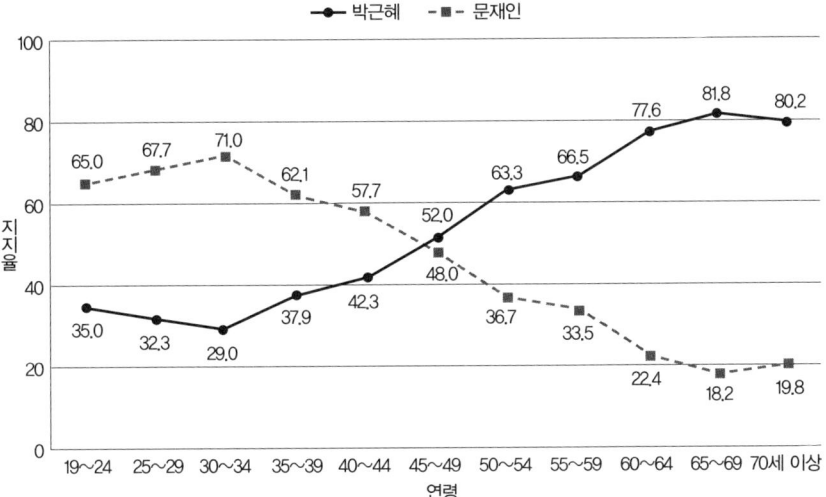

〈그림 2-3〉 투표자의 연령과 후보선택 (단위: %)

주) 연령과 후보선택에 대한 교차분석 결과는 χ^2=318.19 (p=.00), Cramer's V=0.36, 사례수= 2,400
   박근혜 지지율과 문재인 지지율의 합은 100%

는 비율보다 투표자수 내의 비율이 더 높게 나타났다. 이 세대의 박근혜 후보에 대해 쏠린 지지는 박 후보의 승리에 크게 기여했다. 12월 19일 대선 당일 날씨가 쌀쌀했지만, 노년 또는 노년을 가까이 앞둔 세대의 유권자들은 이른 아침부터 투표소에 나가 줄을 서며 박 후보가 당선되도록 힘을 썼다. 18대 대선은 '투표용지에 의한 세대간 대결'이라고 묘사할 수 있는데, 여기서 5060세대가 2030세대를 제압했다.

3. 정당일체감과 후보선택

아산정책연구원 패널조사에서는 1차 조사부터 마지막 7차 조사에 이르기까지 응답자가 특정 정당과 가깝게 느끼는가를 묻는 등의 방식으로 정당일체감을 확인하고자 했다. 가장 최근 조사인 7차 조사의 결과는 선거후에 실시됐기 때문에 응답자의 투표 결과에 따라 정당일체감에 대한 응답이 영향을 받을 여지가 있다. 또한, 새누리당 승리, 민주통합당 패배라는 선거결과로 말미암아 새누리당에 가깝게 느끼는 응답 비율이 그 이전의 조사에 비해 커지고 민주통합당에 가깝다는 응답 비율은 줄 가능성도 있다. 그리하여 여기서는 대선 전에 실시된 6차 조사의 결과를 제시하고자 한다.

6차 조사의 전체 응답자 2,543명 가운데 정당일체감의 분포는 새누리당 39.9%, 민주통합당 32.1%, 통합진보당 2.2%, 진보정의당 1.8%, 기타 정당 0.3%, 무당파층 23.8%로 나타났다. 새누리당에 일체감을 느낀 응답자의 비율은 민주통합당에 일체감을 느낀 응답자의 비율보다 7.8% 포인트 더 높았다. 두 주요정당 이외의 군소정당에 일체감을 갖는 응답자들은 무시할 만한 비율이었다. 무당파층은 제3의 집단으로 고려해야 할 만큼 그 비율이 높았다.

6차 조사에서의 정당일체감과 7차 조사에서의 후보선택 간 교차분석을 수행하여 그 결과를 정리한 것이 〈표 2-7〉이다. 정당일체감이 후보선택에 크게 영향을 미친다는 점을 알 수 있다. 새누리당에 가깝다고 느끼는 응답자의 96.3%가 박근혜 후보, 민주통합당에 친하게 느끼는 응답자

〈표 2-7〉 투표자의 정당일체감(6차 조사)과 후보선택 (단위: %, (명))

정당 (사례수)	박근혜	문재인	χ^2 검정
전체 (2,076)	53.2 (1,105)	46.5 (971)	
새누리당 (870)	96.3 (838)	3.7 (32)	
민주통합당 (642)	7.5 (48)	92.5 (594)	
통합진보당 (45)	11.1 (5)	88.9 (40)	χ^2=1264.93 (p=.00) Cramer's V=0.78
진보정의당 (36)	11.1 (4)	88.9 (32)	
기타 정당 (5)	40.0 (2)	60.0 (3)	
무당파 (478)	43.5 (208)	56.5 (270)	

주) 각 행의 박근혜 지지율과 문재인 지지율의 합은 100%

의 92.5%가 문재인 후보를 최종적으로 지지했다. 무당파의 선택은 두 후보로 갈렸는데 박 후보보다는 문 후보 쪽으로 더 많이 흡수됐다.

4. 이념성향과 후보선택

유권자가 진보-보수의 이념연속선 상에 자신을 어디에 위치시키는가를 알기 위해 매우 진보적인 성향을 가리키는 0점부터 중도 성향을 말하는 5점을 거쳐 매우 보수적 성향을 가리키는 10점에 이르는 척도를 활용하여 본인의 이념성향에 대해 물었다. 7차 조사의 대상자 2,551명은 진보(0~4) 23.8% (607명), 중도(5) 32.9%(839명), 보수(6~10) 43.3%(1,095명)로 구분됐다. 6차 조사 대상자 2,543명은 진보 23.6%(600명), 중도 37.4% (951명), 보수 39.0%(992명)로 나눌 수 있었다. 이 두 조사를 보면 6차 조사에 비하여 7차 조사에서 중도의 비율은 줄고 보수 비율은 늘었는데 보수 성향 유권자가 진보성향 유권자보다 훨씬 높은 비율을 차지하고 있는 점은 동일하다.

제3장의 상세한 분석에 의하면, 유권자가 자신의 이념성향을 주관적으로 인식, 평가하는 것은 중요한 정책에 대해 어떤 입장을 취하는가와 실질적인 연관이 있다. 즉 진보성향은 보수 성향과 비교할 때에 한미 FTA에 대해 부정적이고, 남북관계에서 북한에 대한 지원과 대화를 강조하며, 복지혜택 확대에 적극적이고, 보다 철저한 인권보장을 주장한다. 따라서 유권자의 이념성향이 스스로에 의해 규정되는 경우에도 유권자

의 후보선호도에 영향을 미치게 된다.

제3장에서는 유권자의 이념성향 인식과 후보선택의 관계도 살펴보았다. 103쪽의 〈그림 3-2〉를 보면 진보성향 유권자들의 86.9%는 문재인 후보, 13.1%는 박근혜 후보에게 표를 줬다. 중도성향 유권자들은 문 후보 52.2%와 박 후보 47.8%로 엇비슷하게 갈렸다. 보수 성향 유권자들은 79.1%가 박 후보, 20.9%만이 문 후보에게 투표했다.

5. 후보 인물요인과 투표선택

국가 최고 지도자인 대통령을 뽑는 선거에서 유권자가 후보자 개인의 자질과 능력을 중시해서 투표선택을 함은 당연지사이다. 이런 인물요인 가운데 특히 유권자가 후보에 대해 갖는 호감의 정도나 신뢰 수준, 유권자가 후보의 국정운영 리더십을 어떻게 인식하고 평가하는지가 중요할 것이다.

6차 조사에서는 0(매우 싫다), 5(보통), 10(매우 좋다)의 11점 척도에 의한 후보 호감도, 1(전혀 그렇지 않다), 3(보통이다), 5(매우 그렇다)의 5점 척도에 의한 후보 신뢰도와 리더십을 평가하는 문항이 포함됐다. 〈표 2-8〉에서 보면, 호감도 차원에서 전체 응답자들이 부여한 점수의 평균은 박근혜 후보 5.48, 문재인 후보 5.73이었다. 호감도에서 문 후보의 평균 점수가 11점 척도 상에서 0.25포인트 더 높았는데 이러한 차이는 0.05의 수준에서 통계적으로 유의했다. 신뢰도 차원에서도 문 후보가 박근혜 후보보다 평균 점수에서 5점 척도 상에서 0.13포인트 더 높았고 이는 0.01수준에서 통계적으로 유의했다. 마지막으로, 리더십 차원에서는 박 후보가 5점 척도 상 0.11의 차이로 문 후보를 앞섰다. 이 차이도 0.01의 수준에서 통계적 유의성을 보였다.

각 후보를 대상으로 한 호감도 평가는 리더십보다는 신뢰도 평가와 더 밀접한 관계가 있었다. 이를테면 박 후보 호감도와 박 후보 신뢰도의 상관계수(r)는 0.81(p=.00)인데 박 후보 호감도와 박 후보 리더십 평가의 상관계수는 0.69(p=.00)였다. 문 후보의 경우도 마찬가지였다. 호감도와 신뢰도는 정직, 성실, 도덕성과 같은 인물의 신실함(integrity)을 말한다고 하면, 리더십은 후보의 능력(competence)과 관련이 깊다고 볼 수 있다. 〈표 2-8〉에 의하면 유권자들은 신실한 인간이라는 측면에서 박 후보보다 문 후보를 좀 더 호의적으로 본 것 같은데, 국정을 운영하는 지도적 역량 측면에서는 오히려 박 후보를 문 후보보다 약간 높게 생각했다

〈표 2-8〉 응답자 전체의 후보 호감도 및 자질 평가: 평균 점수 (6차 조사)

구분 (척도점수)	대상 후보		차이 (A-B)
	박근혜 (A)	문재인 (B)	
호감도 (0~10)	5.48	5.73	-0.25**
신뢰도 (1~5)	3.22	3.35	-0.13***
리더십 (1~5)	3.39	3.28	0.11***

주) 차원별로 각 후보에 해당하는 사례수는 결측값에 따라 2,543명 이내에서 다소 달라짐
　　차원별 두 후보 간 평균점수의 차이에 대한 t-검정(양측) 결과 ** p<.05, *** p<.01

고 할 수 있다.

후보의 인물요인에 대한 평가와 후보선택과는 어떤 관련이 있는가? 〈표 2-9〉에서는 6개의 변수(인물 요인 3가지×대상 후보 2인) 각각에서 박 후보를 찍은 유권자들과 문 후보를 찍은 유권자들이 부여한 점수의 평균을 비교하여 제시한다. 평균 점수의 차이는 모두 0.01의 수준에서 통계적으로 유의했다. 예상과 다르지 않게 박 후보 지지자들은 문 후보 지지자들보다 박 후보에 대해 갖는 호감도가 평균적으로 높다. 다시 말하면 박 후보를 문 후보보다 더 호의적으로 느꼈기 때문에 실제로 대선 때 박 후보를 지지한 경향이 있는 것을 의미한다. 각 후보의 신뢰도나 리더십에 있어서도 그 후보를 지지하는 유권자들이 그렇지 않은 유권자들보다 그 후보를 좀 더 긍정적으로 평가했다. 결국, 유권자의 후보 호감도나 리더십

〈표 2-9〉 유권자의 지지후보 선택별 각 후보 호감도 및 자질 평가: 평균 점수 (6차 조사)

구분 (척도점수)	대상 후보	지지후보 선택		차이 (A-B)
		박근혜 (A)	문재인 (B)	
호감도 (0~10)	박근혜	7.99	2.81	5.18***
	문재인	4.10	7.46	-3.36***
신뢰도 (1~5)	박근혜	4.23	2.17	2.06***
	문재인	2.58	4.15	-1.57***
리더십 (1~5)	박근혜	4.19	2.56	1.63***
	문재인	2.72	3.86	-1.14***

주) 박근혜 투표자의 사례수는 1,075~1,105; 문재인 투표자의 사례수는 961~971; 호감도, 신뢰도, 리더십 차원에서 박 또는 문 후보에 부여한 평균점수의 두 후보 지지자들 간 차이에 대한 t-검정(양측) 결과 ***p<0.01

평가는 후보선택에 영향을 줬다.

6. 선거이슈와 투표선택

18대 대선에서 후보자 간의 정책경쟁이 실종되다시피 했음이 제8장에서 부연된다. 민주통합당은 정권교체를 위한 금과옥조처럼 야권후보 단일화에 집착하면서 정책 공방에는 노력을 덜 기울였다. 중앙선거방송토론위원회가 공직선거법에 따라, 국회 5석 이상 정당 추천 후보 나 직전 선거에서 3%이상 득표한 정당 추천 후보, 또는 여론조사(선거운동 개시일 30일 전부터 개시일 사이에 실시한) 평균 지지율이 5%이상 후보를 초청하여 TV 토론을 12월 4일에 1차, 10일에 2차, 16일 3차로 진행했다. 대선후보초청 TV 토론 이외에는 지지율 1위의 박근혜 후보를 포함하여 대선주자들 간에 벌이는 정책토론은 거의 이루어지지 않았다. 1997년 대선 이래 정책토론이 가장 미흡한 대선이었다.

중요한 시대적 과제라고 하여 내세운 일자리 창출, 복지, 경제민주화, 국민통합, 정치쇄신 등 주요 정책구호에서 박근혜, 문재인 두 후보의 주장이 크게 다르지 않았다. 특히, 경제 분야에서 과거 보수 성향 후보가 성장에 역점을 둔 데 반해 18대 대선에서 박 후보는 일견 진보성향 후보가 유리하다고 생각되는 복지와 경제민주화라는 정책의제를 선점했다. 물론 세부 정책내용으로 가면 차이가 없지 않았지만 그 수준까지 관심을 두지 않는 유권자에게는 박, 문 양 후보의 차별성이 제대로 부각되기 어려웠다. 요컨대, 정책이슈를 중심으로 첨예한 경쟁이 대단히 아쉬운 선거였다.

후보들은 '경제성장'이라는 구호 대신에 이와 동일하지는 않지만 관련이 매우 깊은 '일자리 창출'을 강조했다. 차기 대통령의 주요 과제를 물은 7차 조사의 질문에 대한 응답항목으로 경제성장을 넣었을 때에 응답자들은 가장 높은 38.1%의 비율로써 경제성장을 지적했다. 이외에 5% 이상의 응답률을 보인 과제는 순서대로 사회통합 22.5%, 복지확대 13.1%, 정치개혁 8.9%, 남북관계 개선 5.7%,이었다. 이는 유권자들이 보기에 차기 행정부가 우선적으로 추진해야 하는 정책 목표들이다. 유권자가 생각하는 차기 대통령의 우선 정책과제가 후보선택에 영향을 미쳤는가를 검토해 보았다. 경제성장, 사회통합, 복지확대, 정치개혁, 남북관계 개선을 값이 1 또는 0인 가변수로 만들어 후보선택 변수(박근혜 = 1, 문재인 = 0)와의 교차분석을 거쳐 상관관계 계수를 구했다. 차기 행정부의 최우선 정책목표로서 경제성장은 박 후보에 약간 유리한 효과 (χ^2=70.27, p=.00, Cramer's V=0.17, 사례수=2,400)가 있었다. 한편, 차기 대통령의 과제로서 정치개혁, 복지확대, 사회통합은 약하기는 하지만 문 후보의 득표에 영향을 줬다(정치개혁: χ^2=38.83, p=.00, Cramer's V=0.13, 사례수=2,400; 복지확대: χ^2=35.63, p=.00, Cramer's V=0.12, 사례수=2,400; 사회통합: χ^2=10.18, p=.00, Cramer's V=0.07, 사례수=2,400). 끝으로, 남북관계 개선은 통계적으로 유의한 관계를 보이지 않았다(χ^2=0.23, p=.63, Cramer's V=0.01, 사례수=2,400). 이렇게 볼 때 패배한 문 후보와 민주통합당은 정치개혁, 복지확대, 사회통합을 이슈로 하여 좀 더 적극적으로 정책 비전과 내용을 유권자들에게 호소하여 승리의 가능성을 높였어야 했다.

대선 기간 동안 두 진영에서는 정책 비전과 수단에 대한 미래지향적인 토론 대신에 과거 또는 현직 대통령의 통치 또는 국정운영 전반에 대한 회고적인 공방이 제한적으로 전개됐다. 민주통합당은 박근혜 후보의 아버지인 박정희 대통령이 남긴 독재의 유산을 유권자들에게 상기시키고자 했다. 그런데 박 전 대통령은 독재에도 불구하고 리더십이나 업적으로 역대 대통령 중 가장 긍정적으로 평가되고 있기에 이러한 논란은 민주통합당에 결코 유리하지 않았다.

민주통합당은 대선국면에서 지지도가 하락한 이명박 대통령의 실정에 비판의 화살을 돌렸다. 한나라당의 후신인 새누리당의 계속 집권을 차단하려는 의도가 있었다. 7차 조사에서는 전체 응답자의 25.6%만이 이 대통령이 국정을 매우 또는 다소 잘 운영했다고 보았다. 현직대통령의 국정운영에 대한 논란은 문재인 후보 득표에 어느 정도 도움이 됐다고 할 것이다. 이 대통령의 국정운영을 평가하는 4점 척도와 후보선택의 이분변수(박 아니면 문 후보)는 교차분석 결과, 비교적 강한 상관관계를 보여줬다(χ^2=727.81, p=.00, Cramer's V=0.56, 사례수=2,303). 그럼에도 불구하고 5차 조사에서 박 후보가 이명박 행정부의 공동책임자라는 주장에 대해 전체 응답자의 의견은 공감하는 편이 약간 많기는 해도 공감하지 않는다는 의견을 압도하지는 않았다(공감 52.2% 대 비공감 48.8%). 즉 이 대통령에 대한 비판이 문 후보에게 유리하게 작용한 것으로 평가하기는 어렵다.

새누리당과 박근혜 후보는 역대 정권을 비판하며 박 후보에 대한 공세를 펼치는 야권에 문재인 후보가 비서실장을 역임했던 노무현 행정부에 대한 비판으로 대응했다. 7차 조사에서 노 전 대통령 국정운영에 대한 평가는 긍정 45.7% 대 부정 54.3%로 갈렸다. 부정적 평가 비율이 얼마간 많았지만 이명박 대통령의 경우와 비교할 때 한 쪽으로 의견이 기울었다고 말할 수 없다. 노 전 대통령의 국정운영 평가와 후보선택도 비교적 강한 상관관계가 나타났는데(χ^2=642.82, p=.00, Cramer's V=0.53, 사례 수=2,284), 상반된 평가 의견의 비율이 엇비슷하여 박 후보에 크게 유리하게 작용했다고 할 수 없다.

새누리당이 박근혜 후보를 '준비된 여성 대통령'이라고 내세운 주장은 박 후보 당선에 도움을 주었는가? 이러한 새누리당 주장에 대해 민주통합당이나 문재인 후보가 강하게 시비를 걸지는 않아 박 후보의 이러한 인물요인이 선거과정에서 현시적 이슈였다고 말하기는 어렵다. 그렇지만 여성 대통령론은 박 후보에 다소나마 유리하게 작용했을 것으로 일단 판단해 본다. 5차 조사에서는 "이번 대선에서 여성이 대통령이 되는 것에 대해 어떻게 생각하는가"라는 질문이 있었다. 이에 대해 모름, 무응답을 제외한 2,274명의 응답자들 가운데 19.8%가 매우 찬성, 54.9%가 찬성하여 긍정적 의견이 74.7%에 달했다(반대 18.8%와 매우 반대 6.5%로 부정적 의견은 25.3%). 여성 대통령에 대한 의견과 후보선택의 상관관계는 상당히 강하게 나타났다(x^2=624.95, p=.00, Cramer's V=0.61, 사례수=1,679).

다변수 종합분석

양변수 간 단순관계 맥락에서의 선행 분석은 2012년 대선에서 광주/전라 또는 대구/경북 거주여부, 연령, 정당일체감, 이념성향, 후보 호감도와 리더십 평가, 이명박 대통령의 국정운영에 대한 평가, 노무현 대통령의 국정운영 평가, 차기 대통령의 최우선 정책과제 인식과 같은 변수가 박근혜, 문재인 중 한 후보의 선택에 영향을 미쳤음을 보여준다. 이 절에서는 다변수 분석의 맥락에서 다른 독립변수의 효과를 통제하는 경우, 후보선택에 직접 영향을 주는 변수, 그리고 상대적으로 좀 더 중요한 변수가 어떠한 것인지에 대해 살펴보기로 한다.

〈표 2-10〉은 이항 로지스틱 회귀분석 결과를 제시한다. 종속변수는 7차 조사에서 밝혀진 박근혜 후보선택 여부이다. 16개의 독립변수가 투입됐다. 정당일체감은 7차 조사의 경우 후보선택의 영향을 받는 역방향의 인과관계가 발생할 가능성을 배제하기 어렵기 때문에 6차 조사의 자료를 토대로 새누리당, 민주통합당 가변수를 구성했다. 이렇게 투표 행위 이전의 시점에서 독립변수를 측정할 수 있는 것이 바로 패널조사의 장점이다. 거주지는 광주/전라, 대구/경북 두 가지 가변수를 이용한다.

〈표 2-10〉 후보선택에 대한 이항 로지스틱 회귀분석

독립변수		회귀계수	표준오차
정당일체감 (6차 조사; 기타 기준)	새누리당	1.34***	0.31
	민주통합당	-0.67**	0.28
거주지역 (7차 조사)	광주/전라	-0.59	0.40
	대구/경북	0.47	0.40
연령(7차 조사; 세)		-0.01	0.01
본인의 이념성향 인식 (7차 조사; 진보-보수, 0~10)		0.36***	0.07
이명박 행정부 평가 (7차 조사; 긍정적-부정적, 1~4)		-0.45***	0.17
노무현 행정부 평가 (7차 조사; 긍정적-부정적, 1~4)		0.87***	0.19
차기 대통령의 최우선 정책과제 (7차 조사; 기타 기준)	사회통합	-0.72*	0.40
	경제성장	-0.43	0.35
	복지확대	-0.49	0.44
	정치개혁	-0.87*	0.46
후보 호감도 (6차 조사; 부정적-호의적, 0~10)	박근혜	0.69***	0.07
	문재인	-0.59***	0.08
리더십 평가 (6차 조사; 부정적-긍정적, 1~5)	박근혜	0.42***	0.12
	문재인	-0.32**	0.14
상수항		-3.05***	1.14
사례수		1,890	
χ^2		2,069.96***	
Cox & Snell R^2		0.67	
Nagelkerke R^2		0.89	
예측적중률		94.8%	

주) 종속변수: 박근혜(1), 문재인(0), * $p<.10$, ** $p<.05$, *** $p<.01$

연령은 1년 단위의 나이, 이념성향은 11점 척도(매우 진보 0-매우 보수 10), 이명박과 노무현 행정부의 국정평가는 각각 4점 척도(매우 긍정적 1-매우 부정적 4)로 측정됐다. 차기 대통령의 우선 정책과제는 양변수 분석에서 통계적으로 유의한 효과를 미친 사회통합, 경제성장, 복지확대 및 정치개혁에 각각 해당하는 4개의 가변수로 조작됐다. 마지막으로 후보 개인의 인물요인과 관련해서는 호감도와 리더십 평가를 고려했다. 전자의 박근혜와 문재인 호감도는 0에서 10에 이르는 11점 척도, 후자의 박근혜와 문재인 리더십은 1부터 5까지의 5점 척도로 측정됐다.

이 로지스틱 분석모델은 카이 제곱의 수치와 상수항 모두 0.01 이하의 수준에서 통계적으로 유의하고, 적합도가 높다(Cox & Snell R^2=0.67, Nagelkerke R^2=0.89, 예측적중률은 94.8%). 여기서의 분석대상은 6차 조사와 7차 조사에 모두 응한 사람들이고, 그 사례수는 1,890명이다. 0.05 또는 그 이하의 유의수준에서 통계적으로 유의한 독립변수는 새누리당 일체감, 민주통합당 일체감, 본인 이념성향, 이명박 행정부 평가, 노무현 행정부 평가, 박근혜 호감도, 문재인 호감도, 박근혜 리더십, 문재인 리더십이다. 이러한 독립변수들이 지지할 후보를 선택하는 결정에 있어서 상대적으로 중요한 요인인 것으로 밝혀졌다. 유의수준을 0.10으로 덜 엄격하게 하면 차기 대통령의 최우선 정책과제로서 사회통합과 정치개혁 변수도 통계적 유의성을 갖게 된다.

새누리당 일체감이 강할수록, 자신의 이념성향을 보수적으로 인식할

수록, 노무현 대통령의 국정운영을 부정적으로 평가할수록, 박근혜 후보에 호의적인 느낌을 갖고 있을수록, 박 후보의 리더십을 긍정적으로 평가할수록 박 후보를 선택할 확률이 높게 된다. 민주통합당 일체감이 강할수록, 이명박 대통령의 국정운영을 부정적으로 평가할수록, 차기 대통령의 최우선 국정과제로서 사회통합이나 정치개혁을 손꼽는 경우에, 문재인 후보에 대해 호의적으로 느낄수록, 문 후보의 리더십을 긍정적으로 평가할수록 박 후보 대신에 문 후보를 선택할 확률이 커진다.

양변수 분석에서 부각되는 사회배경 변수로서 광주/전라, 대구/경북 거주여부, 연령은 〈표 2-10〉의 분석결과에서 통계적으로 유의하지 않은 것으로 나타났다. 이는 이러한 사회배경 변수들의 영향이 이념성향, 정당일체감, 후보 인물요인, 대통령의 국정운영 평가 등에 의해 흡수 내지 매개되어 후보결정에는 순수하게 직접적으로 작용하지 않았기 때문이다.[3] 정책 과제와 관련하여 경제성장이나 복지확대 변수 역시 이와 마찬가지였다.

결론

2012년의 대선경쟁은 11월 23일 안철수 후보의 사퇴 선언 이후 선거

---

[3] 예를 들어, 연령을 단일 독립변수로 하여 후보선택에 대한 이항 로지스틱 회귀분석을 실행하는 경우 연령의 회귀계수는 .01 이하의 수준에서 유의하다. 하지만 박근혜 호감도, 문재인 호감도, 본인 이념성향, 새누리당 일체감, 민주통합당 일체감을 추가로 독립변수로 투입하여 통제하는 경우 연령의 회귀계수는 .10의 수준에서조차 통계적으로 유의하지 않게 된다.

일인 12월 19일에 근접하면서 극명한 양강구도를 보였다. 안 후보는 사퇴 직후 망설이는 모습이었으나 문재인 후보의 요청을 받아들여 그 나름의 방식대로 문 후보를 지원하여 문 후보의 지지율 상승에 도움을 줬다. 선거일 직전에 실시된 아산정책연구원의 패널조사 결과는 박근혜 후보가 단지 오차범위 이내에서 문재인 후보를 앞서는 것으로 나타났다.

중앙선관위 집계에 의하면, 박근혜 후보가 전체 유효투표수의 51.6%를 득표하여 48.0%를 얻은 문재인 후보를 3.6%포인트 차이로 누르고 18대 대통령으로 당선됐다. 문 후보와 민주통합당은 승리를 위해 야권후보 단일화에 집착하였는데 당초 바라던 합의 방식은 아니었지만 안철수 후보가 후보등록 이전, 통합진보당의 이정희 후보가 대선일 3일 전에 사퇴하며 야권후보 단일화가 이루어졌다. 그렇지만 안 후보를 지지하던 유권자들의 표를 문 후보가 모두 흡수하지는 못했다. 패널조사 자료를 분석하면, 투표에 참여한 사람들만 고려할 때 종전에 안 후보를 지지하던 사람들의 약 5분의 4(79.0%)가 문 후보 지지에 합류했다. 나머지 약 5분의 1(20.2%)은 새누리당의 박 후보 쪽으로 돌아섰다.

18대 대선에서 보수 성향 박근혜 후보의 승리를 설명하기 위해서는 한국 사회에서 빠른 속도로 진행되고 있는 고령화 현상에 주목해야 한다. 2002년 대선과 다르게, 2012년 대선에서 선거인수 중 5060세대가 차지하는 비율은 2030세대의 비율보다 높았다. 5060세대에서는 보수 성향 후보에 대한 지지가 높았기 때문에 진보성향의 문재인 후보는 지지 확보가 상대적으로 더 어려운 상황에서 선거에 임하게 됐다.

　18대 대선 투표율은 75.8%로 17대는 물론 16대 대선에 비해서도 상승했다. 2030세대의 투표율 증가로 전체 유권자의 투표참여 비율이 올라갔다. 투표율이 상승하며 문재인 후보가 당선될 것으로 보였지만 결국에 가서는 박 후보가 앞서있던 선거 판세를 뒤집지 못했다. 2030세대의 투표율이 높아졌지만 5060세대의 투표율이 전국 규모의 선거에서 통상 그랬듯 더 높았다.

　18대 대선에서도 광주/전라에서 민주통합당의 문재인 후보가 압도적인 득표율을 기록했고, 대구/경북에서 새누리당의 박근혜 후보가 매우 높은 비율을 득표함으로써 호남과 영남의 지역균열을 다시 목도하게 됐다.

　40대 전반 이하의 유권자들이 문재인 후보를, 40대 후반 이후의 유권자들은 박근혜 후보를 더 지지했다. 특히 2030세대와 5060세대의 대조적인 투표행태는 세대균열을 현시했다. 5060세대는 적극적으로 투표장에 나가 박근혜 후보를 대거 지지하여 그녀의 당선에 크게 기여했다.

　패널조사에서는 새누리당에 가깝게 느끼는 응답자 비율이 민주통합당의 경우보다 늘 많았다. 군소정당에 친화적인 응답자들의 비율은 무시할 정도로 적었고, 무당파는 전체 응답자 중 적어도 1/4이었다. 새누리당이나 민주통합당 각각에 대해 일체감을 갖는 유권자들의 10명 중 9명은 그 정당이 내세운 후보에게 표를 줬다.

유권자 이념성향 분포를 보면, 중도와 보수의 비율은 거의 비슷했고, 진보 비율은 가장 낮았다. 중도성향 유권자들은 문재인, 박근혜 후보로 지지가 양분되는 편이었고, 진보나 보수 성향 유권자들은 각각 10명 중 8~9명이 전자의 경우 문 후보, 후자의 경우는 박 후보를 선택했다.

선거 전 패널조사 자료를 토대로 후보 개인의 인물요인을 살펴보면, 전체 유권자들 사이에서 박근혜 후보가 호감도나 신뢰도 면에서 문재인 후보보다 더 선호되지 않았지만 리더십 면에서는 문 후보보다 긍정적으로 평가됐다. 유권자의 후보선택에 후보자의 국정운영 역량이 의미있게 고려된 것으로 보인다.

2012년 대선에서는 차기 행정부가 지향해야 할 정책 비전과 내용에 대한 토론이 활성화되지 못했다. 야권후보 단일화는 권력의 교체를 위한 필요조건일 수 있으나 충분조건은 결코 아니다. 문재인 후보와 민주통합당은 이 필요조건에 집착하면서 야당이 차기에 집권해야 할 당위성과 집권하고 나서 국정을 운영할 수 있는 역량을 다수 유권자들이 납득할 수 있도록 제시하지 못했다. 오히려 박근혜 후보와 새누리당이 진보 진영에 친화적인 경제민주화나 복지와 같은 정책의제를 선점했다. 정치개혁과 사회통합 이슈는 실제로 어느 정도 문 후보에 유리하게 작용했다고 분석됐다. 문 후보는 이러한 시대적 과제를 놓고 박 후보와 차별되는 처방으로써 좀 더 강한 정책이미지를 유권자들에게 심어 주었어야 했다.

이명박 대통령의 실정에 대한 비판은 문재인 후보에, 노무현 대통령이 잘못한 점에 대한 공격은 박근혜 후보에 유리하게 작용한 점이 얼마간 있다. 그러나 이러한 이슈에 대한 논쟁은 본질적으로 과거 회귀적이고 네거티브 캠페인으로 변질될 여지가 있다. 결국, 2012년의 경쟁 주체들은 유권자들에게 어느 후보가 더 나은 국가의 미래를 개척할 수 있는 인물인지에 대한 전망을 할 수 없게 했고, 유권자들의 투표 의사를 진작시키지 못했다.

선거가 끝난 시점에서는 선거에 대한 냉철한 사후 분석은 중요하다. 선거에 패배한 쪽일수록 차기의 승리를 기약하기 위해 선거과정과 유권자 선택을 반추할 필요가 있다. 지난 선거를 뒤돌아보는 이유는 누가 왜 이기고 졌는가를 따져보는 데에 그치지 않는다. 선거가 정치세력의 공정한 경쟁의 무대로서, 국가의 당면과제를 놓고 펼쳐지는 공론의 장으로서, 국가리더십 창출의 기제로서, 그리고 시민참여의 마당으로서 민주정치를 한 단계 발전시킬 수 있었는가를 찬찬히 곱씹어 보는 것이 더 중요하다.

| 참고 문헌 |

강원택. 2003. 『한국의 선거정치: 이념, 지역, 세대와 미디어』. 서울: 푸른길.
박찬욱. 2006. "한국시민의 투표행태 분석: 제16대(2002년) 대통령선거에 있어서 사회균열과 유권자의 후보자 선택." 임혁백·고바야시 요시아키 편. 『시민사회의 정치과정: 한국과 일본의 비교』, 156-195. 서울: 아연출판부.
박찬욱 편. 2008. 『제17대 대통령선거를 분석한다』. 서울: 생각의 나무.
박찬욱·강원택 편. 2012. 『2012년 국회의원선거 분석』. 서울: 나남.
박찬욱. 2012. "대선 전초전으로서의 19대 총선." 박찬욱·김지윤·우정엽 공편. 『한국 유권자의 선택1: 2012 총선』, 31-60. 서울: 아산정책연구원.
중앙선거관리위원회. 2003. "제16대 대통령선거 투표율 분석." http://www.nec.go.kr (검색일: 2013. 3. 17).
중앙선거관리위원회. 2013. "제18대 대통령선거 투표율 분석." http://www.nec.go.kr (검색일: 2013. 3. 17).

3
2012년 한국의 선거와 유권자의 이념

강신구

 2012년은 대의 민주주의 정치의 두 축이라 할 수 있는 대통령과 국회가 선거를 통해서 새로이 선출·구성된 해이다. 1987년의 민주화 이후 1992년에 처음 국회의원 선거(1992년 3월 24일)와 대통령 선거가(1992년 12월 18일) 같은 해에 실시되었다. 2012년은 그로부터 꼭 20년이 경과한 해로서, 우리는 4월에 제19대 국회의원 선거를, 그리고 지난 12월 19일에 18대 대통령 선거를 치렀다.

 너무나 당연한 선거주기에 대한 언급으로 글을 시작하게 된 것은, 1987년의 민주화 직후에만 하더라도, 격동의 과정을 통해서 형성된 체제가 약 25년 동안 유지되리라는 확신을 누구도 쉽게 하기 힘들었으리라는 생각 때문이다. 이러한 선거주기가 당연하게 받아들여지는 것만으도 한국의 민주화가 안정단계로 접어들고 있다는, 혹은 이미 접어들었다는 하나의 증거로 해석될 수 있기에, 우리나라 대의민주주의 정치의 두 축을 구성하는 2012년의 양대 선거를 무사히 치른 소회가 남다르다.

그러나 이에 마냥 만족하고 있을 수만은 없을 것이다. 우리에게는 어렵게 일궈낸 민주주의를 한 단계 더 높은 차원의 민주주의로 발전·성숙시켜야 하는 책임이 있기 때문이다. 성숙하고 발전한 민주주의에서 선거는 사회의 잠재되어 있던 다양한 이해관계의 갈등이 집단적으로 표출되곤 한다. 경쟁하는 후보자 및 정당은 정책을 통해 갈등을 통합하는 역할을 해야할 것이다. 따라서 선거는 갈등과 통합의 기제로서 존재해야 한다. 그러나 민주화 이후 한국 선거는 통합의 기제보다는 갈등의 기제로만 작용해 왔다는 비판과 자성의 목소리가 높다. 선거를 통해서 잠재되어 있던 갈등이 표출되었지만, 이러한 갈등이 선거의 과정을 통해서 통합되기 보다는, 오히려 갈등의 골이 더 깊어지는 양상을 선거가 끝난 후 발견하게 된다는 것이다. 이렇게 선거과정을 통해서 불거진 갈등의 양상은 선거의 승자에게 더 큰 정치적 부담으로 작용할 수밖에 없을 것이다.

조금 더 구체적으로 들어가 보면, 근래 한국 선거과정에서 '진보'와 '보수'의 차원으로 이해되는 이념적 양극화가 심화되고 있다는 비판이 지속적으로 제기되고 있다. 민주화 이후 초기 선거에서 지배적인 갈등 양상으로 존재하던 지역주의 역시 이른바 3김의 퇴장과 함께 조금은 약화되었지만 여전히 중요한 갈등으로 존속하고 있다. 이러한 상황에서, 신자유주의의 기치 아래 세계화가 확산·심화되면서 사회적 양극화가 진행되고, 우리가 흔히 '진보-보수'의 대결로 이해하는 이념적 경쟁이 촉발된다. 이념경쟁이 기존의 갈등을 구성하는 축과 — 예를 들면, 연령, 세대, 지역, 계급 등 — 물리적·화학적으로 결합하여 보다 심화된 갈등으로 비화되는 양상이 선거 전반에 걸쳐 나타나고 있다. 이러한 비판이 옳거나 유효하다면, 이는 우리나라 민주주의 발전에 큰 부담이 아닐 수 없다.

문제의 해결을 위해서는 정확한 진단이 우선해야 한다. 따라서 이 연구의 목적은 2012년 한국의 양대 선거와 '이념'의 관계를 분석하는 것이다. 2012년 4월의 제19대 국회의원 선거에 대해서는 이미 우리 연구진이 수행한 연구(박찬욱·김지윤·우정엽 2012)가 있기에, 이 글에서는 18대 대통령 선거결과와 한국 유권자의 이념 사이의 관계를 분석하는 데 초점을 맞출 것이다. 그렇다고 우리의 연구가 선거 이후의 시점에만 제한되는 것은 아니다. 아산정책연구원은 2012년이 한국 사회가 20년 만에 맞이하는 양대 선거가 함께 실시되는 해라는 사실에 주목하여, 총선이 실시되기 직전인 2012년 4월초 1차 조사(4월 6일부터 10일까지 5일간)를 시작으로, 대선이 실시된 직후인 2012년 12월 말에 실시된 7차 조사(12월 21일부터 30일까지 10일간)까지 총 7회에 걸친 패널조사(panel survey)를 실시한 바 있다. 이는 양대 선거를 전후해서 발견되는 유권자와 정당, 그리고 후보자의 이념변화의 동향을 관찰할 수 있는, 선거연구에서 흔히 접하기 어려운 매우 귀중한 자료이다. 그러하기에 이 연구에서는 패널조사 자료의 이점을 활용하여 양대 선거를 치르면서 변화된 유권자와 후보자의 이념지형의 내용 및 원인, 그리고 그 결과를 분석하는데 초점을 맞추고자 한다.

다음에서는 먼저 선거와 이념의 관계에 대해서 이론적으로 살펴볼 것이다. 다음에서는 본격적인 경험적 분석으로 넘어가, 대선 직후에 실시된 7차 조사의 결과를 바탕으로 이번 대통령 선거에서 유권자의 후보 선택 및 중요한 쟁점사항에 대한 유권자의 태도에 미친 이념의 영향을 살펴본다. 마지막으로는 이런 결과가 가지고 있는 이념의 변화양상과 그 내용의 함의에 대해서 살펴보고자 한다. 비록 1년에 채 미치지 못하는 조사 기간은 보다 장기적인 지속성을 가지고 있는 것으로 예상되는 이념의 변화양상을 살펴보기에는 부족한 것이라는 비판이 가능하지만, 역으로 그와 같은 짧은 기간 동안에 의미 있는 변화가 발견된다면, 이는 그 자체로 한국 사회 유권자가 갖고 있는 이념 특성의 한 단면을 보여주는 것으로 해석할 수 있을 것이다. 다음에서 보겠지만, 우리의 연구는 이와 같은 가변성(可變性)을 시사하고 있다.

선거와 이념: 이론적 논의

선거(election)와 국민투표(referendum)의 차이는 무엇인가? 둘 모두 민주주의 사회에서 주권자인 시민이 정치적 의사표현의 행위로서 표를 던진다(投票, voting)는 점에서 같지만, 국민투표 혹은 주민투표는 특정한 쟁점 사안에 대한 찬반의 표시 혹은 경쟁하는 구체적인 정책 대안(혹은 법률)에 대한 선호표시인 반면, 선거는 이러한 정책대안을 만들어가는 후보자 혹은 정당에 대한 선호표시라는 점에서 다르다. 선거에서 승리한 후보자 혹은 정당은 다음 번 선거가 실시되기 전까지 종종 우선적이고 배타적인 권한을 가지고 다양한 정책결정에 참여하게 된다. 그러하기에 선거에서 경쟁하는 후보자 및 정당들은 선거 당시의 다양한 사회적 문제들에 대한 정책대안을 제시하면서 유권자의 선택을 요구한다.

짧은 선거운동 기간 동안에 모든 사회적 문제에 대한 해법을 제시하는 것은 불가능하다. 정당이나 후보자가 경쟁적으로 제시하는 해법에 대해서 유권자들이 일일이 비교·평가하는 것은 더욱 기대하기 힘들다. 무엇보다도 아무리 높은 수준의 민주주의 체제라도 선거는 일정한 간격을 가지고 시행된다.[1] 이는 선거사이에 유권자의 결정을 요구하는 어떤 정책적 사안이 새로이 대두하게 될지, 그러한 사안이 발생하게 되면 어떤 구체적인 정책적 선택이 이루어지게 될지에 대해 전혀 알지 못하는 상황 속에서 유권자의 선택이 이루어져야 한다는 것을 의미한다.

정치이념(political ideology)의 정의와 그 발생 원인에 대해서는 다양한 견해가 존재한다. 가장 대표적인 견해의 하나인 이념은 바로 이러한 불확실성(uncertainty)의 상황 속에서 선택을 해야 하는 유권자의 편의를 위

---

[1] 특히 대통령제는 이러한 선거의 간격이 일정하게 유지된다는 점에서, 유연성(flexibility)을 특징으로 하는 의회제의 선거와 다른 경직성(rigidity)을 가지는 것으로 평가되기도 한다(Linz 1994).

하여 발생했다는 것이다. 이러한 견해의 기원에 해당하는 다운즈의 논의를 간략히 살펴보면, 그는 먼저 이념을 "좋은 사회가 무엇이며 아울러 그러한 사회를 건설하기 위한 주요 수단이 무엇인가에 대하여 언어로 표현된 이미지(a verbal image)"로 정의한다(Downs 1957, 96; 박찬욱·김경미·이승민 2008, 198쪽에서 재인용). 다운즈는, "이러한 이념은 불확실성의 상황 속에서 현실의 합리적인 유권자가 광범위한 영역에 걸친 구체적인 정책에 대한 비교보다 이념에 의존한 선택을 함으로써 정보비용을 절감하고자 함에 따라, 즉 이념을 정보의 첩경으로 활용하게 됨에 따라 이를 알고 있는 후보자 및 정당 또한 유권자가 가지고 있는 이미지에 부합하는 구체적인 정책대안들을 제시하고, 선거에 승리해서 결정의 권한을 부여받게 되면 이를 실행에 옮김으로써, 지속성을 가지는 정당이념이 등장하게 된다."라고 설명한다.

불확실성에 의해서 현재 문제되고 있거나 앞으로 등장할 다양한 쟁점에 대한 비교가 어렵거나 불가능한 상황이라면, 합리적인 유권자는 좋은 사회와 이를 건설하기 위한 수단에 신념을 공유하는 후보자 및 정당을 선택하게 되는 것이다. 유권자는 이러한 결정이 필요한 상황이 되면 유권자와 동일한 이념을 가진 정당이나 후보자가 유권자의 선택에 부합하는 구체적인 정책을 만들어 가리라는 믿음을 가지게 된다. 이를 알고 있는 후보자와 정당은 유권자가 가지고 있는 이미지와 부합하는 정책대안들을 일관성있게 제시·실행하기 때문에 유권자와 정당 사이에 이념관계가 발생하고 유지된다는 것이다.[2] 이념관계가 이러한 유권자와 정당의 상호작용을 통해서 형성된다는 다운즈의 주장은 유의할 만하다.

이러한 다운즈의 견해에 의하면 한 사회 속에서 발견되는 이념경쟁, 특히 정당들 간의 이념경쟁의 양상 및 경쟁에 참여하는 정당의 수는 유권자들의 이념 분포에 의하여 균형점을 갖는 형태로 결정되지만, 그러한 정당들 간의 경쟁은 그 사회 민주주의 정부의 안정성에 매우 중요한 함의를 갖는다. 유권자들의 이념 정향이 중앙으로 밀집하는 양상을 보이게 된다면 정당경쟁은 중앙을 중심으로 수렴하는 양상을 보이게 되며, 이런 상황 속에서 등장하는 정부는 어느 정당이 정부를 구성하든지 간에 추진되는 정책에 있어서는 큰 차이가 발견되지 않을 것이다. 그러나 유권자들의 이념 분포가 두 개 혹은 그 이상의 극(modes)을 중심으로 밀집해 있는 상태라면, 이념경쟁의 수렴현상은 사라지게 될 것이며, 그 만큼 정책적인 차원의 안정성은 기대하기 어렵게 될 것이다. 이러한 논의는 유권자의 이념 분포와 정당의 이념경쟁, 그리고 정치체제의 안정성에 중요한 상관관계가 존재할 수 있음을 시사한다.

그런데 우리는 현대 민주주의 사회에서 발견되는 이념을 둘러싼 경쟁관계를 '좌 – 우'의 차원으로 분석하는 것에 매우 익숙해져 있다. 아니 한

---

[2] 그렇다고 해서 이렇게 성립된 이념관계가 항상 고정적이라는 것은 아니다. 사회가 변화 · 발전함에 따라 좋은 사회에 대한 유권자의 생각은 변화할 수 있으며, 경쟁적 선거의 환경 속에서 유권자의 선택을 받아야 하는 정당은 이에 발맞추어 정당의 이념을 변화시켜야 할 것이다. 그러나 그 변화의 양상이 급속한 것이라면, 유권자가 정당에 대해 가지는 이념적 상은 큰 혼란을 겪게 되고, 정당의 이념적 진정성은 의심받게 될 것이다. 그러하기에 이러한 이념관계에는 지체(lag) 현상이 때때로 발생할 수 있다.

국 유권자의 경우에는 이러한 관계를 '진보-보수'의 차원으로 이해하는 것에 더욱 익숙할 것이다. 도대체 '좌'와 '우'는 무엇이며, 또 '진보'와 '보수'는 각각 무엇을 의미하는가?

한 사회 속에서 유권자들이 가지는 좋은 사회에 대한 상은 다양하게 존재할 수 있을 것이다. 그리고 개별 유권자들이 가지는 좋은 사회에 대한 상은 개별 유권자들이 사회 속에서 차지하는 관계로부터 비롯되는 이해(interests)와 밀접한 관련을 맺을 것이다. 그러나 이러한 상은 다운즈가 밝히고 있는 바와 같이, 이를 정치사회로 매개하는 정당에 의해 제안된다. 한 사회에서 정치적으로 의미 있는(politically relevant) 이념갈등의 차원은 정당경쟁에 의해 영향을 받게 되리라는 것을 예상할 수 있다.

한 사회 속에서 존재하는 다양한 좋은 사회에 대한 이미지가 단지 두 개의 정당에 의해서만 대표된다면 어떻게 될까? 이런 경우라면, 경쟁하는 두 정당이 서로 일치하는 부분은 유권자의 선택에 도움을 주지 못할 것이다. 그리고 정당들 간의 이념적 경쟁은 서로 차이를 보이는 항목들에만 집중하게 될 것이다. 평면상에서 아무렇게나 찍힌 두 개의 점을 연상해보자.[3] 그리고 이 두 점을 잇는 최단거리 직선의 연장선을 상상해보면, 이 선이 이 사회 정당의 이념경쟁의 차원을 구성하는 것으로 이해할

---

[3] 이 때 평면은, 예를 들면, 예산 중에서 복지지출이 차지하는 비중과 국방비 지출이 차지하는 비중으로 구성된 2차원의 그래프와 같이 한 사회 속에서 가장 첨예한 갈등의 양상을 보이고 있는 두 개의 정책영역을 의미하는 것으로 이해될 수 있다. 그리고 점은 두 개의 정책영역에서 두 대표적인 정당이 취하고 있는 입장을 의미하는 것으로 이해될 수 있다. 논의의 편의를 위하여 2차원의 평면으로 제한했지만, 어떠한 다차원의 공간을 가정하더라도 두 정당만 존재한다면, 두 점을 잇는 연장선을 그릴 수 있다. 이는 아무리 다양한 쟁점사항들이 존재하더라도 정당의 이념경쟁의 차원은 상당히 단순화될 수 있다는 것을 의미한다.

수 있다. 이 때, 이러한 차원(즉 선)을 구성하는 두 개의 정당이 차이를 보이는 좋은 사회의 이미지가 각각 무엇인지는 크게 중요하지 않다. 단지 중요한 것은 이 차원 상에서 왼쪽(혹은 아래)에 놓여있는 정당이 제시하는 이미지와 오른쪽(혹은 위)에 놓여있는 정당이 제시하는 이미지가 차이를 보인다는 것이며, 유권자들의 선택은 이 차이를 중심으로 이루어지게 되리라는 것이다. 이런 방식으로 이념경쟁의 차원을 이해하는 것이 가장 분석적인 차원에서 사용되는 '좌'와 '우'의 개념이다. 이런 분석적인 시각에서 '좌'와 '우'에 의해서 대표되는 좋은 사회의 이미지는 국가별로 같을 필요는 없다.

그러나 이와 같은 분석적인 차원의 '좌'와 '우'의 개념은 우리 사회의 일반적인 '좌-우'에 대한 이해와는 많은 차이가 있는 것이 사실이다. 그것은 우리가 개별 국가에서 발견되는 '좌'와 '우'에 대해 공통적인 이미지를 가지고 있기 때문이다. 앞에서 우리는 좋은 사회에 대해서 개별 유권자들이 가지는 이미지가 개별 유권자들의 사회적 관계로부터 비롯되는 이해관계의 갈등양상과 밀접한 관련이 있음을 언급한 바 있다. 이로부터 우리는 유사한 발전경로를 보여주고 있는 사회라면 유사한 갈등관계를 표출하리라는 것을 예상할 수 있으며, 그로부터 비롯되는 정당들 간의 이념적 갈등 양상 또한 유사할 것이라는 것을 예상할 수 있다.

립셋과 로칸은 이와 같은 사회적 변화의 양상이 정당경쟁에 미친 영향을 연구했다(Lipset and Rokkan 1967). 잘 알려져 있는 바와 같이, 립셋과 로칸은 유럽의 민주주의 국가들이 국민혁명과 산업혁명이라는 과정을 거치면서 농업 중심의 전근대적인 봉건사회로부터 근대의 산업사회로의 전환이라는 역사적 경험을 공유한 것에 주목했다. 이 과정에서 발생한 중심-주변, 교회-국가, 농촌-도시, 그리고 자본-노동이라는 네 개의 균열구조(cleavage structure)가 정당경쟁, 즉 정당체계에 어떻게 투영되어 왔는가를 분석했다. 립셋과 로칸은 이를 통해서 유럽의 각 국가에서 발견되는 정당경쟁의 공통점과 차이점의 원인을 규명하고자 했다. 그들에 의하면, 개별적인 균열의 차원들이 등장하고, 해소 또는 유지되는 과정에서 개별 국가들이 보이는 차이가 이들 국가에서 발견되는 정당체계의 상이성의 원인이 됐다. 하지만 이러한 변화 중에서 농경사회에서 산업사회로의 변화는 전 유럽이 공유한 현상이었다. 산업사회로의 변화가 심화될수록 갈등의 골 또한 깊어지게 됨에 따라, 계급갈등의 양상은 각 사회의 지배적인 갈등으로 부상하게 됐다. 이러한 계급관계에 의한 갈등(class conflict)은 가장 늦게 등장했는데, 미처 해소되지 못하고 잔존하게 되면서 분석의 대상이 되는 모든 국가의 정당체계에서 발견되는 공통성의 근원을 제공하고 있음을 주장했다. 이러한 계급갈등에서 자본가의 이해를 대변하는 것을 '우', 노동자의 이해를 대변하는 것을 '좌'의 이념으로 이해하는 것이 가장 일상적으로 이루어지는 '좌'와 '우'의 이념경쟁에 대한 이해일 것이다.

이와 같은 '좌-우'에 대한 일상적 이해의 기원을 제공하는 유럽의 역사적 경험과 공유하는 부분이 적어지면 적어질수록, 분석적 차원에서 사용하는 '좌'와 '우'의 개념은 혼란스럽게 될 것이다. 비록 농경사회로부터 산업사회로의 변화는 현대의 모든 산업민주주의 사회가 공통적으로 경험한 혹은 경험하고 있는 현상이지만, 그 구체적인 갈등의 양상은 그 사회에 존재하고 있던 기존의 갈등과 맞물려 매우 상이하게 전개될 수 있는 것이다. 예를 들어 강원택(2003, 2005)은 한국정치에서 발견되는 이념경쟁의 양상은 전통적이고 일상적인 의미에서의 좌-우 차원의 영향은 제한적인 반면, 반공이데올로기의 거부와 자유주의가 이념경쟁의 한 극을 구성하고 반공이데올로기와 권위에 대한 순응이 다른 한 극을 구성하고 있다고 주장한다.

이런 개별국가 이념경쟁의 특수성을 인정하고, 불필요한 용어상의 혼란을 피하기 위하여, 비유럽권 국가의 이념경쟁의 양상을 분석하는 경우에는 일반적으로 고유한 개념화를 시도한다. 예를 들어, 미국은 이념경쟁의 양상을 진보(liberal)와 보수(conservative)의 대립으로 이해하고, 우리는 '진보(progressive)'와 '보수(conservative)'의 경쟁으로 이해하는 것처럼 말이다. 이런 경우 이념경쟁 차원의 극을 구성하는 각각의 입장들이 구체적으로 어떠한 정책적 입장과 연결되어 있는지 또한 중요한 연구 분야이다.[4]

---

[4] 한편, 이는 비교적 유사한 내용을 담고 있는 것으로 평가되는 유럽의 이념경쟁에 대한 연구에서도 역시 중요한 연구주제이다. 산업사회가 다시 후기 산업사회로 이행하는 과정에서 유럽의 각 국가들이 경험하고 있는 이념경쟁의 양상 또한 변화를 보이고 있기 때문이다. 이에 대해서는 허버트 키쉘트(Herbert Kitschelt 1994) 참조.

우리가 이념경쟁의 양상을 분석적인 견지에서 '좌—우'의 차원으로 이해하든, 보다 의미를 부여한 형태로 '진보—보수'의 차원으로 이해하든 간에 이러한 이해가 선거에서 유권자의 선택을 설명하고 예측하는 데 아무런 도움이 되지 못한다면 무의미할 것이다. 그러나 유권자의 투표행태에 대한 기존의 연구는 유권자가 좌—우 또는 진보—보수의 연속선상에서 인식하는 자신과 후보자 및 정당의 이념성향이, 다른 전통적인 투표선택 결정요인들과 — 예를 들면, 컬럼비아 학파에서 주목하여 온 유권자의 인구통계학적·사회경제적 속성, 미시간 학파에 주목하여 온 정당일체감(party identification)과 같은 심리적 속성 등 — 더불어 유권자의 투표선택을 결정하는 매우 의미 있는 요인으로 작용해 왔음을 보여주고 있다. 특히, 다운즈의 공간모형을 더욱 정교한 형태의 수리적 모형으로 발전시킨 합리적 선택이론의 접근방법에 의한 투표선택 모형에서는 합리적 유권자는 경쟁하는 후보(혹은 정당)들이 제시하는 이념과 자신의 이념을 비교하여, 보다 가까운 이념적 입장을 제시하는 후보, 즉 이념적 근접성(ideological proximity)에 비추어 최단 거리의 후보를 선택한다는 이론적 예측을 제시하고, 이를 뒷받침하는 경험적 증거들을 제시하여 왔다(Riker and Ordeshook 1968; Davis, Hinich, and Ordeshook 1970; Jacobson 1990; Cox and Munger 1989; 문우진 2009 등). 1987년의 민주화 이후 치러진 일련의 한국 선거를 분석한 연구에서도, 초기 선거에서 발견되었던 지역주의의 강력한 영향이 서서히 약화되어 가는 경향에 반하여, 이념요인의 영향이 점차 증대되고 있다는 경험적 증거가 최근 지속적으로 제시되고 있다(박찬욱·김경미·이승민 2008; 이지호 2009; 강원택 2003, 2010; 장승진 2012).

이상에서 우리는 이념과 선거의 관계에 대한 이론적 논의를 개략적으로 살펴보았다. 이에 비추어 보면, 이번 18대 대통령 선거에서 유권자의 투표선택에 이념이 미친 영향은 어떠했는지, 어떠한 경로를 통하여 영향을 미쳤는지, 이념을 구성하는 차원의 내용은 어떠한지, 그리고 유권자와 후보자가 보여주는 이념적 관계는 2012년 동안에 어떠한 변화를 보였는지는 우리 사회 민주주의의 안정성과 발전에 중요한 함의를 가지고 있는 것으로 생각할 수 있다. 다음에서는 아산정책연구원의 『2012년 총선·대선 패널조사』 자료를 바탕으로 이들을 경험적으로 살펴보도록 하겠다.

이념의 분포

경험적 분석 결과를 소개하는 이 부분에서는 먼저 이 연구의 분석 초점이 되는 이념 분포를 살펴보고, 이념이 독립변수로서 후보선택에 미친 영향과, 이념을 종속변수로 하여 이념의 형성에 미친 원인들이 무엇이었는지를 순차적으로 살펴보고자 한다. 우리 연구진은 아산정책연구원이 실시한 총 7차의 패널조사 중 1차(4월 6일부터 10일까지, 총선 직전), 3차(8월 11일부터 19일까지, 대선후보 검증기), 4차(11월 3일부터 13일까지, 대선후보 결정시기), 6차(12월 13일부터 18일까지, 대선 직전), 7차(12월 21일부터 30일까지, 대선 직후)의 총 5회에 걸쳐서 다음과 같은 질문을 했다. "'매우 진보적이다'를 0, '중도적이다'를 5, '매우 보수적이다'를 10으로 했을 때, 선생님의 이념성향은 어디에 가장 가깝다고 보십니까? 0에서 10 사이의 숫자로 말씀해주세요." 즉 유권자가 스스로 인식하는 자기이념성향을 물은 것이다. 〈그림 3-1〉은 이 중에서 대선직후 실시된 7차 조사의 문항에 응답한 2,551명의 이념분포를 보여주고 있다.

그림에서 우리는 응답자의 32.9% 가량(2,551명 중 839명)이 자기의 이념이 중도적이라고 생각하는 것을 발견할 수 있다. 객관적 평가와는 관계없이, 스스로 본인을 중도적이라고 생각하는 경향이 존재할 수 있음을 시사하는 것이다. 이는 자기이념성향 평가를 묻는 질문에 일반적으로 발견되는 경향으로서, 지표의 타당성(validity)에 의심을 갖게 할 수도 있는 현상이기에 앞으로의 결과해석에 주의를 요하는 부분이다.

비록 유권자의 자기 이념인식이 5에 밀집되어 있지만, 전체적으로는 보수(≥6)에 조금은 더 두터운 분포를 보이는 것을 볼 수 있다. 전체 이념의 평균은 5.70(표준편차 0.05)로서 전체 응답자가 조금은 더 보수적인 경향을 보이고 있었다.

이를 지난 2007년의 제17대 대통령선거 후에 실시된 유사한 조사의 결과와 비교해보면 어떨까? 다음의 〈표 3-1〉은 지난 2007년 12월 대선 직후, SBS, 중앙일보와 동아시아 연구원이 공동기획하고 한국리서치가

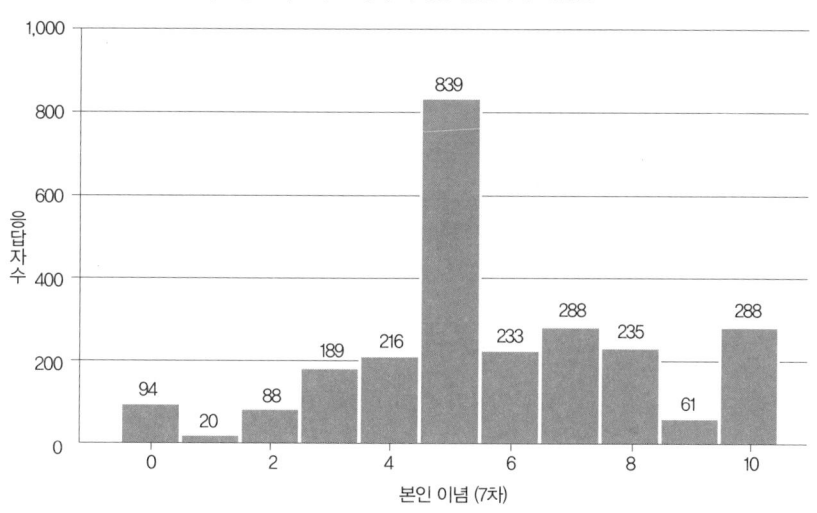

〈그림 3-1〉 7차 조사에 나타난 응답자의 이념분포

실시한 선거 후 조사(박찬욱·김경미·이승민 2008, 217)와 아산정책연구원의 선거 후 7차 조사에서 나타난 유권자의 자기이념평가의 분포를 비교하여 보여주고 있다.

표를 통해서 우리는 우선 17대에서 18대로 오면서 유권자의 이념성향이 조금 더 보수적인 방향으로(+0.17) 이동하였음을 알 수 있다. 온건한 보수층(이념성향 6~7)은 약 8 퍼센트 가량 감소한 반면, 극에 가까운 보수(≧8)는 8.1 퍼센트 증가한 것에 비추어, 이 결과가 주로 보수적 유권자층 내부에서 온건한 보수가 더 극에 가까운 보수로 이동한 결과로 비롯된 것임을 추정할 수 있다. 유사한 변화의 양상을 진보 쪽에서 아울러 발견할 수 있다. 비록 단정적으로 말하기는 성급한 것일 수 있지만, 이러한

<표 3-1> 제17대와 제18대 대통령선거 선거 후 조사에 나타난 유권자 이념성향 비교

구분	이념	0 진보	1	2	3	4	5 중도	6	7	8	9	10 보수	합계/ 평균
17대 대선	응답자 수	31	23	66	161	195	721	287	313	189	28	97	2,111
	비율(A)	1.5	1.1	3.1	7.6	9.2	34.2	13.6	14.8	9.0	1.3	4.6	5.53
18대 대선	응답자 수	94	20	88	189	216	839	233	288	235	61	288	2,551
	비율(B)	3.7	0.8	3.4	7.4	8.5	32.9	9.1	11.3	9.2	2.4	11.3	5.70
증감(B-A)		2.2	-0.3	0.3	-0.2	-0.8	-1.3	-4.5	-3.5	0.3	1.1	6.7	0.17

주) 제17대는 SBS-중앙일보-동아시아연구원-한국리서치 공동기획 선거 후 조사결과(박찬욱·김경미·이승민 2008의 217쪽, 〈표4-1〉의 결과를 이용하여 재구성). 제18대는 아산정책연구원 『2012년 선거연구 패널조사』 7차 조사자료

결과를 토대로 2007년에서 2012년으로 넘어오는 5년 동안 한국의 유권자는 조금 더 보수화되었으며, 이념적 양극화의 양상 또한 조금 더 심화된 것으로 조심스레 평가해 볼 수 있다.

이념이 후보 선택에 미친 영향

그렇다면 유권자의 자기이념평가는 18대 대통령선거의 후보선택에 어떤 영향을 미쳤을까? 〈그림 3-2〉는 이러한 질문에 대한 단편적인 답을 보여준다. 그림은 유권자의 자기이념평가에 대한 응답에 기초하여 유권자를 크게 진보(≤4), 중도(5), 그리고 보수(≥6)에 해당하는 세 집단으로 나누고, 각 집단 별로 박근혜 후보와 문재인 후보에 대한 투표가 어떻게

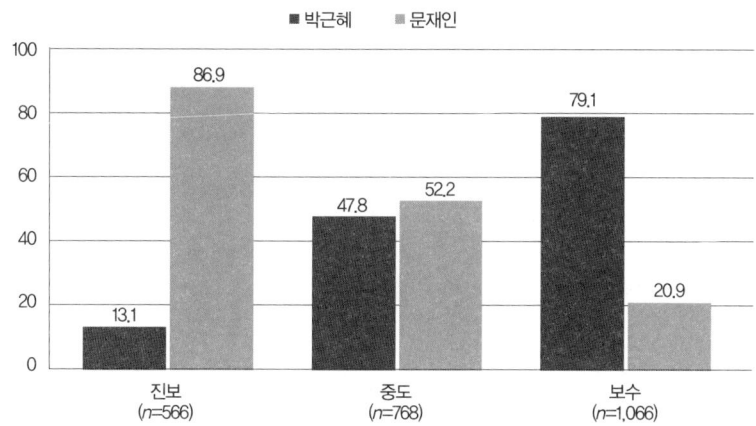

<그림 3-2> 유권자의 자기이념 평가와 후보선택 (단위: %)

나뉘었나를 보여주고 있다.[5]

<그림 3-2>를 통해서 우리는 스스로를 진보에 가까운 것으로 인식하는 유권자들은 박근혜 후보에 대해 약 13.1%의 투표율을 보인 반면, 스스로를 보수에 가깝게 인식하는 유권자들은 약 79.1%의 투표율을 보인 것을 확인할 수 있다. 이는 통계적으로 매우 확연한 차이를 보이는 것이다(t=33.03). 이러한 결과만을 놓고 봤을 때 이념이 박근혜 후보와 문재인 후보에 대한 선택에 매우 중요한 영향을 미쳤다는 평가를 내리기에 충분한 것으로 볼 수도 있지만, 이는 매우 성급한 판단일 수도 있다. 후보선택에 영향을 미칠 수 있는 다른 변수들의 영향을 전혀 감안하지 않은 두

---

[5] 투표에 참여하지 않은 응답자(2,551명 중 85명)와 두 후보를 제외한 후보에게 투표한 응답자(투표자 2,446명 중 63명)는 분석에서 제외했다. 투표자의 비율이 실제의 투표율(75.8%)보다 훨씬 높게 나온 것은 허위보고(false report)를 했거나, 패널조사에 참여하는 자체가 투표참여를 유도했거나 하는 가능성이 모두 있을 수 있다고 생각한다. 이는 표본의 대표성을 염려할 만한 부분이지만, 분석의 초점이 이념과 두 후보에 대한 투표선택에 맞춰져 있기에 결과 해석에 큰 오류가 생기지는 않으리라고 본다. 하지만 유의할 필요는 있다.

변수 간의 단순비교이기 때문이다.

이러한 고려에 따라, 기존의 선거연구 일반과 한국 선거연구에서 계속적으로 지목되어온 투표선택 결정요인들인 여러 인구통계학적, 사회경제적, 정치적, 심리적 속성 및 이번 선거에서 불거진 각종 쟁점사항들에 대한 유권자들의 입장을 한 편(행)으로, 그리고 이념을 다른 한 편(열)으로 하여, 투표선택에 미친 영향을 교차분석(cross-tabulation)을 이용해 순차적으로 살펴보았다.[6] 표의 해석에서 유의할 점은 표의 셀 안에 표시된 숫자는 각 행과 열의 교차로 구성된 집단의 박근혜 후보에 대한 투표율을 의미한다는 점이다. 이념성향이 열을 구성하기에 행에 표시된 각 집단 내부에서 진보, 중도, 보수에 해당하는 유권자의 박근혜 후보에 대한 투표율은 행을 따라서 왼쪽에서 오른쪽으로 이동하면서 확인할 수 있다. 즉 이는 행에 표시된 속성들의 영향을 통제한 상태에서의 이념의 영향을 의미하는 것이다. 만약 이념을 통제한 상태에서 다른 변수들의 영향에 관심 있는 독자들은 열을 따라서 위에서 아래로 변화하는 양상을 살피면 된다.

〈표 3-2〉는 성별, 연령, 출신지, 종교 등의 인구통계학적 변수와 이념이 유권자의 박근혜 후보에 대한 투표에 미친 영향을 교차분석을 통해 보여주고 있다. 우리의 관심이 다른 변수들의 영향을 통제한 상태에서 이념의 영향을 보고자 하는 것인 만큼, 해석은 표에서 진보-보수(A-B)

[6] 총 7회에 걸친 패널조사에서 투표선택을 묻는 것은 7차에서만 이루어질 수 있었기에, 후보선택과의 관계에 대한 분석은 모두 7차 조사의 결과를 토대로 이루어지고 있다.

로 이름 붙여진 열에 집중하고자 한다. 이는 그 행에 해당하는 집단 내부에서 진보적, 보수적 자기이념 평가가 박근혜 후보에 대한 투표율 차이에 미친 영향을 보여준다. 예를 들어 남성을 보게 되면 조사에 참여한 1,443명의 남성 중에서 스스로를 진보로 인식하는 응답자는 약 13.4%가 박근혜 후보에게 투표한 반면, 보수로 인식하는 응답자는 약 79.5%가 박근혜 후보에게 투표함으로써, 두 집단 간의 박근혜 후보에 대한 투표율

〈표 3-2〉 이념과 인구통계학적 특성이 박근혜 후보 투표에 미친 영향

변수	구분	사례수 (n)	이념 (%)				진보-보수 (A-B)	t값
			진보 (A)	중도	보수 (B)	합계		
성별	남성	1,443	13.39	45.19	79.53	52.81	-66.14	-26.05
	여성	957	12.56	51.40	78.38	54.55	-65.83	-20.29
연령	19~29	349	8.96	32.63	61.67	33.52	-52.71	-10.62
	30~39	463	14.38	30.91	57.93	33.91	-43.55	-8.78
	40~49	527	8.39	48.28	74.75	46.49	-66.36	-16.51
	50~59	542	20.00	55.00	86.40	64.94	-66.40	-15.51
	60세 이상	519	26.47	66.23	91.24	79.58	-64.77	-11.91
출신지	대구/경북	412	25.81	62.04	90.50	73.30	-64.69	-13.81
	광주/전북/전남	432	5.30	23.35	49.62	25.93	-44.32	-9.26
	그외	1,556	13.71	52.94	80.75	55.91	-67.04	-27.60
종교	개신교	629	11.43	39.36	78.07	51.67	-66.64	-16.84
	천주교	274	7.35	49.35	79.84	53.28	-72.49	-13.41
	불교	503	36.00	63.64	87.83	72.17	-51.83	-10.77
	종교없음	965	9.35	44.07	73.18	44.87	-63.83	-20.76
	기타	26	0.00	62.50	76.92	57.69	-76.92	-3.85

격차는 약 66.1%로 이는 통계적으로 매우 유의미한 차이라는 것($t=26.05$)을 표는 보여주고 있다. 다른 한편으로 진보, 중도, 보수로 구분되는 각 이념집단 내부에서 남성과 여성의 박근혜 후보에 대한 투표율 차이는 (비록 분석결과를 제시하지는 않았지만) 그리 큰 것으로 보이지 않는다는 것을 확인할 수 있다. 이런 식으로 표를 보게 되면, 우리는 표에서 구분하고 있는 모든 인구통계학적 변수집단 내부에서 이념의 차이는 박근혜 후보 투표에 대해 중요한 영향을 미치고 있음을 확인할 수 있다.

반대로 이념의 영향을 통제한 상태에서 인구통계학적 특성이 유권자의 박근혜 후보에 대한 투표에 미친 영향을 간략하나마 살펴보면, 앞에서 언급한 바와 같이 모두 큰 영향을 미치지 않는 것으로 보이고, 연령, 출신지 등은 일정 정도의 경향성을 보이고 있는 것으로 판단된다. 대체로 연령이 높을수록 박근혜 후보에 대한 투표율이 상승하는 경향이 발견된다. 흥미로운 발견 중의 하나는 광주/전북/전남 출신지는 상대적으로 이념의 영향이 제한적으로 나타나는 반면(집단 내, 진보와 보수의 투표율 격차 44.3%), 대구/경북 지역은 이념의 영향이라는 측면에서 다른 출신지역과 큰 차이를 보이지 않고 있다는 점이다.

이어지는 〈표 3-3〉은 교육수준, 직업, 소득수준과 같은 사회경제적 속성과, 정치관심도[7], 정당일체감[8], 정치효능감[9]과 같은 정치적·심리적 속성을 나타내는 변수들의 영향을 통제한 상태에서 이념이 박근혜 후보에 대한 투표에 미친 영향을 교차분석표를 통해 보여주고 있다. 역시 이념이 사회경제적, 정치적, 심리적 속성에 의해 구분된 집단 내부에서 후보 선택에 영향을 미쳤음을 다시 확인할 수 있다.

이념의 영향을 통제한 상태에서 다른 변수들의 영향을 간략히 살펴보면, 교육수준이 높아질수록 박근혜 후보에 대한 투표율이 낮아지는 경향성이 발견됨을 알 수 있다. 소득수준도 비슷한 경향성을 보이지만, 그 격차는 상대적으로 그리 강한 것으로 보이지는 않는다. 직업집단과 관련해서는 이 변수에 해당하는 범주가 어떤 서열을 가지고 있는 것이 아닌 명목변수(nominal variables)임을 감안하여, 사무직 종사자, 경영인/전문직 종사자, 그리고 학생 집단에서 다른 집단에 비해서 상대적으로 박근

---

[7] 정치관심도를 묻는 질문이 아산정책연구원이 실시한 7차 조사에서는 빠져있는 관계로, 이전의 질문에 대한 응답을 이용하여 정치관심도 변수를 구성하였다. 아산정책연구원은 3차, 4차, 5차 조사에서 "선생님께서는 개인적으로 정치에 어느 정도 관심이 있으십니까?"라는 질문을 던지고, 응답자로 하여금 ① 매우 관심이 많다, ② 대체로 관심이 있다, ③ 별로 관심이 없다, ④ 전혀 관심이 없다 중 선택하게 하였다. 정치관심도는 이 3회에 걸친 질문에 대한 응답의 평균을 구한 후, 평균값 2를 기준으로 상(<2), 중(=2), 하(>2)로 구분하였다.

[8] 아산정책연구원의 7차 조사는 "선생님께서는 우리나라에 있는 정당 중 가깝게 느끼는 정당이 있습니까?"를 묻고, 이에 대해 긍정의 질문을 한 응답자에게는 다시 "그렇다면, 그 정당은 어느 정당입니까?"를 묻는 한편, 부정의 질문을 한 응답자에게는 "그래도 다른 정당에 비해 조금이라도 더 가깝게 느끼는 정당이 있습니까?", "그렇다면, 그 정당은 어느 정당입니까?"라는 질문을 순차적으로 행하였다. 정당일체감은 이를 통해서 구성된 7개 범주의 집단을 3집단으로 구분한 것이다. 유의할 점은 처음 질문에 가깝게 느끼는 정당이 없다고 하더라도, 이후의 질문에 그나마 조금이라도 더 가깝게 느끼는 정당이 있다고 답한 응답자(즉 independent leaner)는 정당일체감을 가지는 것으로 간주하였다는 점이다.

[9] 정치효능감은 7차 조사에 포함된 "우리나라에서는 대다수 국민들의 의사와 상관없이 소수의 사람이 정부와 정치를 좌우한다", "우리 같은 사람은 정부가 하는 일에 대해 말할 자격이나 능력이 없다", "투표는 아주 많은 사람들이 하기 때문에 내가 투표하는가 안 하는가는 중요하지 않다"라는 세 질문에 대한 부정적 응답을 기초로 하여 3개의 범주(상/중/하)를 갖는 변수로 구성하였다.

<표 3-3> 이념과 사회경제·정치·심리적 특성이 박근혜 후보 투표에 미친 영향

변수	구분	사례수 (n)	이념 (%)				진보-보수 (A-B)	t-값
			진보 (A)	중도	보수 (B)	합계		
교육수준	중졸 이하	272	33.33	68.93	87.59	75.74	-54.25	-6.93
	고졸	699	19.84	56.84	83.48	63.09	-63.64	-16.06
	대학교재학	180	11.94	33.33	63.24	36.67	-51.29	-7.19
	대졸 이상	1,243	9.48	38.34	75.64	45.53	-66.16	-25.01
직업	농/임/어업	75	0.00	62.07	82.50	68.00	-82.50	-5.20
	자영업	421	17.05	51.63	81.11	57.01	-64.07	-12.70
	판매/영업/서비스직	153	20.00	40.74	79.66	50.33	-59.66	-7.18
	기능/숙련/생산/노무직	188	16.67	54.29	75.61	56.38	-58.94	-7.08
	사무직	532	7.06	32.50	70.79	38.91	-63.73	-16.19
	경영/전문직	178	12.50	34.48	76.56	42.70	-64.06	-9.06
	주부	441	22.73	62.16	87.67	69.39	-64.94	-13.18
	학생	172	12.86	37.84	58.46	35.47	-45.60	-6.28
	무직/기타	237	6.06	55.17	85.62	67.09	-79.56	-12.32
소득수준	100만 이하	201	17.39	62.69	83.78	69.15	-66.39	-7.77
	101~200만	317	17.54	58.25	83.44	63.41	-65.90	-11.34
	201~300만	445	12.38	46.27	76.21	52.13	-63.83	-13.40
	301~400만	437	18.18	39.57	79.26	51.26	-61.07	-12.73
	401~500만	353	7.22	46.34	74.44	46.18	-67.22	-13.48
	501만 이상	530	8.50	42.21	77.58	47.36	-69.08	-17.88
정치관심도	상	730	9.24	42.31	81.04	53.29	-71.80	-21.96
	중	714	11.11	48.28	77.17	51.96	-66.06	-17.96
	하	402	17.07	53.70	79.11	56.22	-62.04	-11.45

변수	구분	사례수 (n)	이념 (%)				진보-보수 (A-B)	t-값
			진보 (A)	중도	보수 (B)	합계		
정당일체감	새누리당	1,004	81.54	93.97	98.16	96.12	-16.62	-7.50
	무당파	555	9.30	41.63	62.13	40.36	-52.83	-10.92
	민주당	676	2.32	10.71	16.67	8.28	-14.35	-5.79
정치효능감	상	858	13.93	52.21	83.09	57.93	-69.16	-21.91
	중	985	12.75	41.95	76.05	48.53	-63.30	-19.98
	하	453	10.58	45.10	75.00	50.11	-64.42	-13.43

혜 후보에 대한 투표율이 낮은 것으로 나타났다. 정치적 변수와 관련해서 정당에 대해서 심리적으로 친밀감을 표현하고 있는 유권자 집단에서 이념의 영향이 상대적으로 제한적인 것으로 나타나고 있는 것은 유의할 만하다.

기존의 선거연구는 인구통계학적 · 사회경제적 · 정치적 · 심리적 속성과 같은 비교적 장기적이며, 구조적인 속성을 가진 변수들과 아울러, 특정 선거의 시기마다 불거지게 되는 쟁점 사항에 대한 유권자의 평가나, 선거 당시의 경제상황에 대한 회고적 · 전망적 평가[10]와 같은 단기적인 변수들 또한 유권자의 후보선택에 영향을 미치는 것으로 본다. 이번 선거에서는 이러한 쟁점사항과 관련하여 이명박 전 대통령의 국정수행에 대한 평가와 고 노무현 전 대통령의 국정수행 평가가 관심 있게 살펴볼 변수로 보인다. 〈표 3-4〉는 이러한 변수들의 영향을 통제한 상태에서 이

---

10 경제상황에 대한 평가는 6차 조사의 결과를 활용하였다.

<표 3-4> 이념과 전임 대통령 평가 및 경제상황 평가·전망이 박근혜 후보 투표에 미친 영향

변수	구분	사례수 (n)	이념 (%)				진보-보수 (A-B)	t-값
			진보 (A)	중도	보수 (B)	합계		
이명박대통령 국정운영평가	긍정	589	47.83	84.67	95.57	89.30	-47.74	-12.16
	부정	1,714	9.51	36.01	66.88	39.09	-57.37	-24.00
노무현대통령 국정운영평가	긍정	1,035	6.56	28.13	49.67	26.47	-43.11	-14.69
	부정	1,249	25.61	65.23	91.60	75.10	-65.99	-24.29
국가경제평가	좋아졌다	319	28.13	69.74	94.79	82.13	-66.66	-13.27
	차이가 없다	215	34.62	77.46	90.68	79.53	-56.06	-7.74
	나빠졌다	1,513	9.47	39.48	70.91	42.96	-61.44	-24.57
가정경제평가	좋아졌다	481	22.11	56.90	87.78	67.36	-65.67	-15.58
	차이가 없다	589	10.66	51.52	86.25	58.91	-75.59	-20.70
	나빠졌다	1,002	9.06	42.01	67.78	42.91	-58.73	-18.51
국가경제전망	좋아질 것이다	1,186	14.34	54.55	82.71	59.19	-68.37	-25.17
	차이가 없다	122	13.04	40.43	69.23	47.54	-56.19	-5.18
	나빠질 것이다	655	10.17	38.46	72.37	44.12	-62.20	-16.10
가정경제전망	좋아질 것이다	1,314	13.55	48.80	79.74	54.19	-66.18	-25.36
	차이가 없다	335	13.56	46.40	83.44	57.31	-69.88	-12.46
	나빠질 것이다	373	7.45	45.60	72.08	46.92	-64.63	-12.65

념의 영향을 보여주고 있으며, 그 결과는 전 영역에 걸쳐서 이념이 중요한 영향을 미친 것으로 보임이 다시 한 번 확인되고 있다.

이념을 통제한 상태에서 다른 변수들의 영향을 간략하게 살펴보면, 전 이념집단별로 이명박 전 대통령의 국정운영에 대해 긍정적 평가를 내린 유권자 집단과 고 노무현 전 대통령의 국정운영에 대해 부정적 평가를 내린 유권자 집단이 그렇지 않은 집단에 비해 상대적으로 높은 박근혜 후보에 대한 투표율을 보이고 있는 것을 확인할 수 있다. 그리고 경제투표의 관점에서는 앞으로의 국가 및 가정 경제에 대한 전망 보다는 5년 전과 비교한 현재의 경제상황, 특히 국가적 경제상황에 대한 회고적 평가가 다른 평가와 비교하여 후보선택에 상대적으로 큰 영향을 미친 것으로 판단된다.

이념이 후보선택에 영향을 미치는 또 다른 경로:
이념거리(ideological distance)

지금까지 유권자가 스스로 인식하는 자신의 이념성향이 개별적으로, 그리고 다른 변수들의 영향을 단순한 교차분석을 통하여 통제한 상태에서, 박근혜 후보에 대한 투표에 미친 영향을 살펴보았다. 그러나 앞의 이론적 논의에서 밝힌 바와 같이 투표선택에 대한 합리적 선택이론의 연구는 유권자가 스스로 인식하는 이념적 위치뿐 아니라, 유권자가 경쟁하는 후보자에 대해서 인식하는 후보자의 이념위치와 그 거리감이 오히려 투표선택에 더 중요한 영향을 미치는 것으로 주장하고 있다.

이에 아산정책연구원은 유권자에게 스스로의 이념위치를 평가하는 문항과 함께, 동일한 이념선상에서 박근혜 후보와 문재인 후보의 이념을 평가하는 문항을 포함하였다. 이러한 문항에 대한 응답을 토대로 우리는 세 개의 이념거리와 관련한 변수를 구성하였다. 먼저 박근혜 후보와 유권자의 이념거리, 그리고 문재인 후보와 유권자의 이념거리는 유권자가 스스로 인식하는 자신의 이념위치와, 박근혜·문재인 두 후보에 대해 평가하는 이념위치 각각에 대한 절대값으로 측정하였다. 이렇게 측정한 변수는 0에서 10 사이의 값을 가질 수 있다. 이 두 변수에 대해서 우리는 박근혜 후보와의 이념거리 변수의 값이 작아질수록, 문재인 후보와의 이념거리 변수의 값이 커질수록, 박근혜 후보에 대한 투표율이 올라가리라고 기대할 수 있다.

다음으로 유권자가 문재인 후보에 대한 이념거리가 멀어진다고 하더라도, 그렇게 멀어진 만큼 박근혜 후보에 대해 가지는 이념거리 역시 멀어진다고 하면, 이념거리가 투표선택에 미치는 영향은 제한적일 것이다. 이런 양상을 통제하기 위한 목적으로 우리는 박근혜 후보에 대한 상대적 이념 근접성이라는 변수를 구성하였다. 이 변수는 앞에서 제시한 문재인 후보와의 이념거리에서 박근혜 후보와의 이념거리를 뺀 값으로 측정하였다. 이에 따라, 이 변수는 −10에서 10의 값을 가지며, −10은 박근혜 후보에 대해서 극단적으로 멀게, 문재인 후보에 대해서 일치하는 상황을 의미하며 (예를 들어, 유권자가 본인과 문재인 후보를 이념선상에서 0에, 박근혜 후보를 10에 위치시키는 경우), 10은 반대로 유권자가 박근혜 후보와 본인을 이념선상의 오른쪽 끝인 10에 일치시키고, 문재인 후보를 왼쪽 끝인 0에 위치시킴으로써, 상대적으로 박근혜 후보와의 상대적 이념거리가 최대로 가까운 상황을 의미하는 것이다. 이 변수에 대해서 우리는 그 값이 커질수록 박근혜 후보에 대한 투표율이 올라가리라는 것을 기대할 수 있다.

〈그림 3-3〉은 이들 변수들과 박근혜 후보에 대한 투표율 사이의 결과를 보여주는 것으로, 우리는 그림의 양상이 합리적 선택이론에서 말하는 투표모형의 기대와 일치한다는 것을 확인할 수 있다.

그런데 우리는 이와 같은 응답자와 후보자 간의 이념거리와 박근혜 후보에 대한 투표율과의 상관이 있다고 믿을 만한 충분한 증거를 확인하면서도 한 가지 의문을 가지게 된다. 그것은 '이념거리 자체에 대한 이념의 영향은 없는가?'이다. 앞에서 밝혔듯이, 박근혜·문재인 두 후보와 유권자 사이의 각각의 이념거리는 유권자가 스스로 평가하는 자신의 이념적 위치와 유권자가 평가하는 두 후보의 이념위치 사이의 절대값으로 계산된다. 그렇다면, 유권자가 평가하는 두 후보의 이념위치 또한 본인의 이념위치에 의해 영향을 받을 수 있지 않을까? 〈표 3-5〉는 '진보-보수'의 0에서 10까지의 11점 척도에 의한 이념연속선 상에서 본인의 이념위치를 인식하고 있는 유권자 집단 별로 박근혜, 문재인 두 후보에 대한 이념평가의 평균을 보여주고 있다.

〈표 3-5〉에서 우리는 매우 흥미로운 경향성을 발견할 수 있다. 그것은 이념적으로 극에 가까운 유권자와 중도에 가까운 유권자의 두 후보에 대한 평가가 매우 상이한 양상을 보이고 있다는 점이다. 본인의 이념위치를 스스로 5와 6 정도의 중도에 해당하는 것으로 인식하는 유권자들

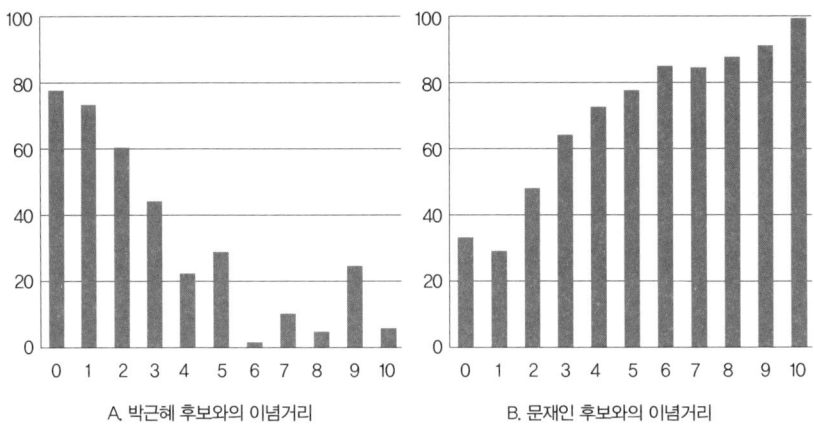

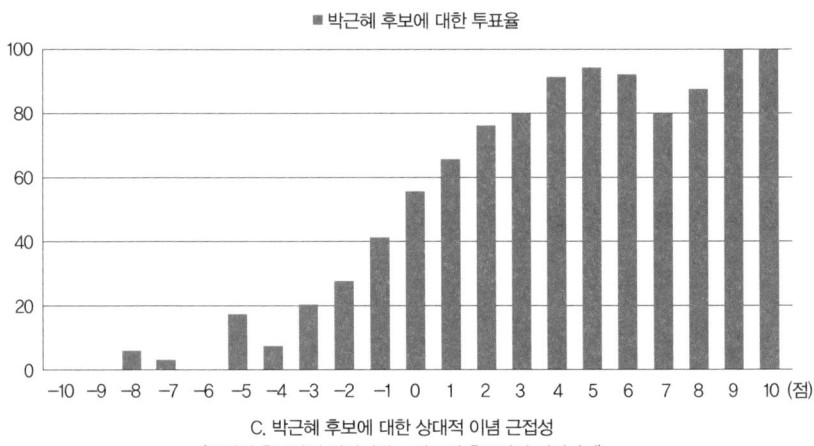

〈그림 3-3〉 유권자와 후보자 간 이념거리와 박근혜 후보에 대한 투표율의 관계 (단위: %)

A. 박근혜 후보와의 이념거리

B. 문재인 후보와의 이념거리

C. 박근혜 후보에 대한 상대적 이념 근접성
(문재인 후보와의 이념거리 − 박근혜 후보와의 이념거리)

은 박근혜 후보와 문재인 후보 각각에 대하여, 다른 유권자들에 비해 훨씬 중도에 가까운 것으로 인식하고 있다는 것을 발견할 수 있다. 이에 비하여 본인의 이념위치를 극에 가까운 것으로 인식하는 유권자들은 (즉 ≤

〈표 3-5〉 유권자의 본인 이념 인식에 따른 박근혜·문재인 후보의 이념 평가 (단위: 점, 11점 척도)

본인 이념평가	응답자수[a] (명)	박근혜 후보		문재인 후보		박근혜 후보에 대한 상대적 이념근접성
		이념	본인과의 이념차	이념	본인과의 이념차	
0	88	7.41	7.41	3.31	3.31	−4.11
1	20	6.95	6.05	3.70	3.00	−3.05
2	84	7.84	5.86	3.20	1.59	−4.27
3	172	7.84	4.86	3.77	1.24	−3.62
4	202	7.77	3.86	3.97	0.95	−2.91
5	768	6.91	2.12	4.22	1.44	−0.68
6	219	6.93	1.52	4.27	2.00	0.48
7	280	7.24	1.12	4.01	3.11	1.99
8	228	7.79	1.19	3.93	4.10	2.91
9	59	7.79	1.74	3.84	5.20	3.46
10	280	8.71	1.29	2.96	7.04	5.75
합계	2,400	7.45	2.47	3.90	2.68	0.21

주) a 응답자수가 〈그림 3-1〉의 결과와 다른 것은 두 후보에 대한 이념평가에서의 결측값(missing values) 때문임

2 혹은 ≥8) 박근혜 후보와 문재인 후보를 평균적인 유권자들보다 더 보수 그리고 더 진보 쪽에 가까운 것으로 인식하고 있는 것으로 보인다. 예로써 본인의 이념위치를 10으로 평가하는 유권자들은 박근혜 후보가 8.71의 위치에, 문재인 후보가 2.96의 위치에 있는 것으로 평균적으로 평가하고 있다. 이들 유권자들이 자신과 이념성향을 공유하는 것으로 평가하는 후보자에 대해서 중도의 유권자들보다 더 가깝게, 그리고 자신의 이념성향과 다른 것으로 평가하는 후보자에 대해서 중도의 유권자들보다

더 멀게 평가하고자 하는 두 가지 방향의 인지적·심리적 작용이 동시에 발생하고 있는 것으로 보인다. 이는 앞에서 살펴본 바와 같은 상대적 이념 근접성의 투표선택에 대한 영향이 유권자가 스스로 인식하는 본인의 이념성향에 의하여 더 배가될 수 있음을 의미하는 것으로 해석할 수 있을 것이다.

이념의 영향: 로짓모형을 이용한 다변수 분석

이제까지 우리는 유권자가 스스로 인식하는 본인의 이념이 독립적으로, 그리고 후보자와의 이념적 거리에 의해서, 박근혜 후보에 대한 투표율에 미치는 영향을 살펴봤다. 그 과정에서 다른 중요한 투표선택의 결정요인들의 영향을 교차분석을 통해서 통제하려 했지만, 이러한 분석은 해당 변수와 이념 변수 양자간에 대한 통제만이 가능한 것이기에 제한적일 수 밖에 없다. 그래서 마지막으로, 이제까지 나왔던 변수들을 함께 통제한 상태에서 이념의 영향을 알기 위한 목적으로 로짓모형에 의한 분석을 수행했다. 〈표 3-6〉은 그 결과를 보여주고 있다.

표에서 여성, 출신지역 아래의 두 변수, 직업집단 아래의 네 변수, 정당일체감 아래의 두 변수는 모두 0과 1의 값을 가변수(dummy variables)로 다시 코딩한 변수들이다. 전임대통령의 국정운영과 관련한 변수 둘은 모두 값이 커질수록 부정적 평가의 정도가 강해짐을 의미한다. 표의 결

<표 3-6> 박근혜 후보에 대한 투표결정요인 분석: 로짓 모형

		회귀계수	표준오차	p-값
상수		-2.673	1.152	0.020
성별	여성	0.009	0.213	0.967
연령	연령	0.015	0.010	0.128
출신지역	대구/경북	0.197	0.286	0.490
	광주/전북/전남	-0.484	0.268	0.071
교육수준		-0.149	0.112	0.181
직업	농/임/어업	-0.760	0.648	0.241
	사무직	-0.432	0.286	0.130
	전문/경영직	-0.485	0.380	0.202
	학생	-0.793	0.486	0.103
소득수준		0.034	0.074	0.645
정치관심도		0.501	0.193	0.009
정당일체감	새누리당	2.769	0.263	0.000
	민주통합당	-1.279	0.243	0.000
정치효능감		0.172	0.139	0.217
전임대통령 평가	이명박평가	-1.464	0.284	0.000
	노무현평가	1.293	0.207	0.000
이념성향	본인이념	0.268	0.069	0.000
	박근혜 후보에 대한 상대적 이념 근접성	0.216	0.042	0.000
사례수(n)		1,486		
로그우도		-339.610		

과를 통해서 우리는 기대와는 달리 대구/경북 출신이라는 것이 다른 변수들의 영향을 통제한 상태에서 박근혜 후보에 대한 투표율 상승에 기여하지 못한다는 것을 알 수 있다. 이는 연령(만 연령)에서도 마찬가지이다. 직업집단 중에서도 특히 학생집단이라는 속성이 다른 집단들과 유의미한 차이를 만들지는 못한다는 것을 알 수 있다. 통제변수과 관련하여 박근혜 후보에 대한 투표율과 중요한 통계학적 관계를 맺는 것은 정치관심도, 정당일체감, 전임 대통령에 대한 평가 등과 같은 정치적·심리적 변수였다는 것을 표는 보여주고 있다.

이런 변수들을 모두 통제한 상태에서 유권자가 스스로 인식하는 자신의 이념성향과, 문재인 후보와의 관계 속에서 박근혜 후보에 대한 상대적인 이념 근접성을 의미하는 변수들은 매우 높은 수준의 통계학적 유의성(statistical significance)을 보임을 확인할 수 있다.

로짓모형의 결과를 통해서 이념성향과 관련한 요인들이 통계적으로 유의미한 영향을 확인할 수는 있었지만, 그 영향의 크기가 얼마나 되는지는 직관적으로 알기 어렵다. 다음의 〈그림 3-4〉는 그 영향의 크기를 보여주고 있다. 〈그림 3-4〉는 〈표 3-6〉에 제시된 로짓모형의 추정된 회귀계수를 이용해서, 표본에 포함된 응답자의 가장 보편적인 특성을 가정하고, 정당일체감과 이념만을 가상적으로 변화시켜가면서, 이 가상적 유권자의 박근혜 후보에 대한 투표율 변화의 추이를 제시하고 있다. 이 응답자는 남성, 45세, 수도권 거주, 대학졸업의 학력, 사무직, 301만~400

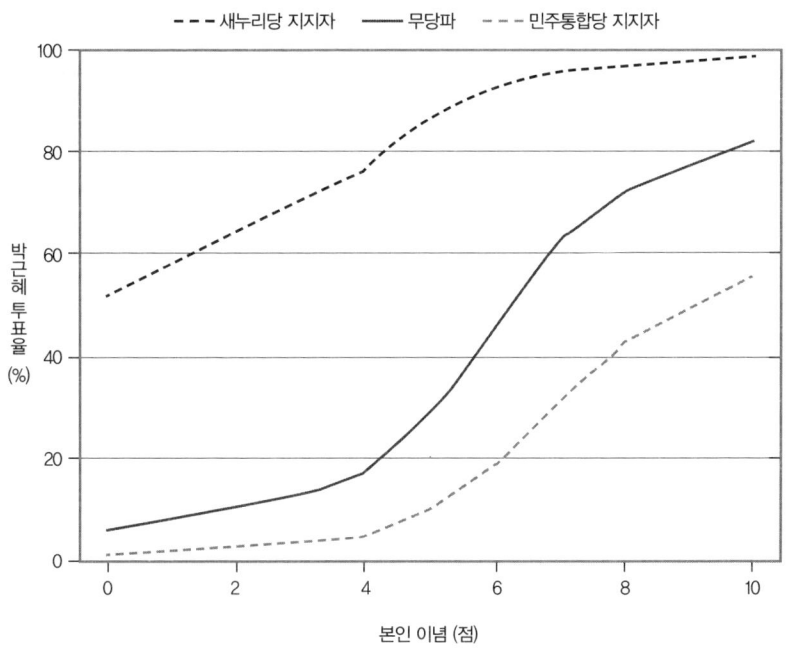

〈그림 3-4〉 유권자의 이념 변화에 따른 박근혜 후보에 대한 투표율 변화 (가상)

만 사이의 가계소득, 별로 높지 않은 수준의 정치관심도, 중간 수준의 정치효능감, 두 전임 대통령에 대해서 다소 부정적인 평가를 내리고 있는 유권자라는 특성을 가지고 있다. 박근혜 후보에 대한 상대적 이념 근접성을 포함시키기 위해서 박근혜 후보의 이념위치의 표본평균(7.448)과 문재인 후보의 이념위치의 표본평균(3.895)를 고정된 것으로 가정하고, 유권자의 이념위치가 변화하는 양상에 따라 새로이 산출하였다.

이 결과에 의하면 위에서 말한 특성을 가지고, 어떠한 정당에게도 친밀감을 가지지 못하는 유권자의 경우 이념위치가 0(매우 진보)에서 10(매우 보수)로 변화하게 되면, 박근혜 후보에게 투표할 확률은 6.4%에서 82.1%로 상승하는 것으로 추정된다. 마찬가지로 이 유권자가 만약 민주통합당에 일체감을 가지더라도, 이 유권자가 스스로 인식하는 이념성향이 10에 근접하게 된다면, 이 유권자는 박근혜 후보에게 투표할 확률이 50%를 넘어서게 되는 것으로 모형은 추정하고 있다(유권자의 이념성향이 9인 경우 49.3%, 10인 경우 56.0%). 새누리당에 일체감을 가지는 유권자의 경우, 그러한 특성만 가지고 이념의 전 영역에 걸쳐서 박근혜 후보에게 투표할 확률이 50%를 넘어서지만(이념성향이 0인 경우, 51.9%), 다른 한편으로 이 유권자는 상대적으로 온건한 보수에 해당하는 이념성향을 보이더라도 박근혜 후보에게 투표할 확률이 90%를 넘어서게 됨(이념성향이 7인 경우, 93.0%)을 모형의 결과는 보여주고 있다. 이러한 결과를 통해서 우리는 이념이 통계적으로 뿐만 아니라, 실질적인 측면에서도 투표선택에 매우 중요한 영향을 미쳤음을 확인할 수 있다.

이념의 변화

이제까지 우리는 대선 직후에 실시된 7차 조사의 결과에 주로 의존하여 이념이 투표선택에 미친 영향을 살펴보았다. 이를 통해서 우리는 유권자가 스스로 인식하는 이념위치, 그리고 후보자에 대해서 평가하는 이념위치와 그로 인해 가지게 되는 이념거리가 대통령선거의 투표선택에 대해서 실질적으로도, 통계적으로도 매우 중요한 영향을 미쳤음을 확인할 수 있었다. 그렇다면 이와 같은 영향력을 가지고 있는 이념은 2012년의 양대 선거를 치르는 동안, 어떤 변화의 양상을 보여주었을까? 아산정책연구원의 선거연구는 총 7회에 걸친 패널조사 중 5차례(1차, 3차, 4차, 6차, 7차)에 걸쳐 응답자에게 본인과 박근혜, 문재인 두 후보에 대한 이념평가를 묻는 문항을 포함하기에, 이러한 변화를 살펴볼 수 있는 정보를 제공해주고 있다. 〈그림 3-5〉는 5차에 걸친 조사에 나타난 유권자 본인의 이념성향의 평균, 유권자가 평가하는 박근혜, 문재인 두 후보의 이념성향의 평균을 함께 보여주고 있다.[11]

〈그림 3-5〉은 2012년 양대 선거를 치르는 동안, 유권자 전체의 평균 이념성향이 전반적으로 보다 보수화되는 가운데(유권자의 본인 이념평가의 경우, 1차 조사의 5.10으로부터 7차 조사의 5.70로 변화), 새누리당과 민주통합당의 이념경쟁에 대한 유권자의 평가(각 당의 대통령 후보가 그 정당의 이념을 대표한다는 가정 하에)는 보다 양극화되어 가는 양상을 보여주고 있다. 두 정당(그리고 후보자)이 보여주는 이념적 차이는 1차 조사의 2.52에서, 3차 2.93, 4차 3.02, 6차 3.0, 그리고 마지막 7차 조사의 3.55로 계속 벌어지는 양상이다. 이는 2012년 양대 선거과정에서 우리 사회가 이념적으로 수렴되었다기 보다는 원심적으로 보다 분화되어 선거가 갈등의 기제로서 작

---

[11] 2012년 4월의 총선 직전에 실시한 1차 조사는 박근혜, 문재인 두 후보에 대한 이념위치를 묻지 않고, 각각 새누리당과 민주통합당에 대한 이념위치를 묻는 질문을 포함하고 있다(당시만 하더라도, 특히 민주통합당의 경우에는 누가 대통령 선거의 후보로 나서게 될지 불투명한 시점이었다). 이에 그림에서 1차에 대해서는 새누리당과 민주통합당에 대한 유권자의 평가로 박근혜, 문재인 후보에 대한 이념평가를 대신했다.

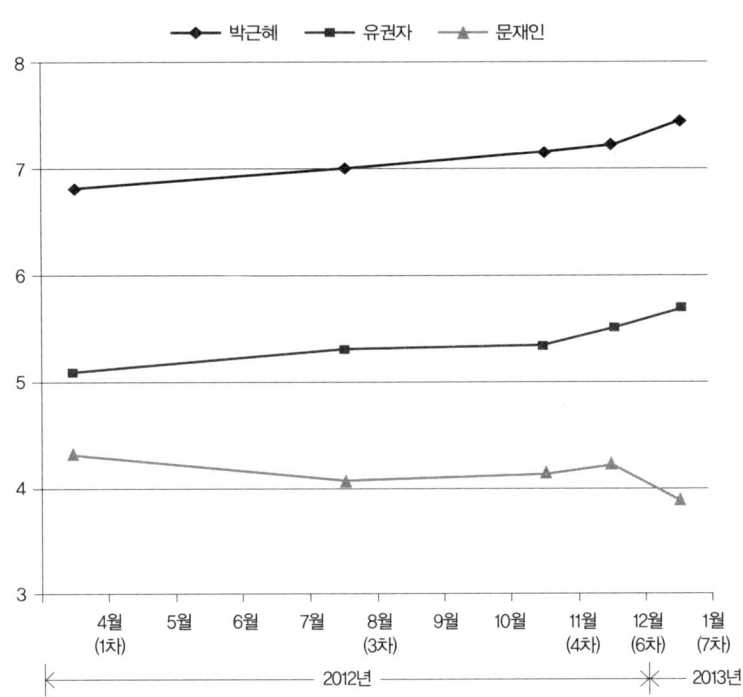

〈그림 3-5〉 이념평가의 변화 (단위: 점, 11점 척도)

주) 1차 조사는 새누리당과 민주통합당에 대한 이념평가

용했다는 것으로 해석할 수 있다.

 이러한 원심적 이념경쟁의 양상에서, 박근혜 후보는 전반적인 유권자의 보수화 경향에 의해 상대적으로 선거에서 보다 유리한 위치를 점하게 된 것으로 보인다. 다음의 〈표 3-7〉은 3차에서 4차로, 4차에서 6차로, 그리고 6차에서 7차 조사로 옮겨가면서 유권자의 박근혜 후보에 대한 이념거리가 문재인 후보에 대한 이념거리보다 더 가까워지게 된 경우, 그대

<표 3-7> 박근혜, 문재인 두 후보에 대한 상대적 이념거리의 변화 (단위: 명, %)

	3차 → 4차		4차 → 6차		6차 → 7차	
	응답자 수	비율	응답자 수	비율	응답자 수	비율
박근혜 후보에 대한 이념적 거리가 문재인 후보에 대한 이념적 거리보다 더 가까워진 유권자 (A)	632	40.7	811	44.0	953	43.8
그대로인 유권자	289	18.6	352	19.1	439	20.2
문재인 후보에 대한 이념적 거리가 박근혜 후보에 대한 이념적 거리보다 더 가까워진 유권자 (B)	632	40.7	679	36.9	782	36.0
합계	1,553	100	1,842	100	2,174	100
A-B	0	0	132	7.2	171	7.9

로인 경우, 반대의 경우에 해당하는 응답자 집단의 비율과 그 변화의 양상을 보여주고 있다. 표를 통해서 우리는 박근혜 후보에 대한 이념거리가 문재인 후보에 비해 상대적으로 더 가깝게 인식하게 된 유권자의 비율이 증가하며 반대의 양상을 보이는 유권자의 비율과의 차이가 커지는 것을 확인할 수 있다(〈표 3-7〉의 A-B 행).

이념의 내용

이제까지 우리는 이념이 제18대 대통령선거의 투표선택에 미친 영향과 이러한 이념이 2012년의 양대 선거를 치르는 과정에서 어떻게 변화하였는가를 살펴보았다. 이를 통해서 우리는 선거과정에서 최소한 유권자가 평가하는 정당의 이념경쟁 차원에서 이념적 극화가 심화되었다는 것을 알 수 있었다. 이념적 극화는 유권자의 전반적인 보수화의 경향과 맞물려, 결과적으로는 박근혜 후보의 예상 밖 낙승의 한 원인이 된 것으로 판단된다.

그렇다면, 한국 사회에서 이토록 중요한 의미를 담고 있는 '진보'와 '보수'의 이념적 차원은 구체적으로 무엇을 의미하는가라는 의문을 품게 된다. 앞에서 살펴본 바와 같이 이념은 그 사회의 역사적 발전경험과 정당경쟁의 양상에 크게 영향을 받는다. 한국의 이념이 담고 있는 내용에 대한 기존의 연구들(강원택 2003, 2005; 박찬욱·김경미·이승민 2008 등)이, 우리 사회의 '진보' 그리고 '보수'의 이데올로기적인 차원은 기존의 유럽사회, 혹은 미국사회에서 발견되는 '좌-우' 혹은 '진보-보수' 차원의 이념경쟁과 사뭇 다른 '의미'를 담고 있는 것으로 보고하고 있는 것은 이러한 이론적 논의를 뒷받침한다.

2012년 한국의 '진보'와 '보수'는 어떤 쟁점 차원에서 어떻게 생각을 달리하고 있을까? 아산정책연구원의 패널조사 중, 4월 총선 직전에 실시한 1차 조사는 비록 제한적이기는 하지만, 이 물음에 대한 답의 단초를 제공해 줄 수 있는 문항을 포함하고 있다. 〈표 3-8〉은 이들 문항의 구체적인 내용과 이 문항을 선택한 유권자의 이념성향의 평균을 보여주고 있다.

표의 해석과 관련하여 특히 유의해야 할 점은 표에서 나타내고 있는 행의 변수(정책의견을 묻는 질문과 응답)와 열을 구성하는 변수(응답자의 평균 이념성향) 사이에 인과관계를 상정하고 있지 않다는 점이다. 이 표의 목적은 선택을 해야만 하는 상황을 유권자에게 부여하고 그러한 선택을 수행한 유권자의 평균 이념성향을 살펴봄으로써 양자 간에 상호관련성이 있는 가를 살펴보려는 것이다.

〈표 3-8〉의 질문 중 가장 일반적인 의미로서의 '좌—우' 차원과 밀접한 관련을 맺고 있는 것은 복지정책에 대한 질문일 것이기에, 이에 대해 먼저 살펴보도록 하자. 표에 나타나 있는 바와 같이 1차 조사에서는 "선생

〈표 3-8〉 2012년 한국 사회 '진보'와 '보수': 정책에 대한 차별성을 중심으로 (단위: 명, 점)

문항의 내용	응답자수	선택한 응답자의 평균이념	차이/ (t-값)
[1차 Q13] 선생님께서는 한미 FTA에 대한 다음의 의견 중 어느 쪽에 동의하십니까?			
① 한미 FTA는 차질 없이 추진되어야 한다	1,789	5.54	1.25
② 한미 FTA는 폐기되어야 한다	864	4.30	(13.20)
[1차 Q15] 선생님께서는 향후 남북관계에 대한 다음의 의견 중 어느 쪽에 동의하십니까?			
① 경제적 지원 및 대화와 설득을 통해 북한의 변화를 이끌어야 한다	1,579	4.76	− 0.75
② 북한이 변화하기 이전에는 경제적 지원을 재개하면 안 된다	1,283	5.51	(− 8.65)
[1차 Q16] 선생님께서는 복지정책에 대한 다음의 의견 중 어느 쪽에 가장 동의하십니까?			
① 세금을 더 내더라도 가능한 한 많은 사람이 동일한 복지혜택을 누려야 한다	946	4.49	− 0.92
② 세금이 낭비될 수 있으므로 복지혜택은 꼭 필요한 사람에게 집중되어야 한다	1,976	5.41	(− 10.19)
[1차 Q17] 선생님께서는 요즈음 논란이 되고 있는 민간인 사찰과 관련한 다음의 의견 중 어느 쪽에 동의하십니까?			
① 이전 참여정부에서도 있던 일이기 때문에 현 정부의 잘못만은 아니다	930	5.99	1.35
② 과거의 관행여부를 떠나 개인의 사생활을 침해한 현 정부의 잘못이 크다	1,810	4.65	(14.89)

님께서는 복지정책에 대한 다음의 의견 중 어느 쪽에 동의하십니까?"를 묻고, 응답자로 하여금 ① 세금을 더 내더라도 가능한 한 많은 사람이 동일한 복지혜택을 누려야 한다, ② 세금이 낭비될 수 있으므로 복지혜택은 꼭 필요한 사람에게 집중되어야 한다 중에서 선택하게 하였다. 이 중 ①의 선택이 전통적인 의미의 '좌'와 ②의 선택이 전통적인 의미의 '우'와 밀접하게 관련되어 있는 것으로 해석될 수 있다. 표의 결과는 ①을 선택한 응답자의 평균이념이 4.49, ②를 선택한 응답자의 평균이념이 5.41로서, ①의 선택이 우리 사회의 '진보'에, ②의 선택이 우리 사회의 '보수'에 보다 가깝게 연결되어 있음을 보여주고 있다. 두 집단간 이념평균의 차이는 약 0.92로서 이는 통계적으로도 매우 높은 수준에서 유의하다 (t=10.19).

비슷한 방식의 해석을 통하여, 우리는 우리 사회의 '진보'는 한미 FTA에 대한 부정적 견해, 남북관계에 대해서 경제적 지원 및 대화와 설득을 통해 북한의 변화를 이끌어야 한다는 입장, 복지정책과 관련하여 세금을 더 내더라도 가능한 한 많은 사람에게 동일한 복지혜택을 부여해야 한다는 입장, 민간인 사찰과 관련하여 개인의 사생활 보호를 강조하고, 현 정부의 잘못을 지적하는 입장과 관련되어 있는 것으로 이해할 수 있다. 이에 대하여 우리 사회의 '보수'는 한미 FTA를 차질없이 추진해야 한다는 입장, 남북관계에 대해서 북한의 변화를 경제적 지원의 선행조건으로 인식하는 입장, 세금의 부담을 고려하여 복지혜택이 선별적으로 이루어져야 한다는 입장, 그리고 민간인 사찰과 관련하여, 현 정부의 잘못만은 아니라는 입장과 밀접하게 연관되어 있는 것으로 이해할 수 있다.

표의 내용과 관련하여 마지막으로 언급하고 싶은 부분은 전통적인 '좌-우'차원과 보다 밀접하게 연결되어 있는 것으로 평가되는 복지정책에 관련된 질문에 대한 응답자의 이념성향의 차이가, 우리 사회 '진보-보수' 차원의 주축을 구성하는 것으로 평가되는 남북관계와 관련한 질문에 응답자의 이념성향의 차이보다 더 큰 차이를 보이고 있다는 점이다. 이것이 이번 선거의 일시적 특성을 반영하는 것인지, 아니면 우리 사회의 이념적 갈등의 양상이 유럽사회의 이념적 갈등의 양상을 닮아가는 보다 저변의 추세를 반영하는 것인지는 더 많은 연구가 필요한 부분이라고 생각한다.

이념 형성의 요인

그렇다면 유권자는 어떤 요인에 의해서 스스로를 진보, 보수, 혹은 중도로 인식하게 되는 것일까? 이념이 투표선택에 중요한 영향을 미치는 요인이라는 것이 확인된 만큼, 이념 형성에 영향을 미치는 요인이 무엇인지는 매우 중요한 문제일 것이다. 계급관계에 기반한 '좌-우' 차원의 이념경쟁이 주된 사회에서는 사회·경제적 속성이 개인의 이념성향에 주된 영향을 미칠 것이다. 그러나 우리사회의 '진보-보수'의 이데올로기적인 경쟁은 일상적인 의미의 '좌-우' 차원과는 다른 내용적 함의를 담고 있는 것으로 평가되기에, 우리의 경우는 다른 요인의 영향을 받을 것이라고 예상할 수 있다. 다음의 〈표 3-9〉는 이러한 물음에 대한 해답의 단초를 얻기 위한 목적으로 실행한, 유권자가 스스로 인식하는 본인의 이념성향을 종속변수로 하고, 앞에서 제시된 인구통계학적, 사회경제적, 정치적, 심리적 속성에 관련된 변수들을 독립변수로 포함하는 단순선형회귀분석(Ordinary Least Squares regression)의 결과를 보여주고 있다.

〈표 3-9〉를 살펴보면, 우리 사회 유권자의 '진보-보수' 이념인식은 연령을 제외하고는 인구통계학적, 사회·경제적 속성의 영향을 그리 크게 받지는 않는 것으로 보인다. 분석에 포함된 인구통계학적, 사회·경제적 속성과 관련한 변수 중에 연령만이 일반적인 수준의 통계적 유의성($p<.05$)을 확보하면서, 고연령일수록 스스로를 보수로 인식하는 경향이 존재하고 있음을 보여주고 있다. 이와 같은 관계가 나이가 들어가면서 기존의 질서에 대한 순응의 양상을 보이게 되는 연령효과(aging effect)의 반영인지, 아니면 이들 세대가 유년기를 보냈던 시대의 특성에 의한 세대효과(generation effect)의 반영인지는 현재의 자료로서는 알기 어렵지만, 고연령과 보수적 이념성향 사이에는 중요한 상관관계가 존재하는 것으로 보인다. 연령을 제외하고 이들 변수 중에 그나마 높은 유의수준을 보여주는 것은 소득수준이다($p=.056$). 그러나 그 방향성은 일반적 예상과는

〈표 3-9〉 이념 형성의 요인

		회귀계수	표준오차	p-값
상수		4.809	0.558	0.000
성별	여성	0.125	0.107	0.243
연령	연령	0.024	0.005	0.000
출신지역	대구/경북	0.225	0.138	0.104
	호남	0.120	0.143	0.401
교육수준		0.033	0.056	0.554
직업	농/임/어업	0.584	0.317	0.066
	사무직	0.026	0.141	0.853
	전문/경영직	−0.141	0.201	0.482
	학생	0.182	0.254	0.472
소득수준		−0.069	0.036	0.056
정치관심도 [상1/중2/하3]		−0.291	0.096	0.003
정당일체감	새누리당	1.478	0.148	0.000
	민주통합당	−0.612	0.146	0.000
정치효능감		−0.016	0.070	0.824
전임대통령평가	이명박 평가	−0.447	0.129	0.001
	노무현 평가	0.502	0.118	0.000
사례수(n)		1,540		
R^2		32.86		
조정된(adjusted) R^2		32.15		

다른 모습을 보여주고 있다. 표의 결과는 소득수준이 높아질수록 보다 진보적이게 된다는 의미를 담고 있는 음(-)의 회귀계수를 보여주고 있기 때문이다. 통계적 유의수준이 낮아 성급히 이야기하기는 어렵지만, 이는 우리 사회의 '진보-보수' 이념의 형성 경로가 전통적인 '좌-우' 차원의 이념의 형성과는 매우 다른 양상을 가지는 것일 수 있음을 의미하는 것으로 판단된다. 인구통계학적, 사회·경제적 변수들과 관련하여 오히려 흥미로운 발견은 호남이라는 출신지역과 학생이라는 직업집단의 성격이 진보-보수의 이념인식에 별다른 영향을 미치지 못하고 있는 것으로 보인다는 점이다. 오히려 이들은 다른 출신지역에 비해, 그리고 다른 직업집단에 비해, 비록 통계학적 유의수준은 매우 낮지만 보다 보수적인 이념성향을 가지고 있을 수 있는 것으로 나타났다.

연령을 제외한 인구통계학적, 사회·경제적 변수들이 이념성향과 매우 제한적인 관계만을 보여주고 있는 것에 반하여, 분석에 포함된 정치적, 심리적 변수들은 진보-보수의 이념성향과 매우 밀접한 관련을 갖는 것으로 나타났다. 표의 결과는 새누리당에게 친밀감을 느끼는 경우에, 정치관심도가 낮을수록, 노무현 전 대통령의 국정운영에 부정적 평가를 내릴수록 보다 보수적인 이념성향을 보이는 것으로 나타난다. 이에 반하여 민주통합당에 친밀감을 느끼고, 이명박 전 대통령의 국정운영에 부정적인 평가를 내릴수록, 보다 진보적인 이념성향을 나타내는 것으로 밝혀졌다.

물론 통계학적 분석방법의 한계 상, 이와 같은 국정운영에 대한 평가 및 정당에 대한 일체감이 유권자가 스스로 인식하는 이념성향의 원인 또는 결과인지는 알기 어렵다. 그러나 이와 같은 결과는 우리 사회의 진보와 보수의 이념인식이 보다 근원적인 사회경제적 관계의 반영이라기보다는 정치적 관계와의 관련성이 더 크다는 것만은 분명하게 시사하는 것으로 보인다.

결론

이 글에서 우리는 2012년 양대 선거와 '이념'의 관계를 분석하였다. 18대 대통령선거에서 유권자의 후보선택에 미친 이념의 영향에 대한 경험적 분석을 시작점으로 하여, 2012년 동안에 발견된 이념변화의 양상, 이념의 내용, 그리고 이념형성 요인을 순차적으로 살펴보았다. 이를 통해서 우리는 유권자가 스스로 인식하는 본인의 이념성향, 경쟁하는 후보자의 이념성향, 그리고 둘 사이 차이를 의미하는 이념거리가 대통령선거의 투표선택에 매우 중요한 영향을 미쳤음을 확인할 수 있었다. 이 과정에서 유권자 본인의 이념성향은 유권자가 평가하는 후보자의 이념평가에도 영향을 미쳐 결과적으로는 이념거리를 통하여 다시 후보선택에 영향을 미칠 수 있음을 발견했다. 2012년의 양대 선거를 치르면서 최소한 유권자가 평가하는 정당의 이념적 극화가 심화되었고, 이는 유권자의 전반적인 보수화 경향과 맞물려, 박근혜 후보의 예상 밖 낙승의 원인이 된 것으로 보인다.

한국 사회, 특히 선거에서 이처럼 중요한 함의를 담고 있는 '진보-보수' 차원의 이념은 내용적으로 한미 FTA에 대한 입장, 남북관계에 대한 입장, 복지정책에 대한 입장, 그리고 민간인 사찰에 대한 입장에서 차이를 보이는 것도 확인할 수 있었다. 이는 일반적인 의미에서의 '좌-우' 차원의 이념경쟁이 담고 있는 내용과는 다른 것으로, 우리 사회 이념경쟁이 우리의 특수한 역사적 경험을 반영하는 것으로 평가할 수 있다. 그러나 이 과정에서 이제까지의 연구결과와는 다소 상이하게, 일반적인 의미에서의 '좌-우' 이념경쟁의 내용과 접목되는 복지정책에 대해서 우리 사회의 진보와 보수의 입장이 확연히 차이나는 것을 발견할 수 있었다. 이러한 변화가 일시적 특성을 반영하는 것인지, 아니면 우리 사회의 이념갈등의 양상이 유럽사회의 이념갈등을 닮아가고 있는 보다 저변의 추세를 의미하는 것인지는 앞으로 더 많은 연구가 필요한 부분이라고 생각한다.

이념의 형성과 관련한 분석에서의 주된 발견은, 우리 사회의 진보와 보수의 이념인식이 보다 근원적인 사회경제적 관계의 반영이라기보다는 정치적 속성 및 상황과의 관련성이 더 커 보인다는 점이다. 이를 이념적 극화와 유권자의 전반적 보수화 경향이 박근혜 후보의 예상 밖 낙승에 기여했을 것이라는 결과와 연결시켜 보면, 2012년 양대 선거가 우리 사회의 이념갈등을 봉합하는 통합보다는 오히려 갈등을 심화시키는 기제로 작용했다는 생각을 하게 한다. 더 나은 민주주의, 더 성숙한 민주주의를 위한 선거경쟁은 어떠한 모습이 되어야 하는가를 고민해야 할 시점이다.

| 참고 문헌 |

강원택. 2003. "한국 정치의 이념적 특성: 국회의원과 국민에 대한 경험적 분석을 중심으로." 『한국정당학회보』 2권 1호, 5-30.
강원택. 2005. "한국의 이념갈등과 진보 · 보수의 경계." 『한국정당학회보』 4권 2호, 193-217.
강원택. 2010. 『한국 선거정치의 변화와 지속: 이념, 이슈, 캠페인과 투표참여』. 서울:나남.
문우진. 2009. "정치정보, 정치참여와 민주주의." 『한국정치학회보』 43집 4호, 327-349.
박찬욱 · 김경미 · 이승민. 2008. "제17대 대통령선거에서 유권자의 사회경제적 특성과 이념정향이 후보 선택에 미친 영향." 박찬욱 편. 『제17대 대통령 선거를 분석한다』. 서울: 생각의 나무. 193-248.
박찬욱 · 김지윤 · 우정엽 편. 2012. 『한국 유권자의 선택1: 2012 총선』. 서울: 아산정책연구원.
이지호. 2009. "정당위치와 유권자 정향: 2007년 대선과 2008년 총선을 중심으로." 『현대정치연구』 2권 1호, 123-149.
장승진. 2012. "제19대 총선의 투표 선택: 정권심판론, 이념 투표, 정서적 태도." 『한국정치학회보』 46집 5호, 99-120.
Cox, Gary W. and Michael C. Munger 1989. "Closeness, Expenditures, and Turnout in the 1982 U.S. House Elections." *American Political Science Review* 83(1), 217-231.
Davis, Otto A., Melvin J. Hinich, and Peter Ordeshook. 1970. "An Expository Development of a Mathematical Model of the Electoral Process." *American Political Science Review* 64(2), 426-448.
Downs, Anthony. 1957. An Economic Theory of Democracy. New York: Harper and Row.
Jacobson, Gary C. 1990. "The Effects of Campaign Spending in House Elections: New Evidence for Old Arguments." *American Journal of Political Science* 34(2), 334-362.
Kitshelt, Herbert. 1994. *The Transformation of European Social Democracy*. New York: Cambridge University Press.
Linz, Juan J. 1994. "Presidential or Parliamentary Democracy: Does It Make a Difference?" Juan J. Linz and Arturo Valenzuela. eds. *The Failure of Presidential Democracy: Comparative Perspective*. Baltimore: The Johns Hopkins University Press. 3-88.
Lipset, Seymour M., and Stein Rokkan. 1967. "Cleavage Structures, Party Systems and Voter Alignments: An Introduction." Seymour M. Lipset and Stein Rokkan. eds. *Party Systems and Voter Alignment*. New York: Free Press. 1-64.
Riker, William and Peter Ordeshook. 1968. "A Theory of the Calculus of Voting." *American Political Science Review* 62(1), 25-42.

4
누가, 왜 대선후보 지지결정을 늦추는가?

한정훈

서론

    18대 대통령 선거에서 각 후보 진영은 선거운동 기간 막판까지 유권자의 표심을 잡기 위해 긴박한 노력을 기울였다. 선거경쟁에서 각 후보가 유권자의 지지를 얻기 위해 총력전을 펼치는 것은 당연한 일이지만, 이번 대선에서는 경쟁력 있는 후보로 평가받던 안철수 전 서울대 교수가 선거경쟁을 포기하면서 남은 두 유력후보의 유권자 동원 경쟁이 더욱 치열해졌던 것이다. 박근혜와 문재인 양 후보 진영은 안철수 전 교수가 선거일 27일 전인 11월 23일에 대선후보 사퇴를 선언하면서 발생한 부동층을 흡수하기 위해 대대적인 캠페인을 전개했다.

안철수 전 교수를 지지했던 유권자는 안철수 전 교수가 대선후보 등록을 포기함으로 인해 얼마 남지 않은 상황에서 지지후보를 변경해야하는 과제를 떠안게 됐다. 최다득표자가 향후 5년 동안의 국정을 책임질 대통령직에 당선되는 다수대표제(plurality voting)에서 당선 경쟁력이 높은 것으로 평가되던 제3후보가 후보사퇴를 하면서 많은 유권자들이 혼란에 빠진 것이다. 각종 언론매체들이 안철수 전 교수의 지지층이 어느 후보 진영으로 분산될 것인지에 대하여 쉴 새 없는 분석을 내놓은 이유도 동일한 맥락에서 이해할 수 있다. 이번 대선의 승패를 가늠하는 다수의 시선은 선거를 며칠 남겨두지 않은 상태에서도 지지후보를 결정하지 못한 부동층 유권자에게 향했다.

사실 선거의 승패는 부동층 유권자의 동원에만 달려있는 것은 아니다. 선거에는 항상 부동층 유권자뿐만 아니라 특정 후보에 대한 지지를 일찍 결정하는 안정적 지지층 유권자가 존재한다. 안정적 지지층 유권자의 이탈을 방지하는 것 역시 승패를 결정하는 주요 요인이다. 그렇다면, 개별 유권자 사이에 왜 이와 같은 차이가 발생하는가? 왜 어떤 유권자는 지지후보를 일찍 결정하는 반면, 어떤 유권자는 선거일이 가까워져서야 지지후보를 결정할까? 지지후보 결정시기에 관한 개별유권자 사이의 차별성은 여당과 야당 후보 지지자들에게 동일하게 나타나는 것인가? 본 연구는 이번 대선에서 안철수 전 교수의 대선후보 사퇴 선언으로 인해 그 중요성이 부각된 한국 유권자의 지지후보 결정시기와 관련된 이와 같은 질문에 답하고자 한다.

　기존의 국내 선거연구는 유권자의 지지후보 결정시기에 큰 관심을 기울이지 않았다. 언제 지지후보를 결정했는가의 문제보다는 어떤 후보를 지지하였는가, 또는 지지후보 결정에 영향을 미친 요인은 무엇인지에 집중해 왔다. 특정 지역에 거주하는 유권자가 특정 정당의 후보를 지지하는 지역 중심적 투표행태가 지배적인 상황 속에서 거주지역과는 차별적(independently)으로 한국 유권자의 투표행태에 영향을 미치는 요인이 존재하는가에 대한 논의에 초점이 맞춰져왔다. 그 결과, 네거티브 캠페인(강원택 2009a), 후보자와 유권자의 이념적 유사성(지병근 2006), 유권자가 처한 정보환경(유현종 2008), 후보 단일화 및 촛불시위와 같은 선거이슈(이현우 2006), TV 토론방송 시청(한정훈·강지영 2008) 등과 같이 특정 선거와 관련하여 유권자의 투표행태에 영향을 미친 일시적이고 단기적인 요인을 파악하려는 노력이 진행되었다. 다른 한 편에서는 지역요인 이외에 한국 유권자의 투표행태에 영향을 미치는 장기적 요인에 대한 연구도 지속되고 있다. 대표적으로 사회균열이론(social cleavage theory)[1]에 따른 연구(박찬욱 2009; 강원택 2009b), 정치지식(political knowledge) 수준을 중심으로 한 논의(류재성 2012), 정당일체감 형성과 관련된 한국적 특수성에 대한 논의(한정훈 2012a, 2012b) 등을 들 수 있다.

　지지후보 결정에 영향을 미치는 요인들에 대한 위와 같은 논의는 이

---

[1] 사회균열이론에 관해서는 립셋과 로칸(Lipset and Rokkan 1967)을 참조할 것.

론적으로 지지후보 결정시기에 관한 유의미한 주장으로 발전될 수 있다. 다시 말해, 지지후보 결정에 영향을 미치는 요인들 가운데 시기적으로 쉽게 변하지 않는 요인들은 유권자가 비교적 일찍 지지후보를 결정하는 데 기여하는 반면, 상대적으로 특정 선거국면과 관련해서 영향력이 있는 요인들은 지지후보를 늦게 결정한 유권자들과 관련이 높다고 볼 수 있다. 예를 들어, 특정 정당에 대해 강한 정당일체감(party identification)이 형성되어 있는 유권자는 선거과정 동안의 캠페인 등과 상관없이 그 정당이 추천한 후보를 선거경쟁 초반부터 지지하고 있을 가능성이 높다. 반면, 선거이슈와 같이 선거 때마다 달라지는 요인에 의해 쉽게 영향을 받는 유권자는 선거이슈가 전개되는 양상에 따라 지지후보의 결정이 달라질 수 있다는 점에서 지지후보 결정이 비교적 늦어질 가능성이 높다.

본 연구는 이러한 인식을 통해 지지후보 결정과 관련된 세 가지 주요 요인인 정당, 후보자, 선거맥락과 관련된 요인들이 지지후보 결정시기에 미치는 영향을 검증하고자 한다. 정당과 관련된 요인들은 유권자의 장기적인 정치선호 형성과 관련된다는 점에서 지지후보를 일찍 결정하게 만드는 요인으로 작용할 것으로 예상되며, 선거이슈 등 선거맥락과 관련된 요인은 단기적이고 일시적으로 유권자의 정치선호에 영향을 미친다는 점에서 지지후보를 늦게 결정하는 데 기여할 것으로 예상된다.

본 연구는 박근혜, 문재인 각 후보의 지지층을 구분하고 각각의 유권자 집단에서 나타나는 지지후보 결정시기의 차이를 비교·검증한다. 이와 같은 분석을 위해 본 연구는 2012년 4월 총선 전부터 2012년 12월 대선 이후까지 총 7차례에 걸쳐 진행된 아산정책연구원의 『2012년 총선·대선 패널조사』 자료를 활용했다. 유권자가 선거캠페인 과정에서 다양한 외적 요인의 영향을 받을수록 지지후보 결정시기를 늦추는지를 확인하기 위해 대선 선거기간 돌입 전인 11월말에 이루어진 5차 패널조사 자료와 대선 투표일 이후 12월말에 이루어진 7차 패널조사 자료에서 관찰되는 유권자의 인식변화 자료를 활용했다.

본 연구 결과는 선거캠페인과 같이 선거국면에서 유권자의 선호에 영향을 미치는 요인들이 장기간에 걸쳐 형성된 유권자 선호를 바꾸고, 정치적 결과에도 영향을 미칠 수 있는지에 대한 연구를 심화하는 데 기여할 것으로 생각된다. 여당과 야당 후보 지지층을 비교, 검토함으로써 일정한 정치적 선호를 지닌 유권자를 대상으로 각 정당 후보가 어떤 선거전략을 취할 때 가장 효과적일 수 있는지에 대한 함의를 끌어낼 것으로 예상된다.

지지후보 결정시기: 정당일체감, 후보자 개인요인, 선거이슈

유권자의 후보자 지지결정은 대표적으로 유권자가 정당을 포함한 특정 집단에 대해 지닌 유대감(affiliation), 정당과는 차별적인 후보자 개인 특성, 선거이슈 등과 같은 선거맥락요인 등의 영향을 받는 것으로 알려졌다. 우선 정당을 포함한 특정 집단에 대한 유대감이 유권자의 투표행태를 결정한다는 주장은 1950년대 미국 선거연구에서부터 제기되기 시작했다. 컬럼비아 대학(Columbia University)을 중심으로 한 연구진들은 유권자가 속한 사회적 집단(sociological group)이 유권자의 지지후보 결정에 미치는 영향에 초점을 맞추었으며(Lazarsfeld et al. 1948; Berelson et al. 1954), 미시간 대학을 중심으로 한 연구진들은 정치사회화 과정을 통해 형성한 정당일체감(party identification)을 중시한 연구를 진행했다(Campbell et al. 1960; Page and Jones 1979; Markus and Converse 1979). 이들은 정당일체감 및 호감도, 종교, 인종, 연령, 노조가입여부, 도농거주의 차별성 등과 같이 장기적이고 지속적으로 유권자의 정치적 선호와 투표행태에 영향을 미치는 요인들에 대한 중요성을 강조했다.

선거경쟁에 나선 후보자들에게 유권자들의 정당일체감을 아는 것은 선거운동의 주요 대상을 설정하는 전략 수립에 도움이 된다. 일반적으로 후보자 자신의 소속정당에 대해 일체감이 강한 유권자 집단에 대해서는 동원을 위해 추가적인 자원을 소비할 유인이 적을 것으로 본다. 한국 사회에서는 특정 지역의 유권자가 특정 정당을 지속적으로 지지해왔다는 점을 고려해볼 때, 지역별로 지지자 동원전략이 달라질 수 있음을 함의한다. 각 후보는 자신이 속한 정당의 지지기반으로 간주되는 지역에서는 지지층을 동원하기 위한 노력을 덜 기울이는 반면, 정당에 대한 지지로부터 이탈이 예상되거나 또는 정당에 대한 지지가 약하다고 판단되는 지역에서는 더 강도 높은 동원 전략을 취할 것으로 예상된다.

 선거일 전날인 2012년 12월 18일 매일경제 신문의 보도는 18대 대선과정에서 이러한 예상이 적중하고 있음을 보여준다.[2] 보도 내용에 따르면 선거운동 기간 동안 박근혜 후보는 서울을 18차례, 충청도를 17차례, 경기도를 17차례, 부산을 15차례 방문한 반면, 광주와 세종시는 단 한 차례만 방문했다. 문재인 후보 역시 서울(28회), 경기도(18회), 경상도(11회), 충청도(11회) 순으로 방문 빈도가 높았으며, 광주와 세종시는 단 한 차례만 방문했다. 박근혜와 문재인 후보 모두 소속정당과 강한 일체감을 형성한 유권자 비율이 낮다고 판단한 서울, 경기, 충청 지역을 집중적으로 방문하였으며, 각 후보가 부산과 경상도 지역을 방문한 것은 새누리당의 이탈 표를 막거나 흡수하고자 하는 목적이 있었던 것이다. 이에 비해 기존의 지지정당에 대한 이탈 표가 적을 것으로 예상되는 광주를 포함한 전라도와 세종시에 후보자가 방문한 빈도는 극히 낮았다.

 후보자가 정당일체감에 따라 유권자 집단을 구별하고 그에 따라 차별적인 선거운동을 전개하는 이유는, 정당일체감이 강한 유권자들은 다른 유권자들에 비해 선거과정에서 드러나는 일시적 요인들의 영향을 덜 받을 것으로 예상되기 때문이다. 장기간에 걸친 정치선호의 축적으로 형성되는 정당일체감은 쉽게 바뀌지 않기 때문이다. 그렇기 때문에 강한 정당일체감을 지닌 유권자는 두 가지 이유로 선거일이 가까워질 때까지 기

---

[2] 매일경제, 2012. "지역별 유세빈도, 서울 문 〉 박, 부산 박 〉 문 앞서"(12월 18일자)

다리지 않고 미리 지지후보를 결정할 것이라는 것을 의미한다.

첫째, 강한 정당일체감을 지닌 유권자는 특정 선거와 관련된 일시적 요인들로 인해 자신의 정치적 선호를 쉽게 바꾸지 않을 것이기 때문에 굳이 선거와 관련된 다양한 정보를 얻기 위해 비용을 지출하고자 하지 않을 것이다.

둘째, 이러한 지지자는 특정 정당과의 유대감이 강하기 때문에 자신이 지지하는 후보가 당선될 수 있도록 주변 사람들을 설득하고자 하는 욕구를 지닐 가능성이 높다. 따라서 주변 사람들에게 자신의 선택이 확고함을 알릴 필요가 있고, 그 결과 특정 후보에 대한 지지를 다른 유권자보다 먼저 결정하는 것이다. 강한 정당일체감을 지닌 유권자는 이른 지지후보 결정을 통해 선거과정에서 지출해야하는 비용을 줄임과 동시에, 주변 사람들이 자신이 지지하는 후보를 지지하도록 설득할 필요성에 부응하고자 한다는 것을 의미한다. 이와 같은 논의를 바탕으로 다음과 같은 경험적 가설이 도출될 수 있다.

가설1(정당일체감)
한국의 유권자는 정당일체감이 강할수록 그렇지 않은 유권자에 비해 지지후보를 더 일찍 결정하는 경향이 강할 것이다.

후보자 개인요인투표(personal vote)[3]라고 일컬어지는 후보자 개인적 특성에 따른 지지결정은 후보자의 소속정당이나 정책, 유권자의 사회경제적 속성 또는 정부활동에 대한 평가 등과는 별개로 후보자 개인의 성격, 경력, 능력, 도덕성 등 후보자 개인 특성에 대한 평가가 유권자의 정치적 선택과 태도에 영향을 미치는 것을 의미한다(Cain et al. 1987). 개인요인투표에 대한 논의는 주로 현직자로서의 지위 및 선거 자금과 자원을 동원하는 능력 등과 같은 후보자 개인의 역량에 집중되어 왔다(Jacobson 1981, 1990; Herrera and Yawn 1999; Desposato and Petrocik 2003). 후보자가 제시하는 정견이나 경력 등은 후보자 개인의 정치적 입장일수도 있지만, 소속정당의 입장과 크게 다르지 않기 때문에 후보자 개인을 소속정당과 구분할 수 있는 특성을 중심으로 연구가 전개되어 온 것이다.

개인요인투표가 유권자의 투표행태에 미치는 영향에 관한 위와 같은 논의로부터 유권자의 지지결정 시기에 대한 논의를 끌어내기는 쉽지 않다. 자금과 자원 동원 능력이 출중한 현직자나 도전자를 그렇지 않은 후보보다 일찍 지지하거나 또는 늦게 지지하게 되는 차이를 발생시키는 인과구조(causal mechanism)를 설정하기 힘들기 때문이다. 그러나 개인요인투표는 유권자가 후보자 개개인에 대해 충분한 정보를 획득할 때 가능하다는 점을 주목할 필요가 있다. 일반적으로 유권자는 각 정당의 후보자

---

[3] 윤종빈(2007)은 'personal voting'을 '개인지지투표'로 번역하고 있다. 본 연구에서는 개인지지투표라는 용어 대신 '개인요인투표'라는 용어를 사용하기로 한다. 그 이유는 'personal voting'이라는 개념은 정의상 후보자 개인과 관련된 요인을 근거로 유권자가 투표한다는 의미를 포함하고 있기 때문에 '개인요인투표'로 번역하여 사용하는 것이 더 적절할 것으로 보이기 때문이다.

공천과정에서, 그리고 각 후보자가 소속 정당의 공식 후보로 결정된 이후 선거캠페인을 전개하는 과정에서 후보자에 대한 정보를 획득하게 된다. 일부 유권자는 각 정당의 후보 공천이 시작되기 이전부터 각 정당의 후보에 대해 충분한 정보를 지니고 있기도 하고, 일부 유권자는 공천과정이나 선거캠페인을 통해서 후보자에 대한 정보를 늘려가기도 한다. 후보자에 대한 정보를 늘려간다는 것은 그만큼 유권자가 후보자를 알기 위해 시간과 비용을 많이 쏟았다는 것을 의미한다. 따라서 각 후보자의 개인적 특성이 자신의 투표행태를 결정하는 데 중요하다고 인식하는 유권자는 선거경쟁 과정에서 후보자에 대한 정보를 획득하기 위해 시간과 비용을 쏟았으며, 그 결과 지지후보 결정시기가 늦어질 가능성이 큰 것이다.

후보자에 대한 정보를 얻기 위해 유권자가 시간과 비용을 들여야 한다는 점은 선거가 진행되면서 유권자가 후보자 개인적 요인에 대해 내리는 평가가 변할 수 있음을 의미한다. 다시 말해, 유권자는 선거초반에 비해 선거후반이 될수록 후보자의 개인적 요인이 유권자 자신의 투표형태에 미친 영향력에 대해 달리 평가할 것이다. 선거후반으로 가면서 후보자의 개인적 요인이 자신의 투표행태에 미친 영향력이 증가했다고 믿는 유권자일수록 후보자에 대한 정보를 획득하기 위해 더 많은 물질적, 비물질적 비용을 지출했기 때문으로 생각할 수 있다. 이러한 논의는 다음과 같은 가설로 제시될 수 있다.

가설2(개인요인투표)

한국 유권자 개개인을 비교할 때, 후보자 개인요소가 투표행태를 결정하는 데 미친 영향력이 증가한 유권자일수록 그렇지 않은 유권자에 비해 지지후보 결정시기를 늦추는 경향이 강하다.

개인요인투표에 관한 위와 같은 가설은 후보자가 여당(governing party) 소속인지 아니면 야당(opposition party) 소속인지에 따라 유권자가 획득하는 후보자에 대한 정보가 비대칭적(asymmetric)일 수 있음을 고려할 필요가 있다. 일반적으로 여당 후보는 국정 참여 경험을 통해 대중들에 대한 노출도가 높다. 대중들은 여당 후보에 대해서는 선거경쟁이 시작되기 이전에 이미 상대적으로 높은 수준의 정보를 지닌다. 이번 대선에서 여당의 박근혜 후보는 새누리당(당시 한나라당) 대표 및 비상대책위원장 등을 맡으면서 새누리당의 후보 공천이 시작되기 이전부터 유력한 새누리당 대선후보로 거론되었다. 얼음공주, 수첩여왕 및 선거여왕 등과 같은 박근혜 후보에 대한 다수의 대중적 수사어구는 그만큼 대중들이 박근혜 후보의 개인적 특성을 잘 이해하고 있다는 것을 보여주는 사례라 할 것이다.

그에 비해 문재인 후보의 경우 대통령 비서실장, 노무현 재단 이사장과 같은 경력에도 불구하고 19대 총선과정을 통해서야 대중적 인지도를 높였다고 할 수 있다. 더구나 민주당의 대선후보 공천과정이 공천방식과 관련한 논쟁들로 인해 다수의 유권자의 관심을 끄는 데 성공하지 못했다. 이를 고려할 때, 일반 유권자들이 문재인 후보 개인에 대해 충분한 정보를 획득한 시점은 박근혜 후보와 비교할 때 상대적으로 늦었다고 볼 수 있다. 따라서 박근혜 후보 지지층은 박근혜 후보 개인적 특성뿐만 아니라 새누리당에 대한 일체감과 같은 장기적 요인이 중첩되어 상대적으로 일찍 지지후보를 결정했을 것으로 예상된다. 반면, 문재인 후보 지지층은 정당일체감과 같은 장기적 요인과는 별개로 문재인 후보 개인의 특성이 유권자의 지지후보 결정시기에 영향을 미쳤을 가능성이 있다. 즉 만일 후보자 개인요인이 유권자의 지지후보 결정시기에 영향을 미쳤다면, 그러한 영향은 박근혜 후보를 지지했던 유권자 집단에 비해 문재인 후보를 지지했던 유권자 집단에서 더욱 강하게 관찰될 것이라는 것이다. 본 연구에서는 이와 같은 유권자 집단별 차이를 살펴보기 위해 전체 유권자를 박근혜 후보와 문재인 후보 지지집단으로 구분하여 가설2를 검증한다.

유권자의 투표행태를 결정하는 요인으로써 또 다른 중요 요소는 1960년대 중반 이후 재조명을 받기 시작한 선거이슈(electoral issues)를 들 수 있다. 1960년대 초까지만 해도 정당일체감과 같이 안정적이고 지속적으로 유권자의 정치선호에 영향을 미치는 요인으로 인해 선거이슈와 같은 단기적이고 일시적인 요인에 따라 투표행태를 결정하는 유권자의 비율은 매우 낮은 것으로 알려졌다(Campbell et al. 1960). 그러나 1960년대 중반이후 정당일체감의 영향력이 감소하면서 유권자들이 선거이슈에 따라 투표행태를 결정하기 때문에 이슈투표(issue voting)의 상대적 중요성이 높아지고 있다는 주장이 제기되었다(Nie et al. 1976, Niemi and Weisberg 1992).

사실, 이슈투표는 몇 가지 조건이 만족될 때 가능하다. 각 후보자는 선거이슈에 대해 차별적인 입장을 견지해야하고, 유권자는 이러한 차별성을 인식해야하는 것이다. 또 선거이후 후보자의 공약이 공공정책으로 성실히 반영될 것에 대한 유권자의 신뢰가 형성되어야한다. 예를 들어 대중적 관심도가 높은(salient) 정책이슈라고 할지라도 후보자들이 그러한 정책에 대해 지닌 입장이 명확하지 않으면 유권자는 정책을 통해 후보자를 구별할 수 없을 것이며, 그에 따라 정책이슈는 유권자의 투표결정에 큰 영향을 미치지 못할 것이다(Page and Brody 1972). 마찬가지로 정책이슈와 유권자 사이에서도 위와 같은 조건이 만족되지 못할 경우 정당과 후보자는 선거이슈를 통해 경쟁할 이유가 적다고 하겠다(Erikson and Tedin 2006: 272-282).

선거과정에서 제기되는 정치, 사회, 경제 이슈에 대해 후보자가 정책적 입장을 제시하고, 그에 대한 유권자의 평가 결과가 투표행태로 귀결된다는 위와 같은 논의는 상대적으로 지지후보 결정시기가 늦은 유권자와 관계가 깊다. 특정 후보에 대한 지지 결정이 선거이슈가 제기되고 그에 대해 각 후보자의 입장이 구별되고 나서야 이루어지기 때문이다. 정당이나 후보자들은 특정후보에 대하여 지지결정을 하지 못하고 있거나 기존의 지지를 변경할 수 있는 유권자들을 움직일 수 있는 이슈를 개발하고 그에 대한 정책을 마련하여 유권자 지지를 동원함으로써 선거에서 승리하고자하는 것이다. 따라서 선거이슈가 지지후보 결정시기에 미치는 영향에 대해서는 다음과 같은 가설이 도출된다.

가설3(선거이슈)

한국 유권자 개개인을 비교할 때, 선거이슈에 강한 영향을 받았다고 인식하는 유권자일수록 그렇지 않은 유권자에 비해 지지후보 결정을 늦추는 경향이 강하다.

다음에서는 유권자들의 지지후보 결정시기와 관련된 위와 같은 세 가지 가설을 18대 대선에 관한 유권자 설문조사 자료를 활용하여 경험적으로 검증한다.

18대 대선에서 지지후보 결정시기

분석자료 및 변수

본 연구는 유권자의 정당일체감, 후보자 개인적 요인, 선거이슈가 유권자의 지지후보 결정시기에 미치는 영향에 관한 세 가지 가설을 검증하기 위해 2012년 4월 총선 전부터 2012년 12월 대선 이후까지 총 7차례에 걸쳐 이루어진 패널조사 자료를 활용했다. 패널조사는 아산정책연구원이 주관하고 리서치앤리서치(R&R)사가 진행했다. 본 연구에서 이용한 자료는 각 정당의 대선후보자 등록 직후에 이루어진 5차 조사 자료와 12월 19일 선거일 이후 이루어진 7차 조사 자료이다.[4]

본 연구의 종속변수는 7차 조사자료에 드러난 유권자의 지지후보 결정시기를 조작화한 것이다. 설문에서는 선거과정을 5단계로 나누어 지지후보 결정시기에 대해 답할 것을 요구했다. 〈그림 4-1〉은 지지후보 결정시기에 관한 응답자의 분포를 보여준다. 이에 따르면, 65%에 이르는 한국 유권자는 각 정당의 후보자 등록이 이루어지기 이전에 이미 지지후보를 결정한 것으로 나타났다. 나머지 35%의 유권자는 지지후보를 선거

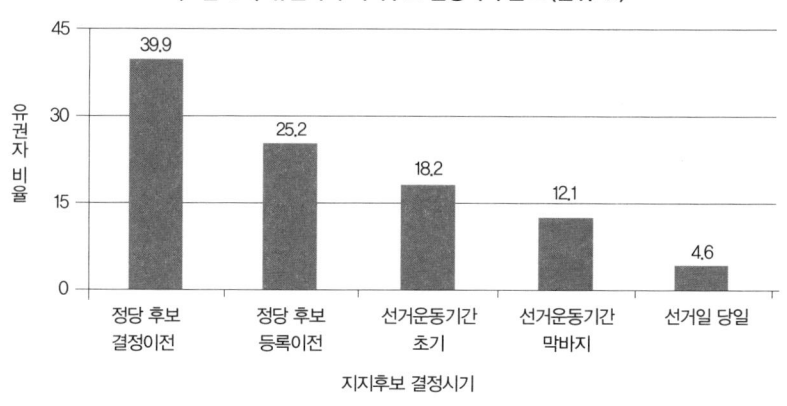

〈그림 4-1〉 유권자의 지지후보 결정시기 분포 (단위: %)

---

[4] 7차 조사에 응답한 인원은 총 2,551명이고 95% 신뢰수준에서 최대허용오차는 ±1.94에 해당하였음. 5차와 7차 두 차례 조사에 모두 응답한 인원은 1,924명이었음.

운동 기간 동안 변경하였거나 또는, 선거운동 기간 동안에 지지후보를 결정했다. 본 연구에서는 선거경쟁 과정을 크게 후보자 등록 이전 시기와 선거운동 기간 이후로 구분하고, 후보자 등록 이전 시기에 지지후보를 결정한 유권자를 0, 선거운동 기간 이후에 지지후보를 결정한 유권자를 1로 코딩한 이항변수(binary variable)를 구성했다.

〈표 4-1〉은 후보등록 이전 시기와 선거운동 시작 이후로 구분한 지지후보 결정시기에 따라 유권자의 박근혜, 문재인 후보에 대한 지지결정이 어떻게 달라지는지를 살펴보기 위해 교차분석을 시행한 것이다. 〈표 4-1〉의 결과는 박근혜 후보 지지자의 72%, 문재인 후보 지지자의 59%가 후보등록 이전에 지지후보를 결정한 반면, 박근혜 후보 지지자의 28%, 문재인 후보 지지자의 41%가 선거운동 기간 시작 이후에 지지후보를 결정하였음을 보여준다. 이는 박근혜 후보를 지지한 유권자의 경우 후보자 등록 이전에 지지후보를 결정하는 경향이 강한 반면, 문재인 후

〈표 4-1〉 지지후보와 지지후보 결정시기 사이의 교차분석 (단위: 명, (%))

		지지후보 결정시기		합계
		후보등록 이전	선거운동 시작 후	
지지 후보자	문재인	658 (59.0)	458 (41.0)	1,116 (100)
	박근혜	924 (72.0)	359 (28.0)	1,283 (100)
합계		1,582	817	2,399

주) χ^2=45.32, df=1, p<.001

보를 지지한 유권자의 경우 선거운동 기간 시작 이후에 지지후보를 결정하는 경향이 강하다는 것을 의미한다. 지지후보 결정시기와 지지후보 사이에 관찰되는 연관성(association)은 통계학적으로도 유의미한 것으로 밝혀졌다.

따라서 아래에서는 전체 유권자 집단과 여당 후보인 박근혜 후보를 지지한 유권자 집단, 야당 후보인 문재인 후보를 지지한 집단으로 유권자 집단을 세분화하여 각 집단의 개별 유권자 사이에 지지후보 결정시기가 상이한 이유를 분석하고자 한다.

본 연구의 세 가지 주요 독립변수는 개별유권자의 정당일체감, 후보자 개인요인, 선거이슈이다. 개별유권자가 특정 정당에 대해 지니는 정당일체감의 강도를 측정하기 위해 두 차례에 반복적인 설문 기법을 활용했다. 첫 번째는 한국 선거연구에서 정당일체감을 측정하기 위해 자주 이용되는 문항으로, "귀하께서는 우리나라의 정당 가운데 가장 가깝게 느끼는 정당이 있습니까?"라는 질문을 제시했다. 이 질문에 대해 '있다'고 대답한 응답자들을 대상으로 가깝게 느끼는 정당을 선택하게 했으며, 동시에 그 정당에 대해 '상당히 가깝게 느끼는지', 아니면 '어느 정도 가깝게 느끼는지'와 같이 가깝게 느끼는 강도를 답하게 했다. 다음으로 첫 번째 설문문항에 대해 '없다'고 대답한 응답자들을 대상으로 첫 번째 설문과 유사하게, '그래도 다른 정당에 비해 조금이라도 가깝게 느끼는 정당이 있습니까?'라는 질문을 제시했다. 이에 대해 '있다'라고 대답한 응답자에게 다시 가까운 정당이 어떤 정당인지, 그리고 가까운 강도가 어느 정도인지에 대한 위와 동일한 질문을 했다. 이와 같은 과정을 거쳐 본 연구는 각 정당에 대한 정당일체감을 4점 척도의 강도로 측정했다.

첫 번째 질문에 대해 '있다'고 대답하고 가까운 정도가 '상당히 가깝다'고 대답한 응답자를 가장 강한 정당일체감을 지닌 유권자로 간주하였다. 그리고 첫 번째 질문에 대해 '있다'고 대답하고 가까운 정도가 '어느 정도'라고 대답한 응답자, 첫 번째 질문에 대해 '없다'고 대답하고 두 번째 질문에 '있다'고 대답한 응답자, 첫 번째와 두 번째 질문 모두에서 '없다'고 대답한 응답자 순으로 정당일체감의 강도 수준을 조작화했다. 이와 같은 측정방식을 통해 강한 정당일체감을 지닌 유권자의 사례수는 474명, 중간정도는 907명, 약한 정당일체감을 지닌 유권자의 수효는 344명, 정당일체감이 없는 유권자는 594명으로 나타났다.

〈표 4-2〉는 개별유권자들이 보여준 정당일체감의 강도와 지지후보 결정시기와의 교차분석을 통해 두 변수 사이의 연관성을 보여준다. 〈표 4-2〉의 결과는 정당일체감이 강한 유권자일수록 후보등록이전에 지지후보를 결정한 반면, 정당일체감이 약한 유권자일수록 선거운동 시작 이후 지지후보를 결정하는 연관성이 존재함을 보여준다. 뿐만 아니라, 두 변수 사이의 연관성은 통계학적으로도 유의미한 것으로 나타났다.

두 번째 중요 독립변수인 후보자 개인요인에 대한 유권자의 평가를 측정하기 위해 4가지 질문을 이용했다. 설문문항은 "후보자의 어떠한 특성

〈표 4-2〉 정당일체감과 지지후보 결정시기 사이의 교차분석 (단위: 명, (%))

		지지후보 결정시기		합계
		후보등록 이전	선거운동 시작 후	
정당 일체감	없음	297 (50.0)	297 (50.0)	594 (100)
	약함	178 (51.7)	166 (48.3)	344 (100)
	중간	648 (71.4)	259 (28.6)	907 (100)
	강함	395 (83.3)	79 (16.7)	474 (100)
합계		1,518 (65.5)	801 (34.5)	2,319 (100)

주) χ^2=172.75, df=3, p<.001

이 대선후보 선택에 얼마나 영향을 주었습니까?"라고 물었고, 특성으로 제시된 것은 후보자의 '능력과 경력', '정책과 공약', '도덕성', '소속정당' 이었다. 이 가운데 '능력과 경력' 및 '도덕성'은 후보자 개인 요인으로 '정책과 공약' 및 소속 '정당'은 후보자 정당요인으로 간주했다. 후보자 정당요인은 유권자가 후보자와 상관없이 후보자의 소속정당을 평가하는 것과 '후보자의' 소속정당으로 평가하는 것이 일부분 중첩되면서도 독립적인 측면이 있을 수 있다는 점을 고려한 것이다.

본 연구에서는 후보자 개인요인의 영향력을 선거운동이 시작되기 이전에 이루어진 평가와 대선 이후에 이루어진 평가 사이의 변화를 통해 측정했다. 다시 말해, 11월말에 이루어진 5차 패널조사에서 유권자의 후보자 개인요인의 영향력에 대한 인식과 12월말 대선 이후 이루어진 인식사이의 차이를 통해 후보자 개인요인의 영향력을 측정한 것이다. 이와 같이 측정된 후보자 개인요인의 영향력은 그 값이 클수록 영향력이 강화된 것을 의미한다. 측정 결과 후보자 개인요인은 최대 9부터 최소 -9까지의 범위 사이의 변화를 보였으며, 평균 -0.12로 후보자 개인요인의 영향력에 대한 평가가 시간이 지나면서 약간 감소한 것으로 나타났다. 또 후보자의 정당요인은 최대 8.5부터 최소 -7.5까지의 범위 사이의 변화를 보였으며, 평균 0.15로 후보자의 정당요인이 유권자의 후보자 선택에 미친 영향력에 대한 평가가 시간이 지나면서 약간 증가한 것으로 드러났다.

〈표 4-3〉은 두 차례에 걸친 후보자 개인요인과 후보자 정당요인에 대한 평가의 차이를 다섯 범주로 구분하여 유권자 분포를 보여준다. 후보자의 소속정당과 정책 및 공약과 같은 정당요인에 대한 평가에서 더 많은 변화가 일어났음을 알 수 있다. 또한, 후보자 개인요인과 정당요인에 대한 평가의 변화 사이의 상관관계(correlation)는 0.37로 후보자 개인요인으로부터의 영향이 강해졌다고 평가한 유권자는 후보자의 정당요인으로부터의 영향력 역시 강해졌다고 평가하고 있음을 알 수 있다.

세 번째 중요 독립변수인 선거이슈가 유권자의 후보자 선택에 미친 영향력을 측정하기 위해서 이번 대선의 선거이슈 가운데 6개의 중요 선거이슈를 이용했다. '북한의 장거리 로켓 발사', '국정원 여직원 사건', '안철

〈표 4-3〉 후보자 개인요인과 후보자 정당요인 평가 변화 분포 (단위: 명, (%))

	후보자 관련요인	
	개인 요인	정당 요인
d < -4	35 (1.8)	42 (2.2)
-4 ≤ d < -1	353 (18.4)	394 (20.5)
-1 ≤ d ≤ 1	1216 (63.2)	980 (50.9)
1 < d ≤ 4	292 (15.2)	442 (23.0)
4 < d	28 (1.5)	66 (3.4)
합계	1,924 (100)	1,924 (100)

주) $r=0.37$, $p<.05$

수 전 교수의 문재인 후보 지원', '이정희 전 대표의 대선후보 사퇴', '노무현 전 대통령의 서해 북방한계선(NLL) 관련 발언', 및 '여성 대통령론'이라는 6개의 이슈 각각이 유권자가 후보자를 선택하는 데 어느 정도 영향을 미쳤는지를 이항변수화하여 선거이슈의 영향력을 측정한 것이다.

〈그림 4-2〉는 선거이슈별로 후보자 선택에 가장 중요한 영향을 미쳤다고 응답한 유권자의 비율을 보여준다. 〈그림 4-2〉에 따르면 18대 대선에서 안철수 전 교수의 문재인 후보 지지가 가장 많은 유권자로부터 자신의 후보자 선택에 가장 중요한 영향을 미친 이슈로 평가받았음을 알 수 있다. 그 다음으로 여성 대통령론과 노무현 전 대통령의 서해 북방한

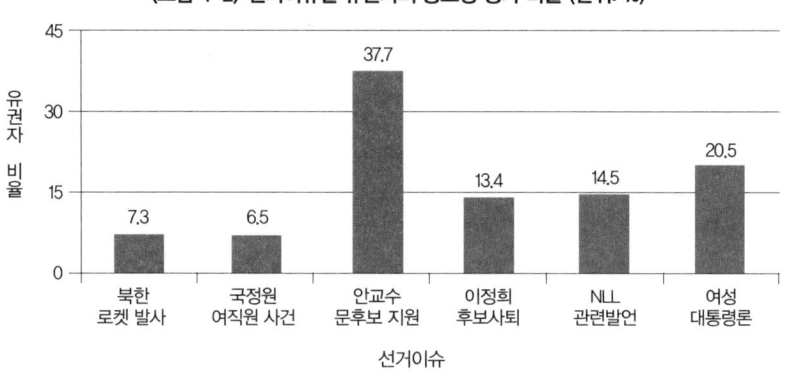

〈그림 4-2〉 선거이슈별 유권자의 중요성 평가 비율 (단위: %)

계선 발언이 유권자들의 후보자 선택에 가장 영향을 준 선거이슈로 나타나고 있다. 아래에서는 각 이슈가 후보자 선택에 가장 중요한 영향을 주었다고 평가한 유권자별로 지지후보 결정시기가 달라졌는지를 검증한다.

마지막으로 본 연구의 가설검증을 위한 세 독립변수 이외에 개별유권자들의 인구사회학적 속성인 성별, 연령, 소득, 종교, 이념을 고려했다. 이는 성별, 연령과 같은 인구학적 속성과 소득, 종교에 따른 사회학적 집단의식이 지지후보 결정시기에 미치는 영향력을 통제하기 위한 것이다. 이념적으로는 이념성향이 극단적일수록 특정 후보에 대한 지지여부를 빨리 결정할 가능성이 높다. 중도이념을 지닌 유권자일수록 후보자의 다양한 요인을 고려하면서 지지후보 결정을 늦추는 경향이 강하기 때문이다. 또 한국 유권자들의 투표행태에 지배적인 영향을 미친 것으로 평가되어온 지역요인을 고려하기 위해 충청, 강원, 제주에 거주하는 유권자들을 비교대상으로 해, 거주지가 서울, 경기, 전라, 경남, 경북지역인 경우 지지후보 결정시기에 미치는 효과를 통제했다.

분석결과

회귀분석을 통해 개별유권자들의 지지후보 결정시기를 달라지게 하는 요인에 대해 살펴본다. 종속변수는 선거운동기간 시작 이전에 지지후보를 결정한 경우를 0, 이후 지지후보를 결정한 경우를 1로 코딩한 이항변수이다. 〈표 4-4〉는 개별유권자 사이에 지지후보 결정시기가 상이한 원인을 살펴보기 위해 로지스틱 회귀분석(logistic regression)을 시행한 결과이다. 세 가지 주요 독립변수 각각의 영향력을 검증하기 위해 먼저 정당일체감, 후보자 개인요인, 선거이슈 모형을 따로 분석했다. 마지막 옆에는 이들 세 변수의 영향력을 동시에 고려한 통합모형의 분석결과가 제시되어 있다.

〈표 4-4〉에 나타난 로지스틱 회귀분석에 따른 각 변수의 회귀계수 값이 의미하는 바를 직접적으로 해석하는 것은 오히려 독자들의 이해를 어렵게 하는 측면이 있다. 따라서 여기서는 이해에 도움이 될 수 있도록 직관적인(intuitive) 해석을 하고자 한다. 우선 본 연구의 주요 가설과 관련된 세 가지 모형분석 결과에 대한 해석에 앞서 통제변수들의 영향력을 살펴보자. 교육과 이념 변수는 세 가지 모형과 통합모형 모두에서 통계학적

〈표 4-4〉 유권자의 지지결정 시기에 관한 로지스틱 회귀분석: 전체 유권자

지지후보 결정시기[a]	정당일체감	후보자 개인요인	선거이슈	통합모형
성별	−0.15 (0.12)	−0.12 (0.12)	−0.13 (0.12)	−0.17 (0.12)
교육	0.12** (0.06)	0.16** (0.06)	0.16** (0.06)	0.11* (0.06)
소득	−0.02 (0.04)	−0.02 (0.04)	−0.03 (0.04)	−0.02 (0.04)
기독교	0.01 (0.14)	0.02 (0.13)	0.03 (0.14)	0.03 (0.14)
이념강도	−0.22** (0.06)	−0.35** (0.06)	−0.34** (0.06)	−0.22** (0.06)
서울거주	0.05 (0.19)	0.06 (0.19)	0.06 (0.19)	0.07 (0.20)
경기거주	−0.15 (0.19)	−0.13 (0.19)	−0.15 (0.19)	−0.15 (0.19)
전라거주	0.46* (0.27)	0.46* (0.27)	0.36 (0.27)	0.38 (0.27)
경북거주	−0.07 (0.24)	−0.17 (0.23)	−0.13 (0.24)	−0.03 (0.24)
경남거주	0.04 (0.21)	0.07 (0.21)	0.09 (0.21)	0.09 (0.22)
정당일체감 강도	−0.45** (0.06)			−0.44** (0.06)
후보자정당요인		−0.003 (0.03)		−0.04 (0.03)
후보자개인요인		0.06 (0.04)		0.07** (0.04)
북한 로켓 발사			−0.10 (0.30)	−0.12 (0.30)
국정원 여직원 사건			0.27 (0.28)	0.37 (0.29)
안교수 선거운동			0.19 (0.15)	0.15 (0.15)
이정희 사퇴			0.51** (0.22)	0.54** (0.23)
북방한계선 논란			−0.94** (0.27)	−0.85** (0.27)
여성 대통령론			−0.55** (0.21)	−0.49** (0.21)
상수	0.76** (0.31)	−0.21 (0.28)	−0.14 (0.29)	0.82** (0.33)
사례수	1,374	1,374	1,374	1,374
로그우도	−831.88	−856.59	−843.19	−814.64

주) a 선거기간 이전= 0, 이후= 1; 각 셀의 수치는 회귀계수(표준오차); *$p<.10$, **$p<.05$

으로 유의미한 영향력을 지님을 알 수 있다. 교육의 경우, 양(+)의 회귀계수 값은 교육수준이 높아질수록 지지후보를 늦게 결정할 확률이 상대적으로 높아질 것이라는 것을 의미한다. 이로부터 한국 유권자는 교육수준이 높은 유권자일수록 그렇지 않은 유권자에 비해 선거가 전개되면서 발생하는 다양한 상황을 고려하면서 지지후보를 늦게 결정하는 경향이 있음을 알 수 있다. 이념강도의 경우, 음(-)의 회귀계수 값은 이념강도가 강할수록 지지후보를 일찍 결정할 확률이 상대적으로 높아질 것이라는 것을 의미한다. 이는 진보나 보수 어느 쪽이든 강한 강도의 이념성향을 지니고 있는 유권자일수록 그렇지 않은 유권자에 비해 자신의 이념에 따라 일찍 지지후보를 결정하는 경향이 강하다는 점을 재확인한 결과라고 할 수 있다.

본 연구의 주요 가설과 관련된 세 변수의 영향력을 살펴보면, 〈표 4-4〉의 결과는 정당일체감의 강도가 유권자의 지지후보 결정시기에 영향을 미칠 것이라는 가설1을 지지한다. 정당일체감 모형에서 정당일체감 강도 변수의 회귀계수는 -0.45, 유권자의 정당일체감의 강도가 강할수록 지지후보를 선거운동기간이 시작되기 이전에 비해 그 이후에 결정할 확률이 상대적으로 더 높다는 것을 의미한다. 또한 이 결과는 통계학적으로도 유의미했다($p<.05$). 후보자 개인요인 및 선거이슈의 영향력을 동시에 고려한 통합모형에서도 정당일체감 강도의 영향력은 변함없이 유의미한 것으로 밝혀졌다. 반면, 거주 지역 변수들을 살펴보면 특정 지역에

거주하는지의 여부가 유권자의 지지후보 결정시기에 영향을 미치지 않은 것으로 나타났다. 정당일체감 모형에서 전라도 지역 거주여부가 후보자 지지결정을 늦추는 유의미한 영향력을 보였으나, 통합모형에서는 그러한 효과가 사라졌다.

따라서 한국 유권자의 투표행태에 지배적인 영향을 미치는 것으로 알려진 지역변수가 정당일체감의 강도가 지닌 영향력을 통제하는 경우에는 유권자의 지지후보 결정시기에는 유의미한 영향을 미치지 못하고 있음을 알 수 있다. 이는 최근 변화하는 한국 선거환경에서 유권자의 정당일체감이 지역과는 독립적으로 유권자의 투표행태에 영향을 미치고 있다는 주장(한정훈 2012a, 2012b)에 부합하는 결과라 하겠다.

둘째, 통합모형의 결과는 후보자 개인요인이 유권자의 지지후보 결정시기에 미치는 영향을 가정한 가설2를 지지한다. 후보자 개인요인과 후보자 정당요인만을 고려한 후보자 개인요인모형에서는 통계학적으로 유의미하지 않던 후보자 개인요인의 영향력이 통합모형에서 독자적으로 유권자의 지지후보 결정시기에 유의미한 영향을 미치는 것으로 밝혀졌다. 후보자 요인 가운데 정당요인에 대한 영향력은 정당의 영향력을 독자적으로 측정하는 정당일체감 등을 통제하자 유의미하지 않았다. 반면, 그러한 정당요인을 통제한 이후에도 후보자 개인요인이 유권자의 지지후보 결정에 영향을 미치고 있다는 것은 한국의 대통령 선거에서 인물중심의 투표가 이루어진다는 기존의 연구결과(안병만 1993, 192; 윤종빈 2007,

76)를 일부 지지한다고 볼 수 있다.

셋째, 선거이슈가 유권자의 지지후보 결정시기에 미치는 영향과 관련된 가설3은 부분적으로 지지되었다. 선거이슈 모형과 통합모형 모두에서 이정희 전 대표의 사퇴가 자신의 지지후보 결정에 가장 영향을 주었던 선거이슈라고 평가한 유권자는 지지후보 결정시기를 늦추었던 반면, 여성 대통령론이나 노무현 전 대통령의 서해 북방한계선 관련 발언이 자신의 지지후보 결정에 가장 영향을 주었던 선거이슈라고 평가한 유권자는 상대적으로 일찍 지지후보를 결정한 것으로 나타났다. 이정희 전 대표의 사퇴로 인해 지지후보 결정을 늦추었던 유권자는 대부분 이정희 전 대표를 지지했거나 진보정당 또는 진보적 이념에 일부분 동조하던 유권자였을 것으로 생각해 볼 수 있다.

반면, 안철수 전 교수의 대선후보 등록 포기와 문재인 후보에 대한 지지는 유의미한 선거이슈로 작용하지 못했는데, 이는 안철수 전 교수의 사퇴가 지지후보 결정시기에 미친 영향력이 정당일체감의 강도 등에 의해 중첩된 효과만을 발휘했기 때문으로 보인다. 다른 한편, 여성 대통령론이나 북방한계선 발언과 관련된 이슈가 가장 중요한 이슈였다고 간주한 유권자들은 새누리당 지지유권자일 가능성이 높은 것으로 보인다. 이들은 정당일체감 또는 다른 이유에 의해 박근혜 후보에 대한 지지를 일찍 결정했을 수 있다. 박근혜 후보에 대한 지지를 일찍 결정하게 한 여타의 요인이 지닌 영향력을 통제한 이후에도 선거이슈의 영향력이 지지후보 결정시기에 유의미한 영향을 미친 것이다. 〈표 4-4〉의 결과에 대한 위와 같은 해석은 박근혜 후보 지지유권자 집단과 문재인 후보 지지유권자 집단 사이에 각 변수가 미치는 영향력이 상이할 수 있다는 추론을 가능하게 한다. 따라서 본 연구는 각 후보 지지유권자 집단별로 세 가지 독립변수의 영향력을 재검증해봤다.

〈표 4-5〉의 결과는 전체 유권자와 박근혜 후보를 지지한 유권자 집단, 문재인 후보를 지지한 유권자 집단을 구분하여 각 집단의 유권자들 사이에 지지후보 결정시기의 변화를 로지스틱 회귀분석을 통해 살펴본 것이다. 세 집단을 비교할 때, 우선 교육수준과 이념적 강도가 지지후보 결정에 미치는 영향은 박근혜 후보를 지지한 집단에서 관찰되는 반면, 문재인 후보를 지지한 집단에서는 이들의 영향력보다는 소득수준의 영향을 받는다는 차이를 보인다. 문재인 후보를 지지한 유권자들의 경우 소득수준이 높을수록 지지후보를 일찍 결정한 것으로 나타나는 반면, 이념적 강도와 교육수준은 통계학적으로 유의미한 영향력이 발견되지 않았다. 또 거주지역이 지지후보 결정시기에 미치는 영향력은 세 집단 모두에서 통계학적으로 유의미하지 않은 것으로 나타났다. 이는 특정 지역에 거주한다고해서 그 지역을 지지기반으로 하는 정당 후보자에 대한 지지를 일찍 결정하는 행태가 관찰되지 않는다는 것을 의미한다. 일반적으로 후보자의 선택에 미치는 지역변수의 지배적인 영향력이 후보자 결정시기에 관해서는 관찰되지 않았다.

〈표 4-5〉 유권자의 지지결정 시기에 관한 로지스틱 회귀분석: 후보별 지지유권자

지지후보 결정시기[a]	전체 유권자	박근혜후보 지지유권자	문재인후보 지지유권자
성별	-0.17 (0.12)	0.005 (0.16)	-0.24 (0.16)
교육	0.11* (0.06)	0.17** (0.07)	0.09 (0.08)
소득	-0.02 (0.04)	0.02 (0.05)	-0.09* (0.06)
기독교	0.03 (0.14)	-0.01 (0.18)	0.03 (0.18)
이념강도	-0.22** (0.06)	-0.29** (0.08)	-0.10 (0.09)
서울거주	0.07 (0.20)	0.26 (0.26)	-0.05 (0.24)
경기거주	-0.15 (0.19)	0.17 (0.25)	-0.37 (0.24)
전라거주	0.38 (0.27)	0.32 (0.41)	0.29 (0.30)
경북거주	-0.03 (0.24)	0.14 (0.29)	-0.19 (0.39)
경남거주	0.09 (0.22)	0.18 (0.27)	0.17 (0.28)
정당일체감 강도	-0.44** (0.06)		
새누리당일체감 강도		-0.40** (0.07)	
민주당일체감 강도			-0.39** (0.08)
후보자정당요인	-0.04 (0.03)	-0.01 (0.04)	-0.07* (0.04)
후보자개인요인	0.07** (0.04)	0.04 (0.04)	0.10** (0.04)
북한 로켓 발사	-0.12 (0.30)	-0.20 (0.34)	0.04 (0.45)

지지후보 결정시기[a]	전체 유권자	박근혜후보 지지유권자	문재인후보 지지유권자
국정원 여직원 사건	0.37 (0.29)	0.33 (0.34)	0.52 (0.45)
안교수 선거운동	0.15 (0.15)	0.21 (0.21)	0.13 (0.18)
이정희 사퇴	0.54** (0.23)	0.48* (0.26)	1.09** (0.40)
북방한계선 논란	−0.85** (0.27)	−0.95** (0.32)	−0.43 (0.39)
여성 대통령론	−0.49** (0.21)	−0.53** (0.24)	−0.26 (0.34)
상수	0.82** (0.33)	0.22 (0.39)	0.99** (0.44)
사례수	1,374	951	734
로그우도	−814.64	−539.16	−474.38

주) a 선거기간 이전=0, 이후=1; 각 셀의 수치는 회귀계수(표준오차); *$p<.10$, **$p<.05$

〈표 4-5〉의 결과에서 흥미로운 점은 세 집단 모두에서 정당일체감에 대한 강도가 강할수록 지지후보를 일찍 결정하는 경향이 강하다는 가설 1을 지지하는 반면, 후보자 개인요인과 선거이슈의 영향력은 박근혜 후보를 지지한 유권자 집단과 문재인 후보를 지지한 유권자 집단 사이에 차이가 두드러진다는 것이다. 박근혜 후보를 지지한 유권자 집단에서는 후보자 개인 요인이 지지후보 결정시기에 유의미한 영향력을 미치고 있지 못한 반면, 문재인 후보를 지지한 유권자 집단에서는 후보자의 능력과 경력, 도덕성과 같은 개인 요인이 선거운동 과정을 통해 더욱 강한 영향을 미쳤다고 평가할수록 지지후보 결정을 늦추었다는 것을 알 수

있다.

다시 말해 18대 대선에서 문재인 후보는 선거캠페인을 통해 후보자 개인 특성을 전달함으로써 일정 부분 유권자 동원에 성공했다고 볼 수 있다. 따라서 18대 대선에서 문재인 후보의 패배는 이러한 후보자 개인 특성을 통한 유권자 동원이 선거를 승리로 이끌 정도로 충분하지 못했기 때문으로 볼 수 있다. 문재인 후보의 개인 요인이 지지후보 결정시기에 영향을 미친 것에 대한 또 다른 해석은 안철수 전 교수의 지지층이 안철수 전 교수의 대선후보 사퇴로 인해 선거운동 후반부에 문재인 후보의 지지로 돌아선 측면에서 찾아볼 수 있다. 안철수 전 교수의 지지층이 박근혜 후보와 문재인 후보에 대한 지지로 분열된 상황에서, 문재인 후보 개인요인이 유권자가 선거운동 후반부에 지지결정을 하도록 영향을 미쳤다는 것은 상당수의 안철수 전 교수 지지층이 문재인 후보에 대한 지지로 변경하였음을 의미하는 것이라 할 수 있는 것이다.

선거이슈와 관련해서도 박근혜 후보와 문재인 후보 지지유권자 집단 사이에는 상이한 효과를 발견할 수 있다. 박근혜 후보 지지유권자들은 노무현 전 대통령의 서해 북방한계선 발언이나 여성 대통령론과 같은 선거이슈에 영향을 받아 박근혜 후보에 대한 지지를 후보등록이전에 일찍 결정한 반면, 문재인 후보 지지유권자들은 이정희 후보의 사퇴 이후 문재인 후보에 대한 지지결정을 한 것으로 나타났다. 이러한 결과는 박근혜 후보의 경우 선거이슈 선점을 통해 자신을 지지하는 유권자 집단을 선거경쟁 초반에 동원하는 데 성공한 반면, 문재인 후보는 이정희 후보 사퇴를 통해 반사이익을 얻은 정도에 머물렀다는 점을 보여주는 것이라 할 수 있다.

결과적으로 18대 대선에서 유권자들이 지지후보를 결정한 시기가 차별적인 이유는 다음의 네 가지 측면으로 요약할 수 있다. 첫째, 새누리당과 민주당 모두 지지유권자의 정당일체감 강도가 소속후보에 대한 지지를 선거초반 일찍 결정하는 데 유의미한 영향을 미치고 있다. 둘째, 정당일체감의 강도가 한국 유권자의 투표행태에 미치는 영향은 유권자의 거주지역이 지닌 효과를 통제한 이후에도 유의미한 것으로 나타났다. 이는 특정 정당에 대한 정당일체감이 유권자의 거주지역과는 별개로 형성, 발전되고 있는 가능성을 보여준다. 셋째, 야당 후보의 경우 후보자 개인요인이 유권자의 지지후보 결정시기에 유의미한 영향을 미치고 있다. 이는 국정운영에 참여함으로써 이미 상당한 정보가 알려진 여당 후보와는 달리 야당 후보는 후보자 개인에 대한 홍보가 선거경쟁에서 중요한 전략적 요인이 되고 있음을 의미한다. 셋째, 여당 후보에게는 이미 알려진 후보자 개인 특성보다는 선거이슈의 선점여부가 선거결과에 큰 영향을 미치고 있음을 알 수 있다.

결론

본 연구는 기존의 한국 선거연구에서 간과되었던 유권자의 지지후보 결정시기에 영향을 미치는 요인을 분석하였다. 선거과정에서 유권자의 지지후보 결정시기는 후보자가 유권자 동원을 위한 선거캠페인 전략을 수립할 때 뿐 만 아니라 유권자가 특정 후보를 지지할 때 고려하는 다양한 변수들의 상대적 중요성을 파악하는 데 유용한 정보이다. 아산정책연구원이 주관하고 리서치앤리서치사가 실시한 19대 총선과 18대 대선 패널조사 자료를 활용하여 분석한 본 연구의 결과는 다음과 같이 요약할 수 있다.

첫째, 한국 유권자는 강한 정당일체감을 지닐수록 지지후보에 대한 결정을 일찍 내리는 경향이 강하다. 유권자의 거주 지역 변수가 투표행태에 지배적인 영향을 미쳤던 것과 달리, 정당일체감이 지지후보 결정시기에 미치는 영향력은 지역변수의 영향력을 통제한 이후에도 유의미한 것이었다.

둘째, 야당 후보를 지지하는 유권자 집단은 정당일체감 이외에도 후보자의 능력과 경력 및 도덕성 등 후보자의 개인적 특성으로부터 받는 영향력이 증가할수록 지지후보를 늦게 결정하였다. 여당 후보에 비해 상대적으로 알려지지 않은 야당 후보는 선거가 진행되면서 후보자 자신의 개인 요인을 통해 일정 정도 유권자 동원에 성공한 것으로 보인다.

셋째, 여당 후보를 지지하는 유권자 집단은 후보자 개인 요인에 의해 지지결정 시기를 변경하지 않은 것으로 나타났다. 이미 국정운영에 관여하면서 후보자 자신의 속성이 알려진 여당 후보의 경우, 개인 요인보다는 선거이슈를 전략적으로 이용함에 따라 유권자를 동원하는 데 성공하는 경향이 강했다. 18대 대선의 경우, 여성 대통령론이나 노무현 전 대통령의 서해 북방한계선 발언은 박근혜 후보를 지지하는 유권자들이 일찍 박근혜 후보에 대한 지지 결정에 도움을 줬다.

본 연구의 결과는 한국 유권자의 투표행태 및 각 후보자의 선거전략과 관련하여 다음과 같은 몇 가지 함의를 지닌다. 유권자의 거주지역이 지지후보 결정시기에 유의미한 영향을 미치지 않고 있다는 점은 최근 유권자의 투표행태에 미치는 지역변수의 영향력이 감소하고 있다는 주장에 또 하나의 근거를 제시하는 것이다. 전라도나 경상도에 거주하는 유권자들이 각각 민주당과 새누리당을 지지해 온 역사를 고려할 때, 이들 지역의 유권자는 상대적으로 다른 지역 유권자에 비해 선거경쟁 초반에 이미 지지후보를 결정했을 가능성이 높다. 18대 대선에서 관찰된 경남지역 유권자의 문재인 후보 지지현상이 이와 같은 예측을 빗나가게 하는 것일 수 있다. 적어도 전라도 지역에서나마 민주당 후보인 문재인 후보에 대한 지지를 일찍 결정하는 양상이 목격되었어야 했지만 그러한 영향력은 찾아볼 수 없었다. 반면, 정당일체감의 강도는 박근혜 후보와 문재인 후보를 지지하는 유권자 모두에게서 지지후보를 일찍 결정하는 데 유의미한 영향을 미치고 있었다. 이는 유권자가 지역에 따라 특정 정당에 대한 일체감을 형성해가고 있는 것이 아니라 지역 이외의 요인을 통해 정당일체감을 발전시켜가고 있을 가능성을 보여준 것이라 하겠다.

둘째, 야당 후보를 지지한 유권자의 경우 후보자 개인 요인으로부터 영향을 받을수록 늦게 지지를 결정한 경향이 있음을 고려할 때, 여당 후보에 비해 취약한 야당 후보자에 대한 유권자의 인식을 강화할 필요가 있다고 할 수 있다. 이는 후보자 공천과정의 적극적인 활용과 선거캠페인 방식의 차별화 등을 요구하는 것이라 하겠다.

마지막으로 여당 후보를 지지한 유권자의 경우, 개인 요인으로부터 영향을 받는 경향이 약하다는 사실은 여당 후보가 유권자에게 선거 이전 시기에 더 빈번히 노출된다는 이점이 있음을 의미한다. 따라서 여당 후보의 경우, 개인 홍보를 중심으로 한 선거캠페인 전략보다는 선거이슈가 부각되면서 기존 지지층이 이탈되는 것을 방지하는 전략에 초점을 맞출 필요가 있을 것으로 보인다.

| 참고 문헌 |

강원택. 2008. "2007년 대통령 선거와 이슈: 회고적 평가 혹은 전망적 기대?" 『의정연구』 14권 1호, 31–59.
강원택. 2009a. "2007년 대통령 선거와 네거티브 캠페인의 효과." 『한국정치학회보』 43집 2호, 131–146.
강원택. 2009b. "386세대는 어디로 갔나? : 2007년 대선과 2008년 총선에서의 이념과 세대." 김민전·이내영 공편. 『변화하는 한국유권자3』, 69–98. 서울: 동아시아 연구원.
류재성. 2012. "정치이념의 정책선호 결정에 있어 정치지식의 역할." 『한국정치연구』 21집 2호, 53–86.
박찬욱. 2009. "사회균열과 투표선택: 지역·세대·이념의 영향." 김민전·이내영 공편. 『변화하는 한국유권자3』, 181–204. 서울: 동아시아연구원.
안병만. 1993. "제14대 총선에 있어서 유권자들의 정당관여와 투표행태." 『한국정치학회보』 26집 3호, 175–193.
윤종빈. 2007. "2007 대선과 수도권 투표성향: 지역, 이념 그리고 인물." 『한국정당학회보』 6권 2호, 65–95.
이현우. 2011. "제5회 지방선거의 주요이슈와 유권자 평가." 『선거연구』 1권 1호, 37–64.
한정훈·강지영. 2008. "유권자의 선택적 미디어 내용 노출과 TV 토론방송 시청의 영향력 연구." 박찬욱 편. 『제 17대 대통령선거를 분석한다』, 153–190. 서울: 생각의 나무.
한정훈. 2012a. "한국 유권자의 정당호감도 결정요인과 그 효과." 박찬욱·김지윤·우정엽 공편. 『한국 유권자의 선택1: 2012 총선』, 87–124. 서울: 아산정책연구원.
한정훈. 2012b. "정당일체감 형성요인 분석: 정강, 정당지도자 및 정당활동가." 『한국과 국제정치』 28권 3호, 93–128.
Berelson, Bernard R., Paul F. Lazarsfeld, and William N. McPhee. 1954. *Voting: A Study of Opinion Formation in a Presidential Campaign*. Chicago: University of Chicago Press.
Cain, Bruce., John Ferejohn, and Morris Fiorina. 1987. *The Personal Vote: Constituency Service and Electoral Independence*. Cambridge, MA: Harvard University Press.
Campbell, Angus, Philip E. Converse, Warren E. Miller, and Donald E. Stokes. 1960. *The American Voter*. New York: Wiley.
Desposato, Scott W., and John R. Petrocik. 2003. "The Variable Incumbency Advantage: New Voters, Redistricting, and the Personal Vote." *American Journal of Political Science* 47(1), 18–32.
Erikson, Robert S., Norman R. Luttbeg, and Kent L. Tedin. 1991. *American Public Opinion: Its Origins, Content and Impact*. New York: Macmillan Publishing Co.
Erikson, Robert S., and Kent L. Tedin. 2006. *American Public Opinion: Its Origins, Content and Impact*. New York: Pearson Longman.

Groseclose, Timothy, and Keith Krehbiel. 1994. "Golden Parachutes, Rubber Checks, and Strategic Retirements from the 102d House." *American Journal of Political Science* 38(1), 75-99.

Herrera, Richard, Michael Yawn. 1999. "The Emergence of the Personal Vote." *Journal of Politics* 61(1), 136-150.

Jacobson, Gary C. 1981. "Incumbents' Advantage in the 1978 U.S. Congressional Elections." *Legislative Studies Quarterly* 6(2), 183-200.

Jacobson, Gary C. 1990. "The Effects of Campaign Spending in House Elections: New Evidence for Old Arguments." *American Journal of Political Science* 34(2), 334-362.

Lazarsfeld, Paul., Bernard Berelson, and Helen Gaudet. 1948. *The People's Choice: How the Voter Makes Up His Mind in a Presidential Campaign*. New York: Columbia University Press.

Lipset, S. M., and S. Rokkan. 1967. "Cleavage Structures, Party Systems and Voter Alignments: An Introduction." S. M. Lipset And S. Rokkan, Eds. *Party Systems and Voter Alignments: Cross-National Perspectives*. New York: Free Press.

Markus, Gregory B., and Converse, Philip E. 1979. "A Dynamic Simultaneous Equation Model of Electoral Choice." *American Political Science Review* 73(4), 1055-1070.

Nie, Norman, Sidney Verba, and John Petrocik. 1976. *The Changing American Voter*. Cambridge, MA: Harvard University Press.

Niemi, Richard G., and Herbert F. Weisberg. 1992. *Classics in Voting Behavior*. Washington D.C.: CQ Press.

Page, Benjamin I., and Richard A. Brody. 1972. "Policy Voting and the Electoral Process: The Vietnam War Issue." *American Political Science Review* 66(3), 979-995.

5
무당파의 변화와 연속성

조원빈

    2012년 12월 19일, 18대 대통령선거에서는 새누리당 박근혜 후보가 득표율 51.6%로 민주통합당 문재인 후보를 누르고 승리했다. 19대 총선에서 박근혜 당시 비상대책위원장은 여당에 대한 부정적 분위기를 극복하고 단독과반의석을 확보하면서, 8월 20일 새누리당의 18대 대선후보로 선출되었다. 박근혜 후보의 지지율 고공행진에 제동을 건 것은 2011년 서울시장 보궐선거 이후부터 등장하기 시작한 '안철수 현상'이었다. '안철수 현상'은 18대 대선의 가장 중요한 변수들 중 하나인 '야권후보 단일화' 이슈로 이어져 선거막판 안철수 후보가 민주통합당 문재인 후보를 지지한다는 선언과 함께 대선후보직을 사퇴할 때까지 이어졌다.

    '안철수 현상'은 후보 자신이 대선에 출마한다는 공식적인 입장 표명이 없는 상황에서도 그에 대한 유권자들의 높은 지지율로 나타나고 있었다. 안철수 후보가 공식적으로 후보직을 사퇴할 때까지 그는 다자대결에서 무시하지 못할 지지율과 가상 양자대결에서 선두자리를 유지하고 있었다. 이처럼 18대 대선에서 '안철수 현상'은 안철수 후보 개인에 대한 지지로 표면화 되었지만, 이 현상은 한국 사회에서 새누리당과 민주통합당이 포용하지 못하는 정치 세력이 무시할 수 없는 규모로 존재한다는 것을 의미했다. 이들은 기존 정치에 대한 강한 불신과 새로운 정치에 대한 높은 열망을 가진 세력이었다.

기존연구 및 이론적 검토

'안철수 현상'이 18대 대선과정에서 영향을 미칠 수 있었던 주요 요인들 중 하나는 다수의 '무당파'가 존재한다는 데 있다. 무당파들은 기존 정당에 대한 불신이 높기 때문에 그들을 지지하지 않고, 잠재적으로 대안세력이나 기타 정당을 지지할 가능성이 있는 집단이다. 그러나 무당파는 어느 한 이슈나 정책을 중심으로 조직화 되어 있지 않고 다양한 이해관계를 갖고 있기 때문에 동원화해내기도 쉽지 않은 대상이다. 무당파가 한국정치 현실에 주요한 부분을 차지하고 있지만 그들을 대상으로 하는 체계적인 연구는 소수에 불과하다. 그 중 하나가 소순창(1999)의 연구이다. 소순창은 무당파를 '지지정당이 없는 집단'으로 정의하고 무당파의 특성을 사회경제적 배경변수, 정치적 관심도, 업적평가, 정치적 성향 등으로 분석했다. 이에 비해, 이현출(2000)의 연구는 무당파에 대한 좀 더 세련된 개념을 도입했다. 그는 응답자에게 15대 총선, 대선 그리고 16대 총선에서 각기 동일한 정당을 지지해왔는지 등의 여부를 묻고 무당파라고 대답한 응답자들 중에서 특정 정당에 기울어 있는 응답자들을 제외한 '순수 무당파'를 무당파로 정의했다. 이현출의 논문은 이러한 '순수 무당파'와 정당일체감을 가진 '정당지지층'의 특성과 투표행태를 비교·분석했다.

이상의 두 연구는 한국 정치 맥락에서 무당파를 개념화하고 그 특성과 정치행태를 최초로 분석했다는 데 의미가 있다. 다만, 무당파가 선거과정에서 계속해서 무당파로 남는지 아니면 특정 정당에 기울어지는지 등 무당파의 선거 역동성에 대한 분석은 부족하다. 선거과정에서 나타난 무당파의 변화 방향성이 선거결과에 어떤 영향력을 행사하는지에 대한 분석은 한국정치에서 무당파를 이해하는 데 기여를 할 수 있다.

이에 본 장에서는 아산정책연구원의 『2012년 총선·대선 패널조사』 1~7차 자료를 이용해 지지하는 정당이 '없다'고 응답한 무당파들이 18대 대선과정에서 발생했던 주요한 사건들로부터 어떠한 영향을 받았는지 살펴본다. 달튼(Dalton, 2006)에 따르면, 서구의 정치현상에서 꾸준히 증가하는 무당파에는 정치무관심층(apoliticals)뿐만 아니라 인지적 무당파(apartisans)도 다수 포함되어 있다. 인지적 무당파는 기존 정당들과는 심리적으로 아무런 연관이 없다는 점에서 정치무관심 무당파와 유사하다. 정치무관심 무당파들은 캠벨(Campbell et al. 1960, 143-145)이 묘사했듯이 정당 지지자들에 비해 정치에 무관심하고 투표율이 낮고 투표만족감이나 투표효능감이 떨어진다. 반면, 인지적 무당파는 정치에 대한 관심도와 정치지식 수준도 높을 뿐만 아니라 적극적인 투표행태를 보인다. 인지적 무당파는 기존 정당들과 심리적 연관에서 자유롭지만 그들만의 정치적 자원을 소유하고 있기 때문에 유동적인 투표행태를 보인다. 또한, 인지적 무당파들은 선거에서 이슈 중심으로 활동하기 때문에 기존 정당들이 더 많은 정책대안들을 제시하길 원하며 후보자들에게도 자신들의 요구에 좀 더 반응적일 것을 요구한다.

본 장에서는 무당파의 다양성과 선거과정에서 나타난 역동성을 전제로 18대 대선에서 관찰된 무당파의 특성과 변신을 분석한다. 18대 대선 과정을 통해 무당파들이 주요 정치적 사건들로부터 영향을 받았다면 그들의 정치태도에는 어떠한 변화가 있었는지, 또한 무당파 중 누가 변화에 더 민감하고 덜 민감한지 등을 분석한다. 무당파에 대한 실증적인 분석은 기존의 한국 정당들이 포괄하지 못했던 정치 세력을 제도권으로 인도하고, 그들의 이해관계를 대변할 수 있는 정치개혁 방향을 제시하는 데 초석이 될 수 있다.

경험적 분석

본 장은 아산정책연구원의 패널조사에서 1차~7차 조사까지 모두 참여한 응답자 1,001명을 분석 대상으로 한다. 패널조사는 동일한 응답자에게 동일한 질문을 시차를 두고 반복한다. 따라서 연구자는 패널조사를 통해 구체적인 여론의 변화뿐만 아니라, 그 원인에 대한 상세한 분석을 할 수 있다. 2012년 총 7차례 행해졌던 아산정책연구원의 패널조사에서 정당일체감을 묻는 질문인 "선생님께서는 다음 중 어느 정당을 지지하십니까?"는 1차(4/6~10)와 3차(8/11~19), 6차(12/13~18) 조사에 포함됐다.

〈그림 5-1〉은 지난 18대 대선 기간 중 여론조사 응답자들의 정당 지지율과 지지하는 정당이 '없다'고 대답한 무당파 비율이 어떻게 변했는지 보여준다. 새누리당을 지지한다고 답한 응답자의 비율은 1차 조사에서 38.6%, 3차 조사에서 38.9%, 6차 조사에서 39.4%로 의미 있는 변화가 없어 보인다. 6차 조사가 18대 대선 바로 전에 이루어졌기 때문에 새누리당을 지지하는 응답자가 조금 증가했다. 민주통합당을 지지한다고 대답한 응답자의 비율에는 뚜렷한 변화가 보인다. 19대 총선 바로 직전에 이루어진 1차 조사에서 응답자의 33.2%가 민주통합당을 지지한다고 대답했다. 4개월 후인 8월에 이루어진 3차 조사에서 응답자의 28.9%가 민주통합당을 지지한다고 대답했다. 이 시기는 새누리당과 민주통합당 모두 18대 대선후보가 확정되기 전이었다. 18대 대선 바로 전에 이루어진

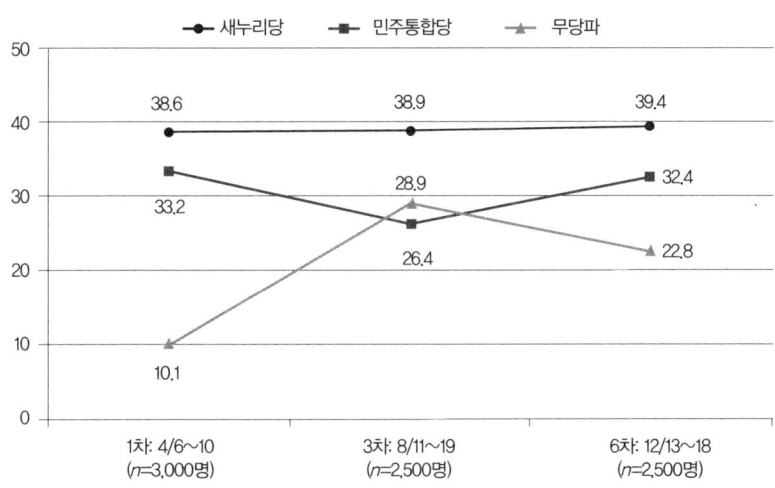

〈그림 5-1〉 무당파 비율과 주요 정당지지율 변화(%)[1]

6차 조사에서 응답자의 32.4%가 민주통합당을 지지한다고 대답했다. 이는 19대 총선 전의 민주통합당 지지율인 33.2%보다 조금 낮은 수치이지만, 문재인 후보가 민주통합당 18대 대선후보로 정해지고 투표일이 다가오며 민주통합당 지지자들이 조금 증가했다는 것을 보여준다.

좀 더 확연한 변화는 지지하는 정당이 '없다'고 대답한 무당파의 비율에서 관찰된다. 19대 총선 바로 전에 이루어진 1차 조사에서는 응답자들 중 약 10%만이 지지하는 정당이 '없다'고 대답했다. 이후 새누리당과 민주통합당이 18대 대선후보를 선출하기 전에 이루어진 3차 조사에서는

---

[1] 〈그림 5-1〉의 통계수치는 각 조사별 최종 유효 사례수를 기준으로 한 95% 신뢰수준을 기반으로 한다. 표집오차는 응답자 수가 3,000명인 1차의 경우 ±1.79 포인트이며 응답자 수가 2,500명인 3차와 6차의 경우 ±1.96% 포인트다.

무당파 비율이 28.9%로 세 배나 늘었다. 18대 대선이 진행됨에 따라 새누리당과 민주통합당이 각각 18대 대선후보를 선출하고, 우여곡절 끝에 문재인 후보가 안철수 전 교수의 대선후보 사퇴로 인해 야권단일후보가 된 후, 무당파의 비율은 18대 대선 투표일이 다가옴에 따라 22.8%로 다시 줄어들었다. 이 비율은 1차 조사에서 지지하는 정당이 '없다'고 응답한 10.1%, 무당파 비율의 두 배가 넘는다.

〈그림 5-1〉은 집합수준에서 무당파 비율과 주요 정당지지율 변화를 보여준다. 〈그림 5-1〉을 보면 새누리당 지지율의 변화는 거의 없고 민주통합당 지지율과 무당파의 지지율이 서로 상호작용하는 것처럼 보인다. 민주통합당의 지지율이 하락하면 무당파 비율이 상승하고 반대로 무당파 비율이 하락하면 민주통합당 지지율이 상승하는 것처럼 보인다. 이러한 연동은 많은 무당파의 지지를 얻었던 안철수 후보의 대선 출마 선언과 그의 대선후보 사퇴 선언 등으로 이어졌던 야권후보 단일화 과정에 의한 것으로 보이기도 한다. 패널조사는 동일한 응답자를 대상으로 시차를 두고 동일한 문항을 반복하여 조사하기 때문에, 개별 응답자 수준에서 누가 무당파에서 민주통합당 지지자로, 민주통합당 지지자에서 무당파로, 혹은 무당파에서 새누리당 지지자로 정당일체감에 변화를 보였는지에 대한 분석을 가능하게 한다.

18대 대선과정과 정당일체감의 변화

〈표 5-1〉은 아산정책연구원 패널조사에 1차부터 7차까지 모두 참여한 1,001명의 응답자들이 1차와 3차 정당일체감 문항에 답한 내용을 새누리당 지지자들과 민주통합당 지지자들, 무당파로 나누어 정리한 결과이다. 〈그림 5-1〉과 같이, 〈표 5-1〉에서도 1차 조사와 3차 조사 사이에 가장 큰 변화로 무당파가 증가한 것이 눈에 띈다. 1차 조사에서 무당파라고 대답한 응답자들 중 11명(12.6%)이 3차 조사에서 새누리당을 지지한다고 답하고, 13명(14.9%)은 민주통합당을 지지한다고 대답했다. 반면, 1차 조사에서 새누리당을 지지한다고 답했던 응답자들 중 52명(12.3%)이 3차 조사에서 지지하는 정당이 '없다'고 답했다. 1차 조사에서 민주통합당을 지지한다고 답한 응답자들 중 96명(30.3%)은 3차 조사에서 무당파

〈표 5-1〉 정당일체감: 1차, 3차 조사결과 (단위: 명, (%))

		3차 조사			
		새누리당 지지	민주통합당 지지	무당파	합계
1차 조사	새누리당 지지	335 (79.0)	11 (2.6)	52 (12.3)	424 (100)
	민주통합당 지지	25 (7.9)	181 (57.1)	96 (30.3)	317 (100)
	무당파	11 (12.6)	13 (14.9)	57 (65.5)	87 (100)
	합계	418	248	279	

주) '통합진보당,' '진보정의당,' '기타정당,' '잘모름' 이라고 대답한 응답자들과 무응답자는 표에서 제외함

라고 답했다.

〈그림 5-1〉에서 확인 할 수 있는 집합수준의 변화를 보면, 새누리당의 지지율 변화가 아주 적었기 때문에 새누리당 지지자들의 정당일체감은 변화가 거의 없는 것처럼 보였다. 그러나 〈표 5-1〉에서처럼 개인수준에서 응답자를 관찰할 경우, 새누리당을 지지한다고 대답했던 응답자들 중 335명(79.0%)만이 3차 조사에서도 여전히 새누리당을 지지한다고 대답한 것을 알 수 있다. 3차 조사에서 지지정당을 바꾼 응답자들 중 11명(2.6%)은 민주통합당을 지지한다고 대답했다. 1차 조사에서 민주통합당을 지지한다고 대답했던 응답자들 중 181명(57.1%)만이 3차 조사에서도 여전히 민주통합당을 지지한다고 대답했다. 3차 조사에서는 새누리당을 지지한다고 대답한 응답자도 25명(7.9%)이나 있었다.

〈표 5-2〉는 〈표 5-1〉과 마찬가지로 1차부터 7차까지의 패널조사에 모

〈표 5-2〉 정당일체감: 3차, 6차 조사결과 (단위: 명, (%))

		6차 조사			
		새누리당 지지	민주통합당 지지	무당파	합계
3차 조사	새누리당 지지	364 (87.1)	13 (3.1)	37 (8.9)	418 (100)
	민주통합당 지지	8 (3.2)	188 (75.8)	39 (15.7)	248 (100)
	무당파	37 (13.3)	80 (28.7)	142 (50.9)	279 (100)
	합계	416	302	231	

주) '통합진보당,' '진보정의당,' '기타정당,' '잘모름'이라고 대답한 응답자들과 무응답자는 표에서 제외함

두 참여한 응답자들의 3차와 6차 조사 정당일체감 문항에 답한 내용을 두 주요정당 지지자들과 무당파로 나누어 정리한 결과이다. 〈표 5-1〉과 비교할 때, 〈표 5-2〉에서 확연히 눈에 띄는 점은 정당 지지자에서 무당파로 대답을 바꾼 응답자수(76명) 보다 무당파에서 주요정당 지지자로 바꾼 응답자수(117명)가 더 많다는 것이었다. 3차 조사에서 지지하는 정당이 '없다'고 답한 응답자들 중 6차 조사에서 새누리당을 지지한다고 답한 응답자들은 37명(13.3%)이며, 민주통합당을 지지한다고 답한 응답자는 80명(28.7%)이었다. 3차 조사의 무당파 중 42%는 6차 조사에서 새누리당 혹은 민주통합당을 지지한다고 답했다.

여전히 3차 조사에서 지지하는 정당이 있다고 답한 응답자들 중 6차 조사에서 지지하는 정당이 '없다'고 답한 경우도 존재한다. 새누리당을 지지한다고 답했던 응답자들 중 37명(8.9%)이 6차 조사에서 무당파라고 답했다. 3차 조사에서 민주통합당을 지지한다고 답했던 응답자들 중 39명(15.7%)이 6차 조사에서 지지하는 정당이 '없다'고 답했다. 4개월 간격으로 이루어진 두 조사에서 정당일체감 문항에 대한 대답을 바꾼 응답자들도 있었지만, 다수는 여전히 동일한 문항에 일관되게 답했다. 새누리당을 지지한다고 답했던 응답자들 중 364명(87.1%)은 6차 조사에서도 일관되게 새누리당을 지지한다고 답했다. 3차 조사에서 민주통합당을 지지한다고 답했던 응답자들 중 188명(75.8%)이 6차 조사에서도 여전히 민주통합당을 지지한다고 답했다. 주요 정당들이 18대 대선후보를 선출하기 이전인 지난 8월에 이루어진 3차 조사에서 지지하는 정당이 '없다'고 답했던 무당파 중 142명(50.9%)이 18대 대선 투표일 바로 전에 행해진 6차 조사에서도 여전히 지지하는 정당이 '없다'고 답했다.

왜 어떤 응답자들은 동일한 설문문항에 시간의 흐름과 관계없이 동일한 응답을 하는 데 비해, 어떤 응답자들은 응답을 바꾸는 것일까? 이 질문에 답하기 위해 본 연구는 〈표 5-2〉를 중심으로 3차와 6차 조사에서 정당일체감의 변화 유무에 따라 응답자들을 다섯 가지 집단으로 분류한다. 우선, 두 차례 조사에서 새누리당-새누리당을 지지한다고 답했던 응답자 364명, 민주통합당-민주통합당을 지지한다고 답했던 응답자 188명, 지지하는 정당이 없다고 답한 응답자 142명의 대답이 일관되었던 응답자들을 세 가지 집단으로 구분했다. 그리고 3차 조사에서 지지하는 정당이 없다고 답했지만 6차 조사에서 새누리당 혹은 민주통합당을 지지한다고 답했던 응답자 117명, 반대로 3차 조사에서 새누리당이나 민주통합당을 지지한다고 대답했으나 6차 조사에서 지지하는 정당이 없다고 답했던 응답자 76명 등 두 차례 조사에서 다르게 답했던 응답자들을 두 가지 집단으로 구분했다. 이 밖에도 지지정당을 바꿔 대답한 응답자들(8명과 13명)도 관찰되었지만 사례수가 너무 적어 집단별 분석에서 제외했다.

정치관심도 변화

 정당 지지자들과 무당파, 특히 변하는 무당파와 그렇지 않은 무당파의 특성을 분석하기 위해 먼저 각 집단들에 포함된 응답자들의 정치관심도를 살펴봤다. 응답자들의 정치관심도를 측정하기 위한 설문문항으로는 "선생님께서는 개인적으로 정치에 어느 정도 관심이 있으십니까?"를 사용했다. 응답자들은 '매우 관심이 많다', '대체로 관심이 많다', '별로 관심이 없다', '전혀 관심이 없다'(4점 척도) 중에 하나를 선택할 수 있었다.

 〈표 5-3〉은 다섯 집단별 정치관심도의 차이뿐만 아니라, 각 집단의 정치관심도가 18대 대선 투표일이 다가옴에 따라 어떻게 변하는지 보여준다(평균값이 클수록 응답자들의 정치관심도가 낮다는 것을 의미). 세 번의 조사에서 일관되게 다섯 집단 간 정치관심도 평균은 통계적으로 유의미한 차이가 있음을 보여준다. 3차 혹은 6차 조사에서 적어도 한 번은 지지하는 정당이 '없다'고 대답한 응답자들이 이 두 패널조사에서 모두 지지하는 정당이 있다(새누리당 혹은 민주통합당)고 대답한 응답자들보다 정치에 관심이 낮은 것으로 나타났다.

 구체적으로 두 집단별로 짝을 지어 정치관심도 평균의 차이를 통계적으로 분석하면[2], 두차례 조사에서 모두 '무당파-무당파'라고 대답한 응답자들의 정치관심도 평균과 '새누리당-새누리당', 혹은 '민주통합당-민

---

[2] 쉐페(Scheffe) 다중비교 검정(multiple-comparison test)을 사용한다.

〈표 5-3〉 정당 지지자들과 다양한 무당파들의 정치관심도 변화

정당일체감 (3차~6차 조사)	정치관심도		
	3차 조사 (8/11~19)	4차 조사 (11/3~13)	5차 조사 (11/30~12/9)
새누리당-새누리당	1.88	1.79	1.73
민주통합당-민주통합당	1.83	1.72	1.77
무당파-무당파	2.11	2.06	2.14
무당파-주요정당	2.09	1.85	1.91
주요정당-무당파	2.12	1.86	1.94
F검정	F=6.53, p<.00	F=6.09, p<.00	F=12.61, p<.00

주통합당'이라고 답한 응답자들의 정치관심도 평균은 통계적으로 유의미한 차이가 있는 것으로 나타났다($p<.05$). 반면, '무당파-무당파' 응답자들의 정치관심도 평균과 '무당파-주요정당' 혹은 '주요정당-무당파' 응답자들의 평균 사이에는 통계적으로 유의미한 차이를 발견할 수 없었다. 그리고 지지정당을 바꾸지 않은 응답자들과 '무당파-주요정당' 혹은 '주요정당-무당파' 응답자들 사이에도 정치관심도 평균 차이는 통계적으로 유의미하지 않았다. 물론, '새누리당-새누리당'이라고 답한 응답자 집단과 '민주통합당-민주통합당'이라고 답한 응답자 집단 사이에서도 정치관심도 평균 차이는 통계적으로 유의미하지 않았다. 이러한 경향은 세 번의 조사에서 반복적으로 발견됐다.

이러한 결과는 우리가 정치에 어느 정도 관심이 있는가를 비교할 때, 일관되게 지지하는 정당이 '없다'고 답한 무당파 집단과 일관되게 주요

정당을 지지하는 정당 지지자들 집단 사이에는 분명한 차이가 있으며 전자가 후자보다 정치에 관심이 적다는 사실을 확인해 준다. 뿐만 아니라, 때로는 무당파 때로는 정당 지지자로 답한 이들의 정치관심도 수준은 '일관된' 무당파의 정치관심도 수준과 '일관된' 정당 지지자의 정치관심도 수준 중간에 위치하고 있었다.

18대 대선 투표일에 가까워질수록 정당 지지자와 무당파 사이의 정치관심도 수준은 더욱 차이가 벌어졌다. 3차 조사와 6차 조사에서 일관되게 '새누리당–새누리당'을 지지한다고 대답한 응답자들의 정치관심도 수준은 투표일에 가까워질수록 높아지는 것으로 나타났다. 3차 조사에서 이들의 정치관심도 평균은 1.88점이었고, 4차 조사에서는 1.79점, 5차 조사에서는 1.73점으로 나타났다. 일관되게 민주통합당을 지지한다고 대답한 응답자 집단도 5차 조사 정치관심도 평균이 1.77점으로, 3차 조사 평균인 1.83점보다 낮았다. 이는 투표일이 다가올수록 민주통합당 지지자들의 정치관심도가 높아졌다는 것을 보여준다. 반면, 3차 조사와 6차 조사에서 일관되게 지지하는 정당이 '없다'고 대답한 무당파의 정치관심도 수준은 18대 대선 투표일이 다가옴에 따라 오히려 낮아졌다. 일관되게 무당파라고 대답하는 응답자들의 정치관심도 평균은 3차 조사에서 2.11점, 4차 조사에서는 2.06점, 5차 조사에서는 2.14점이었다. 이 밖에 3차 조사와 6차 조사에서 정당일체감 문항에 다른 답을 했던 응답자들의 경우에도 정당 지지자들과 마찬가지로 대선 투표일이 다가옴에 따라 정치관심도 수준이 높아진 것으로 드러났다.

정치지식과 정치효능감

정당 지지자들과 다양한 무당파들의 특성을 각 집단에 속한 응답자들의 정치지식 수준과 정치효능감을 중심으로 살펴본다. 응답자의 정치지식 수준을 측정하기 위해 응답자에게 '한일군사정보보호협정', '대통령 임기', '국회의원 의석수', '국무총리 이름', '여당 이름'에 대해 물어봤다. 응답자들의 정치지식 수준을 분석하기 위해 한 문항 당 20점씩, 다섯 문항 모두 옳은 대답을 제시한 응답자에게 최고점인 100점을 부여했다.

응답자들의 정치효능감은 외적 정치효능감(external political efficacy)과 내적 정치효능감(internal political efficacy)으로 나누어 측정했다. 외적 정치효능감은 정치체제가 시민의 요구에 얼마나 잘 부응하는가 하는 유권

〈표 5-4〉 정당 지지자들과 다양한 무당파들의 정치지식과 정치효능감

정당일체감 (3차~6차 조사)	정치지식 (100점)	외적 정치효능감	내적 정치효능감
새누리당-새누리당	61.1	2.16	3.66
민주통합당-민주통합당	62.5	1.80	3.66
무당파-무당파	63.7	1.69	3.72
무당파-주요정당	60.0	1.97	3.62
주요정당-무당파	59.7	2.04	3.59
F검정	$F=0.57, p=.688$	$F=9.97, p<.00$	$F=0.42, p=.79$

자의 믿음을 의미한다. 이러한 외적 정치효능감을 측정하기 위한 설문문항으로 응답자가 "우리나라에서는 대다수 국민들의 의사와 상관없이 소수의 사람이 정부와 정치를 좌우한다."라는 문장에 얼마나 동의하는지를 물었다. 응답자가 선택할 수 있는 답은 '매우 그렇다', '대체로 그렇다', '별로 그렇지 않다', '전혀 그렇지 않다'(4점 척도) 네 가지였다. 내적 정치효능감은 정치나 정책결정과정을 얼마나 잘 이해하고 판단할 능력이 있는지에 대한 유권자 본인의 자신감을 의미한다. 내적 정치효능감을 측정하기 위한 설문문항으로는 "투표는 아주 많은 사람들이 하기 때문에 내가 투표하는가 안 하는가는 중요하지 않다"라는 문장에 얼마나 동의하는지를 물었다. 이 문항에서도 역시 응답자는 '매우 그렇다', '대체로 그렇다', '별로 그렇지 않다', '전혀 그렇지 않다'(4점 척도)까지의 네 가지 선택 사항 중 하나를 고를 수 있었다.

〈표 5-4〉는 다섯 집단별 정치지식과 외적 정치효능감, 내적 정치효능감의 평균을 비교한 결과이다. 다섯 집단들 중 정치지식 수준이 가장 높은 집단은 '무당파-무당파' 집단으로 63.7점을 받았다. 그 다음으로 높은 점수를 받은 집단은 '민주통합당-민주통합당'을 지지한다고 대답했던 집단으로 62.5점을 받았다. '새누리당-새누리당'을 지지한다고 대답했던 집단은 61.1점을 받아 다섯 집단들 중 세 번째로 높은 점수를 획득했다. '무당파-주요정당'을 지지한다고 대답했던 집단의 정치지식 평균 점수는 60.0점이었으며 '주요정당-무당파'라고 대답했던 집단의 정치지식 평균

점수는 가장 낮은 59.7점이었다. 이처럼 다섯 집단의 정치지식 평균 점수가 높게는 63.7점에서 가장 낮은 59.7점 까지였으며, 이들 다섯 집단 사이의 평균 점수 차이는 통계적으로 유의미하지 않은 것으로 나타났다. 응답자들이 보유한 정치지식 수준 측면에서 일관된 정당 지지자와 일관된 무당파 사이에 유의미한 차이가 없었으며 이들과 일관되지 않은 정당일체감을 보여준 집단들 사이에도 유의미한 차이가 없었다.

〈표 5-4〉를 보면 외적 정치효능감 평균은 다섯 집단 사이에서 통계적으로 유의미하다는 것을 보여준다. 이는 다섯 집단 사이에서 소수에 의해 정치가 좌우된다는 주장에 대한 의견이 다르다는 것을 의미한다. 다섯 집단 중 "우리나라에서는 대다수 국민들의 의사와 상관없이 소수의 사람이 정부와 정치를 좌우한다."라는 주장에 동의하는 응답자가 가장 많은 집단은 '무당파-무당파' 집단이었다. 이에 비해 소수에 의해 정치가 좌우된다는 주장에 동의하지 않은 응답자가 가장 많은 집단은 '새누리당-새누리당'을 지지한다고 대답했던 응답자 집단이었다. '민주통합당-민주통합당' 집단도 '무당파-무당파' 집단 다음으로 우리나라에서는 소수에 의해 정치가 이뤄진다는 주장에 동감했다. 또한, '무당파-주요정당' 집단과 '주요정당-무당파' 집단의 외적 정치효능감 수준은 '민주통합당-민주통합당' 집단과 '새누리당-새누리당' 집단 사이에 위치했다.

다섯 집단들을 두 집단씩 짝을 지어 외적 정치효능감 정도를 비교해보았다. 외적 정치효능감에 대한 두 집단 간 비교에서 통계적으로 유의미한 차이를 보인 경우는 '새누리당-새누리당' 집단 대 '민주통합당-민주통합당' 집단과 '새누리당-새누리당' 집단 대 '무당파-무당파' 집단이었다. 반면, '민주통합당-민주통합당' 집단 대 '무당파-무당파' 집단 간 외적 정치효능감의 차이는 통계적으로 유의미하지 않았다. 정당일체감에 따라, 외적 정치효능감에 확연한 차이를 보이는 것은 한국 정치가 민주화 이행을 경험한지 25년이 지난 현재에도 유권자들은 민주주의 정치체제의 작동방식과 정권을 어느 정도 동일시 한다는 것을 의미한다. 유권자가 지지하는 정당이 여당인지, 야당인지가 정치체제가 자신들의 이해관계를 제대로 반영하는지에 대한 판단의 주요한 근거가 된다는 것이다. 물론, 기존 정당을 지지하지 않는 무당파가 현재의 정치체제가 자신들의 이해관계를 잘 반영해주지 않는다고 믿는 것은 자연스런 결과이다.

〈표 5-4〉를 보면, 다섯 집단 모두 투표가 중요하다고 인식했다. "투표는 아주 많은 사람들이 하기 때문에 내가 투표하는가 안 하는가는 중요하지 않다"는 주장에 응답자가 정당 지지자인지 무당파인지 무관하게 대부분 그렇지 않다고 대답했다. 무당파도 정당 지지자 못지않게 자신의 투표권 행사가 의미 있고, 중요하다고 생각하고 있었다. 다섯 집단 중 두 번의 조사에서 일관되게 지지하는 정당이 '없다'고 답한 무당파 집단의 내적 정치효능감(평균값이 클수록 효능감이 낮은 것을 의미)이 3.72점으로 가장 낮게 나타났다.

18대 대선 관심도 변화

　18대 대선 캠페인이 진행됨에 따라 무당파와 정당 지지자들의 대선 관심도에는 뚜렷한 차이가 나타났을까? 대선과정에 정당일체감이 바뀐 응답자, 즉 3차 조사에서 지지하는 정당이 '없다'고 대답했는데 6차 조사에서 주요정당 중 하나를 지지한다고 대답한 응답자들이나, 반대로 주요정당을 지지한다고 대답한 후 6차 조사에서 지지하는 정당이 '없다'고 대답한 응답자들의 대선 관심도는 어떻게 변할까? 이러한 질문에 답하기 위해 네 차례 조사된 대선 관심도 설문문항을 분석에 포함했다. 사용된 문항은 "선생님께서는 오는 12월에 있을 대통령 선거에 얼마나 관심이 있으십니까?"였다. 응답자들은 '매우 관심이 많다', '대체로 관심이 있다', '별로 관심이 없다', '전혀 관심이 없다'의 네 가지 답변 중 하나를 선택할 수 있었다(평균값이 클수록 응답자의 정치관심도가 낮다는 것을 의미함). 응답자의 18대 대선 관심도를 측정한 네 번의 조사에 따르면, 18대 대선 투표일이 다가옴에 따라 응답자들의 대선 관심도는 점차 높아진 것으로 나타났다. 8월 중순에 실시된 3차 조사에서 응답자의 대선 관심도 평균은 1.70점이었으며, 11월 초에 실시된 4차 조사에서 대선 관심도 평균은 1.59점, 12월 초에 실시된 5차 조사에서의 대선 관심도 평균은 1.52점, 대선 투표일 바로 전에 실시된 6차 조사에서 대선 관심도 평균이 1.42점으로 나타났다. 응답자를 정당 지지자와 정당일체감에 변화가 있었던 집단으로 구분하여 분석해도 위와 같은 결과가 나타날까?

〈표 5-5〉는 응답자의 정당일체감에 따라 구분된 다섯 집단의 대선 관심도(평균)가 네 번의 조사에서 어떻게 변했는지를 보여준다. 분석결과, 다섯 집단 간 대선 관심도의 차이는 통계적으로 유의미한 것으로 나타났다. 네 차례의 조사에서 모두 다섯 집단의 대선 관심도가 다르게 나타났다는 의미이다. 조사별로 다섯 집단 사이의 대선 관심도 차이를 보면, 3차와 6차 조사에서 '무당파-무당파' 집단의 18대 대선 관심도 평균값이 가장 높았다. '무당파-무당파' 집단의 대선 관심도가 매우 낮다는 의미이다. '새누리당-새누리당' 집단과 '민주통합당-민주통합당' 집단의 대선 관심도는 '무당파-무당파' 집단에 비해 확연히 높았다. 이 차이는 통계적으로 유의미했다. '무당파-주요정당' 집단의 대선 관심도는 '무당파-무당파' 집단 보다 높지만, '새누리당-새누리당' 집단이나 '민주통합당-

〈표 5-5〉 정당 지지자들과 다양한 무당파들의 18대 대선 관심도 변화

정당일체감 (3차~6차 조사)	대선 관심도			
	3차 조사 (8/11~19)	4차 조사 (11/3~13)	5차 조사 (11/30~12/9)	6차 조사 (12/13~18)
새누리당-새누리당	1.47	1.44	1.37	1.26
민주통합당-민주통합당	1.44	1.35	1.43	1.32
무당파-무당파	1.75	1.69	1.69	1.61
무당파-주요정당	1.72	1.59	1.53	1.39
주요정당-무당파	1.58	1.61	1.49	1.54
F검정	$F=7.36, p<.00$	$F=8.49, p<.00$	$F=8.21, p<.00$	$F=12.78, p<.00$

민주통합당' 집단보다 낮았다. '주요정당-무당파' 집단의 대선 관심도도 '무당파-주요정당' 집단과 유사하게 나타났다.

18대 대선 투표일전까지 동일한 응답자들의 대선 관심도에도 변화가 있었을까? 변화가 있었다면 어떠한 방향으로 이루어졌을까? 3차 조사는 8월 중순에 이루어졌다. 이때는 여전히 각 주요정당의 18대 대선후보가 공식적으로 선출되기 전이었다. 이후 8월 20일에 박근혜 후보가 새누리당의 대선후보로 확정되고, 9월 16일에는 문재인 후보가 민주통합당 대선후보로 선출됐다. 9월 19일에는 안철수 전 교수가 대선 출마를 공식적으로 선언함으로써 '야권후보 단일화' 논의가 18대 대선의 주요 의제로 등장하는 등 선거의 열기가 어느 때보다 뜨거워지기 시작했다. 4차 조사는 11월 초, 5차 조사는 12월 초에 이루어졌다. 두 조사 사이인 11월 23일에는 무소속 안철수 후보가 민주통합당의 문재인 후보를 지지한다고 선언하며 대선후보직 사퇴를 발표했다. 6차 조사가 이루어진 대선 투표일 바로 전 상황은 박근혜 후보와 문재인 후보가 치열한 양강구도를 보이고 있었다. 두 후보 모두 섣불리 대선 승리를 확신할 수 없었다. 이 과정에서 '무당파-주요정당' 집단은 가장 큰 대선 관심도 변화를 보였다. 이들의 대선 관심도는 3차와 6차 조사에서 0.34점의 차이가 났다. 이들의 대선 관심도 평균은 지지하는 정당이 '없다'고 대답한 3차 조사 때에 비해 주요정당 중 하나를 지지한다고 답한 6차 조사 때에 20%나 상승했다. 두 패널조사에서 '주요정당-무당파'라고 대답한 집단의 대선 관심도 변화는

0.04점으로 아주 미미했다. '무당파-무당파' 집단도 3차 조사와 6차 조사의 대선 관심도 차는 0.14점으로 투표일이 다가오면서 대선 관심도가 증가한 것으로 나타났다. 두 패널조사에서 일관되게 새누리당을 지지한 '새누리당-새누리당' 집단의 대선 관심도도 0.21점 낮아지며 투표일을 앞두고 해당 집단의 대선에 대한 관심도가 아주 높아졌음을 보여준다.

정치인 호감도 변화

18대 대선에서 유권자의 정당일체감 변화와 주요 정치인에 대한 호감도 변화는 어떤 상관관계가 있을까? 3차와 6차 조사에서 주요 정치인들에 대한 응답자의 호감도를 0(매우 싫어한다)에서 10(매우 좋아한다)까지의 11점 척도로 측정했다. 〈표 5-6〉은 정당일체감에 따라 구분된 다섯 집단의 정치인 호감도가 3차와 6차 조사에서 어떻게 변했는지 보여준다. 분석결과, 세 명의 정치인들에 대한 다섯 집단의 호감도가 통계적으로 유의미한 차이를 보였다.

'새누리당-새누리당' 집단은 지지하는 정당에 변화가 없었고, 박근혜에 대한 매우 높은 호감을 가지고 있었다. 박근혜가 공식적인 새누리당 대선후보로 선출되기 전에도 이 집단의 박 후보에 대한 호감도는 9.23점이었으며 투표일 바로 전에 이루어진 6차 조사에서는 9.46점으로 더 높아졌다. 마찬가지로, '민주통합당-민주통합당' 집단은 박근혜, 문재인,

<표 5-6> 정당 지지자들과 다양한 무당파들의 정치인 호감도 변화

정당일체감 (3차~6차 조사)	정치인 호감도				
	3차 조사 (8/11~19)			6차 조사 (12/13~18)	
	박근혜	문재인	안철수	박근혜	문재인
새누리당-새누리당	9.23	4.75	4.36	9.46	4.81
민주통합당-민주통합당	4.07	8.67	8.29	3.95	9.15
무당파-무당파	5.09	6.63	7.52	5.07	6.73
무당파-주요정당	5.38	7.11	6.95	5.27	7.29
주요정당-무당파	6.57	6.32	6.58	6.43	6.62
F검정	$F=186.31$, $p<.00$	$F=99.71$, $p<.00$	$F=98.58$, $p<.00$	$F=229.86$, $p<.00$	$F=132.35$, $p<.00$

안철수 중 문재인을 가장 좋아한다고 대답했다. 문재인이 민주통합당의 18대 대선후보로 선출되기 이전 이 집단의 문 후보에 대한 호감도는 8.67점으로 세 유력한 대선후보 중에서는 가장 높지만, '새누리당-새누리당' 집단이 보여준 박 후보에 대한 호감도보다는 낮았다. 6차 조사에서 '민주통합당-민주통합당' 집단의 문재인에 대한 호감도는 9.15점으로 상승했다. 흥미로운 점은 '민주통합당-민주통합당' 집단의 안철수에 대한 호감도도 문재인에 대한 호감도에 가까운 8.29점으로 매우 높았다.

'무당파-무당파' 집단은 박근혜나 문재인에 비해 안철수를 더 선호하는 것으로 나타났다. 다만, 3차 조사에서 나타난 '무당파-무당파' 집단의 안철수에 대한 호감도는 7.52점으로, '민주통합당-민주통합당' 집단의 안철수에 대한 호감도 보다는 낮았다. '무당파-무당파' 집단의 박근혜,

문재인에 대한 호감도는 3차, 6차 조사에서 크게 변하지 않았다.

이 밖에, '무당파-주요정당' 집단은 대선에 가까워지며 박근혜에 대한 호감도가 소폭 감소했고(5.38 → 5.27점) 문재인에 대한 호감도는 소폭 상승한 것으로 나타났다(7.11 → 7.29점). '주요정당-무당파' 집단도 유사한 변화를 보였다. 박근혜에 대한 호감도는 6.57점에서 6.43점으로 낮아진 반면, 문재인에 대한 호감도는 6.32점에서 6.62점으로 상승했다.

18대 대선 결과 만족도

〈표 5-7〉은 다섯 집단별로 18대 대선 결과에 대한 만족도(평균)를 보여주고 있다. 분석결과, 다섯 집단 사이의 18대 대선 결과 만족도 평균은 통계적으로 유의미한 차이가 있었다. '새누리당-새누리당' 집단이 대선 결과 만족도가 가장 높고, '민주통합당-민주통합당' 집단이 다섯 집단 중

〈표 5-7〉 정당 지지자들과 다양한 무당파들의 18대 대선결과 만족도

정당일체감 (3차~6차 조사)	대선결과 만족도(7차 조사)
새누리당-새누리당	1.32
민주통합당-민주통합당	3.07
무당파-무당파	2.51
무당파-주요정당	2.55
주요정당-무당파	2.14
F검정	F=170.36, p<.00

주) 1= 매우 만족한다, 2= 만족하는 편이다, 3= 불만족하는 편이다, 4= 매우 불만족한다

대선결과에 대해 가장 만족하지 못하는 것은 자연스런 결과이다. 두 집단씩 짝지어 대선 결과 만족도 평균을 비교한 결과, '민주통합당-민주통합당' 집단은 다른 네 집단에 비해 대선 결과 불만족도가 통계적으로 유의미하게 높게 나타났다. '무당파-무당파' 집단의 경우, 대선 결과 만족도가 '새누리당-새누리당' 집단에 비해 낮지만 '민주통합당-민주통합당' 집단보다는 높았다. 두 경우 모두 집단 간 차이는 통계적으로 유의미했다($p<.05$). 한 가지 흥미로운 결과는 '주요정당-무당파' 집단의 대선 결과 만족도가 '무당파-무당파'의 대선 결과 만족도보다 높았으며, 이 차이가 통계적으로도 유의미했다는 점이었다.

결론

본 장은 4월 6일부터 12월 30일까지 진행된 아산정책연구원의 7차례 선거연구 패널조사에 모두 참여한 1,001명 응답자들을 대상으로 무당파의 정당일체감 변화를 분석했다. 3차와 6차 조사에 포함된 정당일체감 설문문항에 대한 응답자들의 대답을 통해 응답자를 '새누리당-새누리당', '민주통합당-민주통합당', '무당파-무당파', '무당파-주요정당', 그리고 '주요정당-무당파'의 다섯 집단으로 분류했다. 이러한 분류를 통해 18대 대선에서 정당 지지자와 무당파 사이에 어떠한 차이점이 있는지를 비교·분석했다. 정당일체감에 변화가 있었던 응답자들을 두 집단으로 분류하고, 이들의 특성을 일관되게 지지하는 정당이 '없다'고 대답했던 '무당파-무당파' 집단과 비교했다. 분석결과를 정리하면 다음과 같다.

투표일이 다가옴에 따라 정당 지지자들과 무당파의 정치관심도는 점점 그 차이가 커졌다. 여당과 야당 지지자 모두 정치관심도가 높아졌지만, 무당파의 정치관심도는 시간이 지나며 오히려 낮아졌다. 반면, 무당파와 주요정당 지지를 오간 응답자들의 정치관심도는 정당 지지자들처럼 투표일이 다가옴에 따라 상승했지만 그들의 정치관심도는 정당 지지자들보다 여전히 낮았다.

정당 지지자들이 무당파보다 정치에 대한 관심과 정보가 많을 것이라는 상식과 달리, 이들 사이에서 정치지식의 차이는 통계적으로 유의미하지 않았다. 오히려 다섯 집단 중 '일관된' 무당파의 정치지식 수준이 가장 높았다. 무당파도 정당 지지자처럼 정치에 관심을 갖고 있으며 지식수준도 높았다는 것을 의미한다. 이 결과는 무당파가 기존 정당체제나 정치현실이 이들의 이해관계를 제대로 대변해 주지 못해 특정 정당을 지지하지 않았던 것으로 해석할 수 있다. 이러한 무당파의 태도는 타 집단과의 외적 정치효능감 비교에서도 확연히 들어난다. 다섯 집단 중에서 "우리나라에서는 소수에 의해 정치가 이뤄진다"는 주장에 가장 동의하는 집단이 '일관된' 무당파들이었다.

시간이 지나며 대선에 대한 관심도가 가장 높아진 집단은 3차 조사에서 지지하는 정당이 '없다'고 대답했으나 6차 조사에서는 지지하는 정당이 '있다'고 대답한 '무당파-주요정당' 집단이었다. 이들의 대선 관심도는 20%나 증가했다. 이 집단에 속한 유권자들은 선거가 진행됨에 따라 다양한 정보를 얻게 되고, 정당과 정치현실에도 관심을 갖게 돼 결국 특정 정당을 지지하게 된 사례로 보인다. 이들은 선거 기간 중 주요정당들이 유권자들로부터 지지를 끌어내기 위해 투여한 다양한 노력의 결과물이기도 하다.

정치인에 대한 호감도 측면에서 '일관된' 무당파들이 가장 좋아하는 정치인은 쉽게 예상할 수 있듯이 무소속 후보였던 안철수였다. 11월 23일 안철수가 민주통합당 대선후보인 문재인을 지지하고 대선후보직을 사퇴했음에도 '일관된' 무당파들의 문재인에 대한 호감도는 대선 투표일 바로 전까지도 크게 변하지 않았다. 이는 '일관된' 무당파들의 마음을 돌리기 위한 문재인 후보의 적극적인 노력이 불충분했거나, 문재인 대선후보에 대한 안철수의 지지가 '일관된' 무당파들의 마음을 움직일 정도로 강력하지는 못했던 것으로 해석할 수 있다.

앞서 언급했듯이 18대 대선에서 '일관된' 무당파들의 정치관심도는 매우 낮았다. 그럼에도 이 집단에 속한 유권자의 대선 결과 만족도는 '새누리당-새누리당' 집단 보다 낮지만 '민주통합당-민주통합당' 집단의 대선 결과 만족도 보다 높았다. '주요정당-무당파' 유권자들의 대선 결과에 대한 만족도는 '일관된' 무당파 유권자들보다 높았다. 이는 무당파들이 한국의 현재 정치체제나 정치현실에 대해 불만족스러워함에도 이들의 불만족이 체제에 대한 부정이라는 극단적인 상황으로 이어지지 않으리라는 것을 보여준다. 뿐만 아니라, 이들 다양한 무당파들도 기존 정치세력이나 정당의 노력에 따라 현재의 정치체제에 포함될 수 있음을 보여준다.

| 참고 문헌 |

소순창. 1999. "한국 지방선거에서 나타난 '무당파층'의 실증분석: 특징과 전망." 조중빈 편.『한국의 선거 III: 1998년 지방선거를 중심으로』. 서울: 푸른길.
이현출. 2000. "무당파층의 투표행태: 16대 총선을 중심으로."『한국정치학회보』 34집 4호, 137-160.
Campbell, Angus, Philip E. Converse, Warren E. Miller, and Donald E. Stokes. 1960. *The American Voter*. New York: John Wiley.
Dalton, Rusell. 2006. *Citizen Politics: Public Opinion and Political Parties in Advanced Industrial Democracies*. Washington D.C.: CQ Press.

6
세대론의 전환: 제18대 대통령 선거와 세대

박원호

서론

지난 18대 대통령 선거는 세대론적 관점에서 보자면 매우 새로운 양상을 띠었던 선거였다. 지역주의에 버금가게 한국선거의 향배를 결정하는 주요한 축으로 이해되어온 세대균열은 항상 '젊은' 유권자들의 선택과 관련 있으며, 이들의 투표율과 야권후보에 대한 결집도는 한국 선거 예측에 있어서 핵심적인 바로미터로 믿어졌다. 이를테면, 16대 대선에서 이들의 노무현 후보에 대한 일방적인 지지와 높은 투표율이 야권의 승리를 가져왔으며, 17대 대선에서는 이들의 비교적 낮은 투표율과 일정한 '이탈'로 이명박 후보가 당선됐다는 것이다. 또 새로운 세대가 기성세대를 대체한다는 일상적 의미에서의 '세대교체'는 이들의 선택이 어쩌면 한국 선거의 미래를 엿보는 하나의 프리즘이 될 것이라는 인식과도 직결된다. 지난 18대 대통령 선거는 이러한 인식이나 예측이 모두 빗나간 선거였으며, 젊은 유권자들을 중심으로 이뤄지고 있는 세대균열 논의의 적실성에 심각한 의문을 던져준 선거이기도 했다.

한편으로 이러한 변화는 매우 사소하고 한시적인 현상일지도 모른다. 신구(新舊)와 소장(少長)이 대립하는 갈등구조는 상존하는 것이고, 이번 선거의 함의라는 것은 다만 그 길항의 중심축이 잠시 이동한 것에 지나지 않는다고 볼 수도 있기 때문이다. 그러나 정치세대에 대한 기존 담론들이 젊은 유권자들의 투표 행태에 집중되었던 이유는 다음과 같은 몇 가지 주요한 이론적·실천적 이유에 기인한 것이었고, 이들이 전제하고 있는 가정들이 예외 없이 붕괴되었다는 의미에서 이번 대통령 선거는 세대론적 논의에 매우 중요한 과제를 던져주었다.

세대론적 논의가 젊은 유권자들에게 집중되었던 가장 핵심적인 이유는 이들의 참여와 결집도가 선거결과를 좌우하는 핵심요인이라는 가정 때문이다. 비교적 상수화되어 예측 가능한 여러 요인들 — 이를테면 지역주의나 도농격차 — 에 비해서 젊은 유권자들의 선택은 선거에서 상대적으로 예측하기 어려운 변수였으며, 한국 선거의 결과를 결정하는 독립변수라는 인식이 항상 존재했다. 선거 예측과 관련된 학계나 대중매체의 논의는 항상 젊은 유권자들의 투표율과 이들의 결집정도를 중심으로 이루어졌으며, 선거결과에 대한 사후평가에서도 예외 없는 요인으로 자리매김하고 있었다. 예를 들어 노무현, 이명박 후보의 당선은 결정적으로 젊은 유권자들의 참여와 결집의 성패에 의해 좌우되었던 것으로 인식되었으며, 대통령 선거 뿐 아니라 여타의 각급 선거나 보궐선거에서 여야의 희비를 결정하는 것은 젊은 유권자들의 참여의 함수로 생각됐다. 그러나 지난 대통령 선거는 젊은 유권자들의 높은 참여와 강한 결집에도 불구하고 박근혜 후보의 당선으로 귀결되었다.

젊은 유권자들이 세대론적 논의의 중심에 서 있었던 두 번째 이유는 이들의 성향과 선호가 한국 선거의 미래를 보여준다는 믿음이나 전제가 있었기 때문이다. 앞의 가정이 한국 선거에 대한 단기적이고 정태적 관점에서 젊은 유권자들의 중심적인 위상을 상정한 것이라면, 이 가정은 중장기적이고 동태적인 관점에서 이들이 한국 선거에서 차지하는 중심적인 위치에 주목하는 것이다. 젊은 유권자들의 현재적인 참여와 결집과는 무관하게 이들이 보이는 경향성이 지속되고, 또 유권자들의 총집합 구성이 이들에 의해 점진적으로 대체(replacement)된다면, 이들의 현재 투표 패턴을 통해 한국 선거의 미래를 엿볼 수 있어야 할 것이다. 마찬가지로, 18대 대선은 17대 대선, 그리고 16대 대선에서 보여진 세대론적 논의의 연장선상에서 분석·이해될 수 있어야 한다. 그러나 청년 유권자들의 참여와 결집의 유의미성이 확인되었던 16대, 17대 대통령 선거에 비해서 이번 18대 대선은 이들의 정치적 비중이 확연히 줄어들고 있고 어쩌면 앞으로는 더 줄어들 것이라는 점을 확인시켜준 선거였다.

세대론적 논의가 젊은 유권자들에게 집중된 세 번째 이유는 선거국면에서 이들의 투표형태가 더 체계적(systematic)인 움직임을 보일 것이라는 생각 때문이다. 만약 중·노년층의 유권자들이 전통적인 투표행태 문헌이 상정하고 있는 관습적인 투표나 정당에 대한 심리적 애착·충성심에 의거한 투표 성향을 보인다면, 젊은 유권자들은 단기적인 이슈나 정책적인 평가에 의해 참여와 지지후보를 결정하는 성향을 보다 더 강하게 나타낼 것이다. 젊은 유권자들이 만약 선거국면의 특수한 정치적 지형이나 정책적 고려를 통한 투표를 수행하고 있다면, 이는 관습적 투표와 대비되는 '합리적' 투표라 이름붙일 수 있을 것이며, 해당 선거의 진행과 결과를 더 간결하게 이해할 수 있게 해 줄 것이다. 예를 들어, 17대 대선은 젊은 유권자들의 상당수가 이전 노무현 정부에 대한 지지를 철회하고 체계적으로 이명박 후보를 지지했던 선거로 규정될 수 있을 것이다. 만약 앞선 첫 번째 전제가 사실이라면, 한국 선거의 향방을 결정하는 것은 결국 젊은 유권자들을 통해 표출되는 이러한 체계적인 움직임일 수밖에 없으며 선거에 대한 예측과 논의는 이를 빼고는 불가능하다는 것이다. 지난 대통령 선거에서 젊은 유권자들이 보여준 가장 중요한 체계적 움직임이 무소속 안철수 예비후보에 대한 압도적인 지지였다면, 이 움직임이 지니는 특정한 정책적 내용을 규명하는 것이 아직도 과제로 남아있으며, 적어도 한 가지 확실한 것은 이들의 움직임이 주요 양당 후보의 경합으로 치러진 선거의 최종 국면까지 내용적으로, 체계적으로 이어질 기회가 없었다는 점이다. 요컨대, 지난 선거는 젊은 유권자들의 정책적 내용에 의거한 체계적인 이동의 기회가 박탈된 선거였다.

세대론적 논의가 젊은 유권자들에게 집중된 마지막 이유는 앞서의 가정들과 불가분의 관계를 갖지만 좀 더 이론적이고 사회학적인 가설 위에 서 있다. 개인의 생물학적인 성숙과 이에 따른 보수화 과정으로서의 연령효과(age effect) 가설과는 달리, 또래 집단(cohort)이 정치사회화 과정에서 공유하는 정치적 경험에 의해 형성된 정치적 태도와 정향은 지속되는 성향이 있을 것이라는 세대효과(generation effect) 가설이 그것이다.[1] 예를 들어, 한국의 민주화 경험을 정치사회화 초기 단계에 경험했던 소위 '386세대'가 자신들의 정치적 정체성을 일정하게 유지하면서 중년에 접어들더라도 보수화되지 않거나 덜 될 것이라는 것이다. 마찬가지로 젊은 유권자들이 자신들의 정치적 정체성을 지속적으로 유지하는 것이 사실이라면, '386 세대'와 이들의 후속세대인 20~30대 유권자들의 정치적 태도와 정향은 한국 선거의 현재와 미래를 규정하는 핵심적 내용을 담고 있을 수밖에 없다. 그러나 최근의 선거, 혹은 지난 대통령 선거에서는 이러한 세대론에 기초한 정치적 성향의 지속성이 그리 믿을만한 것이 아니라는 사실이 드러났다.

---

[1] 본 연구에서는 그 구분이 특별히 유의미하지 않은 경우, '세대'와 '연령(집단)'을 혼용하여 사용한다. 한국 선거의 담론에서 이미 일상적으로 '세대격차'나 '세대갈등' 등의 말을 사용하고 있으며, 이를 경험적으로 포착하는 방식은 횡단면 분석에서의 '연령집단 간의 격차'나 '연령집단 간의 갈등'이기 때문이다.

요컨대, 지난 대통령 선거는 젊은 유권자들을 중심으로 진행되었던 세대론적 논의의 적실성에 대한 심각한 재고와, 보다 나은 대안적인 세대론적 사고틀을 구성할 과제를 연구자들에게 던져주었다. 위에서 열거한 것처럼 기존 세대론적 논의가 발 딛고 서 있었던 네 가지 전제들이 그 깊이나 함의에 있어서 간단하게 부정하기는 힘든 것이었던 만큼, 지난 선거가 기존의 세대론적 논의에 가한 타격은 심대한 것이었다. 다시 말해, 한국의 세대균열은 그것이 선거에서 지니는 영향과 함의에 있어 매우 근본적인 변화의 과정에 서 있으며, 이것을 보다 정확하게 포착하고 이론적으로 재구성할 시점에 다다른 것이다. 그리고 그 과제는 아마도 위의 전제들에 대한 재검토를 위한 경험적인 질문들을 다시 묻는 것으로 시작할 수밖에 없을 것이다.

다음에서는 지난 대통령 선거에서 드러난 아래의 세대론적 질문들을 중심으로 선거기간을 전후로 한 다양한 자료를 통해 경험적 분석을 수행할 것이다.

1) 투표참여와 관련된 세대간 격차는 얼마나 큰가? 그리고 양대 후보에 대한 세대간 지지의 '결집도'는 얼마나 차이가 나는가? 이 두 가지를 고려했을 때, 세대간 투표율의 격차는 선거결과에 얼마나 큰 영향을 미쳤는가?

2) 장기적인 세대 구성효과(compositional effect)는 어떠하며, 어떻게 변화하는가? 한국 선거에서 세대간 격차가 함의하는 장기적 전망은 어

떠한가?

3) 후보자에 대한 지지에 있어서 누가 부동층(浮動層; floating voters)인가? 후보자나 정당 지지의 안정성(stability)에 있어서 세대간 격차는 얼마나 큰가?

4) 지난 선거에서 정책적 내용이 투표 선택에 미친 영향은 어떠했는가? 지난 선거에서 제시된 정책적 내용들에 대한 반응이 세대간에 얼마나 달랐는가?

본 장의 분석은 이상의 질문들에 대한 대답을 통해 지난 대통령 선거가 한국 선거의 세대론 연구에 어떠한 함의를 주는지를 밝히고자 한다. 본 연구에서 경험적 검토를 위해 사용한 자료는 아산정책연구원의 『2012년 총선·대선 패널조사』로 동일 응답자들로부터 8개월여에 걸쳐 7차례 수집된 자료의 특성을 이용하여 지지의 안정성 등에 대한 보다 직접적인 접근을 꾀했다. 또한 부가적으로 선거관리위원회에서 제공하는 집계자료 등을 이용했다.

투표참여와 결집도

세대별 투표참여

연령에 따른 유권자 참여는 일반적으로 젊을수록 참여가 저조하고 나이가 든 유권자일수록 참여가 높은 노고소저(老高少低)로 요약할 수 있다.

대체로 정치참여를 위한 자원의 측면에 있어서나 그 기회비용에 있어서 청년 유권자들은 중노년층에 비해 항상 정치참여, 특히 투표참여에 있어서 불리한 위치에 있다. 중노년층은 투표참여를 위한 정치적 지식이나 효능감, 그리고 선거관심도가 더 높은 수준에 있으며(김욱 2002), 가족이나 직장의 안정이라는 측면에 있어서도, 그리고 선거결과에 따라 고려되는 이해(利害) 관계도 더 클 것이다. 덧붙여, 공동체에서의 이들의 위치를 본다면 동원의 네트워크에 보다 더 쉽게 포착될 것이다(Rosenstone et al. 1993). 한국 선거에서 이러한 관계는 쉽게 확인 될 수 있으며, 적어도 지난 19대 국회의원 총선거에서도 이러한 관계는 지속적으로 관찰되었다(강신구 2012).

한 가지 방법론적인 문제점은 이러한 연령별 투표참여가 일반적인 조사를 통해서 규명하기가 쉽지 않다는 점이다. 응답자들이 자신들의 투표참여에 대한 과장(over-reporting)을 한다는 것은 잘 알려진 사실이며(Traugott et al. 1979) 한국 유권자들도 예외가 아니다.[2] 따라서 여기에서는 개인수준의 조사자료가 아닌 중앙선거관리위원회에서 발표한 10% 투표소 표집 조사를 통한 연령별 투표참여를 분석한다.

〈그림 6-1〉은 지난 대통령선거를 포함한 몇 개의 선거에서 나타난 세

---

[2] 지난 대선 직후 수집된 여러 조사 자료들 — 본 연구에 사용된 아산정책연구원 자료를 포함하여 — 은 예외없이 지나치게 높은 투표율을 보여주었는데, 이는 응답자들의 과장된 보고와 패널자료의 경우에는 탈락효과(attrition effect)와 테스트 효과(testing effect)에 기인하는 것으로 보인다. 한편, 선거 당일날 발표되는 출구조사를 이용한 연령별 투표율의 추정도 매우 부정확한 것으로 최근의 선거들에서 드러나고 있다(예를 들어, 경향신문 12월 20일자 보도 참조).

세대론의 전환: 제 18대 대통령 선거와 세대　　　　　　　　　　　　　　　209

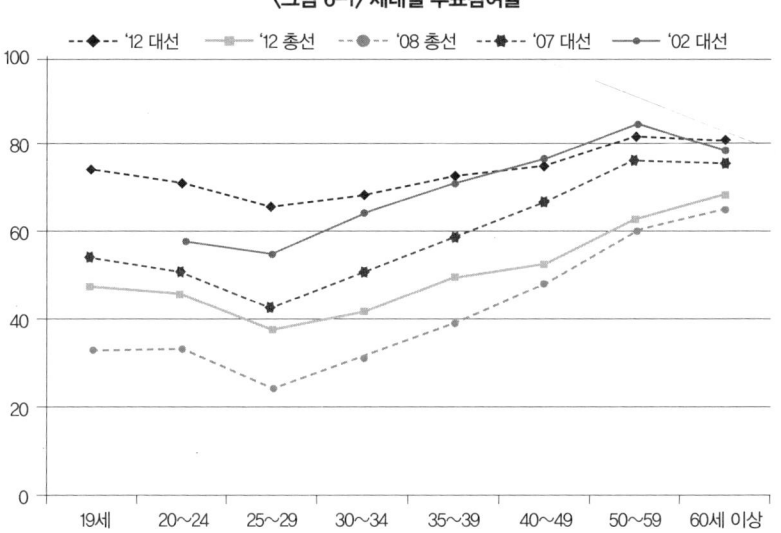

〈그림 6-1〉 세대별 투표참여율

주) 중앙선거관리위원회(2013), 「제18대 대통령선거 투표율 분석」

대별 투표율을 그림으로 나타낸 것이다. 가장 주요하게는 노고소저 현상이 일반적이라는 점이고, 선거의 전체적인 투표율이 높아질수록 이러한 노소(老少)간의 격차가 점점 줄어든다는 사실이 눈에 띈다. 예를 들어 매우 투표율이 높았던 지난 대통령 선거에서는 50, 60대의 투표율이 82%, 81% 정도였던데 반해, 가장 낮은 20대 후반 유권자들의 투표율은 66% 정도로 약 15% 정도의 차이가 있었다. 이에 반해, 가장 투표율이 낮았던 지난 2008년 국회의원 선거에서는 20대 후반 유권자들의 투표율이 24% 정도밖에 되지 않아, 65%를 기록한 60대 이상 유권자들에 비해 무려 40%의 격차가 났다. 투표율이 상당히 낮았던 지난 2007년 17대 대통령 선거에서도 이 격차는 약 33% 정도였다. 젊은 유권자들의 투표율은 선거에 따라, 그리고 해당 선거의 '중요성'을 인식하는 정도에 따라 그 증감의 폭이 매우 큰 반면, 노년층의 투표율은 상대적으로 증감의 폭이 적다. 투표율의 전반적인 증감은 무엇보다도 젊은 유권자들의 참여에 의해 좌우되는 경향이 크다고 할 수 있다.

둘째, 한국에서 연령과 투표참여의 관계는 노고소저의 단순한 선형적 관계, 즉 나이가 들수록 투표참여가 증가하는 관계는 아니다.[3] 가장 낮은 투표율을 보이는 유권자들은 20대 후반의 유권자들이며, 그들은 20대 초반 유권자들보다 약 10%정도 낮은 투표율을 보였다. 이것은 선거의 종류(대선, 총선, 지방선거)나 선거의 전반적인 분위기, 혹은 참여수준과는 무관하게 나타나는 현상인데, 그 이유가 무엇인지는 정확하게 알려져 있지 않다. 다만, 대학생들이 상당부분을 차지하는 20대 초반의 유권자들에 대한 학생회 등의 동원 기제와, 부재자 투표를 통한 군복무중 참여, 그리고 직장이나 일터에 갓 진입한 사회생활 초년병인 20대 후반 유권자들이 가지는 투표참여 기회비용의 차이에 기인한 것이 아닐까 생각할 수 있다.

셋째, 지난 대통령 선거는 투표율이 매우 높았던 선거였고, 따라서 세대간 격차가 그리 크지 않았다. 20대 유권자들이 상당히 효율적으로 동

---

[3] 일반적으로 투표율의 비선형적 관계는 투표율이 20대에서 가장 낮고, 50대 중후반에서 최고점을 보이며, 이후의 고령층에서는 감소하는 경향을 지칭하며, 이러한 관계는 노화와 은퇴 등의 생물학적 및 사회적 변화에 수반되는 일반적인 현상으로 알려져 있다. 고령층을 세분화하지 않은 〈그림 6–1〉에서는 이러한 관계가 명확하게 보이지 않는다.

원되었고 매우 결집된 지지를 보여준 2002년의 16대 대통령 선거와 비교해 보더라도 지난 대통령 선거에서 20대 유권자들이 기록한 투표율은 이례적으로 높았다. 2002년에 20대 초반과 후반 유권자들이 58%, 55%의 투표율을 보였던 반면, 지난 대선에서는 각각 71%, 66%의 투표율을 보였다.

요컨대, 지난 선거에서 한국선거의 분석과 예측의 가장 중요한 도구로 사용된 젊은 유권자들의 투표율이 최근 10년 동안의 그 어떤 선거에 비해서도 압도적으로 높았지만 대통령 선거는 박근혜 후보의 당선으로 귀결되었다. 그 이유는 무엇일까? 다음에서는 이를 세대별 결집도와 세대별 구성효과를 통해 살펴본다.

연령대별 지지의 결집도

젊은층의 투표율이 높으면 야권후보가 유리하다는 선거전망은 앞에서도 언급한 것처럼 우선 ① 고연령층의 유권자들은 강한 여권 성향을 띠며 ② 매우 안정되고, 높은 투표율을 보일 것이라는 예측, 반면에 ③ 젊은 유권자들은 매우 강한 야권 성향이며, ④ 그 투표율의 변화 진폭이 매우 클 것이라는 가정에 기반하고 있다. 앞에서 이 중 투표율과 관련된 ②와 ④의 가정은 비교적 잘 알려져 있으며 앞에서 언급했듯이 경험적으로 검증하기가 어렵지 않다. 이에 반해 결집도와 관련된 ①과 ③의 가설들은 이론적으로 정의하기도 또 경험적으로 측정하기도 쉽지 않다.

한 가지 가능한 대안은 조사 자료를 통해 선거에서 직접적으로 투표한 후보를 연령별로 추정하는 것인데, 이것은 물론 유권자들의 일반적인 성향을 보는 것이 아니라 투표에 참여한 유권자들만 — 즉 조사에서 투표를 했다고 보고한 사람들 — 을 중심으로 산정된다는 단점[4]이 있으나, 결집도에 대한 하나의 손쉽고 유의미한 측정치가 될 수 있을 것이다. 〈그림 6-2〉는 지난 대통령 선거와 19대 국회의원 총선거, 그리고 양당 주요 후보 간의 경쟁이 중심이었던 2002년 16대 대통령 선거에서 각 연령집단별 야권후보 지지를 그림으로 나타낸 것이다. 이를 통해 거칠게나마 지난 대통령 선거에서의 연령대별 '결집도'를 살펴보고자 한다.

우선 지난 대통령 선거는 매우 강력한 '세대균열'이 있었으며, 이는 연령대별로 후보자들의 지지율을 검토해보면 알 수 있다. 예를 들어 문재인 후보는 20대와 30대 초반 유권자들로부터 약 65%를 상회하거나 육박하는 지지를 획득한 반면 65세 이상의 고령층으로부터는 20% 이하의 득표를 얻는데 그쳤다. 다시 말해 각 연령대별 여·야 후보로의 결집도는 상당히 높은 편인데, 이는 세대간 결집이 매우 두드러진 것으로 알려졌던 2002년 선거와 비교해 보면 알 수 있다. 우선 20~30대의 문재인 후보에 대한 결집도에 있어서는 지난 16대 대통령 선거에서 노무현 후보에 대한 결집도와 비교해서 전혀 뒤지지 않는 수준이며, 적어도 30대 후

---

[4] 이것은 일견 매우 사소한 차이인 것처럼 보이나, 선거에서 세대간 지지율이 지칭하는 바가 투표 행위가 아닌 후보자 선호나 지지성향을 지칭하는 개념이라면 '결집도'의 직접적인 척도가 되는 데 심각한 문제가 있다. 왜냐하면 투표에 참가한 유권자들과 기권자들의 성향이 같을 수 없기 때문이다.

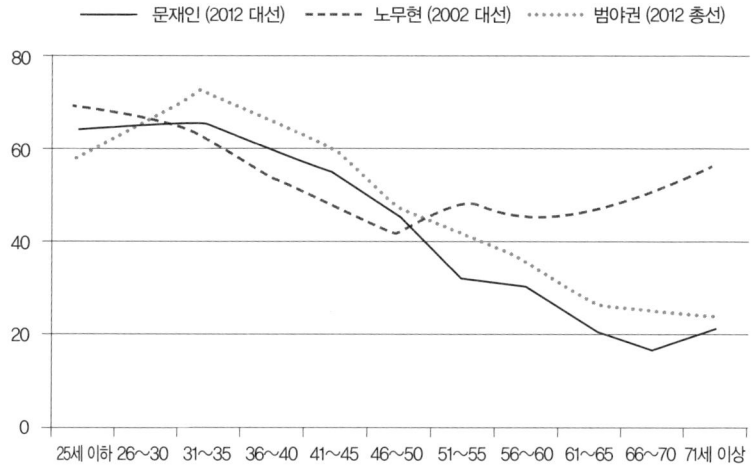

〈그림 6-2〉 세대별 결집도 (득표율) (단위: %)

주) 2002년 노무현 후보의 세대별 득표율은 한국사회과학데이터센터(2003) 자료를 이용하여 구성함

반이나 40대 초반 유권자들에 있어서는 문 후보에 대한 결집도가 노무현 후보에 대한 결집도보다도 더 높다는 사실을 알 수 있다. 반면, 문 후보가 고령층으로부터 받았던 매우 저조한 득표율에 비해, 2002년 선거에서의 노무현 후보는 고령층에서도 월등하게 높은 지지를 받았다는 사실을 알 수 있다. 다시 말해, 박근혜 후보에 대한 고령층의 결집 수준이 2002년 선거의 이회창 후보에 대한 결집수준에 비해 월등하게 높았다는 것이다.

주지컨대, 2002년 16대 대통령 선거의 연령대별 득표율은 한국사회과학데이터센터(2003)의 선거후 조사 자료를 이용한 것으로, 이 자료 응답자들의 편승효과(bandwagon effect), 즉 선거의 승자에게 투표하지 않았는데도 투표한 것으로 응답하는 비율이 상당하여 전체적으로 약 7% 포인트 정도의 오차가 있는 것으로 나타났다.[5] 이러한 차이를 감안하더라도, 지난 대통령 선거에서 중노년층의 박근혜 후보에 대한 결집도는 매우 강력한 것이었으며, 10년 전의 이회창 후보에 대한 결집도보다 상당히 높았다고 평가할 수 있다. 다르게 말하자면, 선거에서 승리한 노무현 후보와 패배한 문재인 후보 간의 결정적인 차이는 50~60대 이상 고연령층 유권자들의 여당 결집 정도라는 점이다.

이와 관련된 한 가지 흥미로운 사실은 이러한 세대간, 연령간 균열과 결집의 양상이 지속적으로 진행되어온 현상이며, 단순한 후보자 선호가 아니라 정치성향 일반에 있어서의 균열이라는 점이다. 지난 2012년 4월의 19대 국회의원 총선거에서 야권연합, 즉 민주통합당과 통합진보당 후보들이 각 세대별로 획득한 득표율을 살펴보면, 세대간 균열이 매우 뚜렷하게 진행되어 왔고, 8개월 후의 대통령 선거에서 나타난 세대간 균열 구조와 흡사한 형태를 보인다는 점이다. 그림에서 보이는 야권연대 득표에 있어 세대별 격차는 매우 크며, 이러한 경향은 이들의 후보자 선택 뿐 아니라 이념, 정책적 입장, 정치적 호감도 등 다방면에 걸쳐 상당한 차이가 있는 것으로 보고되고 있다(박원호 2012a).

앞에서 밝힌 수수께끼, 즉 '젊은 유권자들의 강한 결집도와 높은 참여

---

[5] 노무현 후보의 최종 득표율은 48.9%였던 반면 자료에서의 득표율은 55.8%인 것으로 나타났다. 이에 반해 아산정책연구원의 자료에는 그러한 편승효과가 미미하여 박근혜 후보에 대한 득표율이 최종 집계득표율인 51.6%에 매우 근사한 52.1%인 것으로 나타났다.

라는 두 가지 조건이 모두 충족되었음에도 왜 문재인 후보는 선거에서 패배했을까?'라는 질문에 대한 답은 비교적 명백해 보인다. 민주통합당의 문재인 후보는 적어도 10년 전의 노무현 후보와 비교해 볼 때, 중노년층의 지지를 획득하는 데 실패했기 때문에 선거에서 패배했다. 청년층에서는 문후보의 득표는 이들의 높은 투표율과 높은 지지율을 감안할 때 얻을 수 있는 최대치에 근사한 값이라고 말할 수 있을 것이다. 물론 이러한 내용은 이상의 결집도와 참여율에 연령별 인구 구성에 대한 보다 더 상세한 정보를 부가적으로 통합하여 살펴보는 것으로 확인할 수 있을 것이다. 다음에서는 이상에서 주어진 세대별 투표율과 결집도에 기초하여 세대균열이 선거의 결과에 미치는 영향을 좀 더 자세하게 살펴보고자 한다.

투표율, 결집도와 득표율: 시뮬레이션

이곳에서는 세대별 후보 지지율(결집도), 투표율, 그리고 인구학적 구성의 세 가지 요소를 바탕으로 지난 대통령 선거에서 양 후보의 득표율을 추정하는 간단한 모델을 구성한다. 물론 이 외에도 지역을 포함하여 여타의 다양한 변수들을 반영한 더 복잡한 모델을 구성할 수 있겠지만 논의의 명료성, 특히 세대간 격차가 선거결과에 미치는 영향을 재구성하기 위해 모델을 단순하게 설정한다. 이를 위해 먼저 다음과 같은 가정과 변수의 정의가 가능할 것이다.

첫째, 전체 유권자들을 다수의 연령집단으로 나눈다면 각 연령집단에 속하는 유권자들의 전체 유권자들에 대한 상대적 비율을 알 수 있을 것이다. 둘째, 각 연령집단은 고유한 투표율을 가지며, 이를 이용하여 각 연령집단의 투표자들이 전체 투표자들에 대해 가지는 상대적 비율을 정의할 수 있을 것이다. 셋째, 각 연령집단은 특정 후보자에 대한 고유한 지지율을 가지며, 모델의 단순성을 위해 투표자와 기권자 사이에 차이가 없는 것으로 가정한다. 다시 말해, 세대별 득표율이 세대별 지지도를 그대로 반영한 것이라고 가정한다.[6] 그렇다면 이상의 세 가지 세대별 변수를 이용하여 특정 후보자의 득표율을 추정할 수 있으며, 특히나 세대별 지지도와 투표율에 따르는 가상 득표율을 구해볼 수 있을 것이다.[7]

〈표 6-1〉은 이에 해당하는 변수들을 여러 상이한 자료들을 이용하여 재구성한 것이다. 우선 중앙선거관리위원회 10% 투표소 조사를 이용하여 전체 유권자들의 세대별 구성과 이들의 투표율, 그리고 이에 따른 투표자의 세대별 구성을 살펴봤다. 양대 주요 후보자에 대한 세대별 지지율은 집계자료를 통해서 알 수 없으므로 개인 수준의 자료인 패널조사 자료를 이용하여 이와 결합하였다. 앞서 언급한 것과 같이, 승리자에 대

---

6 각주 4 참조.

7 이상의 논의를 수학적으로 정의하자면 다음과 같다. 첫째, 전체 유권자들을 임의의 J개의 연령군으로 나눈다면 각 연령군 j에 속하는 유권자의 전체 유권자에 대한 상대적 비율은 w_j라 정의될 수 있다 $\left(\sum_{j=1}^{J} w_j = 1\right)$. 둘째, 연령군 j에 속하는 유권자들은 고유한 투표율 T_j를 가진다. 셋째, 연령군 j에 속하는 유권자들은 고유한 지지율인 $S_{k,j}$의 값을 지니며, 투표자와 비투표자 사이에는 차이가 없는 것으로 가정한다. 이 가정은 현실적이지는 않지만 (각주 4 참조) 매우 중요한 가정이다. 넷째, 그렇다면 후보자 k의 득표율 V_k는 가중평균 $\sum_{j=1}^{J} S_{k,j} T_j w_j / \sum_{j=1}^{J} T_j w_j$로 정의될 수 있다.

〈표 6-1〉 세대별 선거인수, 투표율과 지지율

	선거인수[a] (%)	투표율[a] (%)	선거인수 ×투표율	투표자수 (%)	박근혜 지지율[b] (%)	문재인 지지율[b] (%)
19세	1.8	74.0	0.0133	1.8	30.6	69.4
20대 초	8.1	71.1	0.0576	7.6	33.7	66.3
20대 후	8.0	65.7	0.0526	6.9	30.1	70.0
30대 전	9.9	67.7	0.0670	8.9	28.7	71.3
30대 후	10.1	72.3	0.0730	9.7	37.5	62.6
40대	21.8	75.6	0.1648	21.8	48.1	51.9
50대	19.2	82.0	0.1574	20.8	66.0	34.0
60세 이상	21.1	80.9	0.1707	22.6	79.4	20.6
전체	100	75.6[c]	0.756	100	53.5[d]	46.5

주) a 출처: 중앙선거관리위원회(2013)
　　b 아산정책연구원 패널조사 7차 자료. 문재인 후보의 지지율은 100%에서 박근혜 후보 지지율을 뺀 값
　　c 실제 총 투표율은 75.8%였으며, 오차는 중앙선관위의 10% 표본에 기인한 것
　　d 패널조사의 세대별 지지율에 선관위 발표 세대별 투표율을 곱하여 재산정한 값. 실제 득표율은 51.55%였으며, 패널조사의 지지율은 52.0%였음

한 편승효과나 패널의 대표성 문제로 인한 오차가 발생할 가능성이 있다. 따라서 이를 이용하여 추정한 양 후보자의 최종 지지율은 약간의 오차가 있는 것이 사실이나 이 연구에 있어 큰 문제가 될 정도의 오차는 아니다.

우선 가장 눈에 띄는 점은 세대별 인구학적 구성에 있어서 야권 성향이 가장 강한 젊은 유권자들의 비율이 19세~20대는 약 18% 정도이고, 30대는 20% 정도라는 점이다. 40대, 50대, 60대 이상의 그룹들도 대체로 20% 정도라고 할 수 있을 것이다. 특기할만 한 사실은 지난 선거의

높은 투표율로 인해서 유권자들이 아닌 투표자들을 기준으로 보았을 때 세대별 구성이 그렇게 크게 변하지 않는다는 점이다.

젊은 유권자들의 투표율이 선거에 미치는 영향이 크다는 학계나 대중매체의 기존 인식에 대해 지난 선거가 결정적인 타격을 입혔다는 것은 〈표 6-1〉에서 보이는 값들을 이용하여 몇 가지 가상적 시나리오에 대한 시뮬레이션을 시도해 보면 매우 명백해진다. 우선 다음과 같은 상황들을 가정하고, 그러한 가정하에서 선거결과가 얼마나 바뀌었는지를 추정해 보자.

1) 시나리오 1: 완전참여 모든 유권자들이 참여를 하되 위에서 추정된 세대별 지지율에 따라 투표한다고 가정했을 때, 박 후보의 최종득표율은 52.2%로 약 1.3% 정도만 감소하는 것으로 나타났다. 다시 말해, 현재의 연령별 인구학적 구성과 지난 선거의 세대별 지지율을 기준으로 보았을 때, 세대별 참여율이 동일한 경우에는 여전히 박 후보가 선거에서 이길 것이라고 말할 수 있다.

2) 시나리오 2: 20대의 완전참여 20대 이하의 청년 유권자들이 〈표 6-1〉에서 추정된 세대별 지지율과 동일한 비율로 100% 투표하고, 30대 이상의 유권자들은 현재의 투표율을 유지할 때, 박 후보의 예측 득표율은 여전히 52%인 것으로 추정되었다. 20대 초 유권자들의 상대적 비중과 이미 높은 투표율을 고려하였을 때 이것이 최종 득표율에 2% 포인트의 영향도 미치지 못한 것으로 나타났다. 다시 말해, 20대 유권자들의 투

표율이 아무리 높아진다고 하더라도 지난 대선의 결과에는 아무런 영향을 미치지 못했을 것이라는 점이다.

3) **시나리오 3: 20~30대의 완전참여** 동일한 형식으로 총유권자들의 약 40%를 점하는 30대 이하의 유권자들이 모두 투표에 참여하고, 이들이 〈표 6-1〉에서 보이는 세대별 지지율과 동일하게 투표한다면, 그리고 40대 이상의 유권자들이 현재의 투표율을 유지할 때, 박 후보의 최종 득표율은 약 50.7% 정도가 되는 것으로 계산되었다. 이 추정의 기준점이 실제 득표율보다 약 1.5% 포인트 정도 높은 53.5%에서 시작한다는 점을 감안한다면 박 후보가 선거에서 이기는 결과가 예측된다고 확신하기는 힘들겠지만, 이러한 매우 비현실적인 가정을 하더라도 박 후보의 추정된 득표율이 과반을 넘는다는 점을 지적할 수 있을 것이다.

4) **시나리오 4: 20대 기권자들의 100% 야당 지지** 마지막 시나리오는 20대 기권자들이 모두 선거에 참여하여 100% 문재인 후보를 지지한다면, 그리고 여타 유권자들은 현재의 투표율과 후보 지지를 동일하게 유지한다면, 박 후보의 예상 지지율은 49.8%인 것으로 추정되었다. 물론 이는 앞의 가정들에 비해서 가장 비현실적인 가정일 것이다. 왜냐하면 기권자들은 후보자에 대한 선호가 매우 약하거나 없는 유권자들일 가능성이 크고 이들의 후보 지지가 한 후보로 쏠리는 것보다는 오히려 각 후보에 50%씩 나눠질 가능성이 크기 때문이다. 그러나 이러한 매우 비현실적인 시나리오에서도 최종 득표율의 변화는 비교적 크지 않았고 여전

히 박후보는 과반에 가까운 득표를 얻는 것으로 추정되었다.[8]

이상의 시나리오들은 주어져 있는 인구학적 구성에서 박근혜 후보에게 가장 불리한 — 어떤 의미에서는 비현실적일 정도로 불리한 — 상황들을 가정한 것임에도 불구하고, 청년층의 투표율의 변화를 통해서는 지난 선거결과가 바뀌기 힘들다는 것을 보여준다. 이는 서두에서 밝힌 젊은 유권자들의 참여와 결집도가 선거의 향배를 좌우한다는 전형적인 기존의 세대론적 전제가 적어도 지난 선거에 적용되기 힘들다는 사실을 말해준다. 이를테면 대학가를 중심으로 한 '젊은층의 표심잡기'(예를 들어, 박경준 2012)라는 문재인 후보와 민주당의 선거 전략은 그러한 기존 세대론적 시각에서 파생된 전형적인 선거 전략이었으며, 이는 선거에서 실패로 귀결될 수밖에 없었다.

요약하자면, 지난 18대 대통령 선거는 세대간 균열이 매우 뚜렷한 선거였고, 또한 선거참여가 대단히 활발한 선거였다. 청년층 유권자의 야권후보로의 강한 결집과 높은 참여율로 요약되는 기존 세대론적 시각이 함의하는 한에서 야권후보에게 가장 유리한 선거였다. 그럼에도 지난 선거가 야권의 패배로 끝난 것은 중노년층 유권자들이 여권 후보에게로 결집했기 때문이며, 인구학적 구성에 있어서도 전체 유권자 내에서 청년층이 차지하는 비중이 그리 높지 않았기 때문이다. 전자가 선거의 내용과

---

[8] 20대와 30대의 기권자들이 모두 문재인 후보를 지지하는 시나리오에서는 박근혜 후보가 46.4%의 득표를 하는 것으로 추정되어, 비로소 선거결과에 영향을 줄 것이라 말할 수 있을 것이다.

후보자 선택에 의거한 체계적 투표와 관련이 있다면 후자는 변화된 인구 구성과 관련이 있다. 이하에서는 이 두 가지 부분에 주목하면서 청장년 유권자들과 중노년 유권자들의 투표행태를 살펴볼 것이다. 우선적으로는 인구학적 구성효과를 먼저 분석한다.

세대의 구성효과

앞서 언급한 것처럼 한국의 세대론과 관련된 논의가 청년유권자에 집중된 이유는 무엇보다도 이들이 총인구, 혹은 전체 유권자에 있어서 차지하는 절대적인 비중에 있었다. 지난 선거에서는 더 이상 청년유권자의 비중이 선거를 좌우할만한 크기가 아니라는 사실을 확인할 수 있었다. 앞에서 본 것처럼, 20대가 아무리 결집을 하고 아무리 높은 참여율을 보여도 더 이상 선거에 결정적인 영향을 미치지 못하게 되었다는 것이다. 이것은 보다 긴 호흡의 통시적인 인구학적 변화를 보면 매우 명백하게 나타난다.

해방과 전쟁, 그리고 압축된 근대화와 세계화 등 상대적으로 짧은 시간에 한국 사회가 경험한 정치·경제적, 그리고 사회적 변화는 매우 특별한 것이었고, 우리의 인구학적 변천에 이러한 사실이 각인되어 있기도 하다. 〈표 6-2〉는 인구학적 변동을 1970년대 이래의 한국 인구주택 총조사(센서스 조사)를 통하여 보인 것이다. 표에서 보이는 변화는 다음의 세

<표 6-2> 인구구성의 변화

	1970	1975	1980	1985	1990	1995	2000	2005	2010
총인구 (천명)	31,435	34,678	37,406	40,419	43,390	44,553	45,985	47,041	47,990
20세 이상 인구 (천명)	15,105	17,323	20,511	24,008	27,807	30,454	32,653	34,954	36,765
20대 (%)	31.3	32.5	34.8	34.6	31.4	27.7	24.3	21.0	17.9
20~30대 (%)	58.1	58.0	57.9	58.4	58.0	55.2	49.7	44.5	39.1
60세 이상 (%)	11.3	11.2	11.1	11.5	11.9	13.6	15.8	17.9	20.7

주) 통계청, 「한국 인구주택 총조사(센서스)」

가지로 요약될 수 있을 것이다. 첫째, 한국에서의 청년층 유권자의 비율은 1990년대 이전까지는 압도적 다수를 차지하고 있었다. 1990년까지만 하더라도 유권자 중 20~30대가 차지하는 비중은 60%에 육박하였으며, 20대만을 놓고 보더라도 80년대에 전체 유권자의 35%에 이르는 비중을 차지하고 있음을 알 수 있다. 그런 의미에서 한국 선거에서의 세대론적 논의가 이들에 집중되었던 것은 매우 당연해 보인다. 이들이 일정하게 결집하여 선거에 참여한다면 그것은 선거를 좌우하는 매우 결정적인 요인이 될 수밖에 없었기 때문이다.

둘째, 청년유권자들의 상대적 비중은 지난 20년 동안 매우 가파른 하락세를 보이고 있다. 20대 유권자들이 전체유권자[9] 중에서 차지하는 비중은 1980년대 후반에 전체의 35%였으나, 가장 최근의 센서스 조사에인

---

[9] 선거법 개정으로 인해 선거권자의 연령 규정이 만 20세에서 만 19세로 바뀌었으므로 엄밀하게 말한다면 2005년 이후는 유권자 내의 비중이라기보다는 20세 이상 인구 중 비중이라고 할 수 있을 것이다. 비교의 용이성을 위해 19세는 일부러 포함시키지 않았으며, 이들은 총인구의 1.5% 정도에 지나지 않아 분석결과에 별 영향을 주지 않는다.

2010년의 결과를 보면 그 절반 정도가 된 것으로 보고되었다. 20~30대 만을 보더라도 약 20년의 기간 사이에 유권자 내 비중이 60%에서 40%로 줄어든 것이다. 이는 한국 사회에서 나타난 기록적인 출산율 저하와 맞물려 있기도 하고, 한편으로는 늘어난 평균수명과도 깊은 관련이 있을 것이다. 나아가 저연령층이 16대 대통령 선거에서 노무현 후보의 당선에 일익을 담당할 수 있었던 것은 무엇보다도 20~30대의 유권자 내 비중이 50% 정도였다는 사실과 관련이 있을 수밖에 없다. 십 년이 지난 지금, 18대 대통령 선거에서 이 비중은 최소한 10% 포인트가 줄어들었다.

셋째, 노년층 유권자들의 비중이 특히 최근 10년 동안 매우 가파르게 늘어나고 있다. 물론 이것은 청년유권자 비중 감소에 대한 필연적 결과이지만, 이것이 자아내는 결과를 음미하는 것은 매우 중요하다. 이를테면, 세대효과와 구분되는 연령효과 가설에 의해 세상이 움직인다고 한다면, 이들의 높은 투표참여와 높은 결집도를 감안해볼 때 한국 선거의 미래는 중노년층에 의해 좌우될 가능성이 크다. 60세 이상 유권자들이 총 유권자의 30%에 육박할 것으로 추정되는 10년 후에는 한국 정치의 제반 정책과 논쟁이 이들을 빼고서는 진행되거나 고려되기 힘들 것이다.

〈그림 6-3〉은 현재의 인구구성과 10년 후의 인구구성 예측치를 비교한 것이며, 청년층(20~30대), 중년층(40~50대), 그리고 노년층(60대 이상)의 총유권자 내 비중을 보인 것이다. 무엇보다도 앞서 살핀 세대구성의 변화가 10년 후에는 보다 더 극적으로 드러날 것이라는 점을 보이고 있다.

예를 들어 노년 유권자가 차지하는 비중이 10% 늘어나고 20대 유권자의 비중이 약 7% 줄어들 것으로 통계청의 인구추계 모델은 예측하는데, 이것은 달리 말해 현재 20대 유권자들에 비해 절반 정도에 이르는 노년층 유권자들이 10년 후에는 이들과 그 크기가 거의 같아진다는 것을 의미하기도 한다. 선거에서 양자 발언권의 역전현상이 벌어질 것이라는 뜻이다.

이상의 결과를 요약하면 다음과 같다. 청년층 유권자가 한국 선거에서 지녔던 기존의 위치는 매우 약화되었고, 지난 대통령 선거는 그것을 극적으로 드러낸 결정적 국면이었다. 앞에서 보았던 것처럼 청년 유권자들

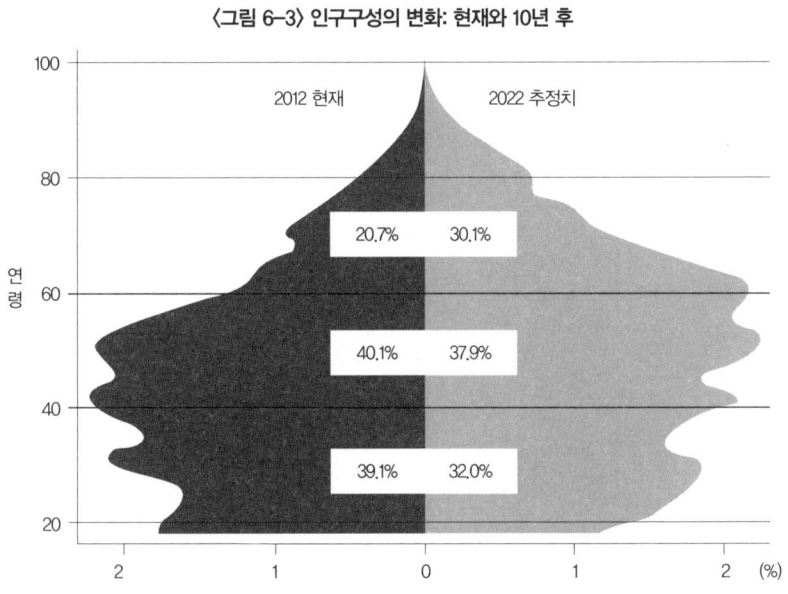

〈그림 6-3〉 인구구성의 변화: 현재와 10년 후

주) 통계청, 『인구 추계 피라미드』를 재구성 한 것

의 결집도나 선거참여에 있어서 지난 선거는 이들이 선거에 미칠 수 있는 영향의 최대치에 가까운 결과를 보였음에도 불구하고 이들이 지지했던 야권 문재인 후보의 승리로 귀결되지는 않았다. 이것의 원인은 인구학적 환경의 변화와 중노년층들의 여권후보로의 전례 없는 결집을 들 수 있다.

이상의 두 가지 요인 — 전자를 환경적 요인이라고 지칭하고 후자를 내용적 요인이라 지칭한다면 — 은 사실 기존 선거에서의 청년유권자 중심의 세대론적 논의가 함의하는 모델이 더 이상 적실하지 않으며 이에 기반을 두는 어떤 선거전략도 실패할 수밖에 없음을 보여준다. 지난 20여 년에 걸친 지속적이고 급속한 인구변화와 맞물린 유권자의 세대별 구성의 근본적인 변화가 있었고 이러한 변화는 이후에는 더욱 가속화될 것으로 보이며, 한국 선거에서 세대론적 논의의 중심이 청년유권자에서 중장년이나 노년 유권자들로 이동하는 것은 불가피해 보인다.

선호의 안정성

정치사회화와 정당일체감과 관련된 구미의 투표행태 문헌은 정치세대를 이해하는 매우 중요한 실마리를 제공한다. 이들에 의하면 유권자들의 후보자 선택이나 정당에 대한 투표는 정치사회화의 초기단계에서 상당부분 결정된다. 개인들은 정당일체감(party identification)으로 요약되는 심리적 준거틀을 정치사회화 과정에서 습득하고, 이를 통해 정치적 대상과 사물들에 대한 평가와 이해를 수행하고 이에 따라 행동한다는 것이다(Campbell et al. 1980). 이러한 정치적 경험과 투표 등의 정치참여와 같은 실천을 통해, 그리고 일정한 시행착오를 통해 젊은 유권자들은 자신들의 정치적 정체성을 형성한다(Markus 1979). 때문에 이들은 근본적으로 정치적 경험이 풍부한 중노년층의 유권자들에 비해 후보자 선호나 정당에 대한 지지에 있어서 유동성이 클 수밖에 없다(Jennings and Niemi 1981). 그러나 동시에 이러한 젊은 유권자들의 유동성이라는 공간은 전통적인 정당에 대한 심리적 애착심이나 충성심이 아닌 정책에 대한 '합리적' 고려의 가능성을 시사하기도 한다(Achen 1992).[10]

그런 의미에서 〈표 6-3〉은 지난 대통령 선거에서 청년유권자들의 후보자 선호에 있어서 유동성을 매우 적나라하게 보여준다. 이곳에서는 지난 대통령 선거에서 유권자들이 누구에게 투표할 것인지를 언제 결정했는지 물어본 것이며, 이에 대한 응답의 연령별 분포를 나타낸 것이다. 가장 명백한 사실은 노년층 유권자들은 누구에게 투표할 것인지를 매우 일찍 결정한다는 사실이다. 예를 들어 70대 이상의 고연령층은 68%가 이미 선거가 본격적으로 시작하기 이전에 지지후보를 결정했다고 대답하였으며, 60대 이상의 노년층들의 90% 이상이 선거운동이 시작되기 이

---

[10] 정당일체감을 고정된 심리적 애착심으로 보는 입장을 '전통주의적 입장'이라 부른다면, 이것이 정책과 정부에 대한 평가의 차원을 포함하는 합리적 과정이라고 보는 '수정주의적 입장'을 대변할 수 있을 것이다(장승진 2012). 어떤 의미에서는 청년유권자들의 선호의 유동성은 합리적 정당일체감의 가능성을 시사한다.

전에 이미 지지후보를 결정한 상태였던 것으로 나타났다. 위에서 언급한 것처럼 중노년층 유권자들이 확고한 정치적 선호를 지니고 있으며, 이것은 선거과정에서 투표할 후보를 매우 일찍 정하는 것으로 나타난다는 것이다.

이에 반해, 젊은 유권자들은 지지후보를 결정하는 과정이 후보자 등록과 선거운동이 진행되는 과정에서 순차적으로 결정되는 모습을 보인다는 사실을 알 수 있다. 예를 들어 20대 초반 유권자의 18%만이 대선후보 확정 이전에 지지후보를 결정한 것으로 보고하였고, 이들을 포함한 35

〈표 6-3〉 연령대별 투표 후보자 결정시기 (단위: %)

연령대	정당에서 대선후보를 확정하기 전	대선후보 최종등록 이전	선거운동 시작 시기	선거운동 막바지 시기	투표 당일	사례수 (명)
19~25	17.8	32.7	26.0	15.9	7.7	208
26~30	20.7	26.6	25.1	19.2	8.4	203
31~35	32.1	28.7	16.0	15.2	8.0	237
36~40	28.3	32.3	21.5	12.4	5.6	251
41~45	37.6	27.3	19.4	11.5	4.4	253
46~50	41.1	25.0	16.5	13.9	3.5	316
51~55	44.2	25.2	16.1	10.6	4.0	274
56~60	49.5	21.5	17.8	8.7	2.6	275
61~65	55.7	20.5	12.5	9.1	2.3	176
66~70	62.9	14.7	14.7	6.0	1.7	116
71세 이상	67.7	12.9	11.6	6.5	1.3	155
합계	39.9	25.2	18.2	12.1	4.6	2,464

세 이하 유권자들의 약 8% 내외는 투표 당일에 가서야 지지후보를 결정하는 것으로 나타났다. 이러한 유동성이야말로 앞서 언급한 것처럼 세대론적 논의와 정당들의 선거 전략이 젊은 유권자들에게 집중되는 이유 중 하나이기도 하다.

이상과 같은 젊은 유권자들의 선호의 유동성은 여러 가지 요인으로 설명될 수 있다. 그것은 문헌에서 설명하는 것처럼 정당과 후보자에 대해 미리 형성된 애착심이나 충성심의 부재에 기인하는 것일 수 있을 것이다. 또 이들은 선거기간을 후보자들에 대한 여러 차원의 비교와 평가를 위한 숙고의 시간으로 이용하고 있다는 것을 말해주는 것일지도 모른다. 다시 말해, 앞서의 이론적 논의에서 언급된 것처럼 젊은 유권자들이 선거 기간에 후보자를 평가하고 숙고를 통해 지지를 바꿀 가능성이 클 것이라는 주장, 혹은 대중매체에서 주목하는 젊은 유권자들의 지지가 유동적이라는 가설과 위의 결과는 일치한다. 그러나 동시에, 지난 대통령 선거의 한 특수한 상황이었던 안철수 예비후보의 존재와 후보자 등록 직전의 사퇴가 이러한 연령집단별 후보 결정시기에 영향을 주었다는 가설 또한 부인할 수 없다.

〈그림 6-4〉는 이러한 주장들을 보다 자세하게 검증하기 위하여 패널조사가 시작된 4월 총선 이전 시점에서 시작해서 연말의 대선 직후까지 양대 후보에 대한 세대별 지지의 변화를 기록한 것이다. 패널조사의 특성상 주어진 기간 동안 세대별로 지지의 선호가 어떻게 변화되었는지를

보다 더 세심하게 살펴볼 수 있다.

그림에서 보이는 것처럼 박근혜 후보에 대한 유권자들의 지지는 세대별 격차가 상당히 크며 60대 이상에서 가장 높은 지지도를, 30대에서 가장 낮은 지지도를 보이고 있다. 4월부터 시작해서 12월의 선거에 이르기까지 박 후보에 대한 지지도는 비교적 일관되고 안정된 상승을 보여주고 있는데 이것은 지지하는 후보가 없거나 '모름'이라고 응답한 유권자, 그리고 안철수 후보를 비롯한 군소후보 지지자들, 그리고 일정한 문재인 후보 지지자들이 꾸준하게 흡수되었다는 의미이다. 이러한 상승폭이 가장 가파른 세대는 50대였으며, 가장 상승 폭이 작았던 세대는 30대와 40대였다. 특히, 50대들에서 나타난 박근혜 후보 지지에 대한 꾸준한 상승세와 11월 후보자 등록을 즈음하여 결정적으로 지지가 증가한 점이

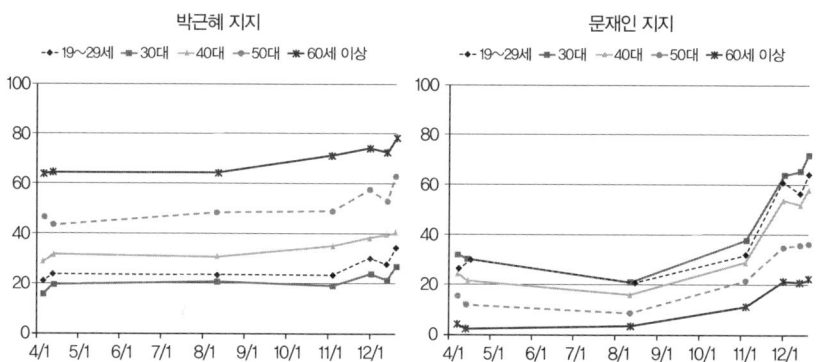

〈그림 6-4〉 세대별 지지의 변화: 양대 후보에 대한 투표 의향

주) 양 후보 외에도 가능한 응답 범주는 여타 후보들과 '지지하는 후보 없음', 그리고 '모름' 등이었다. 엄밀한 비교를 위해 7번의 패널 모두에 참여한 응답자들만 분석에 포함하였다. 마지막 7차 패널(선거후 조사)에서의 지지는 투표한 후보를 기준으로 산정하였음

매우 눈에 띈다.

　박근혜 후보에 대한 지지가 세대를 막론하고 비교적 안정적이고 꾸준하게 상승했다고 한다면, 문재인 후보에 대한 지지는 8월 최저점을 기준으로 이후 12월 선거에 이르기까지 가파른 상승세를 보였다. 세대별 지지율을 본다면 20~30대에서 문후보에 대한 지지가 가장 높았고, 60대 이상에서 가장 낮았다. 문재인 후보에 대한 지지의 변동 폭이 가장 컸던 연령군은 전반적인 지지율이 가장 높았던 20~30대의 유권자들이다. 중장년 및 노년층 유권자들 사이에서도 문후보에 대한 지지율이 꾸준히 상승하는 것은 사실이지만 그 증가 속도에 있어서 20~30대에 비해서는 매우 안정적인 것으로 보인다. 안철수 후보 사퇴 전후의 시기에 해당하는 11월초와 말에 실시된 4차 및 5차 조사에서 보이는 문재인 후보로의 지지율 흡수는 주로 20~30대와 40대에서 집중적으로 나타나는 반면, 50~60대에서는 변화의 진폭이 상대적으로 크지 않은 편이다. 일견, 문재인 후보의 선전은 선거 종반으로 치달으면서 부동층인 20~30대 유권자들을 성공적으로 견인했기 때문으로 보이기도 한다.

　그러나 〈그림 6-4〉를 통해서 한국 유권자들에게 있어서 특정세대만이 선호의 안정성을 보여주고 있다고 결론내리기 어렵다. 우선 박근혜 후보에 대한 지지는 전 연령대에 걸쳐 광범위하고 안정적으로 상승한 반면, 문재인 후보에 대한 지지는 청년층 유권자를 중심으로 상대적인 등락폭이 컸다. 이것은 아마도 후보자 요인, 특히 안철수 후보의 등락과 관계가 있는 것으로 보이며, 좀 더 세밀한 검토가 필요하다.

〈그림 6-5〉의 좌측 그래프는 우선 앞에서 본 세대별 문재인 후보와 안철수 후보에 대한 지지를 합하여 야권에 대한 지지가 시간의 흐름에 따라 얼마나 변화하였는지를 검토한 것이다. 위의 문 후보에 대한 지지에 비하여 그 변동 폭이 매우 제한적이며, 세대간 변동 폭의 격차는 거의 없다고 할 수 있다. 선거 후 조사를 제외한 야권에 대한 지지율의 최고점은 안철수 후보 사퇴 전인 4차 조사(11월 3일~13일 실시)에서 기록되었으며, 사퇴 직후에는 상당한 수준의 낙폭을 전 세대에 걸쳐 보이는 것을 알 수 있다. 다시 말해, 안철수 예비후보에 대한 지지가 모두 문재인 후보에게로 흡수된 것은 아니라는 점이다. 이러한 야권으로부터의 지지의 이탈은 50대 유권자 사이에서 가장 큰 것으로 나타났다.

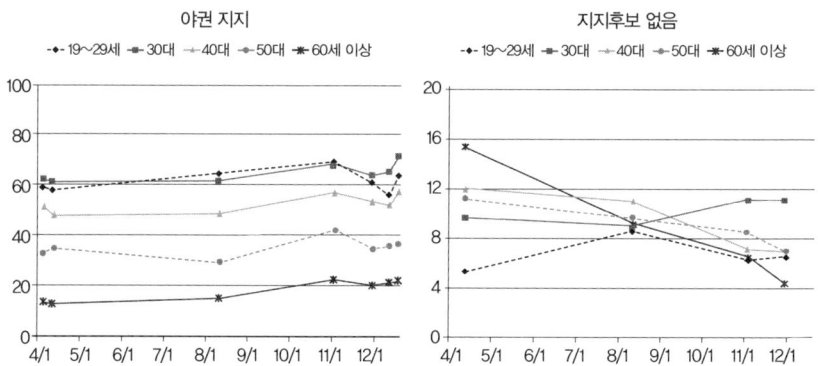

〈그림 6-5〉 세대별 지지의 변화: 야권(문재인, 안철수)과 지지 후보 미정

주) '지지후보 없음'의 수치는 선거 후 조사인 7차 조사와 '아직 결정하지 않았다'는 항목이 부가적으로 포함되어 있었던 6차 조사를 제외하고 산정되었음

박근혜 후보에 대한 지지와 야권 지지의 경우를 비교해 얻을 수 있는 결론은, 지난 대통령 선거에서 유권자들의 지지성향은 전 세대에 걸쳐 비교적 안정적이었으며, 새누리당과 민주통합당이 성공적으로 자신들의 지지기반을 확대해 나갔다는 점이다. 특이한 사항은 20~30대 유권자들이 중노년층의 유권자들에 비해 지지의 안정성이 약하지 않았다는 점, 그리고 오히려 50대 유권자의 변동폭이 여타의 세대에 비해 컸다는 점이다.

　만약 선거과정이 어떤 후보자를 지지할지 잘 모르는 유권자들의 불확실성을 제거하는 과정이고, 선거운동은 부동층을 점진적으로 견인해가는 과정이라고 본다면, 지지하는 후보가 없다고 자발적으로[11] 응답한 유권자의 비율을 보인 〈그림 6-5〉의 오른쪽 그래프는 모든 세대에서 일반적으로 지속적인 감소 추세를 보여주어야 한다. 그림에서 보이는 것처럼 이러한 패턴은 20~30대 유권자들을 제외한 중노년층의 모든 세대에서 보이는 패턴이며, 60대 이상의 노년층들은 4월에 상당히 높은 수준 — 15%를 상회하는 — 의 불확실성에서 출발하여 12월 선거에 이르기까지 지속적으로 지지후보를 결정해 나갔던 것으로 보인다. 이와 대조적으로 30대 유권자들은 4월에는 오히려 상대적으로 낮은 불확실성에서 출발하여 선거 시점이 가까워지면서 오히려 그 불확실성이 증대되는 방향으로 진행되었다. 다시 말해 그 어느 정당이나 후보도 30대 부동층을 성공적

---

[11] '잘모름'의 선택지는 조사자들이 따로 불러주지 않았다.

으로 공략한 것으로 보이지 않는다. 한편, 20대 유권자의 경우에는 애초에 누구에게 투표할 것인지가 비교적 확실하게 정해져 있었으며 특히나 다른 어떤 세대에 비해서도 지지하는 후보가 없다는 비율이 낮았다. 지지하는 후보가 있다는 것이 반드시 선호의 안정성을 보장하는 것은 아니지만, 최소한의 충분조건인 것은 분명하다.

〈표 6-4〉는 이러한 지지의 안정성이라는 측면에서 패널 응답자들이 7차례의 조사가 시행된 기간 동안 얼마나 자주 지지후보자를 변경하였는

〈표 6-4〉 연령대별 평균 지지후보 변경 횟수

연령대	지지후보 변경 횟수[a]	지지후보 변경 횟수[b] (안철수 효과 제거 시)
19~25	2.08	1.49
26~30	1.71	1.15
31~35	1.97	1.33
36~40	1.72	1.21
41~45	1.68	1.36
46~50	1.40	0.98
51~55	1.59	1.43
56~60	1.68	1.45
61~65	1.06	0.93
66~70	0.95	0.91
71세 이상	1.20	1.08
합계	1.55	1.22

주) a 총 7번의 조사에 모두 참여한 사람들 중 지지후보의 총 변경 횟수
　　b 안철수/문재인 사이의 전환은 제외한 지지후보 총 변경 횟수

지를 분석한 것이다. 약 8개월의 선거기간동안 응답자들은 평균적으로 약 1.5회 정도 지지후보를 변경한 것으로 나타났으며, 더 젊은 유권자일수록 지지후보 변경빈도가 더 높은 것으로 나타났다. 20대 유권자들은 약 2회 정도 지지후보를 변경한 것으로 나타나 노년층 유권자들에 비해 지지후보 변경빈도가 높은 것으로 드러났다. 다시 말해, 젊은 유권자들이 후보자 지지에 있어서 가장 불안정한 것으로 나타났다.

그러나 이러한 지지후보자의 변경은 지난 선거의 특성, 즉 유력한 야권성향 안철수 후보의 등락에 힘입은 바 크다. 표의 두 번째 열에서 보이는 것처럼, 안 후보와 문재인 후보 간의 지지변경을 제외한다면 청년층이 특별히 다른 세대에 비해 선호의 불안정성을 보였다고 말하기 어렵다. 다만, 60세 이상의 노년층들이 다른 세대들에 비해 상당한 지지의 안정성을 보였다고 말할 수 있다. 오히려 눈에 띄는 점은, 앞에서도 계속 언급한 것처럼 50대 유권자들이 20대 초반의 유권자들과 함께 가장 활발하게 지지후보를 변경한 유권자층이라는 점이다.

후보자 지지의 안정성과 관련된 내용을 요약하자면 다음과 같다. 첫째, 일반적으로 지난 대통령 선거는 매우 '당파적'인 선거였다. 안철수 후보의 등장과 사퇴에 이르는 과정은 청년 유권자들의 지지변동을 가져온 것이 사실이지만, 이것을 제외한다면 전 세대에 걸쳐 주요 후보자들에 대한 유권자들의 지지가 매우 안정적인 선거였다. 대통령 선거에서 누구를 지지할 것인지는 비교적 일찍 결정되었던 것으로 나타났으며, 이것은 일단 결정이 되고 나면 매우 변하기 힘든 것으로 보인다. 청년층 유권자들이 중장년층 유권자들보다 선호의 안정성이 낮다고 말하기는 힘든 것으로 드러났다.

둘째, 그럼에도 흥미로운 점은 세대간 차이가 존재한다는 점이다. 60대 이상의 노년층 유권자들이 가장 선호의 안정성이 높은 것은 사실이며, 애초 지지후보가 없다고 답한 응답자들도 매우 빠른 속도로 그 불확실성을 극복하는 모습을 보여주었다.

셋째, 서두에서 밝힌 것처럼 선거에서 어떤 의미에서건 '체계적인 움직임'을 보여준 세대가 있다면 그것은 20~30대 청년 유권자들이 아니라 50대 유권자들이었다.

정책적 고려와 세대효과

대의민주주의의 원칙에서 보았을 때 선거는 경합하는 후보자들이 상이한 정책적 입장, 즉 공약을 표명하고 이에 대한 유권자들의 총괄적인 평가가 투표장에서의 선택으로 이어지는 과정으로 이해할 수 있다 (Downs 1957). 물론 전통적인 선거나 투표행태 이론에서 주장하는 바는 이러한 정책적 내용들보다 정치적 정체성의 구성이 우선하고, 이것이 투표에 미치는 영향이 훨씬 더 강력하다는 것이다. 예를 들어, 서구의 정당일체감이나 정당에 대한 애착, 혹은 한국적인 '여야성향'이라는 것은 선거가 시작되기 훨씬 이전부터 유권자들에게 이미 형성되어 있는 것이며 어떤 의미에서는 이러한 '편견'을 지닌 채로 유권자들은 선거에 임한다 (Campbell et al. 1980).

한국에서 세대론적 논의도 이러한 정체성의 정치라는 맥락에서 접근되어왔던 것이 사실이다. 청년층들은 기계적인 야권의 지지자로 가정되었던 반면, 중노년의 유권자들은 항상 보수적 입장을 담지하는 정당과 후보들의 기본적인 '고정표'로 여겨져 왔다. 이는 한국의 선거를 서술하는 데 그다지 잘못된 방식이 아닐 것이다. 한국 선거연구의 전형적인 ― 연구자들에게 주어진 자료의 한계이기도 하지만 ― 접근은 세대, 연령대가 하나의 집단으로서 지니는 정치적 정체성이 무엇인지를 규명하는 접근일 수밖에 없었고, 그것이 상당한 수준의 설명력을 지니는 것도 사실이기 때문이다. 앞선 논의에서 드러났던 것처럼 세대·연령을 막론하고 한국의 유권자들은 대부분 자신들의 지지후보를 미리 정해놓고 있으며, 선거와 캠페인 과정이라는 것은 어떤 의미에서 그것을 확인하는 작업에 지나지 않는 것인지도 모른다. 다시 말해 지역주의 대립구도가 고착화된 한국의 선거환경에서 이러한 정체성의 정치학은 현실의 반영일 것이다.

그러나 이러한 시각은 선거를 매우 정태적으로 묘사하는 데 그친다는 단점이 있으며 선거 내의 단기적, 혹은 선거들 간의 장기적 동태를 밝히고 그 원인을 찾아내는 데에는 근본적인 어려움이 있을 수밖에 없다. 이를테면 1980년대 후반 한국의 민주화 운동과 2002년 노무현 정권을 탄생시키는데 주축이었던 소위 '386세대'가 중장년에 접어든 지난 선거에서 박근혜 후보에게 투표를 한 이유는 무엇인가? 지난 2011년 서울시장 보궐 선거 이래 유례없이 두터워진 것으로 알려진 '중간지역'의 무당파들이 생겨난 이유는 무엇이며, 그럼에도 지난 대통령 선거가 유례없이 '당파적'인 선거로, 앞에서도 본 것처럼 세대간 대립이 분극화 현상을 보인 이유는 무엇인가?

이상은 답변하기 쉽지 않은 질문들이지만, 한 가지 확실한 것은 유권자들의 정체성에 주목하는 방식으로 이 질문에 답하기가 쉽지 않을 것이라는 점이며, 적어도 선거내용, 혹은 유권자들이 정책적 대안들의 고려에 따라 후보자에 대한 지지를 변경하고 업데이트하는 과정에 주목하는 것으로부터 시작해야 할 것이라는 점이다. 서론에서 밝힌 것처럼, 어떤 의미에서는 한국 선거연구에서 세대론적 접근이 지니는 새로움이라는 것은 젊은 유권자들을 중심으로 보이는 유동성이 정책이나 선거 상황에 따른 것으로 해석될 여지가 있었기 때문이고, 또 이러한 작은 차이가 선거결과를 좌우했기 때문이다.

그렇다면, 지난 선거에서 누가 어떤 정책들에 가장 민감했으며 어떻게 움직였는가? 앞에서 살펴본 것처럼 지난 대통령 선거는 청년층 유권자들이 오히려 상당한 선호의 안정성을 가지고 있는 것으로 나타난 반면, 50대 유권자들에서 꾸준한 움직임이 보였다는 점이었다. 〈그림 6-6〉은 연령대별 정책선호를 나타낸 것으로, 지난 대통령 선거에서 가장 중요한

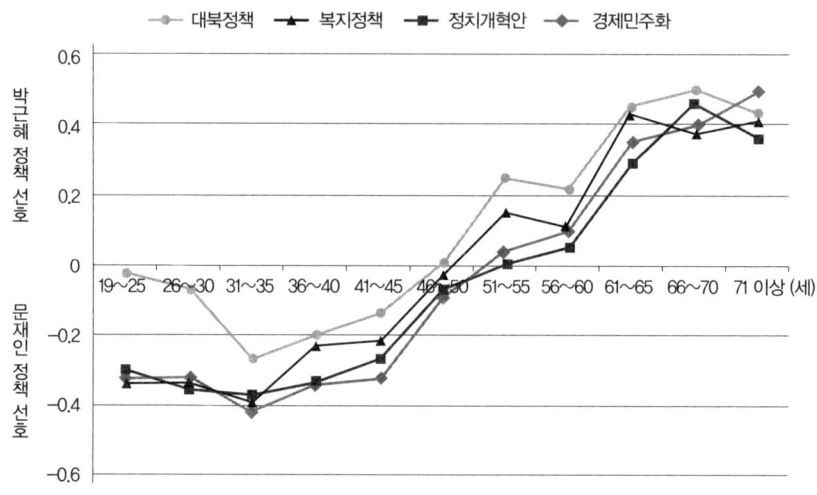

〈그림 6-6〉 연령대별 정책선호

주) 6차 조사 문항을 사용하였음

이슈였던 것으로 여겨지는 네 가지의 정책영역 — 즉 대북정책, 복지, 정치개혁, 경제민주화에 대한 양후보의 정책들 — 에 대한 세대별 선호를 그림으로 나타낸 것이다. 이곳에서의 측정은 후보들의 정책에 대한 구체적인 내용을 물은 것이 아니라 양 후보의 정책 중 어느 것이 더 나은지를 질문한 것이었으며, '모른다'나 '차이가 없다'는 응답은 중립적(0)인 것으로 처리하였다.

전반적으로 본다면 〈그림 6-6〉은 사실상 세대별 후보자 선택과 큰 차이가 없다. 왜냐하면 유권자들은 정책이 좋아서 후보자를 선택하기도 하지만, 자신이 좋아하는 후보자의 정책이 더 낫다고 생각할 것이기 때문이다.¹² 그러나 네 가지 정책의 비교를 통하여, 그리고 그 세대별 변화에 있어서 다음과 같은 흥미로운 사실들을 알 수 있었다.

우선 네 가지 정책영역 전반에서 청년층은 문 후보 측의 정책을 선호하고 장노년층은 박 후보 측의 정책을 선호하는 것으로 나타났다. 다만 그 세대별 선호에 있어서 네 가지 정책영역들은 상당한 차이를 보였다. 눈에 띄는 점은 박 후보가 문 후보에 비해 응답자들 사이에서 가장 우세를 점한 정책은 대북정책이었으며, 어떤 의미에서는 새누리당과 박 후보가 '소유하는' 이슈(Petrocik 1996)라 할 정도로 다른 정책에 비해 전 세대에 걸쳐 압도적인 우위를 보인다. 특히 가장 젊은 연령층에서는 적어도 대북정책에 있어서는 박 후보의 정책이 문 후보의 정책과 거의 동일한 수준의 지지를 받았던 것으로 나타났는데, 이것은 최근 20대를 중심으로 표출되는 대북관계에서의 강한 보수적 입장과 궤를 같이한다(박원호 2012b).

정책적 선호에 있어서는 40대 후반의 유권자들이 '중위세대'라 할만하다. 실제 투표에 있어서도 가장 지지가 나뉜 세대가 이들인 것처럼, 정책적 선호도 0에 가까웠다.¹³ 흥미로운 사실은 이들과 연령적으로 큰 차이가 나지 않으며 같은 '386세대'에 속하는 50대 초반 유권자들은 대북정책이나 복지정책을 중심으로 매우 강한 박근혜 후보로의 쏠림 현상이 나타

---

12 이는 앞에서 언급한 정책과 정체성의 길항관계를 그대로 드러낸다.
13 사용된 패널자료에서는 40대 후반 유권자들의 53%가 박후보를, 43%가 문후보를 지지한 것으로 응답했다. 이는 가장 지지가 균분된 연령집단이기도 하다.

난다는 점이다. 이는 지난 대통령 선거에서의 50대가 '보수화'된 것이 아니라 민주당이 지속적으로 신뢰할만한 대북, 복지 정책을 제안하는 데 실패하여 기존의 우군인 이들의 지지를 잃었다는 시각과도 일치한다(양재진 2012).

또 다른 흥미로운 발견은 기존의 '386세대'로 통칭되던 유권자층이 상당한 분화를 보이고 있다는 점이다. '386세대'의 맏형이라 할 유권자층이 50대 중반에 접어들면서, 40대 후반층과는 확연한 차이를 보이고 있다. 이는 여타의 선거에서도 지속적으로 확인되고 있는 바이며, 하나의 일관된 정치적 경향성을 지니는 정치세대로서의 '386세대'가 소멸되어가는 중이라는 점(박원호 2012a)을 지난 대통령 선거에서 재확인할 수 있었다.

〈표 6-5〉는 이상의 내용을 로지스틱 회귀분석을 통하여 통계적으로 검증한 내용이다. 이곳에서 세대와 정책평가가 어떤 방식으로 개인들의 후보자 선택에 영향을 미치는지를 보였다. 앞서 언급한 네 가지의 정책 영역에 대한 개인들의 평가가 그들의 후보자 선택에 어떤 영향을 미쳤는지를 보인 것이 '정책평가' 항목으로 나타난 첫째 줄인데, 이곳의 항목들은 모두 일관되게 양(+)의 방향으로 통계적으로 유의미하다는 것을 알 수 있다. 즉 박근혜 후보의 정책을 선호할수록 선거에서 박 후보를 택할 가능성이 높다는 것이다. 마찬가지로 '연령집단' 항목들은 정책평가를 통제한 상태에서 해당 집단이 박 후보에게 투표할 확률의 로짓계수이다. 예측할 수 있는 것처럼 연령대별로 매우 유의미한 차이가 있고, 노년층으

〈표 6-5〉 세대, 정책평가와 후보자 선택

종속변수: 후보자 선택 (박근혜=1/문재인=0)		정책 영역 (회귀계수)			
		대북정책	복지정책	정치개혁안	경제민주화
정책 평가[a]		1.852***	1.547***	1.672***	1.692***
정책평가 (기준 19~25세)	26~30세	−0.049	−0.280	0.045	−0.080
	31~35세	0.301	−0.314	−0.225	−0.261
	36~40세	0.863**	−0.111	0.375	0.325
	41~45세	0.818*	0.158	0.596*	0.668*
	46~50세	1.249***	0.379	0.835**	0.708*
	51~55세	1.512***	0.885***	1.476***	1.338***
	56~60세	1.858***	1.188***	1.400***	1.182***
	61~65세	2.138***	1.057**	1.579***	1.587***
	66~70세	2.192***	1.655***	1.623***	1.729***
	71세 이상	1.975***	1.058**	1.370***	0.607
정책민감도[b] (기준 19~25세)	26~30세	0.122	−0.090	0.835	0.560
	31~35세	0.106	0.050	0.125	0.039
	36~40세	0.429	0.504	0.466	0.579
	41~45세	0.735	0.574	1.008*	1.068*
	46~50세	0.250	0.242	1.128**	0.713
	51~55세	1.316**	0.144	0.677	1.134**
	56~60세	0.753	0.956*	0.807*	0.420
	61~65세	0.447	0.966	0.739	0.822
	66~70세	0.560	0.743	1.029	1.426*
	71세 이상	0.565	0.954	0.999	1.966*
상수항		−1.085***	−0.173	−0.229	−0.149
Pseudo-R^2		0.51	0.39	0.46	0.47
사례수(n)		2,049	2,043	2,046	2,046

주) a 문후보 정책선호(−1), 중립(0), 박후보 정책선호(1)로 측정
  b 정책민감도는 연령그룹과 정책 평가의 상호작용(interaction) 항을 지칭함

로 갈수록 유의미하게 높은 계수값들이 나타나고 있는 것을 알 수 있다. 이상의 결과들은 매우 예측 가능한 것이고 우리가 잘 알고 있는 내용을 반복한 것에 지나지 않는다.

그러나 위의 표에서 가장 흥미롭고 눈 여겨 보아야 할 부분은 '정책민감도'로 이름 붙여진 상호작용항들이다.[14] 이것은 해당 연령대에 속하는 개인들이 후보자 선택을 할 때 얼마나 해당 정책에 대한 평가가 작용하였는지를 통계적으로 추정한 것이다. 다시 말해, 그 값이 크면 클수록 후보자 선택을 하는 데 있어서 해당 정책에 대한 고려를 더 많이 했다는 의미이다.

대북정책에 있어서 가장 민감도가 높은 세대는 50대 초반 유권자들인 것으로 나타났다. 다른 어떤 세대에 비해서도 이들은 양 후보 진영의 대북정책에 대한 평가를 민감하게 반영하여 후보자 선택을 했다고 말할 수 있다. 예를 들어 노년층은 애초에 박근혜 후보를 지지할 가능성이 매우 높은 집단('연령집단'의 계수 값이 가장 크기 때문에)인 반면, 50대 초반 유권자들은 보다 더 대북정책에 대한 고려를 경유하여 박 후보를 지지할 경향성이 클 것이라는 점이다.

이러한 정책 민감도는 정책 영역에 따라 매우 다르게 나타났는데, 복지 정책의 경우에는 50대 후반 유권자들이 더 민감하게 반응한 것으로

---

14 이 관계를 수식으로 보이면 다음과 같다:
후보자선택 $= \alpha + \beta_0$정책 $+ \beta_1$연령집단$_i \times$ 정책 $+ \cdots$
$\qquad\qquad\quad = \alpha + \beta_0$정책 $+ (\beta_1 + \beta_2 \times$ 정책)연령집단$_i + \cdots$

β_1은 정책의 영향이 없을 때(0) 해당 연령집단에서의 기본 지지율인 반면, β_2는 해당 연령집단에서의 지지율이 정책에 의해 얼마나 증가하는지를 포착할 것이다. 따라서 이를 정책민감도라 부르기로 한다.

나타났으며, 정치 개혁안의 경우에는 40대 유권자들이 이를 더 중요하게 생각한 것으로 나타났다. 경제민주화의 경우에는 명확한 패턴이 있는 것은 아니지만, 노년층으로 갈수록 경제민주화에 대한 평가가 후보자 선택에 더 중요한 요인으로 작용하는 경향이 있는 것으로 보인다.

가장 흥미로운 부분은 20~30대 유권자들이 모든 정책영역에 있어서 매우 낮은 정책민감도를 기록했다는 점이다. 다시 말해, 청년층 유권자들은 이미 상당히 고정된 후보자에 대한 선호를 가지고 선거에 임하며, 정책에 대한 평가로 인해 선택에 최소한의 영향을 받는 것으로 보인다. 즉 정책에 의해 지지후보가 변할 가능성이 가장 높은 층은 중장년층이며, 가장 가능성이 낮은 유권자들이 청년층이라는 것이다.

이러한 결과는 기존 세대론적 논의에서 가정하고 있던 청년층 유권자들의 상대적 '합리성' 가정과 위배된다. 내용과 정책에 대한 숙고를 통해 지지후보를 결정할 가능성이 높은 유권자들은 오히려 40~50대의 중장년 유권자들인 것으로 드러났으며, 이들을 어떻게 설득하고 견인할 것인지에 대한 정책적 사고나 선거 전략이 고민되어야 할 것으로 보인다.

결론

지난 대통령 선거는 청년층 유권자들을 중심에 내세운 한국 선거에 대한 기존의 세대론적 이해에 심각한 타격을 입힌 선거였다. 형식적으로는, 더 이상 청년층 유권자들이 높은 투표율과 결집도만을 가지고서는 선거결과에 유의미한 영향을 미치지 못한다는 것이 처음으로 명백하게 드러난 선거였다. 동시에 내용적으로 선거에서 경합하는 후보들의 정책적 논쟁이 과연 청년층 유권자들에게 얼마나 효율적으로 침투하여 유의미한 결과를 자아냈는지에 대한 의문을 던져준 선거이기도 했다. 어떤 의미에서 지난 대통령 선거는 한국에서 세대균열의 무게중심이 청년층에서 중장년층으로 넘어가고 있는 것을 보여준 선거였고, 따라서 세대와 관련된 학술적 논의들 또한 이러한 현실을 반영해야 하는 것이 아닌가 생각한다. 우리는 이제 세대론의 전환점에 도달한 것이다.

첫째, 세대론적 논의에서 중심적인 위치를 차지하고 있던 청년 유권자들의 정치적 유의미성은 점차 줄어들고 있으며 이러한 경향은 가속화될 것으로 보인다. 무엇보다도 한국 사회가 겪고 있는 급속한 인구학적 변화로 인해 이들이 전체 유권자 내에서 지니는 비중은 갈수록 줄어들고 있다. 기존 세대론적 논의가 이들의 투표율과 결집도를 중심으로 전개되어왔던 것과는 반대로, 지난 선거는 청년층들이 높은 투표율과 강한 결집도만으로는 선거결과에 유의미한 차이를 가져오기 매우 힘들다는 것을 드라마틱하게 보여주었다. 유권자의 '고령화' 현상은 지속적으로 전개되어 온 현상이며, 머지않은 장래에 청년층 유권자들이 전체 유권자 내에서 차지하는 비중은 노령층 유권자들에 의해 역전될 것으로 보인다.

둘째, 한국 선거에서 청년층 유권자들에 연구자들이 주목한 다른 이유

중 하나는 이들이 지역이나 정당 등에 대한 귀속감, 혹은 정치적 정체성이 아닌 선거국면의 이슈나 정책적 내용에 의해 움직일 가능성이 크다는 점이었다. 정치적 부동성이라는 것은 다르게 이야기하자면 선거·캠페인과 정책적 고려의 가능성이 더 크다는 것을 의미하기 때문이다. 그러나 지난 대통령 선거가 알려주는 사실은 한국 유권자들의 후보자에 대한 선호는 선거가 시작되기 훨씬 전에 정립되어 최종적인 투표 선택에 이르기까지 매우 높은 수준의 안정성을 보여준다는 점이다. 특히, 지난 선거에서 안철수 전 서울대 교수의 부상과 사퇴 국면을 제외하고 본다면 청년층 유권자들의 선호의 안정성은 매우 높은 수준인 것으로 드러났으며, 오히려 지난 선거의 정치적 부동층은 50대 유권자들인 것으로 드러났다.

셋째, 지난 선거에서는 40~50대 중장년층 유권자들이 양적·질적으로 선거의 중추적(pivotal) 위치를 차지하게 되는 것을 확인했다. 양적으로 40~50대의 중장년층 유권자들은 인구학적 구성에 있어서 2012년 말에 전체 유권자들의 40%를 차지하게 되면서 유권자 중 가장 큰 연령 집단으로 올라섰으며, 이들의 선택은 지난 선거의 향배를 결정짓는 요인이기도 했다. 80년대 후반의 민주화 운동과 10년 전 노무현 후보를 당선시키는 데 일익을 담당했던 이들은 지난 선거에서 박근혜 후보에게 결정적인 지지를 보냈으며, 선거의 희비가 이곳에서 갈렸다고 해도 과언이 아니다.

넷째, 중장년층 유권자들이 20~30대에 지니고 있었던 야(野)성향이 지난 선거에서 박근혜 후보에 대한 지지로 드러난 것은 매우 다양한 이유들과 복잡한 원인들이 중첩되어 있을 것이다. 정치세대로서가 아닌 생물학적 성숙(aging)이 이들을 자연스럽게 보수화 시켰다는 설명도 가능할 것이고, 동시에 한국 정치가 구성해 놓은 정치적 귀속구조로 이들이 편입되었다는 설명도 가능할 것이다. 그러나 지난 선거에서 상당수의 중장년층이 대북정책, 복지, 정치개혁, 그리고 경제민주화 정책들에 민감하게 반응하면서 야권 일반이나 민주통합당에 대한 지지를 철회했던 흔적이 남아 있다.

이상과 같은 경험적 발견은 한국 선거에 대한 세대론적 논의가 새로운 전환점을 맞이하게 되었다는 것을 의미한다. 논의의 핵심축이 20~30대 유권자들에서 중장년층 유권자들로 이동한 것이다. 이들이 생각하는 바는 무엇이고 원하는 정책은 어떤 것인지, 그리고 이들이 지난 선거에서 보인 '보수화'가 한시적인 것인지 아니면 지속적인 하나의 트렌드를 보여주는 것인지, 또 이들의 이전 정치적 경험들이 현재 어떤 방식으로 작용할 것인지 등의 질문은 이제 새롭게 전환점을 맞은 세대론이 밝혀나가야 할 몫이다. 또 지역·계급·정당과 정책적 내용이 어떻게 결합하여 각 세대들로 침투하고 설득하는지도 세대 연구가 앞으로 고민해야 할 과제이다.

| 참고 문헌 |

강신구. 2012. "누가, 왜 투표하였나? 누가 투표의향을 바꾸었나?" 박찬욱 · 김지윤 · 우정엽 공편. 『한국 유권자의 선택 1: 2012 총선』, 61-86. 서울: 아산정책연구원.
김 욱. 2002. "한국 유권자의 투표참여에 대한 통합적 연구방향의 모색: 일반이론의 효용성에 대한 방법론적 논의를 중심으로." 진영재 편. 『한국의 선거 IV: 16대 총선을 중심으로』, 373-405. 서울: 한국사회과학데이터센터.
박원호. 2012a. "세대균열의 진화: '386세대'의 소멸과 30대 유권자의 부상." 박찬욱 · 김지윤 · 우정엽 공편. 『한국 유권자의 선택 1: 2012 총선』, 185-218. 서울: 아산정책연구원.
박원호. 2012b. "유권자의 정치이념과 정책선호, 그리고 후보자 선택." 박찬욱 · 강원택 공편. 『2012년 국회의원 선거 분석』, 35-62. 서울: 나남.
장승진. 2012. "한국 유권자들의 정당에 대한 태도: 정당지지와 정당투표의 이념적, 정서적 기초." 박찬욱 · 강원택 공편. 『2012년 국회의원 선거 분석』, 175-204. 서울: 나남.
전새봄 · 김성용 · 박유성. 2012. "인구통계학적 분석을 이용한 우리나라의 센서스 및 동태자료에 대한 질적 평가." 『조사연구』 13권 1호, 1-31.
중앙선거관리위원회. 2013. 『제18대 대통령선거 투표율 분석』. 서울: 중앙선거관리위원회.
Achen, Christopher H. 2002. "Parental Socialization and Rational Party Identification." *Political Behavior* 24(2), 151-170.
Campbell, Angus, Philip E. Converse, Warren E. Miller, and Donald E. Stokes. 1980. *The American Voter*. Chicago: University of Chicago Press.
Downs, Anthony. 1957. *An Economic Theory of Democracy*. New York: Harper & Row.
Jennings, M. Kent, and Richard G. Niemi. 1981. *Generations and Politics: a Panel Study of Young Adults and Their Parents*. Princeton, NJ: Princeton University Press.
Markus, Gregory B. 1979. "The Political Environment and the Dynamics of Public Attitudes: A Panel Study." *American Journal of Political Science* 23(2), 338-359.
Petrocik, John R. 1996. "Issue Ownership in Presidential Elections, with a 1980 Case Study." *American Journal of Political Science* 40(3), 825-850.
Rosenstone, Steven J, and John Mark Hansen. 1993. *Mobilization, Participation, and Democracy in America*. New York: Macmillan Pub. Co.
Traugott, Michael W, and John P Katosh. 1979. "Response Validity in Surveys of Voting Behavior."*Public Opinion Quarterly* 43(3), 359-377.

연합뉴스. 2012. "文, 서울서 젊은층 공략..네거티브 대신 정책행보." (12월 5일자).
한겨레. 2012. "시론: 노무현과 50대를 위한 변론." (12월 24일자).
경향신문. 2012. "50대 투표율 89.9%… 박근혜 당선자, 2040서는 졌는데…어떻게?" (12월 20일자).

7
'안철수 현상'과 2012년 대선

강원택

서론

　민주화 이후 한국 정당정치는 1990년 1월 3당 합당으로 양당 체제로 재편되었지만, 대통령 선거 때에는 언제나 상당한 득표력을 가진 제3후보가 등장했다. 1992년 대선에서는 현대그룹 정주영 회장이 통일국민당을 창당하여 대선에 출마했다. 그는 그 해 초 총선에서 돌풍을 일으켰고 12월 대선에서도 16.3%를 득표했다. 1997년 대선에서는 이인제 후보가 신한국당 경선 결과에 불복하여 독자 출마를 했고 무려 19.2%를 득표했다. 2002년에는 정몽준 후보가 노무현, 이회창 후보와 각축을 벌였지만 선거 막판에 노무현 후보와 단일화했다. 2007년 대선에서는 이회창 후보가 무소속으로 출마하여 15.1%를 득표했다.

이런 현상은 2012년 대선에서도 마찬가지로 나타났다. 2011년 10월 실시된 서울시장 보궐선거와 함께 이른바 '안철수 현상'이 나타나기 시작했고, 이에 힘입어 안철수가 2012년 대선에서 무소속 후보로 출마하면서 대선경쟁은 박근혜, 문재인과 함께 3파전으로 진행되었다. 이전 선거와 비교해 보면 유력 제3후보의 등장이라는 점에서 이 역시 크게 다를 바 없지만, 정치경험이 전무(全無)한 벤처 기업가, 교수 출신이 대중적 인기를 기반으로 정치에 뛰어들었고 상당한 지지를 받았다는 점에서는 흥미로운 사례였다. 비록 선거 막판 야권후보 단일화를 명분으로 후보직 사퇴를 결정했지만 안철수의 부상은 2012년 대선을 통해 드러난 한국 유권자들의 주목할 만한 정치적 태도변화를 반영하고 있다고 할 수 있다.

이 글은 2012년 대선에서 나타난 무소속 안철수 후보에 대한 지지의 특성과 원인을 파악하고자 한다. 이 글에서는 특히 그가 무책임한 포퓰리즘이라는 비판을 들을 만큼 현실 정치권을 비판하고 정치개혁을 내세웠다는 점과 그에 대한 지지가 젊은층과 호남 지역에서 높았다는 점에 주목하고자 한다. 또한, 안철수를 지지했던 유권자들이 대선에서 어떤 선택을 했고 그러한 선택이 선거결과에 어떤 영향을 미쳤는지에 대해서도 살펴볼 것이다. 그러나 이 글에서 가장 염두에 두고 있는 것은 이른바 '안철수 현상'이 내포하고 있는 한국 정치의 특성이 무엇인지를 파악하고자 하는 것이다. 무엇보다 안철수에 대한 지지가 기존 정당으로부터 일시적인 지지의 이전인지 아니면 보다 근본적인 정당 지지의 재편에 대한 소망을 담고 있는 것인지에 주목한다. 전자의 경우라면 한 때의 해프닝으로 끝이 날 수 있는 것이지만, 후자의 경우라면 한국 정당정치의 재편(realignment)의 가능성을 시사한다는 점에서 그 의미가 크기 때문이다.

안철수가 후보 등록 이전에 사임했기 때문에 이 글에서 사용한 박근혜, 문재인, 안철수 세 후보에 대한 지지는 대선 직전인 2012년 12월 13일~18일 사이에 실시한 6차 조사에서의 "안철수 사퇴 이전 지지한 후보가 누구였느냐"는 질문에 기초하고 있다. 대선에 미친 안철수 변수의 의미를 살펴보기 위해 대선에 가장 근접해서 실시한 조사의 질문 항목을 사용했다.

한국 선거에서의 제3후보와 안철수

앞서 살펴본 대로, 사실 민주화 이후 한국 대통령 선거에서 양자대결은 오히려 드문 현상이었다. 네 지역을 기반으로 정당 지지를 갈라놓은 1987년 대통령 선거는 말할 것도 없고, 1990년 3당 합당으로 정당정치가 양당제적인 형태로 재편된 이후에도 선거결과에 영향을 미칠 수 있는 유력한 제3의 후보는 언제나 존재했다. 2002년과 2012년 대통령 선거처럼 후보 단일화로 인해 최종 선거 경쟁이 두 명의 주요 정당 후보로 압축되기도 했지만, 이처럼 두 후보 간의 '강요된 선택' 이전에는 적지 않은 수의 유권자들이 기존의 주요 정당 후보가 아닌 제3후보에 대한 지지 의사를 표명해 왔다.

단순 다수제 선거제도하에서 영향력 있는 제3후보의 등장은 단순 다수제 선거제도가 양당제로 이끄는 경향이 있다고 하는 이른바 '뒤베르제 법칙'의 관점에서 볼 때도 흥미로운 현상이다. 당선 확률이 상대적으로 낮아 보이는 후보를 지지함으로써 자신의 표가 사표(死票)로 변하는 것을 피하려는 유권자의 심리적 요인(psychological factor)이 존재함에도 매 선거 때마다 적지 않은 지지를 확보하는 제3후보가 등장한 것은 주목할 만하다(Duverger 1954). 이 밖에도 선거에서 자신의 한 표가 갖는 정치적 효용을 극대화하려 한다는 합리적 유권자 가설(Downs 1957)을 생각할 때도 상대적으로 당선 가능성이 낮은 제3후보를 지지하는 유권자의 존재는 흥미롭다.

이처럼 제3후보가 대선 때마다 등장하게 된 것은 무엇보다 기존의 주요 정당에 대한 불만과 불신에 관련이 있을 것이다. 맥캔, 래포트와 스톤(McCann, Rapport and Stone 1999)은 로스 페로에 대한 지지가 미국 정치 전반에 대한 냉소와 정당 후보나 정치제도 전반에 대한 부정적 태도와 관련이 있다고 보았다. 그러나 사실 불만을 가진 유권자들은 굳이 제3후보에 대한 지지로 옮겨가지 않고, 특정 정당이나 후보에 대한 지지 자체를 거부할 수도 있다. 그런 점에서 볼 때 제3후보에 대한 지지나 기권 모두 기존 정치권에 대한 유권자의 정치적 불만의 상이한 표현으로 볼 수 있다(강원택 2010, 332). 이전 선거에서 등장한 제3후보의 출현은 영남과 호남 간의 정치적 경쟁에 기초한 지역주의 정치와 관련이 있다. 즉 제3후보의 등장은 지역주의 정당정치로 인해 강요된 양극화된 경쟁과 정당 지지의 고정성 때문에 주요 정당 간 지지의 전이가 어렵다. 따라서 대안이 부재한 상황에서 기존 정치에 불만을 가진 유권자들을 흡수하려는 정치적 사업가(political entrepreneur)의 출현이 제3후보의 등장과 관련이 있다고 할 수 있다(강원택 2003, 139-224). 예컨대, 새누리당과 오랜 연계를 가진 영남 유권자라면 새누리당에 불만을 갖게 되는 경우라도, 지역주의 경쟁 정당인 민주통합당을 대안으로 선택하기란 쉽지 않기 때문에 결국 남은 선택은 기권하거나 제3후보에 대한 지지로 옮겨가게 되는 것이다. 1992년 대선과 1997년 대선에서 정주영과 이인제에 대한 지지에는 민자당-신한국당 지지자들이 처했던 이와 같은 상황과 관련이 있었다(강원택 2010, 339-349). 2012년 대선에서도 지역주의는 외형적으로 볼 때 여전히 강고한 영향력을 보였다는 점에서 제3후보 등장의 이러한 배경 요인은 근본적으로 크게 달라지지 않았을 것으로 보인다.

그러나 지역주의가 외형적으로 여전히 강한 영향력을 행사하는 것으로 보이더라도 이른바 '3김 시대'와 비교한다면 주요 정당의 지역 유권자에 대한 '장악력'은 약화되었다고 볼 수 있다. 2007년 대선에서는 출신 지역이 아니라 거주지역별 지역주의 정치의 특성이 확인되었고(강원택 2010, 49-74), 2012년 총선에서 본 대로 이제 충청권을 기반으로 한 독자적 정당도 사라졌다. 그런 점에서 볼 때 2012년 대선에서 제3후보인 안철수 지지의 부상은 단순히 지역주의 정치의 틀만으로는 설명할 수 없어 보인다. 오히려 적어도 유권자 수준에서 지역주의의 퇴조와 그로 인한 기존 정당과의 전반적인 연계의 약화라는 특성으로부터 제3후보 지지 상승의 원인을 고려해 볼 수 있을 것 같다. 최근 들어 특정 정당에 연계의식을 갖지 않는 유권자의 수가 늘어나는 경향이 확인되고 있으며, 실제로 "한국 선거 및 정당정치에서 최대 정파는 유권자의 절반에 이르는 무당파"이며 이들은 "정당정치에 대한 불만 혹은 불신을 갖는 유권자들(류재성 2012, 258)"이라는 연구 결과도 있다. 따라서 2012년 대선과정에서 나타난 안철수 지지를 이해하기 위해서는 이와 같이 지역주의 정치의 영향과 함께 정당정치 전반에 대한 불만이라는 요인을 고려해야 할 필요가 있다.

누가 왜 안철수를 지지했나?

안철수 지지에 대해 분석하기 위해 우선 누가 안철수 후보에게 기대감을 갖고 있는지 그 특성을 개략적으로 살펴보기로 한다. 이를 위해 지역, 이념, 연령, 학력, 성별, 소득 변수별로 박근혜, 문재인, 안철수에 대한 지지율을 분석했다. 분석결과, 모든 변수에 대해서 그 차이가 통계적으로 유의미한 것으로 나타났다.

안철수는 전 지역에서 민주통합당의 문재인보다 높은 지지를 보였다. 지역별로 볼 때 안철수 지지는 호남과 서울에서 세 후보 중 제일 높게 나타났다. 흥미로운 점은 민주통합당의 강세 지역인 호남에서 안철수에 대한 지지율이 문재인보다 더 높았다는 사실이다. 전통적으로 진보 정당에 대한 지지가 강한 편인 서울에서도 안철수는 세 후보 중에서 근소하게나마 제일 높은 지지를 받았다.

이념적으로 볼 때도 매우 뚜렷한 차이가 확인된다. 박근혜는 진보에서 보수로 갈수록 지지율이 높아지고 있는 반면, 문재인 후보는 그 반대로 나타났다. 두 후보가 각각 보수, 진보를 대표하는 만큼 당연한 결과로 보인다. 흥미로운 것은 안철수의 경우인데, 이념집단별 지지가 문재인과 비슷한 모습을 보이고 있으며, 중도 유권자 층으로부터 적지 않은 지지를 받고 있는 것으로 나타났다. 학력별로는 박근혜 후보가 대체로 학력이 낮은 집단에서 높은 지지를 얻고 있는 데 비해 문재인과 안철수는 상대적으로 학력이 높은 층에서 지지가 높아지는 경향을 보였다. 학력 변수에서도 문재인과 안철수는 이념 변수의 경우와 유사한 모습을 보이고 있다.

성별로 볼 때 문재인의 경우에 큰 차이가 나타나지 않지만, 박근혜의 경우에는 여성, 안철수의 경우에는 남성 유권자 층에서 지지가 다소 높게 나타났다. 연령별로 볼 때 박근혜는 50대 이상 나이 든 유권자층에서 높은 지지를 받는 반면, 문재인과 안철수는 젊은 유권자들로부터 보다

<표 7-1> 인구사회학적 특성별 대선후보에 대한 지지 (단위: %)

범주	구분	박근혜	문재인	안철수	합계 (명)	χ^2검정
지역	서울	38.0	22.3	39.7	100 (305)	χ^2=85.4*
	경기/인천	39.7	27.1	33.2	100 (325)	
	충청	45.9	21.4	32.7	100 (98)	
	호남	18.4	36.8	44.9	100 (136)	
	대구/경북	64.9	12.8	22.3	100 (148)	
	부산/울산/경남	55.9	18.8	25.3	100 (186)	
	강원/제주	48.8	19.5	31.7	100 (41)	
이념	진보	18.7	37.9	43.4	100 (343)	χ^2=182.4*
	중도	38.2	22.4	39.4	100 (424)	
	보수	65.1	13.5	21.3	100 (436)	
학력	중졸 이하	68.6	18.1	13.3	100 (271)	χ^2=162.9*
	고졸	51.7	19.3	29.0	100 (683)	
	대재	26.2	27.3	46.4	100 (183)	
	대졸 이상	34.0	26.8	39.2	100 (1,237)	
성별	남성	40.4	24.2	35.4	100 (1,382)	χ^2=6.2**
	여성	45.4	23.0	31.6	100 (997)	
연령	19~29세	23.4	32.1	44.5	100 (137)	χ^2=170.4*
	30대	21.8	32.1	46.2	100 (234)	
	40대	35.0	26.8	38.2	100 (280)	
	50대	49.7	20.7	29.7	100 (300)	
	60세 이상	71.2	11.5	17.4	100 (288)	
소득	하	57.1	19.1	23.7	100 (518)	χ^2=71.0*
	중	41.0	25.3	33.7	100 (876)	
	상	34.6	25.8	39.6	100 (873)	

주) *p<.01, **p<.05
이념 1차 조사: 0~4 진보, 5 중도, 6~10 보수, 소득: 하. 200만원 이하, 중. 201~400만원, 상. 401만원 이상

높은 지지를 받고 있음을 알 수 있다. 20대, 30대 유권자층에서 안철수는 다른 두 후보보다 월등히 높은 지지를 받고 있다. 소득별로 볼 때 박근혜는 소득이 낮아질수록 높은 지지를 받은 반면, 안철수는 소득이 높아질수록 높은 지지를 받았다. 문재인 역시, 안철수와 비슷한 패턴이지만 중위 소득층과 상위 소득층 간의 차이는 그다지 크지 않았다.

전체적으로 〈표 7-1〉은 안철수 지지의 흥미로운 특성을 잘 보여주고 있다. 무엇보다 안철수 지지자들은 호남, 이념적 진보, 젊은 세대, 고학력 유권자들과 같은 전통적인 민주통합당 지지층(강원택 2003, 33-42) 혹은 문재인 후보의 잠재적 지지층과 유사한 성향의 유권자들이라는 것을 알 수 있다. 그러나 안철수는 동시에 서울과 같이 이전의 지역주의 정치나 이념적 경쟁의 구도를 벗어난 이념적으로 중도인 지역에서도 높은 지지를 얻고 있었다. 앞서 지적한 대로 이른바 '안철수 현상'은 지역주의나 전통적 정파적 경쟁의 영향을 받고 있으면서도 동시에 이를 넘어서는 새로운 요인도 포함하고 있다는 것을 알 수 있다.

이런 점을 고려하여 이번에는 기존 정당정치의 정파성과 안철수 지지의 관계에 대해 분석해 보았다. 〈표 7-2〉는 2007년 대선에서 투표한 후보에 따라 2012년 대선에서의 지지 후보가 어떻게 달라졌는지를 살펴본 것이다.

이명박 투표자들의 경우, 2012년 대선에서 박근혜를 지지한다고 밝힌 비율은 67.8%였으며 문재인을 지지한다는 비율은 9.3%에 불과했다.

〈표 7-2〉 17대 대선 투표후보별 18대 대선후보 지지 (단위: %)

17대 대선투표 (2007년)	18대 대선후보 지지			합계 (명)
	박근혜	문재인	안철수	
이명박	67.8	9.3	22.8	100 (600)
정동영	7.3	48.2	44.5	100 (274)

정동영 투표자들 중 박근혜 지지는 7.3%에 불과했으며, 문재인 지지는 48.2%였다. 지역주의로 인한 지지 전이의 부동성이나 정당 선택의 비유동성(강원택 2010, 334)을 여기서 확인할 수 있다. 흥미로운 부분은 안철수 지지인데 안철수는 2007년 대선에서 주요 두 후보의 투표자 모두로부터 지지를 얻고 있는 것으로 나타났다. 이명박 지지자들의 22.8%가 안철수 지지 의사를 밝혔다. 그러나 안철수는 2007년 정동영을 지지한 이들로부터 더 큰 지지를 받았는데, 그 비율은 이명박 투표자에 비해 거의 두 배에 가까운 44.5%나 되었다. 이 비율은 정동영 후보와 사실상 동일한 정당의 후보인 문재인에 대한 지지 비율 48.2%와 별 차이가 없는 수치다. 즉 2007년 정동영 투표자의 대다수가 5년 뒤 문재인과 안철수 지지자로 나뉘어진 것이다.

이러한 사실은 2012년 대선 8개월 전 실시된 국회의원 선거결과에서도 유사하게 확인된다. 〈표 7-3〉에서 보듯이, 2012년 총선에서 새누리당에 정당 투표한 이들 가운데 84.9%가 박근혜를 지지했고, 12.9%가 안철수 지지 의사를 밝혔다. 이에 비해 민주통합당 정당 투표자들 가운데 42.5%는 문재인을 지지했지만 44.9%는 안철수 지지의사를 밝혔다. 통

〈표 7-3〉 19대 총선 정당투표별 대선후보 지지 (단위: %)

19대 총선 정당투표	대선후보 지지			합계 (명)
	박근혜	문재인	안철수	
새누리당	84.9	2.2	12.9	100 (489)
민주통합당	12.6	42.5	44.9	100 (374)
통합진보당	3.1	44.6	52.3	100 (193)

합진보당 정당 투표자 가운데서 안철수 지지는 52.3%로 절반이 넘었고 문재인 후보 지지는 44.6%에 그쳤다. 〈표 7-2〉와 〈표 7-3〉의 결과에서 알 수 있듯이, 대선후보 안철수의 부상은 이전의 진보 정파 지지자들의 다수와 이전의 보수 정파 지지자들 일부의 지지가 합쳐져 나타난 것임을 알 수 있다. 그러면 왜 이들은 기존의 지지정당 후보 대신 안철수를 지지하게 되었을까?

이러한 궁금증을 풀기 위해 우선 유권자의 정당일체감 여부 및 강도와 안철수 지지의 관계에 대해 살펴보았다. 〈표 7-4〉에서 볼 수 있듯이 주목할 만한 결과가 나타났다. 정당일체감의 강도에 따라 매우 분명한 지지의 경향성이 확인되었다. 우선 새누리당에 정당일체감을 갖는 이들은 압도적으로 박근혜 후보를 지지하는 것으로 나타났다. 새누리당에 강한 일체감을 갖는 경우에는 그 비율이 무려 95.4%에 달했으며 약한 일체감을 갖는 경우에도 85.5%로 매우 높았다. 이에 비해 민주통합당 지지자의 경우에는 새누리당에 비해서는 문재인 후보에 대한 결집력이 상대적으로 약하게 나타났다. 민주통합당에 강한 일체감을 갖는 이들 가운데

〈표 7-4〉 정당일체감과 대선후보 지지 (단위: %)

정당일체감	대선후보 지지			합계 (명)
	박근혜	문재인	안철수	
새누리당 강한 일체감	95.4	1.0	3.6	100 (195)
새누리당 약한 일체감	85.5	2.6	11.9	100 (455)
민주통합당 강한 일체감	3.2	60.6	36.2	100 (94)
민주통합당 약한 일체감	3.8	47.2	49.0	100 (392)
지지정당 없다	27.0	21.0	52.0	100 (525)

주) χ^2=995.3, p<.01, 정당일체감 4차 조사

60.6%가 문재인 후보를 지지하는 것으로 나타났으며 약한 일체감을 갖는 이들 가운데 그 비율은 절반이 채 되지 않는 47.2%였다. 여기서 흥미로운 점은 안철수 지지와의 관계이다. '새누리당 강한 일체감 → 새누리당 약한 일체감 → 민주통합당 강한 일체감 → 민주통합당 약한 일체감 → 지지정당 없다'의 순서로 안철수 지지가 점차 높아지고 있음을 알 수 있다. 지지정당이 없다고 밝힌 이들 가운데 52%가 안철수를 지지한다고 밝혔으며, 민주통합당에 일체감을 갖는 이들 가운데도 상당수가 안철수 지지로 돌아선 것으로 나타났다. 민주통합당에 약한 일체감을 갖는 이들 중에는 문재인 후보보다 오히려 더 높은 49%가 안철수 지지를 표명했으며 강한 일체감을 갖는 이들 가운데서도 36.2%가 안철수를 지지한다고 밝혔다. 이에 비해 새누리당에 일체감을 갖는 이들 중 안철수 지지의 비율은 그다지 높지 않았다. 정당일체감과 관련해서 볼 때 안철수 지지는

정파적으로 어디에도 결속되어 있지 않은 유권자들과 민주통합당에 일체감을 갖는 이들에게 의존하고 있음을 알 수 있다. 정당일체감을 갖게 되는 경우 그 특정 정당과의 정파적 연계는 항시적으로 유지된다는 점을 고려할 때(Campbell et al. 1960, 128-136), 민주통합당에 정당일체감을 갖고 있으면서 안철수 후보에 대한 지지의사를 표명한 유권자들의 선택은 매우 흥미롭다. 그 원인을 이해하기 위해서는 안철수를 지지하는 두 지지집단의 특성과 지지 원인을 비교해서 살펴봐야 할 것이다. 특히, 기존 정당에 정당일체감을 갖는 이들이 그 정당의 후보가 아닌 안철수 후보에게 지지를 보내는 이유를 찾아봐야 할 것이다.

(1) 민주통합당에 정당일체감을 갖는 유권자

우선 민주통합당에 정당일체감을 갖는 유권자들이 어떤 이유로 민주통합당 후보인 문재인이 아니라 안철수를 지지하게 되었는지 그 원인을 찾아보기로 한다. 이를 위해 이념적인 측면에서 민주통합당에 정당일체감을 갖는 유권자들이 문재인과 안철수의 이념적 위치를 어떻게 평가하고 있는지 살펴보았다. 〈표 7-5〉에는 본인의 이념성향, 민주통합당, 문재인, 안철수의 이념위치, 민주통합당, 문재인, 안철수와 자신의 이념거리의 평균이 정리되어 있다. 문재인, 안철수 두 후보 지지에 따라 입장의 차이가 나타나기는 하지만 그 차이는 0.2 보다 작은 매우 미세한 것이었다. t검정에서도 모두 통계적인 차이가 유의미하게 확인되지 않았다. 따

〈표 7-5〉 대선 지지후보별 이념 평가: 민주통합당에 정당일체감을 갖는 유권자

지지 후보	이념위치				이념거리		
	본인	문재인	안철수	민주당	문재인	안철수	민주당
문재인	4.11	4.18	4.22	4.76	1.36	1.63	1.82
안철수	4.14	4.33	4.35	4.57	1.54	1.54	1.62
t 검정	t=−0.11 p=0.91	t=−0.75 p=0.45	t=−0.63 p=0.53	t=0.88 p=0.38	t=−1.12 p=0.26	t=0.62 p=0.54	t=0.98 p=0.33

주) 본인이념, 민주당 이념위치, 이념거리 (1차 조사), 문재인, 안철수 이념위치, 이념거리 (4차 조사)

라서 민주통합당에 정당일체감을 갖는 이들이 문재인이 아니라 안철수를 지지하게 된 것이 당이나 후보자의 이념적 입장 때문에 그런 결정을 내린 것으로 보기 어렵다는 사실을 알 수 있다.

그렇다면 이번에는 민주통합당에 대한 평가, 두 후보자에 대한 평가, 경쟁 정파에 대한 평가 등이 문재인이 아니라 안철수 지지로 이어지게 되었는지 살펴보았다. 민주통합당을 긍정적으로 혹은 부정적으로 평가하느냐에 따라 문재인, 안철수 지지는 나뉠 수 있을 것이며, 또한 문재인과 안철수의 개인적 자질에 대한 평가, 호감도에 따라서도 지지 후보가 달라질 수 있을 것이기 때문이다. 한편, 정파적 경쟁자인 박근혜 후보에 대한 평가와 이명박 대통령에 대한 평가는 민주통합당 지지자들을 당 중심으로 결속하게 하는 요인이 될 수도 있다는 점에서 이 변수들도 고려할 필요가 있을 것이다. 이러한 요인들에 더하여 그간 한국 선거에 영향을 미쳐 온 연령, 학력, 소득, 지역 변수를 포함하여 이항 로지스틱 회귀

분석을 실시했다. 지역은 민주통합당 지지자들이라는 점에서 호남 지역과, 문재인, 안철수의 출신지인 부산/울산/경남 지역, 그리고 서울을 포함하였는데, 해당 지역 거주인 경우 1, 기타 지역 거주인 경우 0으로 코딩하였다.

분석결과는 〈표 7-6〉에 정리되어 있다. 민주통합당에 정당일체감을 가진 이들 가운데 당의 공식 후보인 문재인보다 안철수를 선호한 이들은 민주통합당에 대한 불만이 높은 이들이라는 사실을 알 수 있다. 민주통합당에 대한 호감도가 낮을수록 안철수에 대한 선호가 높아지는 것으로 확인되었다. 민주통합당에 정당일체감을 갖더라도 당에 대한 실망감이 당 외부의 후보에게 관심을 갖도록 했다는 사실을 알 수 있다.

〈표 7-6〉에서 확인할 수 있는 가장 뚜렷한 사실은 후보자에 대한 평가가 문재인, 안철수 지지에 매우 큰 영향을 미치고 있다는 점이다. 안철수에 대한 호감도가 크고, 그의 국정운영 능력을 높게 평가하고, 도덕성을 긍정적으로 평가할수록, 그리고 문재인에 대한 호감도가 낮고 그의 국정운영 능력을 낮게 평가할수록 안철수에 대한 지지가 높아지는 것으로 나타났다. 그런데 정치적 경험이 아주 없는 안철수의 국정운영 능력에 대한 평가는 사실 매우 주관적인 판단에 근거해 있다고 볼 수밖에 없기 때문에, 이는 사실상 후보자 개인에 대한 호감도의 또 다른 표현으로 간주할 수 있을 것 같다. 즉 안철수라는 인물에 대한 호감이 지지에 큰 영향을 미치고 있음을 알 수 있다. 한편, 정파적 경쟁자인 박근혜에 대한 호

〈표 7-6〉 로지스틱 모델: 민주통합당에 정당일체감을 가진 이들 중 문재인과 안철수 지지

범주	변수	회귀계수	승산비 (odds ratio)
정당	민주통합당 호감도	−0.08***	0.92
후보자	문재인 호감도	−0.22**	0.80
	안철수 호감도	0.36*	1.44
	문재인 국정운영 능력 평가	−0.51**	0.60
	안철수 국정운영 능력 평가	0.61*	1.84
	문재인 도덕성 평가	−0.37	0.69
	안철수 도덕성 평가	0.58*	1.79
경쟁 정파	박근혜 호감도	0.15**	1.17
	이명박 정부 평가	−0.09	0.91
거주 지역	서울	0.74**	2.10
	호남	−0.12	0.88
	부산/울산/경남	0.25	1.28
사회경제적 지위 변수	연령	0.02	1.02
	학력	0.31	1.36
	소득	0.09	1.09
	상수	−3.18	

−2LogLikelihood=251.6 Nagelkerke R^2=0.36 분류정확 73.7%

주) 종속변수: 0−문재인, 1−안철수. *$p<.01$, **$p<.05$, ***$p<.10$
문재인, 안철수, 박근혜 호감도 2차 조사; 문재인, 안철수 국정운영, 도덕성 평가 4차 조사;
민주통합당 호감도 2, 3, 5차 조사의 합; 이명박 정부 평가 3차 조사. 이념: 0−가장 진보, 10−가장 보수; 소득:
1. 100만 원 이하, 2. 101~200만 원, 3. 201~300만 원, 4. 301~400만 원, 5. 401~500만 원, 6. 601만 원 이상.
호감도: 0−매우 싫다, 10−매우 좋다. 학력: 1−중졸 이하, 2−고졸 이하, 3−대재, 4−대졸 이상. 국정운영, 도덕
성: 1−전혀 그렇지 않다, 2−별로 그렇지 않다, 3−보통이다, 4−대체로 그렇다, 5−매우 그렇다. 이명박 정부 평
가: 1−매우 잘했다, 2−대체로 잘했다, 3−대체로 잘 못했다, 4−매우 잘 못했다

감도 역시 통계적으로 유의미하게 나타났는데, 박근혜에 대해서 상대적으로 부정적으로 평가할수록 문재인 지지확률이 높아지는 것으로 나타났다. 이는 박근혜 후보에 대해 적대감이나 비우호적인 태도가 강한 민주통합당 지지자들일수록 안철수보다 문재인을 선호하고 있음을 의미하는 것이다. 이명박 정부 평가는 통계적으로 유의미하게 나타나지 않았다. 지역 변수로는 민주통합당의 전통적 지지기반인 호남보다 상대적으로 지역주의 정치에서 벗어나 있는 서울 지역에서 차이가 확인되었다. 다른 지역에 비해서 서울 지역의 민주통합당에 정당일체감을 갖는 이들 중에서 안철수에 대한 지지가 문재인보다 높아지는 것으로 나타났다. 사회경제적 지위변수에서는 통계적으로 유의미한 값이 확인되지 않았다.

이상의 논의를 정리하면, 우선 민주통합당에 정당일체감을 갖는 이들 중 당 공천 후보인 문재인보다 안철수를 지지하는 현상을 이념적인 요인에서 찾을 수는 없다. 문재인이 아니라 안철수를 지지하는 이들은 무엇보다 현재 민주통합당의 모습에 부정적인 태도를 취하고 있는 이들이라는 것을 알 수 있다. 즉 안철수 지지의 중요한 배출 요인(push factor)은 현재의 민주통합당의 모습에 대한 실망감이나 불만인 것이다. 그리고 이들은 또한 정파적 경쟁자이며 한국의 '전통적 보수의 아이콘'이라고 할 수 있는 박근혜에 대한 거부감이 상대적으로 약하며 민주통합당의 아성인 호남 외부에 거주하는 이들이다. 그런 점에서 이들은 전통적인 민주통합당의 지지자 중 지역적으로나 정치 성향에 있어서 일종의 '약한 고리'를 가지고 있다고 볼 수 있을 것 같다. 앞의 표에서 본 대로 민주통합당에 대해 약한 정당일체감을 갖는 이들 중 안철수 지지가 거의 절반에 가까웠던 것도 이런 특성을 뒷받침해 준다. 이들 중 안철수의 참신함이라는 흡인 요인(pull factor)에 이끌린 경우 당 후보인 문재인보다 안철수 지지로 옮겨가게 된 것이다.

(2) 정당일체감이 없는 유권자

정당일체감은 유권자들에게 장기적으로 정파적인 결속의식을 제공해 줄 뿐만 아니라 선거 때는 주요 이슈나 사건, 후보자를 평가하고 판단하는 정보를 제공하기도 한다. 당파성(partisanship)은 이슈와 인물을 평가하는 단서의 기반이 되는 참조 집단(reference group)의 역할을 하는 것이다(Dalton 1984, 264-265). 이런 점을 고려할 때 정당일체감을 갖지 않은 유권자들의 정치적 선택의 기준은 정당일체감을 갖는 유권자 집단과는 크게 달라질 수밖에 없다. 달튼(Dalton 1984)의 표현에 따르면, 이런 유권자들은 정당일체감과 같이 정당과의 연계에 의한 정치적 참여를 의미하는 정파적 동원(partisan mobilization)에 의해서라기보다 유권자 스스로의 정치적 정보와 지식에 의존하여 이슈와 사건을 평가하고 해석함으로써 정치에 참여하는 인지적 동원(cognitive mobilization)에 의존하게 될 수 있다. 이 경우 유권자의 정치적 관심도나 정치지식 등에 따라 정치적 선택이

달라질 수 있을 것이다.[1]

무엇보다 정당일체감을 갖지 않는 유권자는 기존 정당과 안정적이고 지속적인 형태의 연계를 갖지 않는다. 그러나 이들이 특정한 정파적 정향에서 완전히 벗어난 탈정파적이고 독립적인 유권자라고 보기는 어려울 것이다. 경우에 따라서는 전통적으로 지지해 오던 정당에 실망하고 불만을 갖게 되어 일시적으로 이탈한 유권자들도 있을 것이다. 즉 외형적 이탈에도 불구하고 기존 정당과의 연계가 완전히 끊어지지 않은 혹은 복귀의 가능성을 남겨둔 유권자들일 수도 있다. 강원택(2010, 332-339)은, 허쉬만(Hirschman 1970)의 개념을 빌려서, 이처럼 정당일체감을 갖지 않는 유권자들은 기존 지지정당에 대한 정치적 불만으로 인해 이탈하기 때문에 외형적으로 탈퇴(exit)의 모습을 보이지만, 완전 이탈이 아니라 정파적 정향을 유지한 채 이전 지지정당이 '질적 회복을 이뤄내기만 한다면' 다시 그 정당을 지지할 준비가 되어 있다는 점에서 항의(voice)의 속성도 지닐 수 있다고 보았다. 이런 경우라면 정당일체감이 없다고 응답한 경우라고 해도 실제로는 정파적 동원의 특성을 보일 수도 있을 것이다.

한편, 정당일체감을 갖지 않는 유권자는 기존 정당정치에 대한 불만과 실망을 넘어서 대의정치 과정에서 자신의 정치효능감(political efficacy)을 낮게 간주하거나 혹은 정당정치를 넘어선 전반적인 정치 환경에 대해 불만을 표출한 결과일 수도 있을 것이다.

---

[1] 정파적 동원과 인지적 동원의 개념으로 한국 선거를 분석한 연구로는 강원택 (2012) 참조.

이런 점을 고려하여 2012년 대선에서 정당일체감을 갖고 있지 않다고 한 유권자들이 어떤 이유에서 정당 소속 후보자가 아닌 무소속 안철수를 지지하게 되었는지 다항 로지스틱 분석을 통해 살펴보기로 했다. 첫째, 정당일체감을 갖는 유권자들은 정파적 정향에서 벗어나 있는지 알아보기 위해 기존의 두 주요 정당에 대한 태도, 정파성을 보여줄 변수들을 포함했다. 새누리당, 민주통합당에 대한 호감도, 본인이 생각하는 주관적 이념위치, 새누리당 및 민주통합당과 자신의 이념거리, 새누리당과 민주통합당의 이념위치, 이명박 정부에 대한 평가 등을 분석에 포함했다. 둘째, 인지적 동원의 의존 여부를 알아보기 위해서 선거에 대한 관심 정도, 정치에 대한 지식 정도, 학력 변수를 포함했다. 셋째, 정당일체감의 부재가 전반적인 정치 환경에 대한 불만을 표현하는 것인지 알아보기 위해 정치효능감과 한국 민주주의 발전에 대한 만족도 변수를 포함했다.

이에 따른 분석 결과가 〈표 7-7〉에 정리되어 있다. 이 분석에서 몇 가지 주목할 만한 특성을 파악할 수 있다. 첫째, 문재인에 대비한 박근혜 지지의 특성을 보면, 여기서 분석 대상이 정당일체감이 없다고 한 유권자들임에도 불구하고, 매우 분명하고 일관적인 정파적 정향이 발견되고 있다는 점이다. 새누리당에 호감이 큰 유권자, 그리고 민주통합당에 호감도가 낮은 유권자는 문재인보다 박근혜를 지지할 확률이 높아지는 것으로 나타났다. 또 보수 정파인 이명박 정부에 대한 평가가 긍정적일수록 박근혜 지지의 확률이 높아졌다. 민주통합당의 이념위치를 진보적 경향이 강한 것으로 볼수록 박근혜 지지 가능성이 커졌다. 이상에서 알 수 있는 것처럼 정당일체감이 없는 유권자들이라고 해도 박근혜, 문재인 두 경쟁 정파의 후보에 대한 선택에서는 정파적 정향이 강하게 영향을 미치는 것으로 확인되었다. 이 이외의 변수는 통계적으로 유의미하게 확인되지 않았다. 따라서 정당일체감이 없다고 응답한 유권자들이라고 해도 이들 중 다수는 정파적 정향에서 벗어나 있거나 기존 정당정치에서 완전히 이탈한 이들이라고 보기는 어렵다. 〈표 7-7〉의 결과는 박근혜와 문재인 선택 중에서는 인지적 동원보다 정파적 동원에 의존하고 있다는 사실을 명백하게 보여주고 있기 때문이다. 오히려 기존 정당들이 그동안 보여준 성과나 역할, 기능에 대한 실망, 분노로 인해 이들 정당과의 연계를 일시적으로 거부한 이들일 가능성이 커 보이며, 전통적 지지정당에 대한 항의가 긍정적 변화를 이끌어 내고 있다고 한다면 다시 복귀할 가능성도 존재한다.

둘째, 문재인이 아니라 안철수를 지지한 정당일체감이 부재한 유권자들의 경우에는 박근혜의 경우와는 매우 다른 특성을 보이고 있다. 전반적으로 문재인 지지와 안철수 지지 간에는 커다란 차이가 나타나지 않았다. 민주통합당에 대한 호감도가 낮은 경우에 문재인보다 안철수를 선호하는 확률이 높게 나타났다. 그러나 새누리당과 관련된 변수에 있어서는 계수 값도 모두 낮았고 통계적인 유의미성도 확인되지 않았다. 기본적으로 문재인 지지와 안철수 지지는 정당일체감이 없다고 밝힌 이들의 경우

〈표 7-7〉 다항 로지스틱 모델: 정당일체감이 없는 유권자의 대선후보 지지 요인

후보자	범주	변수	회귀계수	승산비 (odds ratio)
박근혜	정파적 동원	새누리당 호감도	0.28*	1.33
		민주통합당 호감도	-0.24*	0.79
		새누리당과 이념거리	0.07	1.07
		민주통합당과 이념거리	0.06	1.06
		새누리당 이념위치	-0.11	0.90
		민주통합당 이념위치	-0.24**	0.79
		본인 이념위치	0.19***	1.21
		이명박 정부 평가	-0.62**	0.54
	인지적 동원	선거 관심도	0.13	1.14
		정치지식	0.20	1.22
		학력	-0.17	0.84
	정치 환경 평가	정치효능감	-0.19	0.83
		한국 민주주의 만족도	-0.11	0.89
		상수	2.06	
안철수	정파적 동원	새누리당 호감도	0.02	1.02
		민주통합당 호감도	-0.13*	0.88
		새누리당과 이념거리	0.01	1.01
		민주통합당과 이념거리	-0.06	0.95
		새누리당 이념위치	0.00	1.00
		민주통합당 이념위치	-0.11	0.90
		본인 이념위치	0.01	1.01
		이명박 정부 평가	-0.50**	0.60
	인지적 동원	선거 관심도	0.07	1.07
		정치지식	0.18	1.20
		학력	-0.02	0.99
	정치 환경 평가	정치효능감	-0.10	0.90
		한국 민주주의 만족도	-0.02	0.98
		상수	3.97**	

$-2LogLikelihood=622.2$ Nagelkerke $R^2=0.48$

주) 참조 범주: 문재인 *$p<.01$, **$p<.05$, ***$p<.10$
호감도: 0-매우 싫다, 10-매우 좋다. 이념위치: 0-가장 진보, 10-가장 보수. 이명박 정부 평가: 1-매우 잘했다, 2-대체로 잘했다, 3-대체로 잘 못했다, 4-매우 잘 못했다. 한국민주주의 만족도: 0-매우 불만족, 10-매우 만족. 정치효능감: (정치는 소수가 좌우한다, 나 같은 사람은 정부 일에 말할 자격이 없다, 투표해 봐야 소용없다 등 3 문항의 합) 1-매우 그렇다, 2-대체로 그렇다, 3-대체로 그렇지 않다, 4-매우 그렇지 않다. 정치지식: 5개의 질문문항의 합. (5-모두 정답, 0-모두 오답). 선거 관심도: 1, 3, 4, 5, 6차 조사 문항의 합. 1차는 총선, 나머지는 대선. 1-매우 관심이 많다, 2-대체로 관심이 있다, 3-별로 관심이 없다, 4-전혀 관심이 없다. 학력: 1-중졸 이하, 2-고졸 이하, 3-대재, 4-대졸 이상

에도, 민주통합당이라는 특정 정당과 유독 강하게 연계되어 있음을 알수 있다. 이명박 정부에 대한 평가가 상대적으로 긍정적인 이들 중에서 문재인에 비해 안철수에 대한 지지의 확률이 높았는데, 이 역시 민주통합당의 입장과는 거리가 있는 이들이라는 사실을 알게 해 준다.

결국 〈표 7-7〉은 정당일체감이 없다고 응답한 이들 역시 정파적 동원에 의존하고 있음을 보여준다. 박근혜와 문재인의 경우에는 정파적 태도가 대단히 분명하게 나타났고, 안철수와 문재인의 경우에는 민주통합당에 대한 호감도가 선택에 중요한 영향을 미친 것으로 확인되었다. 그런 점에서 볼 때 연계의식을 갖는 지지정당이 없다고 한 이들 중 다수는 진심을 드러내지 않았거나 혹은 그 정당 지지로부터의 일시적인 이탈로 보인다. 안철수에 대한 지지 역시 정파적 요인이 중요하게 작용했다. 실제로 2012년 총선 때 투표한 정당과 박근혜, 문재인, 안철수 세 후보에 대한 지지를 분석한 결과는 이러한 추론을 뒷받침해 준다. 〈표 7-8〉에서 보듯이, 정당일체감이 없다고 한 이들 가운데 2012년 총선 때 새누리당이나 자유선진당 등 보수정당에 정당 투표한 이들의 2/3 가량은 박근혜를 지지했고, 문재인 지지는 5%에 그쳤다. 민주통합당이나 통합진보당에 정당 투표한 이들 중 56.4%는 안철수를 선택했으며 문재인은 36.5%였다. 그러나 정파적 경쟁자인 박근혜에 대한 지지는 7.1%에 불과했다. 이런 사실은 정당일체감이 없다고 한 유권자들의 대다수가 사실상 특정 정파와 어떤 형태로든 연계를 가지고 있는 이들이라는 점을 알게 한다.

'안철수 현상'과 2012년 대선

<표 7-8> 총선 정당 투표별 대선후보 지지: 정당일체감이 없는 유권자 (단위: %)

정당투표		대선후보 지지			합계 (명)
		박근혜	문재인	안철수	
정당투표	새누리+자유선진	65.2	5.0	29.8	100 (161)
	민주통합+통합진보	7.1	36.5	56.4	100 (312)

주) χ^2=190.7, p<.01

지금까지 살펴본 대로 안철수에 대한 지지는 새누리당과 민주통합당으로 크게 구분되었던 기존의 정당 구도에서 벗어난 새로운 제 3의 대안에 대한 열망으로 간주하기는 어려울 것 같다. ⟨표 7-6⟩, ⟨표 7-7⟩, ⟨표 7-8⟩ 등에서 본 대로, 안철수 지지는 민주통합당 지지자들, 이념적으로 진보적인 유권자들의 민주통합당에 대한 불만, 실망과 긴밀하게 관련되어 있는 것으로 나타났다. 그러한 불만은 안철수의 후보 사퇴와 문재인 지지 선언 이후에도 효과적으로 해소되지 않은 것으로 보인다. 그리고 이는 최종적인 선거결과에도 반영되었다. ⟨표 7-9⟩는 안철수 사퇴 이전 지지 후보별로 실제 대선에서 누구에게 투표했는지를 분석한 것이다. 안

<표 7-9> 선거 전 지지와 실제 대선후보 선택 (단위: %)

지지후보 (6차 조사)	대선후보 선택 (7차 조사)		합계 (명)
	박근혜	문재인	
박근혜	97.3	2.7	100 (862)
문재인	5.4	94.6	100 (442)
안철수	26.7	73.3	100 (652)

주) χ^2=1262.9, p<.01

철수 지지자들의 73.3%는 문재인 지지로 돌아섰지만 박근혜 지지 역시 26.7%였다. 문재인 지지가 많기는 하지만 박근혜에 대한 지지도 그다지 낮다고 보기는 어렵다. 안철수 지지자들이 일방적으로 문재인 후보 쪽으로만 편향되게 투표했다고 볼 수는 없는 것이다.

한편, 안철수가 후보직에서 사퇴한 이후 일부 지지자들은 투표에 참여하지 않은 것으로 나타났다. 〈표 7-10〉에서 보듯이, 전반적으로 투표 했다는 응답의 비율이 높게 나타나 지지 후보 간 차별성이 크지는 않지만 그래도 안철수 지지자들 가운데 투표를 하지 않은 응답자의 비율이 상대적으로 높게 나타났다는 점은 주목해 볼 필요가 있다. 강원택(2010, 336-339)은 원래 지지하던 후보나 정당에 대한 지지에서 벗어나게 될 때 대안의 존재 여부와 대안에 대한 긍정적 평가 여부가 기권과 투표 선택에 영향을 미친다고 보았는데, 안철수의 사퇴 이후에도 여전히 문재인이나 민주통합당을 긍정적으로 평가할 수 없는 진보 유권자의 선택은 기권이 될 수밖에 없었을 것이다.

〈표 7-10〉 선거 전 지지와 대선 투표 여부 (단위: %)

지지후보 (6차 조사)	대선투표 여부 (7차 조사)		
	투표 했다	투표 안 했다	합계 (명)
박근혜	98.3	1.7	100 (879)
문재인	97.8	2.2	100 (457)
안철수	95.3	4.7	100 (701)

주) χ^2=13.6, $p<.01$

이런 특성은 투표 후보 결정시기에서도 유사하게 확인된다(〈표 7-11〉 참조). 안철수가 후보 등록 직전에 사퇴했지만 그 이후에도 안철수를 지지했던 유권자들의 투표 결정은 선거 막판까지 유동적이었음을 알 수 있다. 선거 운동 막바지에 마음을 정했다는 안철수 지지자는 18.9%에 달했으며, 투표 당일에 투표 후보를 결정했다는 응답도 9.3%나 되었다. 거의 30%에 가까운 안철수 지지자들이 선거 막판이 되어서야 지지후보를 결정했다는 것을 알 수 있다.

이상에서의 분석을 고려할 때, 안철수 지지자들은 민주통합당이나 문재인 후보에 대한 호감도가 낮은 이들이었고, 선거 후반에 안철수가 후보직을 사퇴했지만 그럼에도 그들 중 적지 않은 이들은 대선에서 문재인 후보에게 투표하기를 거부하고 박근혜 후보에게 표를 던지거나 기권을 선택한 것으로 나타났다. 그런 점에서 볼 때 문재인 후보가 대선에서 박근혜 후보에게 근소한 차이로 패배한 것은 애당초부터 야권후보 단일화가 지녔던 근본적인 통합의 한계를 노정한 것으로 봐야 할 것 같다.

〈표 7-11〉 선거 전 지지후보와 투표후보 결정시기 (단위: %)

선호후보 (6차 조사)	투표 후보 결정시기 (7차 조사)					
	대선후보 확정 전	후보 최종 등록 이전	선거운동 시작 무렵	선거운동 막바지	투표 당일	합계 (명)
박근혜	62.4	19.8	11.1	5.2	1.5	100 (864)
문재인	39.6	34.7	17.0	6.5	2.2	100 (447)
안철수	15.7	29.5	26.5	18.9	9.3	100 (667)

주) χ^2=263.9, $p<.01$

결론

지금까지 2012년 대선과정에서 나타난 또 다른 제3후보에 대한 지지의 부상, 이른바 '안철수 현상'에 대해 살펴보았다. 분석 결과, 안철수 지지자들은 일차적으로 민주통합당에 불만을 가진 이들의 정치적 선택과 깊은 관련을 가진 것으로 나타났다. 민주통합당에 정당일체감을 가졌거나 이전 선거에서 민주통합당과 소속 후보에게 투표한 이들 중 다수가 안철수 지지로 옮겨간 것으로 나타났다. 그런 점에서 볼 때 안철수 후보는 정책적으로나 이념적으로 제3의 새로운 정치 세력을 대표하고 있기보다는 정치적 신뢰를 크게 잃은 기존 민주통합당 지지자들로부터 이를 대신할 대안으로 간주된 것으로 보인다. 2010년 지방선거 이후 '정당의 위기'에 대한 언급이 사회적으로 자주 제기되었지만 이 글에서의 분석을 고려할 때 그것은 정당정치 전반의 위기라기보다 민주통합당의 위기로 보인다. 전통적인 보수 정파 지지자들은 제3후보에 대한 이탈보다는 박근혜 후보를 중심으로 결속되어 있는 모습을 보였기 때문이다.

안철수라는 제3후보에 대한 지지는 보수적, 영남 지역 유권자의 지지를 받은 1992년 정주영, 1997년 이인제에 대한 지지와는 대조적으로 진보 진영, 호남 유권자들의 정치적 불만을 반영하고 있다고 할 수 있다. 그러나 지지의 논리가 그 때와 크게 다르다고 보기는 어렵다. 2012년 대선에서의 안철수 지지 역시 정파간 지지의 전이가 쉽지 않은 상황에서 기존 지지정당에 불만을 가진 유권자들이 대안적 선택을 한 결과이기 때문이다.

이전 선거에서 나타난 제3후보의 지지는 허쉬만이 말한 일종의 항의 메시지를 담고 있는 것으로 정당의 변화와 개선을 촉구하는 의미를 담고 있는 것이었다(강원택 2010, 323-351). 2012년 대선에서 안철수에 대한 지지 역시 그런 의미가 포함되어 있을 것이다. 그러나 안철수에 대한 지지는 1992년이나 1997년 선거에서의 제3후보에 대한 지지보다 광범위하고 강력해 보인다. 그만큼 민주통합당, 혹은 진보 정치 진영에 대한 지지자들의 불만이 매우 크다는 사실을 말해 준다. 안철수가 대선 이후 본격적인 정치참여를 계획하고 있는 만큼 '안철수 현상'이 계속 이어질 것인지 아니면 사라질 것인지는 안철수 본인보다는 일차적으로 민주통합당의 변화 정도에 달려 있을 것으로 보인다.

마지막으로 한 가지 덧붙일 점은 정당일체감을 갖고 있지 않다고 밝힌 유권자들 가운데 적지 않은 이들이 인지적 동원보다는 정파적으로 동원되었다는 점이다. 기존 정당들에 대한 유권자들의 정치적 불만과 불신의 결과 때문에 정당과의 연계를 부인하고 있지만, 이들이 투표 결정을 내릴 때는 정파적 고려에서 자유롭지 못하다는 사실을 보여주었다는 점에서 흥미로운 결과로 보인다.

| 참고 문헌 |

강원택. 2012. "정파적 지지와 인지적 동원." 박찬욱·강원택 공편. 『2012년 국회의원 선거 분석』, 205-230. 서울: 나남.
강원택. 2010. 『한국 선거정치의 변화와 지속: 이념, 이슈, 캠페인과 투표참여』. 서울: 나남.
강원택. 2003. 『한국의 선거 정치: 이념, 지역, 세대와 미디어』. 서울: 푸른길.
류재성. 2012. "부동층은 누구인가?: 지지후보 결정시점의 요인에 관한 연구." 박찬욱·강원택 공편. 『2012년 국회의원 선거 분석』, 231-263. 서울: 나남.
Campbell, Angus, Philip E. Converse, Warren E. Miller, and Donald E. Stokes. 1960. *The American Voter*. New York: John Wiley.
Dalton, Russel. 1984. "Cognitive Mobilization and Partisan Dealignment in Advanced Industrial Democracies." *Journal of Politics* 46(1), 264-284.
Downs, Anthony. 1957. *An Economic Theory of Democracy*. New York: Harper & Row.
Duverger, Maurice. 1954. *Political Parties: Their Organization and Activity in the Modern State*. Translated by Babara and Robert North. London: Methuen.
Hirschman, A. O. 1970. *Exit, Voice and Loyalty: Responses to Decline in Firms, Organizations and States*. Cambridge, MA: Harvard University Press.
McCann, James, Ronald B. Rapport and Walter J. Stone. 1999. "Heeding the Call: An Assessment of Mobilization into H. Ross Perot's 1992 Presidential Campaign." *American Journal of Political Science* 43(1), 1-28.

8
18대 대통령 선거에서의 이슈투표

우정엽 · 강충구

　지난 18대 대선은 새누리당 박근혜 후보의 당선으로 막을 내렸다. 그러나 선거전을 요동치게 했던 요인은 안철수 전 서울대 교수의 행보였다. 안철수 전 교수의 등장과 대선후보 사퇴는 18대 대선의 성격을 규정하는 대표적인 선거이슈였다. 선거이슈가 유권자의 투표결정에 미치는 영향이 사안에 대한 유권자의 지식, 관심수준에 따라 다르다는 주장(Anand and Krosnick 2003; Goren 1997)이 제기되고 있지만, 선거이슈(electoral issues)는 단기간 동안 유권자의 투표결정에 영향을 미치는 요인으로 알려져 있다. 이 장은 18대 대선에서 어떤 이슈가 유권자의 관심을 끌었고, '안철수 현상' 등의 선거이슈가 대선에 어떠한 영향을 미쳤는지 분석하고자 한다.

선거이슈는 각 이슈를 촉발시킨 요인이 무엇이었는지에 따라 크게 정책, 인물, 사건이슈로 구분할 수 있다(송근원 2010; 2011; 정봉성 2004). 먼저 정책이슈(policy issue)는 선거과정에서 후보자가 제기한 경제, 사회, 문화, 노동, 교육, 환경 분야의 국가 정책이나 지역 현안에 대한 공약과 직접적으로 관련된 이슈를 의미한다. 인물이슈(candidate issue)는 후보자의 자질을 의미하는 도덕성, 리더십, 능력, 경력 차원에 대한 것, 사건이슈(event issue)는 선거과정에서 주요 정당, 후보자를 포함하여 정치권에 영향을 미칠 수 있는 사건을 의미한다.

우리나라의 선거구도는 그 동안 인물, 장·단기 정책이슈, 사건이슈에 의해 형성되어 왔다. 선거관련 인물이슈는 주로 어느 정당에서 누가 출마하는가와 관련이 있고, 정책이슈는 선거전 전체에 광범위한 영향을 갖는 장기 정책이슈와 선거 막바지에 이르러 생성되는 단기 정책이슈로 구분할 수 있다. 사건이슈는 정당이나 후보자가 통제하기 어려운 정치 이벤트와 같은 돌발 변수를 포괄한다.

그 중에서도 우리나라 역대 대선의 선거구도는 선거전에 광범위한 영향력을 갖는 대형 사건이슈에 의해 결정된 경우가 많았다. 1997년 15대 대선의 경우, 선거전 중반 이후에 주요 대선후보 자녀의 병역 면제를 둘러싸고 기득권층의 의무이행과 같은 돌발변수가 선거전에 등장했지만, 선거전 전반을 지배한 이슈는 IMF이후의 경제 회생이었다. 2002년 16대 대선에서는 미군 장갑차 사건, 촛불시위, SOFA 개정문제가 큰 논란이 되며 당시 노무현 후보가 대통령으로 당선되었다. 이는 유권자 사이에서 고조된 반미감정이 진보성향 정권의 등장으로 이어진 결과였다. 또 2007년 17대 대선에서는 글로벌 금융위기로 경제 관련 이슈가 유권자들의 관심사가 되었다. 당시 행정수도 이전, 한반도 대운하 등의 대형 정책이슈는 경제 활성화와 맞물려 유권자 사이에서 큰 논란이 되었다.

우리나라의 역대 선거에서 후보자 간 정책 공방은 많은 유권자의 관심을 끌지는 못했다. 선거기간 동안 부각된 이슈와 유권자의 선택에 미친 영향에 대해 연구한 학자들은 국내 정치환경 특성상 선거에서 정책이슈의 영향력이 크지 않았다는 주장에 대체로 동의한다(정영국 2000; 송근원 2011; 정봉성 2004). 대신에 그 동안 대선에서는 대선후보(인물), 사건과 관련된 이슈가 더 많은 영향을 끼쳐왔다. 지난 18대 대통령 선거는 선거 대결구도에 대한 과도한 관심으로 선거이슈가 부각되지 않은 편이었다. 선거전 전체를 지배한 대형 사건이슈도 없었고, 정책이슈를 둘러싼 여야의 대립구도도 분명하게 드러나지 않았다. 18대 대선의 선거전을 지배한 이슈는 '과연 안철수 전 서울대 교수가 민주통합당 문재인 후보를 누르고 새누리당 박근혜 후보의 대항마가 될 것인지'였다.

선거이슈에 대한 경험적 분석은 선거와 이슈 사이의 관계를 보다 명확하게 할 수 있다는 측면에서 중요하다. 필자들은 아산정책연구원의 『2012년 총선·대선 패널조사』 자료를 이용하여 18대 대선에서 각종 이슈가 유권자의 선택에 미친 영향을 분석한다. 이를 통해 이슈와 유권자의 대선후보 선택 사이의 관계를 검증하고, 이슈투표(issue voting)의 관점에서 18대 대선의 성격에 대해 평가한다. 결론적으로 필자들은 이번 대선에서 선거구도에만 관심이 집중됨으로 인해, 유권자의 18대 대선후보 선택에 영향을 준 결정적 이슈가 두드러지지 않았다는 주장을 하고자 한다. 다음에서는 18대 대선에서 선거구도가 집중적으로 조명 받을 수밖에 없었던 배경을 짚어 보기로 한다.

경제민주화: 이슈 프레이밍의 효과

선거과정에서 이슈는 프레이밍 방식에 따라 특정 후보에 유리하게 작용한다(반현·최원석·신성혜 2004; 송근원 2011). 따라서 특정 정당이나 후보자는 선거에서 승리하기 위해 전략적으로 의제 설정(agenda setting)과 이슈 프레이밍(issue framing)을 꾀하게 된다. 이슈는 선거판에서 다른 이슈와의 경쟁(issue competition)을 거쳐 유권자들의 공론장에 머무르기 때문에 선거에 출마한 후보자는 선거전을 유리하게 이끌기 위해 선거 전략상으로 자신에게 유리한 이슈를 선거판에 오랫동안 머무르게 해야 한다(송근원 2010; 2011). 선거에 나선 후보자가 의도적으로 의제 설정이나 이슈 프레이밍에 나설 수도 있지만, 후보자의 의도와는 무관하게 나타난 이슈가 특정 후보에게 유리한 선거 상황을 만들기도 한다(강원택 2008). 예를 들면, 2002년 대통령 선거에 대한 한 연구(이현우 2006)는 후보 단일화, 촛불시위와 같은 반미감정과 연결된 이슈가 노무현 후보에게 유리하게 작용한 것으로 분석하기도 했다.

선거이슈가 특정 후보에게 유리하게 작동하는 것은 이슈 소유권(issue ownership) 이론에 의해 설명된다. 이슈 소유권은 현직자의 업적, 정당의 이슈 처리 능력에 대한 세간의 평가를 의미하는데, 당시의 정치·경제 상황에 따라 그 평가가 달라지기 때문에 일시적이다. 후보자는 선거과정에서 나타난 이슈로 얻을 수 있는 이익이 상황에 따라 다르기 때문에 선거판에 뛰어든 후보자는 끊임없이 자신에게 유리한 이슈를 찾고, 불리한 이슈를 무시하거나 새롭게 정의한다(송근원 2011).

18대 대선의 선거전은 짧게는 20일의 공식 선거운동 기간, 길게는 주요 정당의 후보가 결정된 이후부터 선거일, 또는 박근혜 후보가 총선을 앞두고 비상대책위원장으로 새누리당의 전면에 나선 시점부터 선거일까지로 규정할 수 있다. 이 기간 동안 선거판에 출현한 이슈는 크게 선거구도, 또는 정책대결에 관련된 것이었다. 지난 대선의 경우, 당시 박근혜 후보가 일찌감치 새누리당의 대선후보로 기정사실화되었기 때문에 선거구도가 조기에 확정될 수 있었다. 그러나 야권의 대선후보 단일화 논의로 선거 막바지까지 박근혜 후보의 상대가 확정되지 않으면서 대선에 대한 유권자의 모든 관심은 18대 대선이 박근혜 후보와 야권의 어느 후보 사이의 대결이 될 것인지에 집중되었다.

2012년 4월에 치러진 19대 국회의원 총선거와 비교해 보면, 18대 대통령 선거에서는 정책이슈가 상대적으로 유권자의 관심을 끌지 못했다. 대선과 달리, 19대 총선에서는 선거 전에 제기된 장·단기 정책이슈가 선거결과에 큰 영향을 미친 것으로 나타났다(우정엽·강충구 2012). 총선 전부터 논란이 되었던 한미 FTA, 제주 해군기지 건설문제가 중요한 정책이슈로 불거졌는데, 새누리당을 겨냥한 야권연대의 좌(左)편향적 입장이 많은 유권자들의 지지를 얻지 못하는 결과를 낳았다. 또 선거 막바지 유권자의 관심을 끌었던 민간인 사찰 논란과 김용민 후보 막말 파문은 후보자의 지지를 변화시킨 주요한 영향요인이 되었던 것으로 나타났다.

필자들은 19대 총선에서 야권의 패배가 선거구도 측면뿐만 아니라, 선거공학적 이유로 취해야 했던 정책적 입장에 의해 민주통합당이 많은 유권자를 끌어 모으지 못했기 때문으로 지적한 바 있다(우정엽·강충구 2012). 당시 민주통합당은 한명숙 전 총리를 당 대표로 내세우며 박근혜 비상대책위원장 체제의 새누리당에 맞서려 했다. 그러나 이명박 정부와의 거리두기에 성공한 박근혜 비대위원장의 새누리당에게 선거구도 상으로 역부족이었고, 정책차원에서도 문제점을 노출했다. 총선에서 민주통합당은 야권후보 단일화라는 선거공학적 이슈에 매달리면서 통합진보당과의 협상에 선거의 사활을 걸었다. 지역구에 단일화된 야권후보를 출마시키기 위해 통합진보당과 협상을 하면서 민주통합당은 정책 측면에서 통합진보당에 많은 양보를 했다. 그 결과, 민주통합당은 한미 FTA 반대, 제주 해군기지 반대와 같은 정책이슈를 총선 선거전 전면에 들고 나오게 되었다.

이 정책들은 여권 지지자를 새누리당 후보 지지로 결집시켰을 뿐 아니라, 중도 성향 유권자와 많은 야권지지자들 조차 그러한 정책 방향에 동조하기 어렵게 만들었다. 총선에서 나타난 유권자의 정치적 선호가 정치이념에 의해 단순하게 좌—우로 구분되지 않았고, 다층적이고 다면적인 양상(박원호 2012)을 띠었기 때문에 이슈에 대한 후보자의 입장은 유권자의 투표 선택에 영향을 미치는 요인이 될 수 밖에 없었다. 당시 필자들은 총선 때까지 정치 전면에 나서지 않았던 안철수 전 교수가 재벌개혁과 같은 경제민주화 이슈를 들고 대통령 선거전에 나서면서 여권과 차별화를 시도할 경우, 친여권 성향의 부동층을 많이 흡수 할 수 있을 것이라

〈표 8-1〉 19대 총선 투표 결정별 정책 및 총선 이슈에 대한 입장 (단위: %, (명))

		지역구 투표		정당 투표		
		새누리당 후보	야권연대 후보	새누리당	민주통합당	통합진보당
한미 FTA	찬성	86.4 (759)	39.4 (394)	87.8 (741)	48.4 (344)	23.5 (77)
	반대	8.9 (75)	48.4 (484)	7.1 (60)	40.6 (289)	63.3 (207)
	χ^2	461.401***		531.861***		
경제민주화	시장기능	43.2 (402)	19.4 (207)	44.6 (400)	22.1 (171)	12.4 (42)
	정부규제	50.9 (473)	77.3 (826)	48.2 (432)	74.1 (573)	87.1 (296)
	χ^2	189.255***		230.590***		

***$p<.001$

고 지적했다. 이는 당시 경제민주화가 다른 이슈에 비해 야권 지지자를 결집시킬 수 있었고, 여권 지지자 역시 많이 흔들어 놓을 수 있는 이슈로 밝혀졌기 때문이다(〈표 8-1〉 참조).[1]

총선 전까지도 승리를 자신했던 야권이 총선에서 패배하면서 선거연대는 분열에 이르게 된다. 이러한 야권 내 복잡한 상황은 야권이 빠르게 총선의 패배를 추스르고, 예비경선에 총력을 기울여 대선에 대한 방향을 설정하는 것을 어렵게 했다. 반면에 새누리당은 야당의 전유물처럼 여겨졌던 경제민주화 이슈를 선점했다. 야권이 대선후보를 결정하는 동안 새누리당이 경제민주화 이슈를 선점하면서 박근혜 후보는 지난 대선에서 경제민주화 이슈를 선거운동 전면에 내세울 수 있었다.

새누리당의 전략은 대선 선거전에서 어느 정도 즉각적인 효과를 보였고, 선거는 급속도로 여권에 유리하게 흘러갔다. 이슈 소유권에 관한 『아산 데일리 폴』의 조사결과를 보면, 새누리당이나 박근혜 후보가 야당 또는 야권후보 못지않게 경제민주화를 잘 할 것 같은 정당과 대선후보로 손꼽히고 있었다. 경제민주화를 잘 할 것 같은 정당으로 새누리당과 민주통합당을 선택한 응답자의 비율은 각각 37.1%, 38.4%로 둘 사이의 차이는 통계적으로 유의미하지 않았다. 대선후보의 경우에도 박근혜 36.7%, 문재인 22.2%, 안철수 28.9%로 야권후보가 경제민주화를 잘 할

---

[1] 〈표 8-1〉은 '한국 유권자의 선택1: 2012 총선'의 제8장 '선거이슈와 유권자의 선택'에서 〈표 8-2〉의 일부를 발췌한 것이다. 19대 총선관련 정책 및 이슈에 대한 입장을 총선 지역구, 정당투표 기준으로 분석한 결과에 따르면, 한미 FTA는 새누리당 투표층에서는 찬성의견이 분명했지만 야권 투표층에서 의견이 엇갈렸다. 반면, 경제민주화는 야권 투표층에게 높은 지지를 받으면서 새누리당 투표층을 갈라놓고 있었다.

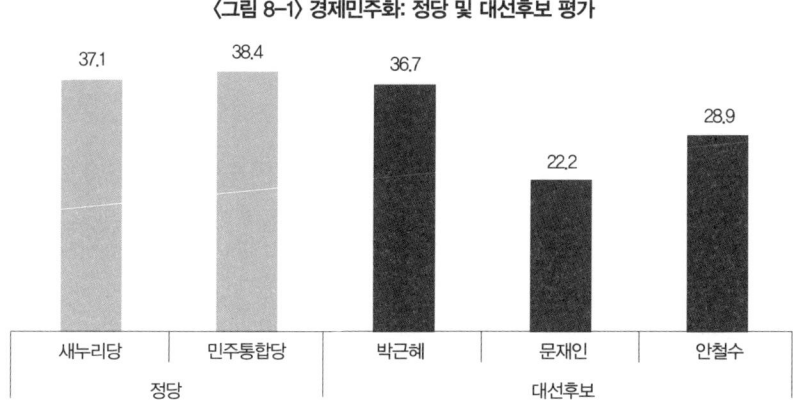

〈그림 8-1〉 경제민주화: 정당 및 대선후보 평가

주) 위에 제시된 결과는 각각 2012년 10월 19~21일(정당), 10월 28~30일(대선후보)에 걸쳐서 진행된 「아산 데일리 폴」의 조사결과임

것으로 보는 의견이 다소 앞서는 것으로 나타났으나, 박근혜 후보에 대한 당시 평가도 크게 뒤처지지 않고 있었다.

지난 총선 전에 제기된 한미 FTA, 제주 해군기지와 같은 정책이슈로 인해 총선에서 패배한 야권은 경제민주화 이슈를 선점하지 못하면서 대선구도에서도 유리한 위치에 서지 못했다. 이 상황에서 안철수 교수의 대선 출마 선언은 야권에게 정권교체의 희망을 이어갈 상징으로 여겨졌다. 그러나 이는 한편으로 민주통합당의 정당기반을 약화시키는 요인이었다. 민주통합당의 입장에서는 무소속 안철수 후보와의 단일화 과정 자체가 순탄하지 못했기 때문에 야권 단일화의 효과를 얻지 못한 면도 있지만, 특정 정책방향을 지향하고 구체적인 정책을 제시하는 정당으로서의 역할을 다하지 못한 것도 대선 패배의 원인이었다. 야당은 총선에서와 마찬가지로 선거공학적인 이유로 대선 선거기간 내내 야권 대선후보 단일화에만 매달리면서 유권자에게 정권교체의 당위성을 설득할 기회를 잃어버린 것이다.

안철수에 의해 지배된 선거전

선거에서 모든 이슈가 유권자의 투표에 영향을 미치는 것은 아니다. 해당 이슈가 유권자의 평소 관심에 부합하거나, 선거과정에서 유권자의 이목을 끌 수 있을 때 선거이슈로서의 효과를 발휘할 수 있다(정영국 2000). 18대 대선에서는 과연 어떤 이슈가 유권자의 투표에 영향을 미쳤는지에 대해 살펴보기 위해 먼저 대선과 관련된 주요 이슈를 정리했다.

지난 18대 대선에서는 대선후보(인물)나 선거 이벤트와 관련된 이슈가 유권자들의 이목을 사로잡았다. 대선 패널조사가 시작된 2012년 8월부터 대선관련 주요 이슈를 시간 순으로 정리한 〈표 8-2〉를 살펴보더라도, 4월 총선에서 부각되었던 정책이슈는 찾아보기 힘들다. 총선에서 유권자의 후보선택에 상당부분 영향을 미친 것으로 나타난 한미 FTA 논란, 제주 해군기지 건설문제는 정책이슈였다(우정엽·강충구 2012). 총선 전후로 실시된 아산정책연구원의 총선 패널조사 결과에 따르면, 응답자의 18.9%, 7.1%는 각각 자신의 총선투표가 한미 FTA 논란과 제주 해군기지 건설문제에 영향을 받은 것으로 답했다. 총선 패널조사에 참여한 응답자 4명 중 한 명이 정책이슈에 영향을 받아 지역구, 정당투표에 대한

〈표 8-2〉 대선관련 주요 이슈

차수	조사시기	이슈
3차	8월 11일 ~8월 19일	~8.19. 새누리당 대선후보 경선
4차	11월 3일 ~11월 13일	8.20. 새누리당 박근혜 대선후보 선출 ~9.15. 민주통합당 대선후보 경선 9.16. 민주통합당 문재인 대선후보 선출 9.19. 안철수, 대선 출마 선언 9.24. 박근혜 후보, 과거사 관련 기자회견 9.27. 안철수 후보, 다운계약서 관련 사과 10.9. NLL 대화록 논쟁 가열 10.21. 박근혜 후보, 정수장학회 관련 입장 발표 11.6. 문재인-안철수 후보, 야권 단일화 합의 11.14. 문재인-안철수 후보, 단일화 협의 중단 11.18. 문재인-안철수 후보, 단일화 협상 재개 11.21. 문재인-안철수 후보, 단일화 TV 토론 11.23. 안철수, 대선후보 사퇴
5차	11월 30일 ~12월 9일	12.4. 대선후보 1차 TV 토론(박근혜, 문재인, 이정희) 12.6. 안철수, 문재인 공식지원 선언
6차	12월 13일 ~12월 18일	12.10. 대선후보 2차 TV 토론(박근혜, 문재인, 이정희) 12.11. 민주통합당, 국정원 여직원 사건 의혹 제기 12.16. 이정희, 대선후보 사퇴 12.16. 대선후보 3차 TV 토론(박근혜, 문재인)
7차	12월 21일 ~12월 30일	12.19. 18대 대통령 선거일, 새누리당 박근혜 후보 당선

주) 국내 주요언론의 대선관련 보도를 참고하여 저자가 재구성함

결정을 내린 것이다.

18대 대선은 새누리당 박근혜 후보의 '대세론', 무소속 안철수 후보의 등장, 박근혜 후보의 과거사 사과 및 정수장학회 문제, 문재인-안철수 후보 간의 야권 단일화 논의, 안철수 전 교수의 대선후보 사퇴 및 문재인 후보 지지선언 등과 같은 인물, 선거 이벤트와 관련된 이슈가 선거전 내

내 이어졌다.

앞서 언급했듯이 18대 대통령 선거과정의 가장 큰 특징이라고 한다면 무소속으로 대선에 출마한 안철수 후보의 영향력이었다. 2011년 서울시장 보궐선거 이후에 정치적 영향력을 높여온 안철수 전 서울대 교수는 대선후보 출마에 대한 루머를 증폭시키다 대선을 불과 3개월 앞두고 선거전에 뛰어들었다. '정당정치의 위기'라는 평가를 팽배하게 한 안철수 당시 후보의 등장은 대선의 경쟁구도를 주요 정당후보였던 박근혜, 문재인, 그리고 안철수 간 삼자구도로 압축시켰다. 대선 출마 선언 직후, 정당기반이 없었던 안철수 후보가 가상 양자구도에서 박근혜 후보와 치열한 각축전을 펼친 점은 안철수 후보의 경쟁력을 충분히 실감하게 했다. 이와 대조적으로 야권후보들 간에 다소 지루하게 진행되었던 단일화 논의는 야권 지지층에게는 대선의 국면을 바꿀 수 있는 카드로 인식되었으나, 보수 유권자에게는 큰 관심의 대상이 되지 못했다.

대선 패널조사의 조사시기별로 대선관련 주요 이슈를 분류한 결과, 3차 조사는 1~2차 총선 패널조사가 끝난 이후에 대선 선거전으로의 진입을 의미하는 주요 정당의 대선후보 경선기간을 포괄하고 있었다. 이 시기에는 새누리당의 대선후보 경선을 제외하고는 중요한 대선관련 이슈가 없었다. 비교적 조사의 휴지기간이 길었던 3~4차 패널조사 사이에 이번 대선과 관련된 인물, 선거 이벤트가 집중되었던 것으로 나타났는데, 주요 정당의 대선후보, 안철수 전 대선 예비후보, 선거관련 단기 쟁점에 대한 것이었다. 안철수 전 대선 예비후보가 전격 대선후보 사퇴를 선언한 직후에 진행된 5차 패널조사 기간에는 대선후보 1차 TV 토론과 안철수 전 교수의 문재인 후보 지지선언이 이슈가 되었다. 이 시기에는 안철수 전 교수의 대선후보 사퇴로 최종 대선구도가 확정되었기 때문에 유권자의 표심변화가 가장 급격했다.

선거 일주일 전에 진행된 6차 패널조사의 경우에는 대선후보 2~3차 TV 토론과 이정희 통합진보당 대선후보의 사퇴가 유권자의 이목을 끌만한 이슈였다. 18대 대선은 박근혜, 문재인 후보 사이의 초박빙 승부였고, 보수-진보진영이 총결집한 선거로 민심의 최종 향방을 알 수 없었다. 이러한 측면에서 선거막판 작은 이슈도 선거의 결과를 바꿀 수 있었다. 그러나 2002년 대선 이후에 등장했던 결정적인 돌발 변수가 없었다는 것은 18대 대선이 지난 대선들과 구별되는 점이다.

18대 대선에서 야권 대선후보 단일화는 선거구도 차원에서 가장 큰 관심사였다. 무소속 안철수 후보에 대한 관심이 컸던 또 다른 이유는 야권이 대선후보 단일화를 통해 정권교체를 이루고자 했기 때문이었다. 18대 대선은 선거일을 1년 이상 앞둔 기간부터 지속되어 온 '박근혜 대세론'에 맞설 마땅한 야권후보가 없었기 때문에 일찌감치 범야권 세력이 결집해야 한다는 주장이 제기되었다. 2011년 서울시장 보궐선거 이후부터 안철수 전 교수가 대선후보로서의 존재감을 드러내기 시작한 점은 야권의 입장에서 호재였다. 게다가 박근혜 후보의 지지율이 높았기 때문에 민주통합당 경선 이후, 문재인 후보와 무소속 안철수 후보의 단일화는 필수적인 것으로 여겨졌다.

야당의 입장에서는 그 동안 비(非)새누리당(당시 한나라당) 성향 정권의 등장이 범진보세력의 총결집에 의해서만 이루어져 왔기 때문에 야권 대선후보 단일화는 거부할 수 없는 선택지였다. 선거전 중반 야권성향 두 후보의 지지율을 합하면 산술적으로 박근혜 후보를 이길 수 있었지만, 단일화의 효과가 지지율의 단순 합으로 이어질지는 미지수였다. 야권 두 후보 간 기싸움이 치열했고, 문재인 후보와 안철수 후보 모두 대권에 욕심을 드러내고 있었기 때문에 단일화 협상은 원활하게 진행되지 않았다. 이미 두 차례의 단일화를 통해 정권을 창출한 바 있는 야권으로서는 단일화를 통해 비새누리당 유권자층을 결집시킨다면 박근혜 대세론을 충분히 무너뜨릴 수 있을 것으로 생각했던 것이다. 그러나 두 대선후보 간 협상이 결렬되면서 후보 단일화의 파급효과를 기대하기 어려웠고, 최종 대선후보 등록기간에 안철수 전 예비후보가 갑작스럽게 대선후보 사퇴를 선언했기 때문에 비새누리당 유권자층을 하나로 결집시키기에도 부족함이 많았다.

안철수 전 예비후보를 포함한 야권의 대선후보 단일화 논의는 선거전 중반이후 가장 오랫동안 선거판에 머무르며 다른 이슈를 잠식시켰다. 민주당 문재인 후보와 무소속 안철수 후보 간의 단일화 논의가 시작된 이후에는 주요 대선후보의 지지율이 고착화되는 현상이 나타나기도 했다.

이는 대선후보의 인물과 정책 검증이 야권 대선후보 단일화에 묻히면서, 다른 이슈가 유권자의 관심에서 멀어졌기 때문이다. 당시 문재인, 안철수 후보는 단일화 방식을 놓고 치열한 수싸움을 벌이는 상황이었기 때문에 대선이 정책대결보다는 인기영합적인 방향으로 흐른다는 비판이 제기되기도 했다.

대선 캠페인 과정에서 안철수 전 교수의 존재감이 워낙 부각되었기 때문에 대선후보 사퇴 이후에도 그는 언론의 집중적인 관심을 받았고, 그의 영향력에 대한 억측이 난무했다. 패널조사 자료 분석결과에 따르면, 문재인 후보에게 투표한 응답자 중 34.4%가 안철수 전 교수가 문재인 후보를 지원하기로 한 12월 초에 투표할 후보를 정한 것으로 나타났다. 또 안 전 교수의 문 후보 지지선언에 영향을 받은 것으로 밝힌 응답자의 73.1%가 문재인 후보에게 투표한 것으로 나타났기 때문에 그의 영향력은 무시할 수준이 아니었다. 그러나 선거결과에서도 드러났듯이, 선거 막바지에 안 전 교수의 문재인 후보 지지가 박근혜 후보의 우세를 뒤집기는 어려웠던 것으로 해석된다.

정책이슈의 실종

18대 대선에서 선거 이벤트, 대선후보와 관련된 사건 및 인물이슈만이 유권자의 관심을 끌었던 가장 큰 이유는 대선구도가 늦게 결정되었기 때문이다. 선거일에 가까워지면서 대선의 최종 경쟁구도가 확정되었기 때문에 유권자의 입장에서는 각 대선후보를 정책적으로 검증할 기회가 거의 없었다. 당내 경선을 거쳐 주요 정당의 후보가 결정된 시기가 8~9월로 늦은 편이었고, 대선 전부터 유력후보로 거론된 안철수 전 교수가 9월 중순까지 출마 선언을 미루었다. 이후에도 문재인-안철수 후보 간의 단일화 논의가 눈에 띄는 결과를 내놓지 못했고, 결국에는 단일화 협상이 결렬되며 안철수 후보의 대선후보 사퇴로 이어졌다.

18대 대선의 최종 구도가 안철수 전 예비후보의 사퇴로 인해 11월말 대선후보 등록을 앞두고 형성되었기 때문에 이 시기 전까지 각 후보에 대한 정책검증은 사실상 불가능했다. 대선에서 경쟁할 후보가 누구인지도 결정되지 않은 상황에서 내놓은 주요 후보들의 정책은 이념적, 정파적 입장에 의해 분명하게 구분되지 않았기 때문에 유권자의 투표결정 요인이 되기 어려웠다.

한편으로 18대 대선의 경우, 유력 대선후보들이 경제, 복지, 정치 분야 등에서 재벌개혁, 증세, 복지확대, 정치권 쇄신 등의 비슷한 목소리를 냈다. 근래 우리사회 전반에서는 양극화, 소득격차 등의 해소에 대한 사회적 욕구가 늘어났다. 이에 따라 주요 대선후보들은 유권자가 가장 중시하고 있는 문제를 해결하기 위한 방안을 내놓는 데 주력했기 때문에 정책이 유사할 수밖에 없었다. 또 오랫동안 양당제의 전통이 확립돼왔고, 두 정당 사이의 정책적 지향점이 뚜렷하게 엇갈리는 미국과 달리, 우리나라의 정당들은 정당 간 이념적, 정책적 입장 차이가 구조적으로 분명하지 않은 것도 한 가지 이유였다.

대선후보 간 정책적 차별성 부재는 유권자의 대선후보 선택을 어렵게 했던 또 다른 요인이었다. 구체적으로 6차 조사에서는 응답자에게 일자리 정책, 대북정책, 복지정책, 정치개혁안, 경제민주화에서 박근혜, 문재인 후보의 정책 중 어느 것이 더 나은지를 평가하도록 했다(〈표 8-3〉 참조). 조사가 안철수 전 예비후보의 사퇴 이후에 진행되었기 때문에 주요 정당 두 후보의 정책을 비교·평가하게 한 결과였다.

〈표 8-3〉 대선후보의 정책적 차별성 (단위: %, (명))

	일자리 정책	대북정책	복지정책	정치개혁안	경제민주화
박근혜가 낫다	33.2 (332)	46.1 (461)	35.9 (359)	33.9 (339)	35.2 (352)
문재인이 낫다	32.3 (323)	36.3 (363)	38.2 (382)	40.3 (403)	40.0 (400)
정책을 잘모름	12.7 (127)	8.6 (86)	6.9 (69)	8.3 (83)	9.4 (94)
차이가 없다	20.0 (200)	7.8 (78)	17.6 (176)	16.0 (160)	13.9 (139)
소계	98.1 (982)	98.7 (987)	98.5 (986)	98.4 (984)	98.4 (984)
잘모름/무응답	1.9 (19)	1.3 (13)	1.5 (15)	1.6 (16)	1.6 (16)
합계	100 (1,001)	100 (1,001)	100 (1,001)	100 (1,001)	100 (1,001)

주) 정책평가 문항은 안철수 전 교수의 대선후보 사퇴 이후에 진행된 6차 패널조사에 포함됨

선거에서 유권자에게 영향을 미칠 수 있는 이슈는 경쟁후보와 차별화 되면서 정책관련 메시지가 분명하게 전달될 수 있는 것이어야 한다(정영국 2000). 이슈투표의 관점에서 유권자는, 이슈에 대해 자신과 동일한 입장을 표명한 후보에게 상대적 선호를 부여하고 지지해야 한다(Anand and Krosnick 2003). 그러나 18대 대선 주요 후보의 정책에 대한 유권자의 평가는 이와 대조적인 것으로 나타났다. 대선후보들의 공약에서 정책적 차이가 분명히 드러나지 않았던 것과 마찬가지로, 정책자체에 대해 잘 모르거나 두 후보 간의 정책적 차이가 없다고 답한 비율이 낮게는 16.4%(대북정책), 높게는 32.7%(일자리 정책)로 나타났다. 대선 일주일 전에 실시된 조사에서 상당수의 유권자가 두 후보의 정책에 잘 모르거나, 차이가 없는 것으로 인식하고 있었던 것은 이번 선거를 정책선거로 평가하기 어렵게 하는 근거이다.

또한, 18대 대선후보의 각 분야 정책에 대한 평가는 유권자의 지지도, 투표선택과 일관적인 것으로 나타났다(〈표 8-4〉 참조). 정책평가와 같은 시기에 조사된 대선후보 지지도, 대선이후에 측정된 대선투표 후보에서 5가지 정책 모두 지지하는 후보, 투표한 후보의 정책이 더 나은 것으로 평가하는 경향이 발견되었다. 모든 정책 분야에서 지지하는 후보의 정책이 더 낫다고 하는 비율이 투표한 후보의 정책이 낫다고 한 비율보다 높았기 때문에 정책부문별로 나타난 대선후보 간 차이가 투표를 결정짓는 요인이었던 것으로 판단하기 어려웠다.

〈표 8-4〉 지지 및 투표 후보별 긍정적 정책 평가 (단위: %, (명))

조사구분	지지 및 투표 후보	일자리 정책	대북정책	복지정책	정치개혁안	경제민주화
6차	박근혜	65.2 (294)	84.2 (388)	68.4 (312)	67.2 (305)	71.1 (324)
	문재인	65.6 (282)	75.9 (325)	72.9 (315)	79.0 (342)	80.7 (348)
7차	박근혜	61.7 (305)	80.9 (406)	64.2 (319)	63.4 (314)	66.7 (332)
	문재인	64.2 (289)	73.3 (330)	69.2 (313)	75.2 (340)	78.2 (352)

주) 정책평가 문항(6차 조사)에 대한 응답을 6차 대선후보 지지, 7차 대선후보 투표에 따라 구분하여 지지, 또는 투표 후보의 정책이 상대 후보에 비해 더 낫다고 평가한 비율($p<.001$)을 저자가 표로 재구성함

대선후보의 주요 정책 중 대북정책에서 지지하는 후보(박근혜: 84.2%, 문재인: 75.9%)와 투표한 후보(박근혜: 80.9%, 문재인: 73.3%)의 정책이 더 나은 것으로 평가하는 유권자의 비율은 상대적으로 큰 차이를 보였다. 이는 후보에 대한 단순 선호와 정책적 차이에 의해 유권자가 지지하거나, 투표한 후보의 개별 정책을 긍정적으로 평가하게 된 것으로 해석할 수 있다. 다른 정책과는 달리, 대북정책에서는 후보에 대한 선호와 두 대선후보 간 정책적 차이로 인해 정책에 대한 호의적 평가가 크게 엇갈렸던 것이다.

하지만 이를 제외하면 전반적으로 유권자들이 대선후보의 정책을 긍정적으로 평가한 이유는 대선과정에서 해당 후보를 지지했기 때문으로 보인다. 대선 당시 후보에 대한 지지가 해당 후보의 정책이 상대후보에

비해 낮다고 보는 평가로 이어진 것이었다. 이는 18대 대선에서 정책이슈가 유권자들에게 큰 관심사가 되지 못했다는 것을 분명히 보여준다. 선거에 나선 후보자들이 정책에 대한 입장을 명확하게 제시하지 않았기 때문에 유권자들은 정책적 입장에 기초하여 후보자를 선택할 수 없었다. 1968년 미국 대선에서 주요 후보들이 베트남 전쟁에 대해 분명한 입장을 표하지 않아 다수의 유권자들이 지지하는 후보자에게 자신의 정책적 입장을 투사(projection)하며, 해당 후보를 선거에서 지지한 것과 유사하다(Page and Brody 1972).

선거이슈의 영향력: 이슈의 제한적 영향

안철수 전 교수를 향한 높은 관심, 정책이슈 실종과 더불어, 18대 대선에 미친 이슈의 영향력을 이해하는 데 있어 주목해야 할 부분은 선거 전에 등장한 다른 이슈의 영향력이었다. 2012년은 국회의원 선거와 대통령 선거가 20년 만에 함께 치러지며, 유권자의 후보선택, 투표결정요인, 표심변화 등에 대한 연구를 하기에 적합한 시기였다. 이번 선거연구 패널조사는 총선 전에 모집한 응답자 패널을 대선까지 유지하며 이들의 대선후보 선택에 대해 분석할 수 있는 좋은 자료를 제공한다. 두 차례 선거에 참여한 유권자를 대상으로 반복적으로 조사를 실시했기 때문에 이슈가 그들의 투표선택에 미친 영향에 대해서도 비교할 수 있었다.

〈표 8-5〉는 8개월의 기간 동안 진행된 패널조사에 참여한 표본을 총선 패널 표본(1~2차 조사 참여표본)과 1~7차 조사 참여표본으로 구분하여, 투표선택 영향 요인에 대해 분석한 결과이다. 총선과 대선에서 유권자들의 관심을 끌었던 이슈가 달랐기 때문에 선거과정에서 주목받았던 이슈를 응답지로 구성하여 자신의 투표선택에 가장 큰 영향을 미친 이슈를 고르도록 했다.

패널 응답자 표본의 투표선택에 영향을 미친 이슈를 살펴본 결과는 다음과 같다. 총선 투표자의 74.8%가 이슈에 영향을 받아 총선에서의 투표선택을 한 것으로 나타났고, 이 중 26%가 정책이슈에 영향을 받은 것으로 답했다.[2] 이와 달리, 대선의 경우에는 유권자들이 크게 대선 이벤트, 대선후보와 관련된 이슈에 영향을 받은 것으로 나타났다. 대선국면에서 유권자들이 가장 큰 영향을 받은 것으로 꼽은 것은 TV 토론에서 드러난 각 대선후보의 역량(20.3%)이었고, 다음으로는 안철수 교수의 문재인 후보 지원(18.7%)이었다. 두 가지 이슈에 영향을 받은 유권자는 39%로 이슈에 영향을 받은 것으로 보고한 68.6%의 응답자 중 상당부분을 차지했다. 다음으로는 새누리당의 여성 대통령론이 8.8%, 노무현 전 대통령의 NLL 관련 발언이 7.9%, 이정희 전 대표의 대선후보 사퇴가 6.5%의 순으로 나타났다. 지난해 4월 총선과 동일하게 북한 변수는 대선에 거의 영향을

---

[2] 참고로 총선 전후로 실시된 1~2차 패널조사에 참여한 응답자(n= 2,512)는 민간인 불법사찰 논란(20%), 한미 FTA 논란(18.9%), 언론사 파업(12.5%), 민주통합당 김용민 후보의 막말 파문(10.3%)의 순으로 총선투표에 영향을 받은 것으로 답했다.

<표 8-5> 유권자의 투표선택에 영향을 미친 이슈 (단위: %, (명))

총선		비율 (사례수)	대선		비율 (사례수)
사건이슈	민간인 불법사찰 논란	20.0 (503)	사건이슈	안철수 교수의 문재인 후보 지원	18.7 (187)
	민주통합당 김용민 후보의 막말 파문	10.3 (258)		노무현 전 대통령의 NLL관련 발언	7.9 (79)
	KBS, MBC 등 언론사 파업	12.5 (315)		이정희 전 대표의 대선후보 사퇴	6.5 (65)
	북한 미사일 발사 위협	6.0 (151)		국정원 여직원 사건	3.5 (35)
				북한의 장거리 로켓발사	2.9 (29)
정책이슈	한미 FTA 논란	18.9 (476)	인물이슈	TV 토론에서 드러난 후보역량	20.3 (203)
	제주 해군기지 건설문제	7.1 (178)		여성 대통령론	8.8 (88)
소계		74.8 (1,881)	소계		68.6 (686)
없음		13.8 (347)	없음		16.4 (164)
기타/잘모름/무응답		11.4 (284)	기타/잘모름/무응답		12.4 (124)
합계		100 (2,512)	합계		97.3 (973)

주) 표에 제시된 총선 분석결과는 1~2차 패널조사에 참여한 표본(n= 2,512)을 대상으로 한 것이고, 대선 분석결과는 1~7차 패널조사에 모두 참여한 표본(n= 1,001)만을 이용한 것임

미치지 못한 것으로 나타났다(강원택 2011; 우정엽·강충구 2012). 총선과 대선 직전 알려진 북한의 미사일 또는, 장거리 로켓 발사 위협에 영향을 받은 유권자는 각각 6%, 2.9%로 그 비율이 가장 낮았다. 북한이 한반도 정

세에서 갖는 함의는 크지만, 선거막판 북한의 도발은 유권자의 인식에 크게 각인되지 않았던 것으로 볼 수 있다. 선거 때마다 불거지는 대북이슈는 북한의 국내 정치 개입시도로 인식되며 유권자의 투표선택에 거의 영향을 미치지 않고 있었다.

여기에서 한 가지 주목해야 할 점은 총선과 대선에서 유권자의 투표선택에 영향을 미친 이슈가 질적으로 차이를 보였다는 것이다. 총선에서는 선거 이벤트, 정책 등과 관련된 이슈가 유권자의 주목을 골고루 받은 것으로 나타난 반면, 대선에서 유권자는 정책이슈 대신에 인물, 즉 대선후보와 직접적으로 관련된 이슈에 영향을 받은 것으로 밝혀졌다. 사건이슈로 분류한 안철수 교수의 문재인 후보 지원과 이정희 전 대표의 대선후보 사퇴도 대선후보와 관련된 이슈였기 때문에 인물이슈의 영향은 상당했다. 그렇게 보면, 18대 대선에서 많은 유권자는 선거기간 동안 단기 영향력을 갖는 사건, 인물이슈에만 제한적 영향을 받은 것으로 볼 수 있다.

대선 전에 총선이 치러지면서 유권자의 선거에 대한 관심이 점차 높아졌음에도 불구하고, 대선에서 어떠한 이슈도 자신의 투표에 영향을 미치지 않았다고 답한 응답자는 16.4%로 총선(13.8%)에 비해 더 늘어난 것으로 나타났다. 선거이슈가 유권자의 투표선택에 영향을 미친 요인 중에 하나로 여겨질 수 있지만, 이슈의 중요성은 상대적으로 감소한 것으로 볼 수 있다. 설문문항의 구성에 있어서도 대선 투표에 미친 이슈의 영향력에 대한 문항의 응답지가 7개로 총선(6개)에 비해 많았음에도 응답자가 투표후보 선택에 영향을 미친 이슈가 없는 것으로 답한 비율은 더 높았다.

　대선과정에서 부각된 주요 이슈들의 영향력을 보다 구체적으로 살펴보기 위해 대선에서 누구에게 투표했는지를 기준으로 그 영향력을 분석했다(〈표 8-6〉 참조). 대선이슈의 영향력은 여야후보에 대한 투표여부와 관계없이, TV 토론에서 드러난 후보역량(박근혜: 19%, 문재인: 24.7%), 안철수 교수의 문재인 후보 지원(박근혜: 17.4%, 문재인: 23.4%)의 순으로 높았다. 유권자 중에서 대선이슈에 영향을 받은 것으로 답한 비율은 박근혜 투표자의 64.5%, 문재인 투표자의 71.9%로 문재인 후보에게 투표한 응답자가 이슈에 더 많이 영향을 받았다. 반대로 특정 이슈를 고르지 못하고, 영향을 받은 이슈가 없다고 답한 비율은 박근혜 투표자에서 19.4%로 문재인 투표자(11%)에 비해 상대적으로 높았다.

　유권자의 대선후보 선택에 영향을 미친 이슈는 투표 후보와 관계없이 동일했다. 이는 총선에서 막바지에 불거진 민간인 불법사찰 논란과 민주당 김용민 후보의 막말 파문이 새누리당, 민주통합당 후보에 대한 지지를 엇갈리게 했던 것과 큰 대조를 이루었다. 총선에서 투표일을 앞두고 논란이 되었던 몇몇 이슈들이 유권자의 투표후보 선택에 차별적인 영향을 미친 것과 달리, 18대 대선에서는 이슈에 의해 유권자의 투표후보 선택이 달라지지 않았다. 주요 후보에게 투표한 유권자들이 동일한 이슈에

〈표 8-6〉 대선 투표후보별 대선 주요 이슈 (단위: %, (명))

	박근혜		문재인	
	비율 (사례수)	순위	비율 (사례수)	순위
TV 토론에서 드러난 후보역량	19.0 (128)	1	24.7 (74)	1
안철수 교수의 문재인 후보 지원	17.4 (117)	2	23.4 (70)	2
여성 대통령론	9.9 (67)	3	7.0 (21)	4
노무현 전 대통령의 NLL관련 발언	9.2 (62)	4	5.7 (17)	5
이정희 전 대표의 대선후보 사퇴	5.9 (40)	5	8.4 (25)	3
북한의 장거리 로켓발사	3.1 (21)	6	2.7 (8)	7
국정원 여직원 사건	3.0 (20)	7	5.0 (15)	6
소계	64.5 (435)		71.9 (215)	
없음	19.4 (131)		11.0 (33)	
기타/잘모름/무응답	13.1 (88)		12.0 (36)	
합계	100 (674)		100 (299)	

주) χ^2=25.568, df=8, $p<.05$

영향을 받은 것으로 밝혀졌기 때문에, 구체적으로 각각의 이슈가 여야후보에 투표한 유권자에게 어떠한 영향을 미쳤는지에 대해 검토할 필요가 있다.

대선후보 TV 토론

1995년 지방자치선거에서 시작된 TV 토론은, 이후 1997년 15대 대통령선거에서 후보초청 TV 토론회의 합법화로 본격적인 TV 선거시대의 장을 열었다. 그 동안 TV 토론은 국내 선거에서 선거 캠페인을 위한 커뮤니케이션 수단 중에서도 절대적 지위를 차지해왔다. 초기 공중파 3사의 TV 토론은 50%가 넘는 높은 시청률을 기록하며, 유권자의 지지후보 결정에 중요한 참고자료가 되어왔다(박영석 2008). 최근 대선후보 TV 토론 시청률이 20~30%대로 하락하며 그 관심이 줄었으나, 유권자에게는 여전히 투표결정의 중요한 기준이 되고 있다(〈표 8-7〉 참조).

〈표 8-7〉 역대 대통령 선거 TV 토론 시청률 (단위: %)

대선	15대			16대			17대			18대		
차수	1차	2차	3차	1차	2차	3차	1차	2차	3차	1차	2차	3차
시청률	55.7	52.5	51.4	33.8	32.3	36.6	24.0	21.9	19.2	34.9	34.7	26.6

주) 대선 TV합동토론회가 3차례로 정례화된 15대 대선 이후의 TV 토론 시청률 자료를 저자가 재구성함. 표에 제시된 시청률 수치는 방송 3사의 시청률을 합한 종합 시청률임

선거전 막바지에 진행되는 대선후보 TV 토론은 대선에 대한 관심이 최고조에 이른 시기 공중파를 통해 전국에 생중계되기 때문에 유권자에게 미치는 영향력이 상당할 수밖에 없다. 지난 대선에서는 정책 및 대형 사건이슈가 두드러지지 않으며, 대선후보 TV토론은 주요 후보자에게 지지층을 확보할 수 있는 중요한 수단으로 여겨졌다. 18대 대선과정

중에 개최된 TV 토론의 시청률이 20~30%에 그친 것으로 나타났으나, 패널조사 결과에 따르면 언론이나 주변 지인을 통해 TV 토론에 대해 접한 비율은 97.5%로 매우 높았기 때문에 TV 토론이 선거막판 중요한 요인이었던 것으로 평가하기에 충분했다. 조사에서 TV 토론에 대한 노출(exposure)수준은 '사회적 바람직성 편향(social desirability bias)'에 의해 응답치가 다소 과장된 것으로 보이지만, TV 토론의 영향력을 부정하기는 어려울 것으로 판단된다.

그럼에도 18대 대선후보 TV 토론은 선거 막바지에 유권자의 투표선택을 변경하게 하지는 못한 것으로 나타났다. TV 토론에 대한 노출은 '두 번 이상 시청했다(70.0%)', '한 번만 시청했다(19.7%)', '시청하지 않았지만 언론과 주변사람들을 통해 들었다(7.8%)', '시청하지도 않았고 전혀 알지 못했다(2.4%)'로 측정되었다. TV 토론에 대해 직·간접적으로 접한 것을 기준으로 TV 토론을 시청하지도 않았고, 전혀 알지 못했다고 답한 응답자를 제외한 나머지 표본에게 TV 토론을 접한 이후에 지지후보를 변경했는지 물었다. 많은 유권자들이 TV 토론에서 드러난 후보역량에 영향을 받은 것으로 답했지만, TV 토론을 접하고 지지후보를 변경(2.1%, 21명)했거나 새로운 후보를 지지(1.8%, 18명)하게 되었다고 답한 비율은 3.9%에 불과했다. 이는 대다수의 유권자가 TV 토론을 보고 기존의 대선후보 선택을 강화했다는 것으로 해석할 수 있다.

TV 토론에 의한 지지후보 변경은 회고적(retrospective) 보고에 의한 것이었기 때문에 패널 응답자 표본의 지지후보 변화 양상을 통해 지지후보 변경여부를 확인해 볼 필요가 있다. 두 차례의 TV 토론 진행 전후로 실시된 5~6차 조사에서 나타난 후보자 지지율을 비교한 결과, 주요 대선후보의 지지율 변화(박근혜: 1.3% 감소, 문재인: 0.5% 증가)는 거의 없었다. 또 5~6차 조사에 모두 참여한 패널 응답자의 대선후보 지지도 변화를 분석한 결과, 주요 대선후보를 지지하던 유권자의 대다수가 기존에 지지하던 대선후보를 그대로 지지하고 있었다. 5차 조사 박근혜 후보 지지층의 92.9%, 문재인 후보 지지층의 93.5%가 6차 조사에서도 박근혜, 문재인 후보를 지지하고 있었다(〈그림 8-2〉 참조). 주목할 점은 TV 토론 이후에 주요 대선후보를 교차로 지지한 것으로 답한 응답자가 박근혜, 문재인 후

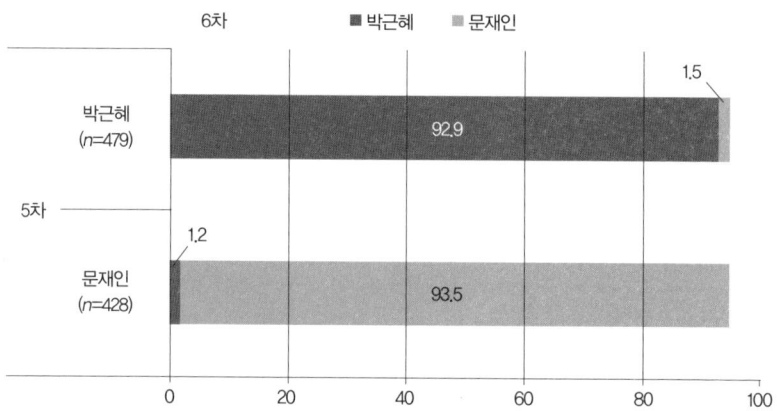

〈그림 8-2〉 TV 토론과 대선후보 지지변화

주) 1~7차 조사에 모두 참여한 응답자 표본(n= 1,001)의 5~6차 대선후보 지지도를 교차분석한 결과임. 5~6차 조사의 대선후보 지지도 문항에 대한 응답결과를 박근혜, 문재인, 기타, 부동층(잘모름, 무응답)으로 재코딩 한 이후에, 교차분석을 실시함. 여기에서는 분석의 초점이 주요 대선후보 간 지지후보 변화였기 때문에 '부동층'은 〈그림 8-2〉에 제시하지 않음. χ^2=1050.316, df=4, p<.001

보 지지층에서 각각 1.5%, 1.2%로 그 비율이 현저하게 낮았다는 것이다. 이 결과는 TV 토론을 접하고 대선에서 투표할 후보를 결정한 것으로 답한 대다수의 유권자가 당시까지 지지하던 후보에 대한 지지를 강화했음을 의미한다.

안철수의 문재인 후보 지원

대선후보 TV 토론과 더불어, 유권자의 이목을 끌었던 이슈는 안철수 전 교수의 문재인 후보 지원여부였다. 안철수 전 교수의 문재인 민주통합당 후보 지원여부는 야권 지지층에게 큰 관심사였다. 안철수 전 교수의 지지층 중에 상당수가 부동층으로 대선에서 투표할 후보를 결정하지 못한 상황이었기 때문에 이들의 표심 변화는 선거의 승부를 결정짓는 요인이 될 것으로 평가되었다. 당시에는 안철수 전 교수의 문재인 후보 지원이 야권의 후보가 단일화된 것과 같은 효과를 가질 것이라는 전망과 단지 선거만을 위한 이합집산에 불과하다는 평가가 엇갈리고 있었다.

안철수 전 교수의 지원에 대한 여론의 인식에서도 지지 후보에 따른 차이가 발견되었다. 안철수 전 교수의 문재인 후보 지원효과는 문재인 후보 지지층의 95.1%가 도움이 될 것으로 본 반면, 박근혜 후보 지지층은 도움이 될 것이라는 의견(59.6%)과 그렇지 않을 것이라는 의견(40.4%)이 6대 4 정도로 나뉘었다.

투표후보별로 안철수 전 교수의 문재인 후보 지원에 영향을 받은 것으로 답한 비율은 박근혜, 문재인 투표자의 17.4%, 23.4%로 나타났다. 안철수 전 교수의 지원이 문재인 후보에게 도움이 될 것이라고 본 응답자의 54.1%는 대선 1주일 전에 문재인 후보를 지지(6차 조사)하고 있었고, 57.5%는 대선 투표일에 문재인 후보에게 투표한 것(7차 조사)으로 나타났다. 결정적으로 안철수 전 예비후보의 사퇴 전에 안철수 후보 지지층(4차 조사)의 79.4%가 최종 대선에서 문재인 후보에게 투표한 것으로 나타나며, 야권의 우려와 달리 안철수 지지층 중 다수는 대선에서 문재인 후보를 지지한 것으로 밝혀졌다. 이는 안 전 교수의 지지선언 이후, 안철수 전 교수의 대선후보 사퇴로 야권 지지층에서 이탈했다가 다시 문재인 후보 지지로 돌아선 유권자가 상당수였다는 것을 보여준다.

반면, 대선직전 박근혜 후보 지지층 사이에서는 안철수 전 교수의 지원에 의해 안 전 교수의 지지층이 문재인 후보로 흡수되는 것에 대한 불안감이 일부 관측되었다. 실제로 대선 전에 박근혜 후보를 지지했고, 투표일 당일 박 후보에게 투표한 유권자 중 35.9%(6차 조사), 41.9%(7차 조사)는 안철수 전 교수의 지원이 문재인 후보에게 도움이 된 것으로 평가하고 있었다.

안철수 전 교수의 문재인 후보 지원은 여야 지지층을 각각 결집시키는 효과는 있었으나, 상대후보 지지층을 자신의 지지층으로 돌려 세우지 못했다. 결국, 제한적이나마 유권자의 투표선택에 영향을 미친 두 가지 이슈 모두 기존의 선거구도를 흔들만한 파괴력을 지니지 못한 것으로 나타났다.

결론

18대 대통령 선거는 유권자의 관심이 대선후보와 관련된 선거구도에만 집중되어 선거전에서 다른 이슈가 크게 부각되지 않았다. 선거전 내내 정책이슈에 대한 논의가 적었다는 점은 18대 대선을 이전 대선에 비해 진화한 선거라고 평가할 수 없게 한다. 18대 대선에서 선거이슈의 영향이 지난 19대 총선에 비해 감소한 것으로 판단할 수 있는 것은 다음과 같은 이유 때문이다.

첫째, 대선후보 선택에 미친 영향을 회고적으로 답하게 한 결과에서 특정 이슈에 영향을 받지 않았다는 응답이 증가한 것으로 나타났다. 이는 총선과 대선이 8개월 사이에 치러진 2012년, 대선에 가까워지면서 정치 및 선거에 대한 유권자의 관심이 지속적으로 늘었음에도 불구하고 대선에서 투표할 후보를 결정하는 데 특정 이슈가 영향을 미치지 않았다는 응답이 16.4%로 총선에 비해 오히려 3%가량 증가했다.

둘째, 유권자의 대선후보 선택에 일부 영향을 미친 것으로 밝혀진 대선후보 TV 토론과 안 전 교수의 문재인 후보 지원이 유권자의 대선후보 지지를 변경하게 하는 요인이 되지 못했다. 양자구도로 좁혀진 대선구도에서 이 두 가지 요인에 영향을 받은 유권자 중 대선 투표에서 후보를 교차해서 지지한 경우는 매우 드물었다. 이는 대선투표에 영향을 미친 요인으로 손꼽힌 TV 토론과 안 전 교수의 문재인 후보 지원이 유권자가 기존에 갖고 있던 지지성향을 강화하는 요인으로만 작동했다는 것을 의미한다. 가장 큰 영향력을 갖고 있던 두 가지 이슈가 기존의 대선구도를 강화하는 역할만 한 것이다.

셋째, 이슈투표에서 정책은 유권자의 투표에서 중요한 준거점이 되지만 이번 선거에서는 주요 정당의 후보 간 이념·정책적 차이가 두드러지지 않았다. 한국 사회의 시대적 요구를 그대로 반영한 유사한 정책공약이 쏟아졌고, 인물이나 사건과 관련된 단기 이슈가 지속적으로 이어졌기 때문에 정책검증이 이루어지기 어려웠다. 선거과정에서 정책검증의 부재는 유권자가 이슈에 의해 대선후보를 선택하는 것 자체를 불가능하게 했다.

넷째, 야권의 대선후보 단일화는 대선과 관련된 모든 이슈를 잠식하는 파괴력이 있었다. 야권 대선후보 단일화가 야권의 대선 전략으로 채택되며 선거판에 오랫동안 머물렀기 때문에 다른 선거이슈가 유권자의 대선 후보 선택에 큰 영향력을 갖기 어려웠다.

다섯째, 선거막판 대선구도를 뒤엎을만한 강력한 단기 이슈가 존재하지 않았다. 그 동안의 대선에서는 선거막판 상대후보의 네거티브 캠페인으로 나타난 단기 이슈가 선거의 판세를 뒤엎기도 했다. 18대 대선의 경우, 막바지에 출현한 대선후보의 도덕성, 선거부정 의혹과 관련된 이슈가 유권자의 이목을 끌만큼 강력하지 못했다.

대통령이 이끌 차기정권의 정책은 선거과정에서 유권자들의 충분한 이해를 구해야 하고, 이런 기회를 통해 형성된 사회적 합의는 향후 개별 정책에 대한 추진력으로 이어진다. 정책이 실종된 선거전에서 유권자는 대선후보의 정책을 고려하여 투표할 후보를 선택하지 못하게 된다. 유권자는 이러한 상황에서 '단지 B후보가 싫어서 A후보를 찍게 되는 차선의 투표선택'을 강요받게 된다. 이상적으로는 선거전에서 정책이슈가 중요한 쟁점이 되고, 유권자는 정책 입장에 기초하여 투표할 후보를 선택해야 한다. 투표할 후보의 정책이 나에게 어떤 효용을 갖는지가 투표 선택에 중요한 결정요인이 되어야 한다는 주장이다(Carmines and Stimson 1980). 정책이슈가 사라지고, 후보자나 선거 이벤트와 관련된 단기 이슈에 의해 유권자의 투표선택이 영향을 받는다면 그 투표는 바람직한 것으로 판단하기 어렵다. 그러한 측면에서 18대 대선은 정책선거라고 평가하기에 부족함이 많았다.

필자들은 위와 같은 요인에 의해 선거이슈가 18대 대선에서 유권자의 선택에 끼친 영향이 제한적이었다고 판단한다. 최근 이슈가 선거에 미친 영향이 적지 않았다는 점을 고려해볼 때, 이번 선거는 이례적으로 선거이슈의 영향력이 적었던 것으로 평가할 수 있다.

| 참고 문헌 |

강원택. 2008. "2007년 대통령 선거와 이슈: 회고적 평가 혹은 전망적 기대?." 『의정연구』 14권 1호, 31-59.
강원택. 2011. "천안함 사건과 지방선거." 이내영·임성학 공편. 『변화하는 한국유권자4』, 37-53. 서울: 동아시아연구원.
반현·최원석·신성혜. 2004. "유권자의 투표 선택과 뉴스 미디어의 점화효과: 17대 총선의 선거이슈를 중심으로." 『한국방송학보』 18권 4호, 398-443.
박영석. 2008. "대통령선거 TV 토론회." 『선거와 TV 토론』, 170-213. 서울: 커뮤니케이션북스.
박원호. 2012. "유권자의 정치이념과 정책선호, 그리고 후보자 선택." 박찬욱·강원택 공편. 『2012년 국회의원 선거 분석』, 35-62. 서울: 나남.
송근원. 2010. "17대 대통령 선거아젠다 구조와 이슈 경쟁." 『사회과학연구』 26집 2호, 347-364.
송근원. 2011. "선거 아젠다 이슈가 후보의 가시성에 미친 영향: 17대 대선을 중심으로." 『국가전략』 17집 1호, 155-179.
송근원. 2011. "이슈 경쟁인가, 이슈 동반인가?: 17대 대선후보들의 이슈를 중심으로." 『사회과학연구』 27집 2호, 89-114.
우정엽·강충구. 2012. "선거이슈와 유권자의 선택." 박찬욱·김지윤·우정엽 공편. 『한국 유권자의 선택1: 2012 총선』, 219-254. 서울: 아산정책연구원.
이현우. 2006. "16대 대통령 선거에서 나타난 이슈와 후보자 전략." 어수영 편. 『한국의 선거 V』, 39-74. 서울: 오름.
정봉성. 2004. "사건 및 이슈화가 대통령 후보 지지율의 변화에 미친 영향: 제15대, 16대 대통령 선거 중심으로." 경상대학교 대학원 행정학과 박사학위 논문.
정영국. 2000. "16대 총선 이슈관리의 역동성: 386세대의 도전경험." 한국정치학회 16대 총선 평가 학술회의 발표문.
Anand S., and Jon A. Krosnick. 2003. "The Impact of Attitudes toward Foreign Policy Goals on Public Preferences among Presidential Candidates: A Study of Issue Publics and the Attentive Public in the 2000 U.S. Presidential Election" *Presidential Studies Quarterly* 33(1), 31-71.
Carmines Edward G., and James A. Stimson. 1980. "The Two Faces of Issue Voting." *American Political Science Review* 74(1), 78-91.
Goren, P. 1997. "Political Expertise and Issue Voting in Presidential Elections" *Political Research Quarterly* 50, 387-412.
Page Benjamin I., and Richard A. Brody. 1972. "Policy Voting and the Electoral Process: The Vietnam War Issue." *American Political Science Review* 66(3), 979-995.

9
후보자, 태도극화, 그리고 미디어

이상신

서론

　유권자들은 왜 특정한 후보나 정당에 표를 던질까? 이는 경험적 정치학 연구에서 가장 오래된 물음 중 하나이다. 이 문제에 대한 답은 크게 세 가지 방향에서 제시되어 왔다(Bartels 2010). 1940년대에 최초로 서베이 데이터를 통해 투표행태를 연구한 것은 라자스펠드가 이끈 컬럼비아 학파였다(Lazarsfeld et al. 1948). 이들은 유권자들이 속한 사회경제적 집단에 초점을 맞추면서, 유권자들의 선택에 영향을 미치는 가장 중요한 요소는 그들이 속한 사회관계망(social network)이라고 보았다. 지금까지의 투표행태 연구에 있어 가장 중요한 영향을 끼치고 있는 두 번째 접근은

60년대 미시간 학파에서 나왔다(Campbell et al. 1960). 이들은 흔히 '인과의 깔때기(funnel of causality)'라고 불리는 모형을 개발하여 투표행태에 영향을 끼치는 여러 변수 사이의 관계를 규명했으며, 이 중 정당일체감이 투표를 결정하는 데 가장 직접적이고 중요한 영향을 끼친다는 결론을 내렸다. 마지막으로 가장 최근에 대두된 투표행태의 모형은 로체스터 학파에 의해 제시된 것으로, 유권자들의 투표를 합리적 선택이론의 틀을 통해 분석하려는 시도였다.

사회관계망, 정당일체감, 합리적 선택이라는 이 세 가지 변수 외에 선거결과에 영향을 주는 요인으로 최근 부각되고 있는 것들은 후보자 요인, 캠페인 이슈, 캠페인 전략 등이다. 이 중, 대중매체의 발달 등으로 후보자에 대한 평가가 선거결과에 점점 더 큰 영향을 끼치고 있다는 기존 연구들이 있다(이상신 2012). 이와 관련해서는 2013년 4월 공개되어 논란을 일으킨 민주당의 『18대 대선 평가 보고서』를 참조해 볼만 하다. 이 보고서에서는 대선의 패인을 다각도로 분석하면서, 문재인 후보와 민주당에 대한 평가 중 어떤 것이 대선 패배에 더 중요한 원인이었는지를 비교하고 있다(대선평가위원회 2013, 69-76). 이에 따르면 "18대 대선에서 유권자의 선택에 영향을 미친 변수는 정당요인보다 후보요인이 압도적으로 중요"했으며, "문재인 지지자들은 민주당이 아니라 문재인 후보 때문에 그를 지지했다"는 결론을 내고 있다(대선평가위원회 2013, 76). 하지만 이 보고서에서는 "유권자의 설문조사에서 드러난 후보의 능력을 비교해 보면,

문재인 후보는 박근혜 후보에 비해 국정운영의 능력을 포함하여 여러 차원에서 능력이 부족하여 박근혜 후보에게 패배했다."라고 주장한다. 민주당의 보고서를 참조해서 결론을 내보면 문재인의 호감도와 능력에 대한 평가 중 결국 선거결과를 결정한 것은 능력에 대한 인식이었다고 말할 수 있다. 즉 문재인은 딱히 흠잡을 곳 없는 '좋은 사람'의 이미지를 유권자들에게 심어주는 데는 성공했으나, 이것은 그의 정치지도자로서의 능력을 인정받는 데 이르지 못했다. 이는 민주당의 자체분석에서 내린 대선 패배의 원인이었다.

이렇듯 18대 대선의 한 축이었던 민주통합당 내부의 평가에서도 후보자 요인이 선거에 결정적이었다고 보고 있다. 이 연구는 '태도극화(attitude polarization)'라는 개념을 중심으로 이번 선거에서 유권자들이 후보들을 어떻게 평가하고 비교했는지를 살피고, 미디어의 이용, 특히 최근 주목받고 있는 소셜 네트워크 서비스(Social Network Service, SNS)가 이 태도극화와 어떻게 연관되었는지를 고찰하는 것을 목표로 한다.

아산정책연구원은 2012년의 총선과 대선 분석을 위해 7차례에 걸친 패널 조사를 실시했다. 이 장에서는 그중 2차, 4차, 6차 자료를 중심으로 후보들에 대한 호감도가 어떻게 반영되었고 변화하였는지를 살필 것이다.[1] 이어서 대선후보 호감도를 통해 태도극화를 어떻게 측정하였는지를

---

[1] 2차 패널조사는 2012년 4월 총선 직후 실시되었다. 4차 조사는 2012년 11월 문재인 후보와 안철수 후보의 단일화 협상이 이루어지기 직전에 실시되었고, 마지막 6차 패널은 12월 대선 직전에 실시된 조사이다. 패널조사에 대한 자세한 설명은 이 책의 1장 "대선 여론조사 어떻게 이루어졌나?"를 참고하기 바란다.

설명하고, 지지후보, 연령, 지역, 교육수준 등에 따른 태도극화의 분포가 어떤 차이를 보였는지 살펴볼 것이다. 그 후에는 각종 미디어 사용 양태와 태도극화 사이에 어떠한 상관관계가 있는지를 분석한다.

대선후보 호감도

〈표 9-1〉은 2차, 4차 및 6차 패널에서 지지후보별로 후보 호감도가 어떻게 변화했는지를 정리한 것이다. 대통령 선거에서 어떤 후보를 지지할 것인가를 기준으로, 세 주요 후보에 대해 어느 정도의 호감도를 갖고 있었는지를 각각 나누어 살펴보았다. 여기서 대선후보 호감도는 '매우 싫어한다'를 0, '보통이다'를 5, '매우 좋아한다'를 10으로 했을 때 응답자들이 각 후보에 대해 어떤 감정을 느끼는지를 측정한 것이다. 따라서 중간 값인 5점을 기준으로 이보다 낮으면 비호감을, 5점보다 높으면 호감을 느끼고 있다고 말할 수 있다. 아래 표를 분석해보면 박근혜, 문재인 및 안철수 지지자들이 각 후보에 대해 가지는 태도의 차이가 드러난다. 박근혜 지지자들은 박근혜 후보에 대한 일관된 호감 및 경쟁 후보들에 대한 일관된 비호감을 드러내 보이고 있는 반면, 문재인 및 안철수 지지자들은 대선후보 호감도의 일관성이 상대적으로 떨어졌다.

우선 2차 조사에서의 대선후보 호감도를 보자. 박근혜 지지자의 경우, 박근혜 후보 호감도는 9.22점으로 거의 최고점인 10점에 가까울 정도로

〈표 9-1〉 지지후보별 후보호감도의 변화 (단위: 점, 11점 척도)

지지후보	후보 호감도	2차 조사		4차 조사		6차 조사	
		평균 (표준편차)	사례수	평균 (표준편차)	사례수	평균 (표준편차)	사례수
박근혜 지지	박근혜 호감도	9.22 (1.83)	895	9.35 (1.76)	1,034	9.32 (1.65)	1,135
	문재인 호감도	4.68 (2.36)	818	4.86 (2.3)	1,034	4.93 (2.38)	1,135
	안철수 호감도	4.85 (2.61)	813	4.32 (2.5)	1,034		
문재인 지지	박근혜 호감도	3.82 (2.4)	397	4.13 (2.58)	595	3.73 (2.38)	1,124
	문재인 호감도	8.95 (1.6)	396	8.95 (1.69)	595	8.64 (1.78)	1,124
	안철수 호감도	7.84 (2.04)	389	7.39 (2.12)	595		
안철수 지지	박근혜 호감도	4.91 (2.42)	601	4.62 (2.47)	614		
	문재인 호감도	6.97 (2.01)	584	6.95 (1.95)	614		
	안철수 호감도	9.15 (1.56)	601	9.04 (1.63)	614		

높은 편이다. 이는 문재인 지지자들의 문재인 호감도 8.95점과 비교했을 때 확실히 높은 편이며($p<.001$), 안철수 지지자들의 안철수 호감도(9.15점)와 비슷한 수준이었다. 즉 다른 후보 지지자들에 비해 박근혜 지지자들의 박근혜 후보에 대한 충성도가 높았다. 또 한 가지, 박근혜 지지자들은 문재인과 안철수 모두에 대해 비슷한 수준으로 낮은 호감도를 보이고 있다는 점이다(문재인 4.68점, 안철수 4.85점).

문재인과 안철수 지지자들의 호감도를 비교해 보면 상당히 흥미로운 차이가 드러난다. 일단 두 집단 모두에서 박근혜 후보 호감도가 상대적으로 낮았지만, 안철수 지지자들이 문재인 지지자들 보다 비교적 박근혜 후보를 높게 평가하고 있는 점이 눈에 띈다. 즉 2차 조사에서 문재인 지지자들의 박근혜 호감도는 3.82점으로, 박근혜 지지자들의 문재인 호감도(4.68점) 보다 더 낮았다. 반면, 안철수 지지자들의 박근혜 호감도는 4.91점으로, 상대적으로 박근혜 후보에 대해 관대한 평가를 하고 있었다. 두 후보 지지자들의 상대방 후보에 대한 평가에서도 재미있는 온도차가 발견되었다. 문재인 지지자들의 안철수 호감도는 7.84점으로, 문재인 호감도인 8.95점보다 1.11점 낮을 뿐이다. 반면에 안철수 지지자들의 문재인 호감도는 6.97점으로, 안철수 호감도보다 2.18점이나 낮았다. 즉 문재인 지지자들은 안철수에 대해서도 매우 호의적인 반응을 보였지만, 안철수 지지자들이 문재인에 보내고 있는 호감도는 상대적으로 낮은 편이었다.

2차 조사의 대선후보 호감도에 대한 분석결과를 정리하면, 박근혜 지지자들은 박근혜 후보에 대해서 일관되게 높은 지지를 보이고 있었으며, 이들의 충성도는 안철수와 문재인 후보 지지자들보다 더욱 견고했다. 문재인 후보 지지자들은 안철수 후보에 대해서도 호감도가 높았지만, 안철수 후보를 지지하는 사람들의 문재인 후보에 대한 평가는 이에 비해 낮은 편이었다. 이는 안철수 후보 지지의 중요한 이유가 기존 정당정치에 대한 실망과 환멸이었다는 점을 생각하면 쉽게 이해가 되는 부분이다. 이것은 안철수 지지자들과 문재인 지지자들 사이에는 선거 및 후보를 바라보는 시각에서 상당한 차이가 존재했음을 시사한다. 아마도 이러한 차이는 후보 단일화를 거친 이후에도 두 집단 사이에서 충분한 시너지 효과가 발생하지 않은 근본적인 원인일지 모른다는 짐작을 하게 한다.

안철수 지지층의 문재인 후보에 대한 상대적으로 미지근한 평가는 4차 조사에서도 지속된다(6.95점). 4차 조사는 대선후보가 결정되기 직전인 2012년 11월 3일에서 13일 사이에 진행되었는데, 2차 조사와 비교해서 이 시기 후보별 호감도에서 발견된 흥미로운 변화는 박근혜 지지자 및 문재인 지지자의 안철수 후보에 대한 호감도가 상당히 낮아졌다는 점이다. 박근혜 후보 지지자들을 기준으로 보면, 2차 조사에서는 문재인 후보의 호감도(4.68점)보다도 안철수 후보의 호감도(4.85점)가 약간 높은 편이었다. 그러나 4차 조사에서는 이 관계가 역전되어서, 문재인 호감도는 4.86점으로 상승한 데 반해 안철수 호감도는 0.53점이 떨어진 4.32점으로 낮아졌다. 마찬가지 현상이 문재인 지지자들을 중심으로도 벌어진다. 박근혜 호감도는 2차의 3.82점보다 상당히 개선된 4.13점으로 조사된 반면, 문재인 지지자들이 느끼는 안 후보에 대한 호감도는 7.84점에서 7.39점으로 0.45점이나 낮아지는 현상이 관찰되었다. 박근혜 지지자와 문재인 지지자 모두 안 후보에 대한 호감이 낮아진 것을 발견할 수 있다.

대선이 가까워질수록 선거의 열기가 뜨거워지고, 이에 따라 경쟁후보에 대한 평가가 낮아지는 것은 일견 당연한 현상으로 보인다. 그러나 〈표 9-1〉을 보면 4차 조사에서 박근혜 지지자들의 문재인 호감도는 2차 조사 때보다 오히려 약간 상승했고(4.68점에서 4.86점), 문재인 지지자들의 박근혜 호감도도 마찬가지로 4차 조사에서 상당한 폭으로 상승한 것을 볼 수 있다(3.82점에서 4.13점). 그런데 유독 안철수 후보에 대한 호감도가 낮아지고 있는 것은 흥미로운 현상이다.

그러면 이러한 변화는 어떻게 생겼을까? 우선 2차와 4차 조사 사이에 발생한 가장 중요한 변화는 새누리당과 민주통합당의 대선후보가 공식 결정되었다는 점이다. 그러면서 여러 군소 대선후보들이 정리되고 야권 지지자들이 문재인 후보를 중심으로 결집하는 현상이 눈에 띈다. 문재인 후보를 지지한다는 사람들이 2차 조사에서 15.8%에 불과했으나, 4차 조사시기가 되면서 이 비율이 22.9%로 상승했다. 안 후보 지지율 23.6%와 대등한 수준이다. 반면 안 후보의 지지율은 2차 조사에서도 24%로 2차와 4차 조사 사이 지지율은 큰 변화가 없었다. 이렇게 갑작스럽게 문재인 후보의 지지율이 상승하면서 그 지지자들의 집단 구성에 변화가 생겼다. 이것이 문재인 후보 지지자들의 안 후보에 대한 호감도의 저하에 원인이 되었을 것으로 보인다.

이를 좀 더 자세하게 보기 위해 〈표 9-2〉에 2차 조사에서 응답한 지지 후보가 4차 조사에서 어떻게 변화하였는가를 정리했다. 우선 4차 조사에

〈표 9-2〉 2차/4차 조사에서의 지지후보 변화 (단위: %)

조사구분	지지후보	4차 조사			
		박근혜	문재인	안철수	합계
2차 조사	김두관	0.2	1.6	1.1	0.8
	김문수	1.3	0.3	1.6	1.0
	문재인	1.6	48.0	14.9	16.7
	박근혜	77.7	6.3	6.2	37.1
	손학규	1.4	2.1	2.4	2.0
	안철수	4.1	23.5	57.0	23.4
	유시민	0.2	2.4	1.9	1.5
	정동영	0	2.1	1.1	0.8
	정몽준	2.0	1.1	1.1	1.4
	정세균	0.2	0.3	0	0.1
	정운찬	0.6	0	0.5	0.5
	기타	0.3	0.8	0.3	0.5
	모름	10.1	10.0	10.0	13.0
	무응답	0.5	1.6	1.9	1.5
	합계	100	100	100	100

주) 4차 조사 결과는 박근혜, 문재인, 안철수 후보를 제외한 다른 응답은 제외하였음

서 박근혜 후보를 지지한다고 답한 응답자들 중 77.7%는 2차 조사에서도 박근혜 후보를 지지했던 이들이다. 이는 문재인 후보의 48%, 안철수 후보의 57%와 비교했을 때 매우 높은 것이며, 박근혜 후보의 지지자들의 충성도가 상대적으로 높은 일관성을 가지고 있었음을 보여준다.

세 후보 중 누구보다도 지지자의 변화가 컸던 것은 위 표에서 알 수 있듯 문재인 후보였다. 4차 조사에서의 문재인 후보 지지자들 중 23.5%는

2차 조사에서 안 후보를 지지한 사람들이었고, 김두관, 손학규, 유시민, 정동영, 정세균 등 민주통합당 및 야권후보들 지지자들이 8.4%, 이전 조사에서 답변을 유보했던 사람들이 10%, 그리고 박근혜 지지에서 문재인 지지로 바꾼 사람들이 6.3%였다. 즉 4차 조사에서 문재인을 지지한다고 밝힌 사람들의 절반 이상은 이전에 다른 후보를 지지했던 사람들이다. 이런 점에서 문재인 지지자들의 상대 경쟁 후보에 대한 호감도 변화, 안철수 후보에 대한 갑작스런 호감도 악화는 위에서 밝혔듯 이러한 지지자 집단의 급속한 재구성에 따른 결과였을 것이라고 짐작할 수 있다. 또 여기에는 본격적으로 현실정치에 뛰어든 안철수 후보의 평가에서 거품이 걷히기 시작했다는 점도 반영되어 있을 것이다.

한편, 〈표 9-1〉에서 호감도의 변화를 다시 한 번 살펴보자. 안철수 후보가 사퇴하고 대선 직전 행해진 6차 패널 조사에서는 박근혜 후보 지지자들이 보는 문재인 후보에 대한 호감도가 다시 한 번 상승한 것을 볼 수 있다. 즉 3차에 걸친 문 후보 호감도 조사에서, 박근혜 지지자들의 문 후보 호감도는 2차 4.68점, 4차 4.86점, 그리고 6차 4.93점으로 꾸준히 상승했다. 여기서 이 호감도 점수는 11점 척도로 그 중간 값이 5점이라는 것을 상기할 필요가 있다. 즉 5점을 기준으로 부정적인 평가와 긍정적인 평가가 갈리는데, 박 지지자들이 보는 문 후보의 평가는 꾸준히 상승해서 6차에 이르면 거의 긍정적인 수준에 가까울 정도까지 나아진 것을 볼 수 있다.

하지만 문재인 후보 지지자들이 보는 박근혜 후보의 호감도는 이와 반대로 더욱 악화된 것이 드러난다. 4차에서 4.13점까지 올라갔던 박 후보 호감도는 6차 조사에서는 3.73점으로 크게 떨어진다. 또 문재인 지지층에서도 문 후보에 대한 호감도가 오히려 떨어졌다. 2차와 4차 조사 모두 8.95점이었던 문 후보 호감도는 6차에서 8.64점으로 감소한다. 이는 안철수 후보의 사퇴로 문 후보 지지층에 다시 한 번 급격한 구성 변화가 생긴 탓으로 보인다. 이를 좀 더 자세히 보기 위해 〈표 9-3〉에서 4차와 6차 조사에서의 지지후보 변화를 정리했다.

6차 조사에서는 박근혜 지지도가 44.6%, 문재인 지지도가 44.2%로 박빙의 차이를 보였고, 9.4%의 사람들은 지지 후보를 정하지 못했다고 답했다. 그런데 6차 패널에서 문재인 후보를 지지한다고 응답한 사람들 중 37.2%는 4차 조사에서 안철수 후보를 지지한 사람들이었다. 절반에 약간 못 미치는 48.9%만이 4차 조사에서도 문재인 후보를 지지했다.[2] 이는 6차 조사 박근혜 지지자의 85.5%가 4차에서도 박근혜 후보를 지지했다는 사실과 비교했을 때 매우 큰 차이다.

한편 〈표 9-3〉에는 편의상 기재하지 않았지만, 4차 조사에서 안철수 후보를 지지했던 이들이 6차 조사에서 어떻게 분산되었는지를 보자. 이들 중 13.6%가 박근혜 지지로 돌아섰고, 12.4%는 지지 후보를 결정하지

---

[2] 이번 대선의 흥미로운 쟁점 중의 하나가 문재인과 안철수 두 사람의 후보 단일화가 가져온 효과인데, 4차 조사에서 안 후보를 지지했던 사람들을 기준으로 보면 그중 73.1%는 문재인으로 지지를 옮겼지만 박근혜 쪽으로 이동한 사람들도 13.6%나 되었고 나머지는 결정을 유보했다. 따라서 후보 단일화가 어느 정도 효과를 거두긴 했지만, 기대했던 것만큼의 시너지 효과는 나지 않았다고 할 수 있다.

〈표 9-3〉 4차/6차 조사에서의 지지후보 변화 (단위: %)

조사구분	지지후보	6차 조사		
		박근혜	문재인	미결정
4차 조사	박근혜	85.5	2.5	16.4
	문재인	1.2	48.9	15.7
	이정희	0	0.1	0
	심상정	0	0.6	0.6
	안철수	6.8	37.2	32.7
	기타	0	0.1	0.6
	잘모름	5.8	8.7	32.1
	무응답	0.7	1.8	1.9
	합계	100	100	100

주) 6차 패널 조사 결과에서는 무응답 및 기타, 잘모름 등의 답변은 제외

못했다는 미온적 태도를 보였다. 결국 이들을 제외한 73.1%가 문재인 후보 지지로 이동했지만, 후보 단일화를 통해 기존의 지지자들을 규합하는 것을 넘어 지지층 자체를 확대하는 시너지 효과는 없었다고 할 수 있다.

지금까지 각 후보별 호감도와 지지도를 2차와 4차, 6차 조사를 중심으로 간략히 분석해 보았다. 여기서 드러난 몇 가지 흥미로운 사실들을 정리하면 아래와 같다.

첫째, 지지후보별로 나누어 후보별 호감도를 분석했을 때, 박근혜 지지자들과 문재인 지지자들의 안철수 후보에 대한 호감도가 2차에서 4차 조사기간 동안 상당히 하락했다. 박근혜 후보의 가장 강력한 대항마로 언론에서 부각되던 안철수 후보에 대한 평가가 박근혜 지지층에서 하락

하는 현상은 자연스러운 것이다. 마찬가지로 문재인 후보 지지층에서도 안철수 후보에 대한 평가는 대선후보 단일화과정을 통해 상당히 하락하는 경향을 보였다. 그러나 문재인 지지층에서의 안 후보에 대한 평가는 4차 조사에서도 7.39점으로 상당히 긍정적인 수준의 평가였으며, 이는 문재인 호감도 8.85점과 비교해서도 크게 뒤떨어지지 않는 것이다.

둘째, 박근혜 지지자들은 대선경쟁상대인 문재인 후보에게 상당히 긍정적인 평가를 하고 있었으며, 박근혜 지지자 집단의 문 후보에 대한 호감도는 대선이 가까워질수록 오히려 높아지는 경향이 있었다. 위에서 밝혔듯, 매우 강력한 경쟁상대였던 안 후보에 대한 호감도는 낮아지는 반면, 문 후보에 대한 호감도는 조금씩이나마 높아지고 있다는 점은 상당히 이례적인 것이다. 대선후보 등록 직후에 실시된 6차 패널조사에서 문재인 후보에 대한 박 지지층의 호감도는 거의 중간값인 5에 가까울 정도로 상승했다. 그러나 이런 문재인 후보에 대한 긍정적인 평가가 결국 대선 승리로 이어지지는 않았다.

사실 2차 조사에서 전체 응답자들의 박, 문, 안 후보에 대한 호감도 평균값은 각각 6.53점, 6.29점, 6.82점으로 안철수 〉 박근혜 〉 문재인 순이었다. 그러나 문재인 후보가 대선후보로 선출된 이후인 4차 조사에서는 문재인(6.54점) 〉 박근혜(6.50점) 〉 안철수(6.45점)의 순으로 역전된다. 비록 이 후보 간 차이는 통계적으로 유의미하지 않았지만, 2차 조사 때와 비교했을 때 문재인 후보의 호감도는 확실히 상승한 것이었다. 문재인 후보는 대선직전 실시된 6차 조사에서도 평균 6.73점의 호감도를 기록, 6.47점을 받은 박근혜 후보보다 유권자들에게 좋은 감정을 심어주는 것에 성공했다($p<.01$). 그러나 이러한 호감도는 문재인 후보가 리더십과 국정운영 능력 면에서 더 낫다는 평가까지는 이르지 못한 것으로 보인다. 2012년 초에 실시한 여론조사 자료를 바탕으로 각 후보자에 대한 유권자들의 인지적 평가를 분석한 다른 연구에서도 일관성 및 리더십, 의존가능성 등에 있어 문재인 후보에 대한 평가가 박근혜 후보에 비해 상대적으로 뒤쳐져 있음이 밝혀진 바 있는데(이상신 2012, 160), 결국 선거 끝까지도 문재인 후보는 능력 면에서 상대적으로 뒤쳐진다는 인지적 평가를 극복하지 못했다.

셋째, 문재인 후보의 지지자 집단은 두 차례에 걸쳐 극심한 변화를 겪었다. 첫 번째 변화의 계기는 민주통합당 대선후보 경선에서 문재인 후보가 승리하면서, 안철수 후보와 함께 야권후보의 양대 축으로 부상한 것이다. 두 번째는 안철수 후보가 후보 단일화과정에서 문 후보와의 오랜 논의 끝에 끝내 합의에 이르지 못하고 후보직에서 사퇴를 한 후, 문재인 후보의 지지율이 박근혜 후보와 대등한 수준으로 상승한 것을 들 수 있다. 이와 같이 문재인 후보의 지지자 집단은 대선과정을 통해 계속 확장되어 온 특징을 가지고 있는데, 이 과정에서 상당히 이질적인 태도와 정치정향을 가진 사람들이 문재인 후보 지지자 집단으로 재편되었다. 그 결과, 전체 지지율 측면에서 문재인 후보는 박근혜 후보를 거의 비슷한 수준까지 추격하는 것에는 성공했지만 그 지지자 집단의 충성도나 지지의 일관성 측면에서는 박 후보 지지자 집단에 크게 뒤떨어지는 면모를 보였다.

태도극화의 측정과 분석

사람들이 어떠한 계기로 인해 기존에 가지고 있던 태도를 강화하는 현상을 태도극화(attitude polarization)라고 부른다(Miller et al. 1993, 561). 이 절에서는 이 태도극화 개념을 통해 이번 대선에서 유권자들이 각 후보를 어떻게 보았는지를 분석해보도록 하겠다.

이 연구에서 태도극화의 측정은 각 후보에 대한 호감도를 이용했다. 자신이 가장 선호하는 후보자의 호감도 점수에서 가장 비선호하는 후보의 호감도 점수를 뺀 수치가 각 응답자의 태도극화 점수가 된다. 예를 들면, 한 응답자가 박근혜 후보에 대한 호감도를 10점, 문재인 후보는 8점, 안철수 후보는 5점이라고 답했다면, 이 응답자의 태도극화 점수는 박근혜 호감도에서 안철수 호감도를 뺀 5점이 된다. 만약 한 후보에게 10점을 주고 나머지 후보들에겐 0점을 주었다면 태도극화 점수는 최대값인 10점이 될 것이다. 세 후보 모두에게 같은 점수를 매겼을 때 태도극화는 이론적 최소값인 0점으로 계산된다. 이런 방식으로 태도극화를 측정하여 선거연구에 이용하는 것은 기존의 태도극화 연구에서 널리 쓰이는 방식이다(정효명 2011; Stroud 2010; Wojciezak 2011).

이 연구에서 태도극화 점수는 응답자들이 선호하는 후보와 비선호하는 후보 사이에서 얼마나 극단적인, 혹은 온건한 태도를 보이는가를 측정한다. 어느 후보를 지지하는가와 상관없이 태도극화 점수가 클수록 자신이 지지하는 후보에 대한 충성심이 높다. 기존의 연구들에 따르면, 극단적인 태도를 갖고 있는 사람들은 자신과 다른 정치적 견해를 갖고 있는 사람들에게 귀 기울일 가능성이 적다(정효명 2011; Mutz 2002; 2006). 따라서 태도극화 점수가 높은 사람들은 민주적인 대화와 합리적 토론에는 소극적이겠지만, 반면 적극적으로 자신이 지지하는 후보나 정당을 위해 정치참여에 뛰어들 가능성이 높다(이상신 2013; Abramowitz & Saunders 2011, 283).

〈표 9-4〉는 2차와 4차, 6차 조사에서 지지후보별로 응답자를 나누었을 때, 각 집단의 태도극화 점수가 어떤 차이를 보였는지를 정리한 것이다. 2차 조사 당시의 세 후보 지지자 집단별 태도극화 점수를 보면, 문재인 후보를 지지하는 응답자들의 점수가 가장 높고 그 다음이 박근혜, 안철수 지지자의 순인 것을 볼 수 있다. 박 지지자 집단과 문 지지자 집단의 태도극화 점수 차이는 통계적으로 유의미한 수준에 도달하지는 못했지만, 박 지지자 집단과 안 지지자 집단 사이에서는 의미 있는 차이가 발견되었다($p<.001$). 이는 안철수를 지지하는 사람들이 상대적으로 각 후보들에 대한 평가를 좀 더 온건하게 하는 경향이 있음을 뜻한다. 이는 안철

〈표 9-4〉 지지후보별 태도극화

지지후보	2차 조사		4차 조사		6차 조사	
	평균	표준편차	평균	표준편차	평균	표준편차
박근혜	5.19	2.97	5.60	3.03	4.47	2.99
문재인	5.40	2.84	5.27	3.01	5.00	3.04
안철수	4.72	2.58	4.88	2.88	-	-
전체	5.08	2.84	5.32	3.00	4.73	3.03

수 후보에 대한 지지가 기존의 정당정치에 대해 염증을 느끼는, 따라서 기존 정당 후보에 대한 충성도가 낮은 사람들로 주로 이루어졌다는 것을 생각하면 이해가 되는 부분이다.

2차 조사에서는 문 후보 지지집단의 태도극화가 박 후보 지지집단보다 어느 정도 높은 것으로 나왔는데, 이는 앞에서 이야기한 것처럼 조사 당시 시점에서 문 후보는 민주당의 여러 대선후보 중 하나였을 뿐이라는 점 때문일 것이다. 민주당의 대선후보가 결정되지 않은 상황에서 문재인 후보를 지지하던 사람들은 상대적으로 문 후보에 대한 충성도가 높았을 것이며, 이는 이들의 태도극화 점수를 높이는 결과로 이어졌을 것이라고 생각된다.

그러나 이러한 지지후보별 태도극화 분포는 4차, 6차 조사에서 상당한 변화를 보이게 된다. 4차에서는 박근혜 지지자들이 문재인 지지자들보다 높은 태도극화를 보였고($p<.05$), 안철수 지지집단이 가장 낮은 태도극화를 보였다($p<.05$). 여기서 문재인 지지집단의 태도극화가 상대적으

로 약화된 것은, 민주당 후보 경선 후 문재인 지지집단의 구성에 1차적으로 변화가 왔고, 이에 따라 박근혜 후보에 대한 호감도가 3.82점에서 4.13점으로 상승한 것 때문이라고 분석할 수 있다. 그리고 대선 직전 무당파 집단과 안철수 지지 집단이 박근혜, 문재인 후보로 지지를 거의 이동한 6차 조사에서는 다시 문 후보 지지집단의 태도극화(5.0점)가 박 후보 지지집단의 태도극화(4.47점)보다 높아지는 것을 발견할 수 있다.

앞서 말한 바와 같이 〈표 9-4〉의 태도극화는 박근혜, 문재인, 안철수 세 후보에 대한 호감도를 가지고 계산한 것이다. 그런데 태도극화를 최종적으로 대선에서 격돌했던 주요 후보인 박근혜와 문재인 후보에 대한 호감도만을 추려서 재계산해보면 조금 내용이 달라진다. 〈표 9-5〉는 이에 따른 태도극화를 두 후보 지지집단별로 다시 계산한 것이다. 이렇게 태도극화가 달라지는 이유는 호감도와 지지후보가 반드시 일치하지는 않기 때문이다. 예를 들어, 안철수 후보에게 더 큰 호감도를 갖고 있다고 하더라도 기존 정당에 대한 충성도나 새로운 후보에 대한 불안감 등의 이유로 문재인 후보나 박근혜 후보를 지지하는 경우가 충분히 있을 수 있다. 실제로 2차 조사에서 문재인 후보를 지지한다고 밝힌 사람들 중 12.1%, 4차 조사에서 문재인 지지자의 5.4%는 안철수 후보에 대한 호감도가 문재인 후보의 호감도보다 더 높았다.

이렇게 박-문 후보 중심으로 다시 계산한 태도극화를 〈표 9-5〉에서 보면 한 가지 뚜렷한 특징이 드러난다. 2차와 4차, 6차 조사 모두에서 문

〈표 9–5〉 박근혜–문재인 태도극화

지지후보	2차 조사		4차 조사		6차 조사	
	평균	표준편차	평균	표준편차	평균	표준편차
박근혜	4.24	3.04	4.56	2.94	4.47	2.99
문재인	5.16	2.94	4.92	3.16	5.00	3.04

후보 지지집단의 태도극화 점수가 박 후보 지지집단의 태도극화 점수보다 일관되게 높다는 점이다.[3] 이는 박근혜 후보를 지지하는 사람들이 문재인 후보를 상대적으로 높게 평가했으며, 반대로 문재인 후보를 지지하는 사람들은 박근혜 후보를 박하게 평가하는 경향이 있었음을 의미한다. 위에서 논한 것과 마찬가지로, 문재인 후보에 대한 평가는 전반적으로 낮다고 볼 수 없는 수준이었다. 반면 대선후보 호감도와 태도극화로 본 박근혜 후보는 지지층의 호감도는 매우 높지만, 비지지층에서의 반감도 그 만큼 높은 특징을 지니고 있었다.

또 이러한 결과는 일반적으로 박근혜 후보를 지지하는 보수 유권자들이 상대적으로 후보들에 대해 좀 더 뚜렷한 호오(好惡)를 갖고 있으며, 반공이념이나 종북주의 논란에 의해 야권후보에 강한 반감을 품고 있을 것이라는 일반적 관측과 대비되는 것이라 주목된다. 오히려 박근혜 후보 지지집단에서 후보 간 평가를 상대적으로 온건하게 하는 경향이 있었고, 문재인 후보 지지집단에서 좀 더 극단화된 태도를 갖고 있었다.

---

3 2차와 6차에서 $p<.001$, 4차의 경우 $p<.01$

이 태도극화를 연령별로 살펴보자. 〈표 9-6〉에서 보듯 세대간 태도극화는 통계적으로 유미의한 수준에서 차이를 보였다. 20대와 30대가 각 후보의 차이를 좀 더 중립적이고 관대하게 인식하는 반면, 연령이 높아질수록 극화된 태도를 갖고 있다는 것이 드러난다. 이는 다른 서베이 데이터를 통해 태도극화를 연구한 연구에서도 확인되고 있다(이상신 2013). 그러나 이러한 연령 집단 간 태도극화의 차이는 대선이 가까워지면서 상당히 그 간격이 좁아지고 있다는 것 또한 발견할 수 있다. 아직 대선후보가 확실하게 정해지지 않았던 2차 패널 조사에서 태도극화가 전반적으로 높았던 반면, 본격적인 대선국면으로 접어든 후의 4차와 6차에서는 태도극화가 상당히 안정된 면모를 보인다. 50대와 60대 이상 집단에서는 4차와 6차 사이에서 큰 변화가 없었고, 20대와 30대의 경우 선거 막바지에 이르러 태도극화가 다소 강화되는 변화가 있었다. 결과적으로 6

〈표 9-6〉 연령대별 태도극화

연령대	2차 조사	4차 조사	6차 조사
20대	3.86 (2.71)	2.87 (3.75)	2.93 (4.02)
30대	4.63 (2.81)	2.85 (5.44)	3.07 (5.09)
40대	4.56 (2.78)	3.09 (5.50)	3.16 (5.53)
50대	4.81 (2.81)	3.09 (5.61)	3.13 (5.45)
60세 이상	5.08 (3.41)	3.16 (5.67)	3.13 (5.34)
F값	$F=10.92\ p<.001$	$F=16.54\ p<.001$	$F=4.27\ p<.01$

주) 괄호 안 숫자는 표준편차

차 조사 단계에서는 연령집단별 태도극화는 상당히 완화된 것으로 나타 났다.

한국 선거에서 아직까지도 가장 핵심에 놓여있는 것은 지역주의이다. 지역별로 선호하는 정당과 후보가 뚜렷하게 차이가 나는 만큼, 응답자의 거주지를 중심으로 구분한 지역별 태도극화에 어떠한 차이가 있는지를 살펴보자.

〈표 9-7〉을 보면, 2차와 4차 조사에서 거주지별 태도극화에 있어 특징은 의외로 광주 및 호남지역의 태도극화가 영남지역에 비해 높은 편이 아니라는 점을 알 수 있다. 응답자가 59명밖에 포함되지 않아 대표성이 떨어지는 강원도를 제외하면, 2차에서 태도극화가 가장 높은 지역은 대

〈표 9-7〉 거주지별 태도극화

거주지	2차 조사	4차 조사	6차 조사
서울	4.56 (2.86)	4.96 (2.97)	4.43 (3.18)
부산/울산/경남	4.75 (2.83)	4.90 (3.19)	4.36 (3.08)
대구/경북	4.82 (2.88)	5.30 (3.04)	4.47 (2.93)
인천/경기	4.55 (2.98)	5.06 (3.03)	4.28 (3.11)
광주/호남	4.35 (3.10)	4.09 (3.17)	4.52 (3.08)
대전/충청	4.59 (2.86)	5.00 (3.09)	4.33 (3.19)
강원	5.10 (3.25)	4.93 (3.05)	4.21 (2.96)
제주	4.71 (3.05)	5.03 (3.05)	4.09 (3.45)
전체	4.60 (2.93)	5.01 (3.06)	4.37 (3.10)

주) 괄호 안 숫자는 표준편차

구/경북 지방인데(4.82점), 이는 호남지역의 태도극화 4.35점에 통계적으로 유의미한 차이를 보였다(p<.05). 4차에서도 그 차이는 좀 줄어들지만 대구경북이 최고 수준의 태도극화를 보이는 가운데, 호남이 상대적으로 태도극화가 낮았다(p<.10). 그러나 대선직전 실시된 6차 패널에서 보면 지역별 태도극화의 차이는 사실상 사라진다.

2차와 4차 패널에서 호남 쪽 보다 영남 쪽 태도극화 점수가 높았다는 것은, 영남, 특히 대구경북 지역에서 문재인 후보에 대해 느낀 반감이 호남지역에서 박근혜 후보에게 느낀 반감보다 상대적으로 강했다는 것으로 해석된다. 이것은 17대 대선에서 이명박 후보가 전북에서 9.04%, 전남에서 9.22%를 득표한 반면, 18대 대선에서는 박근혜 후보가 전북에서 13.2%, 전남에서 10.0%을 얻어 상당히 좋은 성적을 거두었다는 점에서 다시 증명된다. 이번 선거에서 지역주의는 박근혜 후보에게 상대적으로 유리하게 작동한 것이다. 호남에서도 박정희 향수는 상당히 강력하게 작동했으며, 이는 박근혜 후보에 대해 상대적으로 누그러진 관대한 평가로 이어졌다고 볼 수 있다.

마지막으로 교육수준과 태도극화의 관계를 살펴보기로 하자.

〈표 9-8〉에서 교육수준별로 태도극화의 분포를 정리해보면 흥미로운 현상이 드러난다. 우선 중졸 이하나 고졸 학력자들보다 대학 재학 중이라고 답한 응답자들의 태도극화가 낮았다. 그러나 대졸 이상의 학력을 가진 이들의 태도극화는 오히려 다시 높아지는 패턴이 드러났다. 이러한

〈표 9-8〉 교육수준별 태도극화

교육수준	2차 조사	4차 조사	6차 조사
중졸 이하	4.69 (3.43)	5.48 (3.30)	4.75 (3.27)
고졸	4.68 (3.00)	5.04 (3.14)	4.16 (3.06)
대학교 재학	3.93 (2.71)	4.42 (2.88)	4.19 (2.98)
대졸 이상	4.66 (2.80)	4.97 (2.97)	4.43 (3.10)
F값	$F=4.01\ p<.01$	$F=4.01\ p<.01$	$F=4.01\ p<.05$

주) 괄호 안 숫자는 표준편차

현상은 2차와 4차, 6차 조사에서 모두 동일하게 나타나고 있다. 즉 높은 교육 수준은 어느 정도까지는 태도극화를 약화시키는데 일조하지만, 대학 이상의 교육은 오히려 태도극화를 강화하는 경향이 있다는 것이다.

이런 현상은 중졸과 고졸 학력자들이 박근혜 후보를 야권후보보다 더 지지하고, 대학 재학이상의 학력을 가진 사람들은 야권후보를 선호하는 차이 때문이라고 보인다. 다시 말해 학력이 낮은 사람들은 박근혜 후보에 대한 확실한 선호를, 학력이 높을수록 문재인 혹은 안철수 후보에 대한 확실한 선호를 갖는 경향이 있었다. 이러한 경향 때문에 교육수준과 태도극화는 직선적인 상관관계를 갖기 보다는 U자형 상관관계를 갖고 있는 것으로 드러났다.

지금까지 분석한 이번 대선에서 발견된 태도극화의 특징을 정리해보자. 첫째, 지지후보별로 나누어 살펴본 태도극화에서, 문재인 지지집단의 태도극화가 박근혜 지지집단의 태도극화보다 계속 높았다. 그리고 상대적으로 안철수 지지집단의 태도극화가 다른 후보 지지집단 보다 낮았다. 이는 안철수 후보에 지지를 보낸 계층이 기존 정당 및 후보에 대한 충성도가 낮은 이들로 구성되어 있었다는 것을 시사하며, 동시에 안 후보에 대한 지지의 강도가 상대적으로 낮았다는 것을 의미한다.

둘째, 박근혜와 문재인 두 후보를 비교하였을 때, 박근혜 지지자 집단에서는 상대적으로 문재인 후보를 높게 평가한 반면에 문재인 지지자 집단에서는 박 후보를 박하게 평가했다. 이는 보수적 유권자들이 진보적 유권자들보다 오히려 상대적으로 후보 간 평가에 있어 온건한 경향이 있었다는 것을 의미한다. 아마도 이것은 문재인 후보가 부산 출신이고 개인적 흠결이 거의 없어 박근혜 지지층에 있어서도 뚜렷하게 비판할 부분이 없었다는 이유가 클 것이다. 따라서 이 특징을 일반화하기는 힘든 면이 있다.

셋째, 연령이 높은 유권자일수록 태도극화가 높아지는 것이 발견되었다. 이러한 관계는 2차와 4차에서 상대적으로 두드러졌으나, 선거 종반에 실시된 6차 조사에서는 그 차이가 상당히 완화되었다.

넷째, 지역별로는 대구/경북 지역 출신 응답자들의 태도극화가 여타 지역보다 높았다. 반면 한국 지역주의의 또 다른 한 축인 호남지역 유권자들의 태도극화는 높다고 할 수 없는 수준이었다. 그러나 역시 대선 직전에 실시된 6차 조사에서는 지역별 태도극화의 차이가 사실상 소멸한다. 호남의 태도극화가 계속 낮았다는 점은 호남 유권자들이 박근혜 후보에 대한 호감도가 비교적 높은 편이었다는 것을 반증한다.

다섯째, 박근혜 후보에 대한 지지도가 높았던 저학력 응답자들과, 야권후보 지지도가 높았던 고학력 응답자들이 동시에 태도극화가 높았고, 중간 학력 응답자들이 상대적으로 태도극화가 낮은 일종의 U 자형 관계가 교육수준과 태도극화에서 발견되었다.

미디어 이용과 태도극화

그렇다면 뉴스 미디어, 특히 SNS 사용과 태도극화의 관계는 어떨까? 기존 연구에서 SNS 사용이 대통령 후보들에 대한 태도극화를 높이는 경향이 있다는 것이 이미 보고된바 있다(이상신 2013). 이는 정치 커뮤니케이션으로서의 SNS가 그 이용자들의 정치 행태에 어떠한 영향을 미치는가를 보기 위해 상당히 중요한 의미를 갖는 부분이다.

2차 조사에서 주로 어느 미디어를 통해 정치정보를 얻는지에 대해 응답자에게 물어본 바가 있다. 응답자들이 가장 주요하게 정치에 관련된 뉴스를 접하는 경로는 TV(32.5%)와 인터넷 포털사이트(33%)였다. 그 뒤를 신문(20.2%)과 인터넷 커뮤니티 혹은 SNS(7.7%)가 따르고 있었다.

〈표 9-9〉에서는 각 정치정보 습득경로별로 태도극화 점수의 평균과 표준편차를 정리했다. 가장 태도극화 점수가 높은 집단은 인터넷 커뮤니티나 SNS에서 정치정보를 얻는다고 답한 집단이다. 이는 두 번째로 태도

〈표 9-9〉 정치정보 습득경로와 태도극화

경로	태도극화 평균	표준편차	사례수(명)	비율(%)
인터넷커뮤니티 / SNS	5.75	2.67	191	7.7
신문	4.86	2.90	503	20.2
인터넷 포털사이트	4.53	2.77	823	33.0
라디오	4.46	3.14	67	2.7
텔레비전	4.23	3.08	809	32.5
주변지인	4.17	2.96	58	2.3
기타경로	5.89	2.40	38	1.5
없음	4.50	6.36	2	0.1
전체	4.60	2.93	2,491	100

주) 2차 조사

극화가 높은 신문 이용자들과 비교해도 0.9점 가까이 높은 점수이며, 통계적으로 유의미한 수준에서 차이가 있는 것으로 확인되고 있다($p<.001$).

1990년대 중반 인터넷이 대중적으로 이용되기 시작하면서 그 정치적 영향력에 대한 관심이 점차 늘어났다. 2000년대 초반부터는 이른바 '참여', '공유', '개방'을 내건 웹 2.0에 대한 연구가 늘어났고(송경재 2009), 최근에는 이 관심이 SNS로 옮겨왔다. 이 논의들의 중심에는 과연 인터넷 혹은 SNS가 민주주의의 튼튼한 기초 토대가 될 수 있는 합리적 공론장(public sphere)으로 기능할 것인가의 문제가 놓여 있었다. 20세기 후반 이후 그 문제가 노정되기 시작한 대의민주주의의 단점을 보완할 방안으로서 인터넷을 통한 직접민주주의의 가능성이 다양하게 논의되어 왔다.

이에 대해서는 우선 인터넷 자체가 워낙 빠르게 변화하고 있으며, 이에 따른 학문적 관심과 논쟁도 지속되고 있어서 이 단계에서 어떤 결론을 내리기는 이르다. 그러나 위의 〈표 9-9〉에서 유추할 수 있는 결론은, SNS가 합리적 공론장으로서의 역할에 충실하지 못하고 있을 가능성이 높다는 것이다. 합리적 공론장에서 사용자들은 서로를 존중하며 다른 정치적 입장에 기반한 견해도 공평하고 합리적인 태도로 수용할 수 있어야 한다. 그런데 SNS 사용자들이 오히려 태도극화가 강화된다면 이는 SNS가 같은 정치적 입장을 가진 사람들끼리의 네트워크에서 자신의 입맛에 맞는 정보만을 치우치게 받아들이고 있는 것이라는 추측을 할 수 있다. 이와 관련, SNS와 관련된 최근의 연구들에서는 SNS 사용자들이 한쪽으로 편향된 정보에 치우치게 노출되는 선택적 노출(selective exposure) 현상이 있다는 것이 발견되었고, 이는 곧 기존에 갖고 있는 태도를 강화시키는 태도극화로 연결된다고 보고하고 있다(노정규 외 2012; Holbert et al. 2010; Stroud 2007; 2010). 이것과 연관되어 비록 SNS에 대한 연구는 아니지만 한국의 인터넷 문화를 연구한 몇몇 다른 논문에서는 한국의 인터넷 사용자들이 정치참여에는 적극적이지만 관용의 측면에서 보면 상당히 차별적이거나 공격적인 측면이 있다고 밝혀진 바 있다(김병철 2004; 이기형 2004; 이동훈 2009).

그러나 이러한 태도극화가 꼭 부정적인 것만을 의미한다고 이야기할 수는 없다. 머츠(Mutz 2002; 2006)는 정치적 소통과 정치참여의 딜레마를 논의하면서, 정치적 이견에 공평하게 귀를 기울일 줄 아는 사람들은 정치참여에 소극적인 경향이 있음을 경험적 데이터를 통해 증명한 바 있다. 반면 정치참여에 적극적인 사람들은 대개 자신의 태도에 확신을 갖고 있으며 일방적인 정치정보에만 스스로를 노출시키는 경향이 있다. 숙의(deliberation)와 참여(participation)는 민주 시민에게 공통적으로 요구되는 덕목이지만, 이 둘 다를 모두 요구하는 것이 사실상 쉽지 않다는 것이다(이상신 2013; Wojcieszak 2011). 이러한 논의에서 이끌어 낼 수 있는 태도극화의 긍정적인 측면은 태도극화가 정치참여를 이끌어내는 역할을 할 수 있다는 점이다. 이는 특히 지난 2008년 촛불시위와 관련, 한국에서 인터넷을 통한 소셜 네트워크의 확산이 정치참여에 긍정적인 역할을 했다는 것은 다수의 연구들에 의해 증명되고 있는 부분이다(오현철 2010; 윤성이 2012; 장우영 2012).

4차 조사에서는 SNS를 평소에 얼마나 자주 사용하는지를 묻는 문항이 포함되어 있었다. 이 문항에 대해 70.2%의 응답자는 사용하지 않는다고 답했다. SNS를 사용한다고 답한 나머지 29.8%의 응답자들의 사용 빈도 차이는 한 달에 한 두번에서 매일 사용한다까지 다양했지만 일주일에 한두 번 이상 쓴다고 답한 사용자의 비율은 전체의 12.2% 정도였다. 여기서 SNS 비사용자와 사용자 사이의 태도극화를 비교해 보면, 우선 비사용자 집단의 태도극화 평균은 4.93점(표준편차 = 3.12)이었고, 사용자 집단의 태도극화 평균은 이보다 조금 높은 5.21점(표준편차 = 2.93)인 것으로 나타났다. 그리고 이 차이는 통계적으로 유의미했다(p<.05). 따라서 이것은 2차 조사에서 조사된 것과 같은 맥락이 발견되었다고 할 수 있다. 즉 SNS를 사용하는 사람들은 그렇지 않은 이들에 비해 지지후보와 비지지후보에 대한 비교평가를 좀 더 극단적으로 하는 경향이 있었다.

한편, 태도극화 이론을 통해 선거과정에서의 태도 변화의 방향 또한 예측이 가능하다. 강한 태도를 가지고 있는 사람들은 기존의 태도와 모순되는 새로운 정보를 접하더라도 그 태도를 바꿀 가능성이 낮을 것이다. 반면, 약한 태도를 가진 사람들, 즉 태도극화의 정도가 낮은 사람들은 새로운 정보를 접하고 기존의 태도를 바꿀 확률이 상대적으로 높을 것으로 예측할 수 있다.

이번 연구의 6차 조사에서는 3번에 걸쳐서 이루어진 대선후보 TV 토론에 대한 질문이 포함되어 있었다. 〈표 9-10〉은 이 질문의 각 응답 항목별로 태도극화 점수의 평균과 표준편차를 정리한 것이다. 우선 가장 눈에 띄는 것은 '지지하던 후보를 더 좋아하게 되었다'라고 답한 사람들의 태도극화 점수가 무려 6.08점에 달한다는 것이다. 즉 태도극화가 매우 높은 사람들에게 TV 토론의 효과는 기존의 자신의 태도를 확인하고 오히려 강화하는 역할을 한다는 것을 알 수 있다.

이 질문의 문항 중에, TV 토론으로 인해 기존의 태도와는 반대의 방향으로 태도가 바뀌었다는 응답항목은 세 가지가 포함되어 있었다. 첫째, '지지하던 후보를 바꾸지는 않았지만 좋아하는 마음이 약해졌다', 둘째,

〈표 9-10〉 TV 토론 시청 후 후보지지 변경여부와 태도극화

후보지지 변경	태도극화 평균	표준편차	사례수 (명)	비율 (%)
지지하던 후보를 더 좋아하게 되었다	6.08	2.99	663	26.7
지지하던 후보를 바꾸지는 않았지만 좋아하는 마음이 약해졌다	2.51	2.35	192	7.7
특별히 달라진 것이 없다	4.04	2.92	1,495	60.2
지지하던 후보를 바꾸게 되었다	2.51	2.57	55	2.2
지지하던 후보가 없었는데 지지하는 후보가 새로 생겼다	3.52	3.01	52	2.1
잘모름	1.94	2.65	18	0.7
무응답	3.38	3.38	8	0.3
전체	4.40	3.10	2,483	100

주) 6차 조사

'지지하던 후보를 바꾸게 되었다', 셋째, '지지하던 후보가 없었는데 지지하는 후보가 새로 생겼다'이다. 이 세 문항에 해당하는 응답자들의 태도극화는 순서대로 2.51점, 2.51점, 3.52점으로 매우 낮은 수준인 것을 알 수 있다. 기존 지지가 강화된 사람들의 태도극화 6.08점과 비교하면 비교적 열린 마음으로 TV 토론을 시청하고 이를 통해 자신의 태도를 어느 정도 바꾼 사람들의 태도극화는 그 절반 수준에 불과했다.

여기서 태도극화 개념이 민주주의와 선거에 대해 갖고 있는 함의를 다시 한 번 확인할 수 있다. 민주주의가 합리적 공론장에서 사실과 이성적인 판단, 관용적인 태도를 가지고 서로 토론하여 합의를 도출하는 과정이라고 할 때, 이런 토론이 실제로 가능한가 하는 가늠자로 태도극화가

기능한다는 것이다. 즉 민주주의 사회의 구성원들이 모두 경직되고 극단적인 태도를 가지고 자신의 태도를 거부할 때 이상적 민주주의 공론장은 불가능해질 것이다.

이상으로 미디어 이용측면에서 본 태도극화의 의의를 정리해보자. 첫째, 정치정보 습득 경로와 태도극화를 비교해보았을 때, 인터넷 커뮤니티나 SNS를 통해 정치정보를 주로 얻는다고 답한 응답자의 태도극화 점수가 기타 미디어 사용자보다 높은 것으로 드러났다. 기존 연구와 비교해 보았을 때, 이는 정치 커뮤니케이션에서 SNS의 의의가 숙의 수준을 고양시키는 것 보다는 정치참여를 증가시키는 것이라는 점을 시사한다.

둘째, 위의 논의와 직접적으로 관계되는 것으로, SNS를 사용하는 사람들은 사용하지 않는 사람들에 비해 태도극화 수준이 높은 것으로 조사되었다.

셋째, 태도극화가 높은 사람들은 대선후보 TV 토론을 시청한 이후에도 기존의 태도를 약화 혹은 변화시키기 보다는 오히려 강화하는 쪽으로 이동하는 경향이 있었다. 반면, TV 토론을 보고 실제로 지지후보에 대한 평가가 기존의 태도와는 다른 방향으로 바뀌었다는 사람들은 태도극화의 정도가 상당히 약한 편이었다.

결론

　지금까지 대선후보 호감도 및 태도극화 변수들의 분포를 분석하고, 태도극화 현상이 미디어 이용에 갖는 함의를 숙의민주주의적 공론장에 대한 논의의 관점에서 살펴보았다.

　확실한 정치적 태도를 갖는다는 것, 자신이 지지하는 후보나 정당, 정책 등에 대해 확고한 신뢰와 충성심을 갖는 것 자체는 문제라기보다 오히려 민주 시민의 덕목에 가까운 것이라 할 수 있다. 시민들의 적극적인 정치참여는 자신의 문제의식에 대한 신념과 효능감이 없다면 불가능하기 때문이다. 그러나 지금까지의 분석에서 살펴본 것처럼 확실한 정도를 넘어서 그것이 배타적인 태도로 극단화될 때 확실한 정치적 태도는 민주주의에 심각한 문제가 될 수 있다. 정치적 태도가 상대적으로 역동적으로 변화하는 정책이나 이념 등에 관련된 것이 아니라, 한국의 경우처럼 고정되고 변화할 가능성이 없는 후보의 출신 지역이나 학벌 등에 좌우되는 경우, 이는 태도극화 현상과 맞물려 불관용적이고 비민주적인 태도의 온상이 될 수도 있다.

　인터넷, 특히 SNS에 대해서는 아직 많은 학문적 논쟁이 이루어지고 있지만, 많은 학자들은 이 새로운 미디어들이 시민들의 정치참여를 이끌어 내는데 확실히 긍정적인 역할을 했다고 평가하고 있다. 그러나 불행히도, 이 연구는 이러한 정치참여의 이면에는 태도극화라는 부정적인 측면도 함께 존재하고 있음을 보여준다. 본 연구의 가장 중요한 함의는 참여와 숙의라는 현대 민주주의의 두 가지 과제를 동시에 성취하는 것이 사실상 쉽지 않다는 점이다. 우리는 현 단계의 한국 민주주의와 당면 과제들을 함께 고민하면서, 어떻게 정치참여의 수준을 끌어올리면서도 합리적 공론장의 수준을 한 단계 더 발전시켜나갈 수 있을지에 대한 논의를 발전시켜 나가야 할 시점에 와 있다.

| 참고 문헌 |

김병철. 2004. "인터넷 신문 댓글의 상호작용적 특성 분석." 『사이버커뮤니케이션 학보』 14호, 147–180.
노정규·민영. 2012. "정치 정보에 대한 선택적 노출이 태도 극화에 미치는 효과: 비정치적 온라인 커뮤니티 이용자들을 대상으로." 『한국언론학보』 56권 2호, 226–248.
민주통합당 대선평가위원회. 2013. "18대 대선 평가보고서: 패배 원인 분석과 민주당의 진로." 민주통합당 대선평가위원회 보고서.
송경재. 2009. "웹2.0 정치 UCC와 전자 민주주의: 정당, 선거 그리고 촛불시민운동의 시민참여를 중심으로." 『담론201』 11권 4호, 63–91.
오현철. 2010. "촛불집회와 집합지성: 토의 민주주의적 해석." 『민주주의와 인권』 10권 1호, 167–196.
윤성이. 2012. "소셜네트워크의 확산과 민주주의 의식의 변화." 『한국정치연구』 21집 2호, 145–168.
이기형. 2004. 『인터넷 미디어: 담론들의 '공론장'인가 '논쟁의 게토'인가?』 서울: 한국언론재단 보고서.
이동훈. 2009. "숙의적 공론장으로서 블로그 공간의 의사소통적 관용에 대한 연구." 『한국언론학보』 53권 4호, 27–49.
이상신. 2012. "정치의 사인화(私人化)와 대선후보자의 인지적 평가." 『한국정치학회보』 46집 4호, 149–170.
이상신. 2013. "18대 대선과 태도극화: 정치적 소통은 분열을 심화시키는가?" 『한국정당학회보』 12권 1호, 217–242.
장우영. 2012. "온라인 공론장과 정치참여: 2008년 촛불시위에서의 '아고라'." 『한국정치연구』 21권 1호, 1–26.
정효명. 2011. "미디어와 대인토론의 정치적 태도변화에 대한 영향: 정치적 이견노출 효과를 중심으로." 『한국정치학회보』 45집 5호, 243–272.
Bartels, Larry M. 2010. "The Study of Electoral Behavior." Jan E. Leighley ed., *The Oxford Handbook of American Elections and Political Behavior*. New York: Oxford University Press.
Campbell, Angus, Philip E. Converse, Warren E. Miller, and Donald E. Stokes. 1960. *The American Voter*. New York: John Wiley.
Holbert, R. L., R. Garrett, R. and L. Gleason. period 2010. "A New Era of Minimal Effects?: A Response to Bennett and Iyengar." *Journal of Communication* 60(1), 15–34.
Lazarsfeld, Paul, Bernard Berelson, and Helen Gaudet. 1948. The People's Choice: *How the Voter Makes Up His Mind in a Presidential Campaign*. New York: Columbia University Press.
Miller, Arthur G., John W. McHoskey, Cynthia M. Bane, and Timothy G. Dowd. 1993. "The

Attitude Polarization Phenomenon: Role of Response Measure, Attitude Extremity, and Behavioral Consequences of Reported Attitude Change." *Journal of Personality and Social Psychology* 64(4), 561–574.

Mutz, Diana Carole. 2002. "The Consequences of Cross-Cutting Networks for Political Participation." *American Journal of Political Science* 46(4), 838–855.

Mutz, Diana Carole. 2006. *Hearing the Other Side: Deliberative versus Participatory Democracy*. New York: Cambridge University Press.

Stroud, Natalie Jomini. 2007. "Media Effects, Selective Exposure, and Fahrenheit 9/11." *Political Communication* 24(4), 415–432.

Stroud, Natalie Jomini. 2010. "Polarization and Partisan Selective Exposure." *Journal of Communication* 60(3), 556–576.

Wojcieszak, Magdalena. 2011. "Deliberation and Attitude Polarization." *Journal of Communication* 61(4), 596–617.

10
여성 유권자와 여성 대통령

김지윤

서론

 2012년 18대 대통령 선거는 많은 화제를 낳았다. 그 중 단연 많은 주목을 받은 사실은 매우 보수적으로 알려진 한국에서 여성 대통령이 선출되었다는 점이다. 민주화가 되고 여성 유권자가 제헌 국회부터 참정권을 행사해 왔지만, 한국은 여전히 성차별이 존재하는 사회로 여겨지고 있다. 한국이 선진국 모임인 OECD에 가입한 이후에도 여성에 대한 성차별은 쉽사리 사라지지 않았다. 예를 들어 한국 여성의 노동인구 비율은 2012년 49.9%로 OECD 전체의 평균을 밑도는 수치이다. 또 19대 국회에서 여성 정치인이 차지하는 의석 비율도 15.7%로 매우 낮은 수치에 머물고 있다. 이러한 한국의 정치풍토에서 여성 대통령이 탄생한 것은 놀라운 사건으로 볼 수 있다.

18대 대통령 선거가 끝난 후 외신은 보수적으로 여겨지는 한국 사회에서 등장한 여성 대통령에 주목하며, 박근혜 대통령이 여성이라는 점이 선거에 어떠한 영향을 미쳤는지, 나아가 앞으로의 국정 운영에서 어떤 정책적 함의를 가질 것인지에 큰 관심을 보였다. 몇몇 국내 언론은 흔히 회자되는 '여성의 적(敵)은 여성'이라는 문구는 더 이상 통하지 않는다며 여성 유권자의 박근혜 대통령 지지가 남성 유권자의 그것보다 높았다는 점에 주목하기도 했다.

이 장에서는 여성 대통령을 탄생하게 한 원동력 중 여성 유권자의 역할에 대해 살펴본다. 박근혜 대통령의 여성성이 어떻게 정치적으로 발현될 수 있을지에 대한 많은 관심이 쏟아지는 지금, 여성 유권자의 선택으로 박근혜 대통령의 승리가 굳혀졌다면 정책적으로 상당 부분 여성 권익과 관련된 정책을 기대할 수도 있을 것이다. 또 여성인 박근혜 후보가 대통령에 오른 것은 한국의 여성 인권 향상과는 관계없이 부친인 박정희 전 대통령의 덕이라는 주장의 진위도 밝힐 수 있을 것이다.

서구 민주주의 사회에서 나타나는 여성 유권자의 특정한 투표행태 혹은 지지여부는 정치학에서 많은 관심을 받아왔다. 실제 선거에서도 박근혜 후보 측은 '준비된 여성 대통령'이라는 슬로건을 통해 여성성을 내세웠고, 여성 유권자를 확보하기 위한 노력을 기울이기도 했다. 헌정 사상 최초로 여성 대통령이 탄생한 이 시점에서 한국 여성의 투표행태 전반과 이들이 지난 18대 대통령 선거에서 어떠한 역할을 했는지를 짚어보는 것은 한국 선거연구의 발전을 위해 의미가 있다고 본다.

여성 유권자의 정치성향과 투표행위

여성 유권자의 정치성향 혹은 투표행위를 논하는 이론적 틀은 먼저 크게 두 가지 시각으로 나눌 수 있다. 정치·사회 이념적 성향의 차이로 인한 남녀 유권자 간의 차이를 지적하는 성(gender)의 시각과, 성별의 같고 다름에 기인하는 성별(sex)의 시각이 존재한다. 전자의 경우는 사회적 약자라 할 수 있는 여성이 사회변화에 따라 그들의 위치 및 권위가 변하면서 페미니즘의 영향을 받게 되고, 이에 따라 남성과는 다른 방향으로 정치성향 및 투표행태를 보이는 것에 주목한다. 이에 반해 후자는 폼퍼(Pomper)가 언급했듯이 단순히 사회 인구학적 동질성에 기인한 정치성향 혹은 투표행태에 주의를 기울인다(Pomper 1975). 즉 같은 성별을 가졌다는 이유로 인해 지지를 보내는 것을 의미한다(Plutzer and Zipp 1996).

외국의 여성과 남성 유권자 사이의 정치적 혹은 투표행태에 있어서의 간극은 여러 학자들에 의해 연구되어 왔다. 앞서 언급한 정치·사회 이념적 성향의 차이는 '젠더격차(gender gap)'라는 용어로 명명되며 거시적인 시각에서 연구가 진행 중이다. 이 젠더격차는 그 사회의 민주적 성숙도와 성적 차별의 완화 정도에 따라 차이가 났다. 현대 서구 민주사회에서의 젠더격차는 주로 진보성향을 띠는 여성과 보수성향을 띠는 남성 간의 정치성향 차이를 일컫는 것으로 알려져 있지만, 애초에 학자들이 주목했던 젠더격차는 보수적인 여성과 진보적인 남성의 정치성향 차이였다. 일찍이 알몬드와 버바(Almond and Verba)는 여성이 남성에 비해 '지엽적이며 보수적'이라는 명제를 증명하기도 했다(Almond and Verba 1963).

여성의 보수성은 여타 서구 민주주의 국가들 중 이태리와 프랑스, 독일의 여성들 사이에서 남성에 비해 훨씬 강하게 나타났다(Inglehart 1977). 대부분의 학자들은 남녀 간 이념성향 차이가 나타나는 이유를 종교, 평균 수명의 차이, 노동시장 참여 등에서 찾았다. 기독교 문화가 강한 서구사회에서 종교적으로 더 신실한 경향이 있는 여성이 종교적 도덕 가치를 소중히 여기기 때문에 보수적인 태도를 보인다는 것이다. 또 연령이 높아질수록 보수적인 성향을 띠는 것에 주목하며, 평균 수명이 높은 여성이 남성보다 보수적이라는 주장이 제기되기도 했다. 노동시장에 참여하지 않음으로 인해 계급이나 직업에 따른 갈등을 겪지 않는 것 역시, 여성을 보수화하는 원인 중 하나로 꼽혔다(Lipset 1960; Blondel 1970).

여성의 보수화라는 현상은 이후 지속적인 여성 노동인구의 증가와 전통적 가치관의 변화와 세대교체, 그리고 새로이 등장한 여성과 관련된 이슈들로 인해 점차 잦아들었다. 이에 따라 서구 민주주의 국가에서는 심지어 여성의 진보성이라는 정 반대의 현상을 목도하기에 이르렀다

(Norris and Inglehart 2000). 여성의 진보정당 지지율이 증가하는 것에는 여성이 노동시장에서 차지하는 지위가 그 중요한 원인이 된다. 여성은 노동시장의 구조상 남성에 비해 낮은 임금을 받는 직종에 종사하는 경향이 있어서 노동시장에서의 차별을 더욱 심각하게 겪게 될 확률이 높고, 이로 인해 노동조합과 같은 노동자를 위한 단체에 가입하게 될 개연성이 높아진다. 이는 곧 진보적 정당성을 가지게 하는 데에도 영향을 미치게 된다(Togeby 1994).

서구사회에서 일어난 정치와 교회의 분리는 정당체계 성립에 영향을 끼쳐왔다. 립셋과 로칸(Lipset and Rokkan)은 서구 민주주의 사회에서 정당체계와 관련된 변화는 기독교적 근간과의 관계 짓기에 의해 일어나기도 했다고 주장했다(Lipset and Rokkan 1954). 서구 보수정당들이 정당명에 '기독교'라는 단어를 사용하는 것은 바로 이러한 전통에 기인한다고 할 수 있다. 그러나 시간이 흐름에 따라 교회와 정치의 관계는 분리되었고, 이에 따라 기독교의 보수적인 가치관이 정치 성향에 미치는 영향력 역시 줄어들게 되었다.

여성의 노동참여와 전통적 가치관을 고수해오던 교회와의 분리는 단순히 전통적 보수 가치관의 영향력 감소뿐 아니라, 페미니즘 운동과 함께 여성의 진보성향을 강화하는 역할을 하게 되었다(Lipset 1960; Inglehart 1977; Abramson and Inglehart 1995). 이에 코노버(Conover)와 같은 학자는 성차별과 연관된 여러 여성 이슈들이 대두되고 이러한 이슈들에 대해 정당이 이념에 따라 특정한 입장을 취하게 되면서, 여성이 진보적 성향을 띠게 되었다고 주장한다(Conover 1988). 미국의 젠더격차는 민주당을 상대적으로 더 지지하는 여성과 공화당을 더 지지하는 남성의 간극으로 묘사되는데, 이는 사회보장 프로그램이나 친환경주의 뿐 아니라 낙태와 같은 여성 인권과 직접적으로 관련된 문제에 있어서도 유화적인 태도를 보이는 민주당에 동질감을 느끼기 때문으로 설명하곤 한다(Page and Shapiro 1992; Seltzer, Newman and Leighton 1997).

젠더격차에 대한 또 다른 연구들은 여성과 남성의 투표행태 차이를 정치성향에서 찾지 않고, 후보자의 성별과 이로 인한 파급효과로 설명하고자 했다. 예를 들면, 유력 여성 정치인이 선거에서 후보자로 나서고 있다면, 같은 성별을 가졌다는 것이 여성 유권자에게 긍정적으로 작용(gender affinity effect)했는지의 여부를 살펴보는 것이다. 이는 같은 인종의 후보자에게 지지를 보내는 것이라든지, 동향의 후보를 선호하는 것과 비슷한 현상으로 이해할 수 있다. 미국의 주선거나 연방선거에서 여성 유권자는 여성 후보에게 더 많은 지지를 보낸다는 연구 결과가 있다(Thompson and Steckenrider 1997; Plutzer and Zipp 1996). 정책이나 이념성향이 아닌 성별에 따른 지지 현상에는 몇 가지 원인이 제시되는데, 먼저 선출직에 당선되는 여성의 수가 늘어나기를 바라는 단순한 바람에서 시작된다는 주장이 있다(Rosenthal 1995; Sanbonmatsu 2002). 둘째, 여성들의 지위 향상과 관련된 여러 이슈들이 사회에 등장함에 따라, 남성보다는 여성이 이를 더 잘 대변해 주리라 믿고 여성이 당선되기를 원하기 때문이라는 분석도 있다(Paolino 1995; Plutzer and Zipp 1996). 마지막으로 셀처(Seltzer)와 그의 동료들은 성별이 정당 정체성과 함께 작용한다고 주장하기도 했다(Seltzer, Newman and Leighton 1997).

서구 민주주의 국가에서 여성 유권자의 투표행태와 달리, 한국 여성 유권자의 정치성향이나 투표행태에 관련된 연구는 아직 많지 않다. 언론에서 보도하는 여성 유권자의 보수적 편향성과 지난 대선에서 여성 유권자가 박근혜 당시 후보에게 남성에 비해 상대적으로 더 많은 지지를 보냈다는 언급이 있었지만, 이에 대한 연구는 제한적이라고 할 수 있다. 이는 기본적으로 '이념성향에 따른 투표행태'라는 개념이 한국 유권자 사이에서 명확하게 자리 잡고 있는지에 대한 근본적인 의문이 있기 때문이다. 뿐만 아니라, 한국 남녀 유권자 사이 투표행태의 차이 자체를 확인하는 충분한 기본 연구가 부족했기 때문으로 볼 수 있다.

이 장에서는 헌정 사상 최초의 여성 대통령이 등장했다는 사실에 주목하여 18대 대통령 선거에서 나타난 여성 유권자의 투표행태를 살펴본다. 이른바 언론에서 언급했던 것과 같이 여성 유권자의 상대적으로 높은 지지가 박근혜 대통령의 승리를 견인한 요인이었는지를 살펴본다. 이어서 이념 혹은 정치성향의 차이에서 시작한 젠더격차가 존재하는지에 대해서도 검토한다.

여성 유권자와 18대 대통령 선거

여성 유권자의 박근혜 지지

일반적으로 한국 여성 유권자를 규정짓는 가장 널리 알려진 특징은 '정치 무관심'이라고 할 수 있다. 비단 한국 뿐 아니라 전 세계적으로 여성보다는 남성이 정치 현상에 더 많은 관심을 가지고 있고 정치 뉴스를 좀 더 적극적으로 접하는 경향이 있다(김민정·김원홍·이현출·김혜영 2003; 김현희 2001). 여성의 상대적 정치 무관심은 투표율에서도 찾아볼 수 있다. 〈그림 10-1〉은 2002년 이후 대통령 선거와 국회의원 선거에서 나타난 여성과 남성의 투표율 차이를 보여주고 있다. 크고 중요한 선거라 할 수 있는 대통령 선거에서 여성과 남성의 투표율 차이가 평균 1% 이내로 매

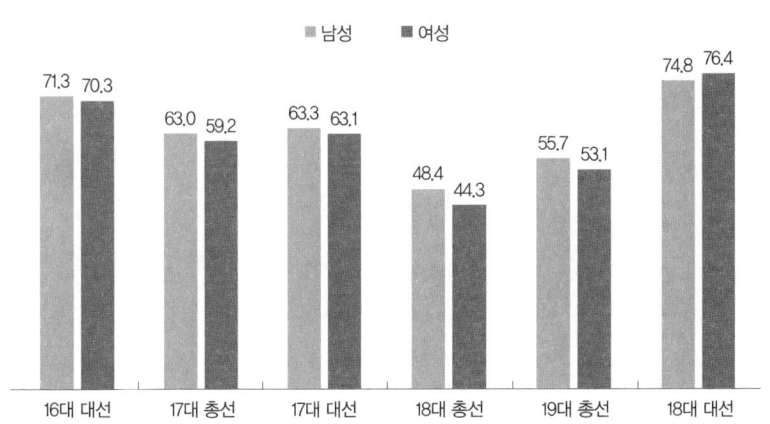

〈그림 10-1〉 역대선거 성별 투표율 (단위: %)

주) 중앙선거관리위원회(www.nec.go.kr)

우 근소하지만 국회의원 선거에서는 여성의 투표율이 남성보다 최대 4% 가까이 낮은 것으로 나타나고 있다.

흥미로운 것은 지난해 12월에 있었던 대통령 선거에서는 여성의 투표율이 남성의 투표율보다 약 1.6% 가량 높게 나타났다는 점이다. 근소하게나마 남성보다 낮았던 여성의 투표율이 역전을 하게 된 이유는 강력한 여성 대통령 후보인 박근혜 후보가 여성 유권자들을 투표장으로 이끌었기 때문으로 볼 수도 있겠다.

정치 무관심 외에 일반적으로 한국의 여성 유권자는 남성 유권자에 비해 보수적 편향성을 가지고 있는 것으로 평가되고 있다(김민정 외 2003; 최영진 2004). 이러한 편향은 남성에 비해 여성이 안정 지향적이며, 보수정당 후보를 선호하는 등의 투표행태를 통해 설명되었다. 〈표 10-1〉은 역대 대통령 선거에서 나타난 남녀 간 지지후보 차이를 보여주고 있다. 대체로 여성 유권자가 남성 유권자에 비해 보수 후보를 지지하는 성향이 조금 높게 나타나는 편이라 할 수 있다. 그 차이가 가장 높았던 때는 1997년 15대 대통령 선거로 당시 김대중 후보를 지지했던 남성 유권자 집단의 비율이 여성 유권자 집단보다 4.7%가량 높았고, 이회창 후보나 이인제 후보와 같은 보수 후보를 지지한 비율은 여성 유권자 사이에서 상대적으로 높게 나타났다.

16대 대통령 선거에서는 그 차이가 2.5%로 이전 선거보다 낮게 나타났는데 이는 남녀 유권자 모두 진보 후보였던 노무현 당시 후보 쪽으로

〈표 10-1〉 대통령 선거 남녀 유권자 간 지지 격차 (단위: %)

대선 구분	성별	보수후보 지지	진보후보 지지	남녀 간 보수후보 지지 차이
15대 대통령 선거	남성	52.4	47.6	4.7
	여성	57.1	42.9	
16대 대통령 선거	남성	39.5	60.5	2.5
	여성	42.0	58.0	
17대 대통령 선거	남성	68.4	31.6	1.6
	여성	70.0	30.0	
18대 대통령 선거	남성	47.9	49.1	3.2
	여성	51.1	47.8	

주) 중앙선거관리위원회, 방송사 출구 조사 2012
대선후보 투표는 (1) 15대: '보수후보 = 이회창, 이인제', '진보후보 = 김대중, 권영길', (2) 16대: '보수후보 = 이회창', '진보후보 = 노무현', (3) 17대: '보수후보 = 이명박, 이회창, 이인제', '진보후보 = 정동영, 권영길, 문국현' 으로 구분함

이동하면서 나타난 현상이라고 할 수 있다. 반면 17대 대통령 선거에서는 그 반대 현상이 나타났는데, 남녀 유권자 모두 큰 폭으로 보수 후보였던 이명박 후보나 이회창 후보 쪽으로 지지를 선회한 것으로 보인다. 그로 인해 남녀 간 후보지지 차이가 1.6%로 줄어들었다. 당시 이명박 후보의 큰 승리를 상기한다면 남녀를 불문하고 모두 이명박 후보에게 표심이 몰린 것으로 이해할 수 있다. 지난해 있었던 18대 대선에서는 다시금 남녀 간의 지지후보 격차가 벌어졌는데, 남성에 비해 여성의 박근혜 후보 지지율이 약 3.2% 높았던 것으로 나타났다.

다음에서는 18대 대통령 선거에만 국한하여 살펴봤다. 여성의 박근혜 후보 지지는 2차 조사가 이루어졌을 때인 4.11 총선 직후를 제외하고는

항상 남성의 지지보다 높은 것으로 나타났다. 지지자들의 결집이 이루어지는 때인 전당대회를 전후하여 여성의 박근혜 후보 지지는 가파른 상승세를 탔고, 5차 조사가 이루어졌던 11월 말에는 남녀 간 박근혜 지지율이 5.5%까지 차이가 났다(〈그림 10-2〉 참조).

여성 유권자가 거의 모든 대통령 선거에서 남성 유권자에 비해 보수 후보에 호의적이었으며, 18대 대통령 선거에서는 그러한 경향이 좀 더 뚜렷하게 나타났다. 그러나 18대 대통령 선거에서 여성 유권자가 같은 여성 후보인 박근혜 후보에게 호의적인 것은 알 수가 있지만, 이것이 유의미한 차이였는지에 대해서는 더 살펴볼 필요가 있다.

선거 때마다 한국 여성 유권자는 남성 유권자에 비해 보수적 투표를 해 왔다. 또한 지난 18대 대통령 선거에서 이루어진 여론조사 결과를 보

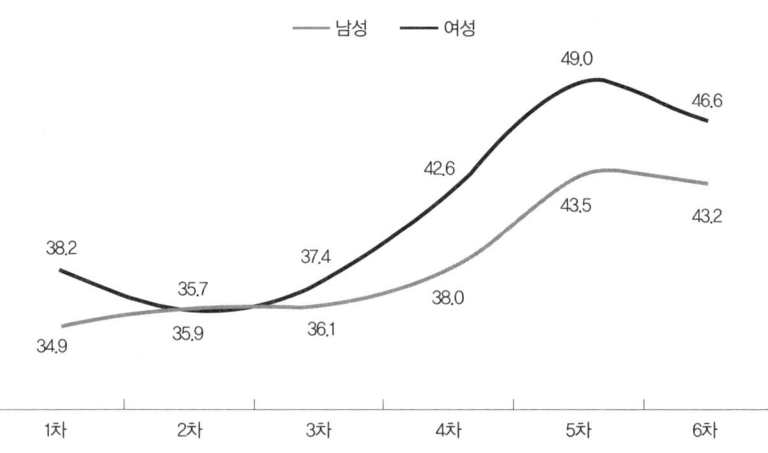

〈그림 10-2〉 남녀 간 박근혜 후보 지지율 격차 추이 (단위: %)

면 여성의 박근혜 후보에 대한 지지는 남성보다 대부분의 경우 앞서있었다. 최종 여론조사 결과와 출구조사 결과에서도 여성의 박근혜 후보 지지율이 남성보다 높게 나왔었다.

여성 유권자의 남성과 다른 투표행태인 박근혜 후보에 대한 상대적으로 높은 지지의 원인은 앞서 말한대로 두 가지 이론적 측면에서 찾아볼 수 있다. 단순히 '여성'이라는 성별의 공통점으로 인해 호감을 가지고 지지하는 경우와, 정치성향이나 이슈에 대한 입장이 반영되어 박근혜 후보를 지지하는 경우이다.

박근혜 후보가 여성이라는 이유로 여성 유권자에게 더 많은 지지를 끌어내는 데에 성공했다면, 이는 보수적 성향을 지녔고 새누리당을 지지하는 여성 유권자의 더 강한 결집을 이끌어냄과 동시에 진보적 성향을 가지고 야당을 지지하는 여성 유권자의 지지 또한 이끌어내는 역할을 했어야 한다. 즉 정당일체감이나 이념성향을 뛰어 넘을 정도로 같은 성별을 가지고 있다는 사실이 투표행위에서의 중요한 역할을 해야 한다는 것이다(Brians 2005).

〈표 10-2〉는 정당일체감과 성별로 구분하여, 박근혜 후보와 문재인 후보 투표여부를 비교한 것이다. 새누리당 지지자들은 남녀구분 없이 모두 90%를 훌쩍 뛰어넘는 비율로 박근혜 후보를 지지한 것으로 나타났다. 여성이 남성보다 약 1.5%정도 더 높은 지지를 보냈으나 그 차이는 큰 것이라 하기 어렵다. 무당파 유권자는 전체적으로 문재인 후보에 조금 더

〈표 10-2〉 정당일체감별 남녀의 대통령 후보 지지 차이 (단위: %)

정당일체감	성별	박근혜	문재인
새누리당	남성	94.4	4.3
	여성	95.9	3.4
무당파	남성	36.8	56.4
	여성	41.4	53.6
민주통합당	남성	6.9	91.6
	여성	9.9	88.7

높은 지지를 보였지만, 여성 무당파 유권자의 박근혜 후보 지지는 남성 무당파 유권자의 그것보다 거의 5% 가까이 높게 나타났다. 더욱 흥미로운 것은 민주통합당을 지지하는 여성 유권자의 투표행태이다. 물론 대다수의 민주통합당 지지자는 문재인 후보를 지지한 것으로 나타났지만, 민주통합당을 지지하는 남성의 7%가량이 박근혜 후보를 지지했다고 답했다. 여성의 경우, 그 수치가 10% 정도로 더 높게 나타났다. 여성 민주통합당 지지자가 남성보다 자신이 지지하는 정당의 후보인 문재인 후보에 대한 충성심이 약하다고 할 수 있다.

다음으로 살펴본 것은 박근혜 후보에 대한 호감도이다. 이 호감도는 응답자들로 하여금 박근혜 후보에 대해 매우 비호감인 0부터 매우 호감인 10까지 점수를 매기게 한 것이다. 새누리당 지지자들의 경우, 박근혜 후보에 대한 호감도는 8점을 훌쩍 뛰어넘었는데, 같은 새누리당 지지자이더라도 여성이 박근혜 후보에게 가지는 호감도가 남성보다 0.4점정도 더 높았다. 무당파의 경우는 남성이 4.3점, 여성이 4.9점으로 역시 여성의 호감도가 0.6점 정도 높은 편이었다. 다만, 민주통합당 지지자의 경우는 남성의 호감도와 여성의 호감도의 격차가 0.1점으로 거의 차이가 없었다(〈표 10-3〉 참조).

위의 결과들을 놓고 보면 적어도 여성 지지자들은 정당을 막론하고 남성 지지자들에 비해 박근혜 후보에 대해 높은 지지를 보내고 있는 것으로 보인다. 그렇다면 여성이 여성 정치인을 더 지지하는 성향이 한국 여성 유권자 사이에 보편적으로 나타나고 있는지를 살펴볼 필요가 있다.

먼저 18대 대통령 선거를 맞아 여성 대통령에 대해서 어떻게 생각하는지를 물었다. 남성과 여성 모두 여성 대통령에 대해서 상당히 열린 마음으로 받아들이고 있었지만, 남성보다 여성이 여성 대통령을 지지하는 비율이 조금 더 높았다. 남성의 73%가 여성이 대통령에 선출되는 것을 찬

〈표 10-3〉 정당일체감별 남녀의 박근혜 후보 호감도 차이

정당일체감	성별	박근혜 호감도
새누리당	남성	8.0
	여성	8.4
무당파	남성	4.3
	여성	4.9
민주통합당	남성	3.2
	여성	3.1

주) 호감도는 11점 척도로 측정한 평균값

성한다고 밝힌 반면, 78%의 여성이 여성 대통령을 찬성하고 있었다.

흥미로운 점은 여기서 여성 대통령이라는 것이 단순히 여성인 대통령이 아니라 박근혜 후보라는 인물을 염두에 둔 응답이라는 점이다. 지난 2011년 10월 26일 있었던 서울 시장 재보궐 선거에서는 당시 한나라당 후보였던 나경원 후보와 야당 통합 후보였던 현 서울 시장인 박원순 후보가 경합을 벌였다. 당시 진행된 출구 조사에 따르면, 여성 시장 후보였던 나경원 후보는 여성 유권자에 비해 남성 유권자에게서 훨씬 높은 지지를 얻었던 것으로 밝혀졌다. 이와 반대로 박근혜 후보는 서울에 거주하는 여성 유권자로부터 남성 유권자보다 훨씬 높은 지지를 받고 있는 것으로 나타났다. 대통령 선거에서 박근혜 후보가 여성들에게 더 많은 지지를 받고 있다고 하더라도, 이것이 여타 학자들이 주장하듯이 여성 유권자가 여성 정치인을 선호하는 일반적인 현상이라고 말하기는 어렵다. 오히려 다른 여성 정치인이 아니라 '박근혜'라는 인물이기 때문에 여성 유권자에게 거부감 없이 받아들여진 것으로 보는 것이 더 정확할 것이다.

〈표 10-4〉 서울시장 보궐선거와 대통령 선거 지지 비교 (단위: %)

성별	서울시장 보궐선거		18대 대통령 선거	
	나경원	박원순	박근혜	문재인
남성	50.9	48.8	46.6	49.7
여성	43.5	56.3	51.4	46.6

주) 아산정책연구원-YTN 공동 출구 조사, 아산 선거연구 패널조사(서울 유권자만)

한국 여성 유권자의 특징: 이념성향

앞선 분석을 통해 볼 때 여성 새누리당 지지자는 박근혜 후보에 더 강한 호감도와 지지를 보내고 있는 것으로 나타났고, 이러한 특징은 무당파에서도 이어졌다. 또 민주통합당 지지자 중 10%에 달하는 여성 유권자가 문재인 후보가 아닌 박근혜 후보에게 투표했다고 응답하기도 했다. 그러나 여성의 보수 후보에 대한 편향성은 늘 있어왔던 것이고, 2011년 서울시장 재보궐 선거 당시의 출구조사 결과와 비교해 봤을 때, 이것이 박근혜 후보가 여성이라는 점에 기인하는 보편적인 현상은 아닌 것으로 보인다.

그렇다면 한국 여성 유권자가 가지고 있다고 알려진 이념적 보수 편향성이 실재하는 것인지, 또한 박근혜 후보에 대한 여성의 상대적으로 높은 지지가 이 때문인지 살펴볼 필요가 있다. 응답자가 스스로 평가한 본인의 이념성향 점수를 비교해 보았을 때에는 남성과 여성 모두 평균 6.7로 차이가 없었다. 물론 이는 스스로 평가한 이념성향이기 때문에 정확성에 있어서 의문을 가질 수가 있다.

이렇게 스스로 매긴 이념성향 점수가 아닌, 실제로 남성 유권자와 여성 유권자가 여러 이슈에 있어서 어떠한 입장을 취하고 있는지를 통해 이들의 이념성향을 측정해 보고자 했다. 이를 위해 아산정책연구원의 『연례조사』결과를 이용하였다. 한국 정치지형에 이념구분이 있는가 여부는 앞으로도 계속 논의될 주제이지만, 대체로 학자들은 대북 안보에 대한 입장을 기준으로 이념갈등이 존재한다는 데에는 공감하고 있다(강원택 2003; 진영재, 김민욱 2007). 최근 들어서는 이 외에도 신자유주의, 평등, 탈물질주의적 가치에 기반을 둔 갈등 역시 등장하며 혼재하고 있다는 주장도 제기되고 있다(이현출 2005). 이에 따라 세 가지 이슈를 두고 분석해 보았는데, 국가안보, 경제 정책, 사회 이슈에 관한 입장으로 구분하여 살펴보았다.

국가안보에 관한 입장으로는 모두 세 가지 질문을 보았는데 먼저 북한에 경제적 원조를 해야 하는지 여부를 둘러싼 입장을 살펴보았다 (〈표 10-5〉 참조). 보수의 주장은 상호주의적 입장을 견지하는 것이고 진보의 주장은 인도적 지원에 조건을 내걸어서는 안 된다는 것이라 보았다. 남성의 66.7%가 이전 도발에 대한 북한의 사과 없이는 재개해서는 안 된다는 입장을 보였고, 이보다 3.6%가량 높은 70.3%의 여성이 같은 주장을 하는 것으로 나타났다.

다음으로는 미국에 대한 인식을 살펴보았다. 민주화 운동 기간 동안, 그리고 가장 비근한 예로는 2002년 16대 대통령 선거기간 중 미국과 관련하여 새로운 형식의 보혁갈등을 볼 수 있었다. 대체로 한국의 보수 집단은 미국에 대해 우호적인 입장을 취하는 반면, 진보 집단은 미국의 한반도 정책이 제국주의적인 성격을 지니고 있다는 점에서 비판적인 입장을 취한다고 할 수 있다. 세 가지 문항에 동의 여부에 따라 점수를 매겼는데, 1) 미국은 한반도 분단에 책임이 있다, 2) 미국은 과거 한국 민주화의 걸림돌이었다, 3) 미국은 현재 남북한 관계에 있어서 걸림돌이다, 이렇게 세 문항이 분석에 포함되었다. 표에 나타난 점수가 높을수록 미국에 대해 부정적이고 비판적인 입장을 가지고 있음을 의미한다. 결과는 큰 격차라 할 수는 없지만 여성의 점수가 남성보다 높게 나타났다.

마지막으로는 한반도 미군 주둔에 대한 인식을 통해 국가안보에 관한 이념성향을 살펴보았다. 한반도에 미군이 장기 주둔하는 것에 대한 의견을 물었을 때에, 74.6%의 남성이 이를 지지한 데 반해 여성은 이보다 13.4%나 낮은 61.2%에 지나지 않았다. 반대로 미군의 장기 주둔에 대해 반대하는 여성은 38.8%나 되었다. 이는 국방의 의무를 실시함으로써 한국 성인 남성이 간접적으로나마 미국의 군사력을 느낄 수 있었다는 점이 반영된 것이라 추측된다. 또한 한국에 주둔하고 있는 미군이 저지르는

〈표 10-5〉 국가안보에 관한 남녀 간 인식 차이

	남성	여성
북한에 경제적 원조를 해야 하는가?		
북한의 사과 없이는 계속되어서는 안 된다	66.7	70.3
인도적 지원은 계속되어야 한다	33.3	29.7
미국에 대한 부정적 인식 점수 (단위: 점, 4점 척도)	2.41	2.52
미군의 한반도 장기주둔		
찬성	74.6	61.2
반대	25.4	38.8

사고가 한국 여성을 상대로 한 것들이 많다는 점 역시 영향을 미친 것으로 보인다. 대북 안보에 관한 입장을 살펴보았을 때, 남녀 간의 보수, 진보 격차가 느껴진다고 하기는 어렵다. 어떤 이슈에서는 여성이 남성보다 더 보수적이고 다른 이슈에서는 더 진보적이기 때문이다.

다음은 경제와 관련된 남녀 간의 입장 차이를 살펴보았다(<표 10-6> 참조). 이른바 지난 대선에서 화두가 되다시피 했던 '경제민주화'와 관련이 있는 대기업 규제에 관한 입장을 물어보았다. 다소 차이가 있기는 했지만, 대체로 여성이 남성보다 대기업 규제를 강화해야 한다는 진보적 입장이 조금 더 많았다고 할 수 있다.

세금과 관련해서는 그 반대 경향이 발견되었다. 전반적으로 세금을 더 올려야 한다는 주장은 아주 낮은 지지를 받고 있었지만, 20%에 가까운 남성 유권자가 세금을 올리는 것에 찬성하고 있었던 반면, 14%정도의

<표 10-6> 경제 이슈에 관한 남녀 간 인식 차이 (단위: %)

		남성	여성
정부의 대기업 규제	늘려야한다	36.5	38.3
	현재 수준을 유지해야 한다	20.7	23.1
	줄여야한다	42.9	38.6
세금	늘려야한다	19.7	13.9
	현재 수준을 유지해야 한다	42.2	44.1
	줄여야한다	38.2	42.0
부의 재분배 대 경제성장	부의 재분배	57.1	46.8
	경제성장	42.9	53.2

여성 유권자만이 세금 인상에 찬성하고 있었다. 반면 세금을 낮춰야 한다는 주장에는 남성보다 약 3.8% 정도 높은 42%의 여성 응답자가 찬성을 보내고 있었다.

다음은 경제발전과 부의 재분배 중 어느 것이 더 중요한지를 묻는 질문이었다. 이 질문에서는 남녀 간 차이가 두드러졌다. 남성의 과반이 넘는 57%가 부의 재분배에 치중해야 한다는 응답을 한 반면 과반이 안 되는 46.8%의 여성만이 이에 동의했다. 남성보다 여성이 경제 성장에 치중해야 한다는 발전 위주의 보수적 논리에 동의하고 있었다.

마지막으로 사회 이슈에 대한 태도를 살펴봤다(〈표 10-7〉 참조). 먼저 한국 사회가 개방되어가고 다문화 사회가 되어가며 증가한 다문화 가정에 대한 태도를 물어봤다. 그 결과, 남성보다 여성이 다문화 가정에 대해 보수적인 태도를 보인 것으로 나타났다. 남성의 75.4%가 다문화 가정의 증가는 한국의 국가 경쟁력 강화에 도움이 될 것이라는 긍정적 태도를 보인 반면, 여성은 여기에 동의한 비율이 64.9%에 그쳤다. 이와 대조적으로 다문화 가정이 사회통합에 저해가 될 것이라는 부정적 태도는 여성이 30.5%로 남성보다 8.6%가량 높았다. 그러나 동성간 결혼을 법적으로 허용해야 하느냐의 문제에 있어서는 여성이 남성보다 더 진보적인 입장을 보였다. 흥미로운 점은 여권과 관련된 상징적인 이슈라고 할 수 있는 낙태 문제에 대해 여성과 남성의 응답이 별 차이가 없었다는 점이다. 오차 범위 내이기는 하지만 낙태가 산모의 선택이라고 생각하는 여성의 비율

〈표 10-7〉 사회 이슈에 관한 남녀 간 인식 차이 (단위: %)

		남성	여성
다문화가족에 대한 태도	한국의 국가 경쟁력 강화에 도움이 될 것이다	75.4	64.9
	사회통합에 저해될 것이다	24.6	35.1
동성간 결혼 법적 허용에 대한 인식	찬성	21.6	30.5
	반대	78.4	69.5
낙태에 대한 인식	산모의 선택이다	35.9	34.3
	산모가 위험한 경우에 제한적으로 허용해야 한다	54.3	53.9
	금지해야 한다	9.8	11.8

이 남성보다 1.6% 가량 낮은 것으로 나타나기도 했다.

위의 결과들로 미루어 볼 때, 여성 유권자가 남성 유권자보다 보수적이라고 말할 일관성 있는 근거는 부족해 보인다. 어느 분야에서는 여성이 남성보다 보수적이지만, 다른 분야에서는 오히려 진보적인 모습도 보여주기 때문이다.

경험적 분석

이전까지의 결과들은 교차분석을 통해 살펴본 것들이다. 교차분석은 전반적인 경향을 보여줄 수는 있지만 이 전반적인 경향성이 예외적으로 나타나는 것인지에 대해서는 확인해줄 수 없는 단점이 있다. 이에 회귀분석을 통해서 교차분석을 통해 나타난 것들이 정말로 영향력을 가지는 것인지 검토한다.

이를 위해 아산정책연구원의 『2012년 총선·대선 패널조사』의 6차와 7차 조사자료를 이용했다. 6차와 7차에 모두 참여했던 응답자들을 대상으로 하여 분석을 시도했고, 〈표 10-8〉에는 이 분석에 사용한 변수들을 정리했다. 종속변수로는 박근혜 후보 투표여부로 박근혜 후보에게 투표한 경우 1로, 다른 후보에 투표한 경우를 0으로 놓았다.

중요한 독립 변수인 응답자의 성별은 여성 변수를 더미로 규정하여 응답자가 여성인 경우는 1, 남성인 경우는 0으로 코딩했다. 통제 변수로는 응답자의 정당일체감과 전업주부, 호남과 영남, 연령 그리고 교육 수준을 포함했다. 정당일체감 변수를 포함시킨 것은 유권자의 투표 행태에 큰 영향을 미치는 것이 지지하는 정당 혹은 조금 더 강한 심리적 애착의 의미를 내포한 정당일체감이라는 미시간 학파의 이론에 따른 것이다(Campbell et al. 1960). 여기서는 새누리당과 무당파 집단을 각각 더미 변수로 하여 회귀분석에 포함시켰다. 따라서 민주통합당 혹은 다른 진보정당 지지집단이 기준집단이 된다고 할 수 있겠다. 전업주부라는 직업군을 더미변수로 넣은 것은 같은 여성이라 할지라도 노동시장에 참여하는가 여부에 따라 정치성향이나 지지 후보가 달라진다는 점을 고려한 것이다. 사실상 여성 유권자 집단에서 전업주부는 매우 보수적인 성향을 드러냈고, 새누리당과 박근혜 후보에 대한 지지가 유독 높은 것으로 나타났기 때문이다. 이는 전통적인 젠더격차 이론에서 나오는 노동시장 참여 여부에 따른 이념성향 차이에 근거한 것이라 볼 수 있다. 다음으로는 한국 선거에서 빼놓을 수 없는 지역과 응답자의 연령을 통제했다. 마지막으로 박근혜 후보에 대한 개인적인 호감도를 고려했다. 분석에는 종속변수가 박근혜 후보에게 투표를 하였는가 여부인 더미 변수임을 고려하여 이항 로지스틱 분석을 사용하였다. 〈표 10-8〉에는 회귀분석 결과를 제시했다.

아무런 통제 변수 없이 한국 여성 유권자만을 포함시켜 회귀분석을 했을 경우, 여성이라는 변수가 박근혜 후보를 더 지지하는 방향으로 나오기는 했으나 표준편차가 큰 까닭에 통계학적으로 의미가 있다고 하기에는 무리가 있다. 즉 여성 유권자가 남성 유권자보다 박근혜 후보를 더 지지한다고 볼 수는 없는 것이다.

두 번째로는 다른 인구사회학적 변수들과 함께 정당일체감 변수를 넣고 함께 회귀분석을 실시하였다. 여전히 여성 여부는 박근혜 후보 투표에 영향을 미치지 않는 것으로 나타났다. 예상했던 대로 새누리당 지지자들은 박근혜 후보에게 투표를 했다는 응답이 통계학적으로 매우 유의미하게 나왔고, 무당파 역시 다른 변수들이 통제된 상황에서 민주통합당 지지자들에 비해 박근혜 후보에게 투표할 확률이 높았다. 그 다음으로 전업주부의 경우 역시 예상대로 박근혜 후보에 대한 지지가 높았던 것으로 나타났다. 그 다음으로 통계적으로 유의미하게 나온 변수는 연령이었다. 연령이 높아질수록 박근혜 후보에 투표하는 경향이 더 강해지는 것으로 나타났다. 흥미로운 점은 영남과 호남 지역 거주 여부의 영향력이

〈표 10-8〉 이항 로지스틱 분석 결과

변수	회귀계수 (표준오차)		
	모형1	모형2	모형3
여성	0.06 (0.09)	−0.01 (0.17)	−0.19 (0.20)
새누리당 지지		4.94*** (0.20)	3.44*** (0.23)
무당파		1.95*** (0.17)	1.68*** (0.20)
전업주부		0.50* (0.23)	0.39 (0.27)
호남 유권자		−0.39 (0.26)	−0.13 (0.31)
영남 유권자		0.31 (0.16)	0.24 (0.20)
연령		0.03*** (0.01)	0.02** (0.01)
학력		−0.13 (0.07)	0.02 (0.08)
박근혜 후보 호감도			0.66*** (0.05)
상수	0.01 (−0.06)	−3.73*** (0.43)	−6.45*** (0.54)
Pseudo R^2	0	0.53	0.65
χ^2	0.47	751.37	639.12
Log Likelihood	−1502.95	−707.51	−519.08
사례수(n)	2,169	2,169	2,169

통계적으로 의미 있게 나오지 않았다는 점이다. 이는 정당일체감 변수에 영남과 호남 지역 변수의 영향력이 포함되었기 때문으로 보인다.

마지막 행은 위의 모든 변수에 박근혜 후보에 대한 개인적인 호감도 변수를 포함시킨 것이다. 이전의 회귀분석 결과와 큰 변동 없이, 매우 당연한 결과라 할 수 있겠지만, 호감도가 높아질수록 박근혜 후보에 투표할 확률이 높아지는 것으로 나타났다.

결론적으로, 한국 여성 유권자는 특별히 보수적이라고 하기도 어려울 뿐더러 지난 대통령 선거에서 여성이라는 이유로 남성 유권자보다 박근혜 후보에게 더 큰 지지를 보냈다고 하기는 어렵다. 여성 유권자가 남성보다 보수적인 성향을 보인다는 선행연구 결과들이 있지만, 경험적 분석에서는 이를 확인하기 어려운 것으로 나타났다. 오히려 이는 여타 인구사회학적 요인들에 의한 것으로 보인다. 따라서 지난 대통령 선거에서의 '준비된 여성 대통령'이라는 구호는 박근혜 후보를 정의하는 구절로 의미를 가졌을지는 모르지만, 여성 유권자를 흡입하는 효과가 있었다고 말할 수는 없어 보인다.

결론

이 장에서는 한국 최초의 여성 대통령이 등장하는 데에 있어서 여성유권자가 어떠한 역할을 했는지를 살펴봤다. 결론적으로 새누리당의 선거 구호였던 '준비된 여성 대통령'에서 유의미하게 선거 효과를 거둔 부분은 '여성'이라는 단어가 아니라 '준비된'이라는 보수적 함의를 갖는 단어였다고 할 수 있다.

 항간에 회자되는 여성유권자의 박근혜 후보를 향한 표심이 박근혜 대통령을 만드는 데 일정한 역할을 했다는 이야기는 조금은 과장되어 보인다. 물론 출구조사나 투표율을 보면 여성 유권자의 박근혜 후보 지지가 높다는 명제가 신빙성이 있어 보인다. 하지만 경험적 분석을 통한 연구 결과에서는 박근혜 후보의 여성성이 같은 성별을 가진 여성에게 크게 어필한 흔적은 보이지 않는다. 뿐만 아니라 흔히 알려진 대로 한국 여성 유권자가 남성보다 보수적인 성향을 보이지도 않았다. 남녀 차이가 나는 이슈들이 있었지만, 남성이나 여성이나 어느 한쪽으로 치우치는 현상은 나타나지 않았다.

 박근혜 정부가 첫 내각인사를 발표했을 때 진보 측과 여성 권익 단체는 실망감을 감추지 못했다. 지역 안배가 이루어지지 않았다는 점 외에도, 여성 대통령이건만 여성 인재 등용에는 인색했다는 평가가 이어졌다. 여성 대통령이니만큼 개혁적이고 진취적인 여성 정책이 나오지 않을까 했던 기대에 미치지 못했다. 이 장에 나타난 분석 결과로 미루어 보았을 때, 여성인 박근혜 대통령이 대통령에 당선되었다는 것으로 인해 진취적인 여성 정책을 기대하는 것은 무리가 있어 보인다. 이것이 가능하려면 여성의 표가 움직였어야 하는데, 여성 유권자가 남성 유권자보다 더 높은 지지를 보낸 것이 아니었기 때문이다. 결국 여성의 상징성을 가진 대통령이라기보다는 보수와 개발독재의 아버지라 할 수 있는 박정희 대통령의 '딸'이라는 사실이 작용했던 것이라고 다시 한 번 확인할 수 있었다. 최초의 여성 대통령이라는 슬로건이 박근혜 대통령을 표현할 때에 큰 함의를 가지고 다가오지 않는 것은 이러한 이유라 할 수 있다.

| 참고 문헌 |

강원택. 2003. 『한국의 선거정치: 이념, 지역, 세대와 미디어』. 서울: 푸른길.
김민정·김원홍·이현출·김혜영. 2003. "한국여성유권자의 정책지향적 투표 행태: 16대 대통령선거를 중심으로." 『한국정치학회보』 37집 3호, 89-112.
김현희. 2001. "대안정치세력으로서의 여성: 21세기 한국여성의 투표형태의 전환가능성 연구." 『경제와 사회』 52권, 227-251.
이현출. 2005. "한국 국민의 이념성향: 특성과 변화." 『한국정치학회보』 39집 2호, 321-344.
진영재·김민욱. 2007. "한국인의 이념성향 인식과 후보자 및 정당지지 행태와의 상관관계: 16대 대통령선거와 17대 국회의원선거 비교분석." 『한국과 국제정치』 23권 4호, 65-98.
최영진. 2004. "성의 정치심리학: 한국 여성유권자의 정치의식과 투표행태." 『한국심리학회지』 9권 2호, 81-100.
Abramson, Paul R., and Ronald Inglehart. 1995. *Value Change in Global Perspective*. Ann Arbor, MI: University of Michigan Press.
Almond, Gabriel A. and Sydney Verba. 1963. *The Civic Culture: Political Attitudes and Democracy in Five Nations*. Princeton, NJ: Princeton University Press.
Blondel, Jean. 1970. *Voters, Parties and Leaders*. London: Penguin.
Brians, Craig. 2005. "Women for Women? Gender and Party Bias in Voting for Female Candidates." *American Politics Research*, 33(3), 357-375.
Campbell, Angus, Philip E. Converse, Warren E. Miller, and Donald E. Stokes. 1960. *The American Voter*. Chicago: University of Chicago Press.
Conover, Pamela J. 1988. "Feminists and the Gender Gap." *Journal of Politics*, 50(4), 985-1010.
Inglehart, Ronald. 1977. *The Silent Revolution: Changing Values and Political Styles among Western Publics*. Princeton, NJ: Princeton University Press.
Lipset, Seymour M. 1960. *Political Man: The Social Bases of Politics*. Garden City, NY: Double day.
Page, Benjamin, and Robert Y. Shapiro. 1992. *The Rational Public: Fifty years of Trends in Americans' Policy Preferences*. Chicago: University of Chicago Press.
Plutzer, Eric, and John Zipp. 1996. "Identity Politics, Partisanship, and Voting for Women Candidates." *Public Opinion Quarterly*, 60(1), 30-57.
Pomper, Gerald. 1975. *Voters' Choice: Varieties of American electoral behavior*. New York: Harper & Row.
Rosenthal, Cindy Simon. 1995. "The Role of Gender in Descriptive Representation." *Political Research Quarterly*, 48(3), 599-611.
Seltzer, Richard A., Jody Newman, and Melissa V. Leighton. 1997. *Sex As a Political Variable: Women as Candidates and Voters in U.S. Elections*. Boulder, CO: Lynne Rienner.
Thompson, Seth, and Janie Steckenrider. 1997. "The Relative Irrelevance of Candidate Sex." *Women and Politics*, 17(4), 71-92.

부록

문항목록
회의록
찾아보기

아산정책연구원
2012 총선·대선 패널조사 문항목록

측정항목	질문내용	1차	2차	3차	4차	5차	6차	7차
응답자 특성	총선 관심도	Q01						
	대선 관심도			Q01	Q01	Q01	Q01	
	과거 투표참여					Q02		
	투표의향	Q02			Q02	Q03 Q27		
	응답자 이념성향	Q08		Q08	Q07		Q06	Q08
	정치효능감(외재적)	Q22	Q27					Q21
	정치효능감(내재적)	Q23	Q28					Q22
	정치효능감(내재적)	Q24	Q29					Q23
	17대 대선 투표	Q25						
	정치대화 빈도		Q02					
	정치관심도			Q03	Q03	Q04		
	정치지식: 한일군사정보보호협정		Q20					
	정치지식: 대통령 임기		Q21					
	정치지식: 국회의원 의석수		Q22					
	정치지식: 국무총리 이름		Q23					
	정치지식: 여당 이름		Q24					
	정치참여: 서명운동		Q25					
	정치참여: 모임이나 집회 참여		Q26					

측정항목	질문내용	1차	2차	3차	4차	5차	6차	7차
투표 행태	총선투표 여부	Q01						
	대선투표 여부							Q02
	대선후보투표							Q022
	대선 기권이유							Q026
	지역구 후보자 지지	Q03						
	비례대표(정당) 지지	Q04						
	지역구 후보자 투표	Q02						
	지역구 후보자 투표이유	Q03						
	비례대표(정당) 투표	Q04						
	비례대표 투표 이유(정책/이념)	Q05						
	비례대표 투표 이유(지도부 능력/자질)	Q06						
	비례대표 투표 이유 (새누리당 만족 vs. 여당 심판론)	Q07						
	투표결정시기	Q08						Q023
	투표시간(개방형)							Q021
	투표시간						Q031	
	대선후보 선택이유				Q14	Q13		
	대선후보 선택 변경이유(개방형)					Q14		Q025
	대선후보 지지(다자구도)		Q06	Q14	Q13	Q12	Q11	Q09
	대선후보 지지강도						Q111	Q091

측정항목	질문내용	1차	2차	3차	4차	5차	6차	7차
투표 행태	지지후보 변경 가능성						Q112	Q092
	가깝게 느끼는 대선후보						Q113	Q093
	대선후보 지지(양자구도): 박근혜 대 안철수			Q16				
	대선후보 지지(양자구도): 박근혜 대 문재인			Q17				
	대선후보 지지(양자구도): 박근혜 대 문재인				Q15			
	대선후보 지지(양자구도): 박근혜 대 안철수(무소속)				Q16			
	대선후보 지지(양자구도): 박근혜 대 안철수(민주당)				Q17			
	안철수 사퇴 전, 대선후보 지지						Q10	
	안철수의 문재인 지지선언 효과						Q11	
선거 요인	선거 경합도	Q05						
	선거에 대한 평가		Q10					
	선거결과 만족도		Q11					Q01
	선거의 공정성 평가		Q12					Q11
	선거 당선후보 예측			Q15		Q17	Q12	
	선거결과 전망			Q18		Q18	Q13	

부록: 문항목록

측정항목		질문내용	1차	2차	3차	4차	5차	6차	7차
정당 요인		정당일체감	Q12		Q12			Q03	
		정당일체감: 지지정당 유무				Q11 Q113	Q06 Q063		Q13 Q133
		정당일체감: 지지정당				Q111 Q114	Q061 Q064		Q131 Q134
		정당일체감: 정당 지지강도				Q112	Q062		Q132
		새누리당 이념성향	Q09						
		민주통합당 이념성향	Q10						
		통합진보당 이념성향	Q11						
		야권 단일화 평가		Q13					
		정당 호감도: 새누리당		Q15	Q05		Q07		
		정당 호감도: 민주통합당		Q16	Q06		Q08		
		정당 호감도: 통합진보당		Q17	Q07		Q09		
		정당 호감도: 진보정의당					Q10		
정치인 요인		정치인 호감도: 이명박		Q18					
		정치인 호감도: 박근혜		Q19		Q04		Q04	
		정치인 호감도: 한명숙		Q20					
		정치인 호감도: 문재인		Q21		Q05		Q05	
		정치인 호감도: 안철수		Q22		Q06			
		정치인 이념성향: 박근혜				Q09	Q08		Q07 Q14

측정항목		질문내용	1차	2차	3차	4차	5차	6차	7차
정치인 요인		정치인 이념성향: 안철수			Q10	Q10			
		정치인 이념성향: 문재인			Q11	Q09		Q08	Q15
		정치인 자질평가(국정운영 능력): 박근혜				Q18			
		정치인 자질평가(국정운영 능력): 문재인				Q19			
		정치인 자질평가(국정운영 능력): 안철수				Q20			
		정치인 자질평가(도덕성): 박근혜				Q21			
		정치인 자질평가(도덕성): 문재인				Q22			
		정치인 자질평가(도덕성): 안철수				Q23			
		정치인 자질평가(리더십): 박근혜						Q23	
		정치인 자질평가(리더십): 문재인						Q24	
		정치인 자질평가(신뢰): 박근혜						Q25	
		정치인 자질평가(신뢰): 문재인						Q26	
정부 평가		이명박 국정운영 평가	Q07	Q04					
		이명박 국정운영 평가: 회고적					Q05	Q02	Q09
		노무현 국정운영 평가: 회고적							Q10
		민주주의에 대한 만족도		Q23		Q23			

부록: 문항목록

측정항목	질문내용	1차	2차	3차	4차	5차	6차	7차
이슈 태도	한미 FTA에 대한 의견	Q13						
	총선에 대한 평가	Q14						
	대북정책에 대한 의견	Q15						
	복지정책에 대한 의견	Q16						
	민간인 사찰에 대한 의견	Q17						
	정부의 재벌규제에 대한 의견		Q24					
	국가경제 평가	Q18				Q14		
	개인경제 평가	Q19				Q15		
	국가경제 전망	Q20				Q16		
	개인경제 전망	Q21				Q17		
	차기 대통령 중요 국정 과제			Q19	Q25		Q12	
	야권 단일화: 야권 대선후보 적합도				Q24			
	투표결정 영향 이슈		Q09					Q024
	투표결정 영향요인: 후보자의 소속정당					Q12		Q03
	투표결정 영향요인: 후보자의 능력과 경력					Q13		Q04
	투표결정 영향요인: 후보자의 정책 및 공약					Q14		Q05
	투표결정 영향요인: 후보자의 도덕성					Q15		Q06
	투표결정 영향요인: 후보자의 당선가능성					Q16		Q07

측정항목	질문내용	1차	2차	3차	4차	5차	6차	7차
이슈 태도	이명박 정부심판론에 대한 의견					Q19		
	박근혜 후보 공동책임론에 대한 의견					Q20		
	야권 단일화 만족도					Q21		
	여성 대통령론에 대한 의견					Q22		
	일자리창출 정책 평가: 박근혜 대 문재인						Q18	
	대북정책 평가: 박근혜 대 문재인						Q19	
	복지정책 평가: 박근혜 대 문재인						Q20	
	정치개혁안 평가: 박근혜 대 문재인						Q21	
	경제민주화 정책: 박근혜 대 문재인						Q22	
매체 이용	정치정보 습득경로	Q25						
	인터넷 매체의 영향력 평가	Q26						
	인터넷 매체이용 빈도				Q26			
	매체 공정성: TV방송					Q24		
	매체 공정성: 일간신문					Q25		
	매체 공정성: 인터넷 포털					Q26		
	대선 TV 토론 시청여부						Q27	
	TV 토론 이후 대선후보 지지						Q271	

측정항목	질문내용	1차	2차	3차	4차	5차	6차	7차
매체 이용	대선 TV 토론 평가: 대선후보						Q272	
	대선관련 SNS이용 빈도							Q16
	대선관련 SNS 정치참여: 사진/동영상 업로드							Q17
	대선관련 SNS 정치참여: 메시지							Q18
	대선관련 SNS 정치참여: 홈페이지 방문							Q19
	대선관련 인터넷 이용: 의견변화 경험							Q20
인구 사회학적 변수	거주지역	SQ1	SQ1	SQ1	SQ1	SQ1	SQ1	SQ1
	성별	SQ2	SQ2	SQ2	SQ2	SQ2	SQ2	SQ2
	연령	SQ3	SQ3	SQ3	SQ3	SQ3	SQ3	SQ3
	교육수준	DQ1						
	직업	DQ2						
	월평균 가구소득	DQ3						
	종교	DQ4						
	고향	DQ5						
	거주지역(시군구)	DQ6-1	DQ1 DQ2 DQ3	DQ1 DQ2 DQ3	DQ1	DQ1	DQ1	DQ1
	거지주역(읍면동)	DQ6-2	DQ4	DQ4	DQ1	DQ1	DQ1	DQ1
문항수	215	35	33	36	34	39	36	37

아산정책연구원 선거연구
2012년 총선 · 대선 패널 1차 조사

안녕하십니까? 저는 리서치앤리서치의 면접원 OOO 입니다. 저희는 아산정책연구원의 의뢰를 받아 올해 있을 총선/대선과 관련해 전 국민을 대상으로 여론조사를 실시하고 있습니다. 이번 조사는 올해 대선 직후까지 총 6번 선생님의 의견을 전화로 여쭙게 되며, 매 조사 후 전국 편의점에서 현금처럼 사용하실 수 있는 상품권 천원권을 사례로 지급해드립니다. 또한 마지막 조사 후에는 추첨으로 총 300만원 상당의 경품을 지급합니다.

RQ1 선생님께서는 이번 조사 및 향후 조사에 참여하시겠습니까?

① 예 (감사합니다. 선생님의 답변은 통계법에 의해 엄격히 보호되며, 자세한 경품 내역 및 조사 관련 안내는 문자메시지로 보내드리겠습니다.)

② 아니오 → 면접 중단

SQ1 선생님께서는 현재 어느 지역에 살고 계십니까?

① 서울	② 부산	③ 대구	④ 인천
⑤ 광주	⑥ 대전	⑦ 울산	⑧ 경기
⑨ 강원	⑩ 충북	⑪ 충남	⑫ 전북
⑬ 전남	⑭ 경북	⑮ 경남	⑯ 제주

SQ2 성별 (질문하지 말 것: 목소리로 판단할 것!)

① 남자　　② 여자

SQ3 선생님의 연령은 올해 만으로 어떻게 되십니까?

　　　　＿＿＿＿＿＿세 (▶만 19세 미만 면접중단!)

먼저 국회의원 선거와 관련해 몇 가지 여쭤보겠습니다

Q01 선생님께서는 이번 11일에 있을 국회의원 선거에 얼마나 관심이 있으십니까?

① 매우 관심이 많다　　　② 대체로 관심이 있다
③ 별로 관심이 없다　　　④ 전혀 관심이 없다

Q02 선생님께서는 이번 국회의원 선거에 투표할 생각이십니까, 투표하지 않을 생각이십니까?

① 반드시 투표할 생각이다　　　② 가급적 투표할 생각이다
③ 별로 투표할 생각이 없다　　　④ 투표할 가능성이 전혀 없다

이번 국회의원 선거는 지역구 국회의원을 선택하는 투표와 함께, 비례대표 국회의원을 뽑는 정당투표도 진행됩니다.

Q03 지역구 국회의원 선거에서는 어느 정당의 후보에게 투표하시겠습니까?

① 새누리당 후보　　　② 민주통합당 후보
③ 자유선진당 후보　　　④ 통합진보당 후보
⑤ 창조한국당 후보　　　⑥ 국민생각 후보
⑦ 무소속 후보　　　⑧ 기타정당 후보 (　　　　)

Q04 정당투표에서는 어느 정당을 선택하시겠습니까?

① 새누리당　　　② 민주통합당　　　③ 자유선진당
④ 통합진보당　　　⑤ 창조한국당　　　⑥ 국민생각
⑦ 기타정당 (　　　　)

Q05 선생님께서는 이번 국회의원 선거에서 선생님의 지역구 당선자가 어떻게 결정될 것으로 생각하십니까?

① 내가 지지하는 후보가 큰 차이로 승리할 것이다
② 내가 지지하는 후보가 근소한 차이로 승리할 것이다
③ 내가 지지하지 않는 후보가 근소한 차이로 승리할 것이다
④ 내가 지지하지 않는 후보가 큰 차이로 승리할 것이다

다음은 12월에 있을 대통령 선거와 관련하여 여쭙겠습니다

Q06 선생님께서는 이번 대통령 선거에서 다음 중 어떤 인물을 뽑으시겠습니까?

① 김두관   ② 김문수   ③ 문재인
④ 박근혜   ⑤ 손학규   ⑥ 안철수
⑦ 유시민   ⑧ 이회창   ⑨ 정동영
⑩ 정몽준   ⑪ 정세균   ⑫ 정운찬
⑬ 기타 (   )

다음은 이명박 대통령의 국정수행에 대해 여쭤보겠습니다

Q07 선생님께서는 이명박 대통령이 국정운영을 잘하고 있다고 보십니까? 아니면 잘못하고 있다고 보십니까?

① 매우 잘하고 있다   ② 다소 잘하고 있다
③ 다소 잘못하고 있다   ④ 매우 잘못하고 있다

선생님과 정당의 이념성향에 대해 여쭤보겠습니다

Q08 '매우 진보적이다'를 0, '중도적이다'를 5, '매우 보수적이다'를 10으로 했을 때, 선생님의 이념성향은 어디에 가장 가깝다고 보십니까? 0에서 10 사이의 숫자로 말씀해 주세요.

Q09 그럼, 새누리당의 이념성향은 어디에 가장 가깝다고 보십니까? 0에서 10 사이의 숫자로 말씀해주세요.

Q10 그럼, 민주통합당의 이념성향은 어디에 가장 가깝다고 보십니까? 0에서 10 사이의 숫자로 말씀해주세요.

Q11 그럼, 통합진보당의 이념성향은 어디에 가장 가깝다고 보십니까? 0에서 10 사이의 숫자로 말씀해주세요.

보기	매우 진보적	중도적	매우 보수적
	0—1—2—3—4—5—6—7—8—9—10		

Q12 선생님께서는 다음 중 어느 정당을 지지하십니까?
　① 새누리당　　　　② 민주통합당
　③ 자유선진당　　　④ 통합진보당
　⑤ 창조한국당　　　⑥ 국민생각
　⑦ 기타정당 (　　　)

다음은 최근의 사회 현안에 대한 선생님의 생각을 몇 가지 여쭤보겠습니다

Q13 선생님께서는 한미 FTA에 대한 다음의 의견 중 어느 쪽에 동의하십니까?
　① 한미 FTA는 차질 없이 추진되어야 한다
　② 한미 FTA는 폐기되어야 한다

Q14 선생님께서는 이번 국회의원 선거와 관련한 다음 의견 중 어느 쪽에 동의하십니까?
　① 이명박 정권 심판을 위해 야당 후보를 지지해야 한다
　② 무책임한 야당을 규탄하기 위해 여당 후보를 지지해야 한다

Q15 선생님께서는 향후 남북관계에 대한 다음의 의견 중 어느 쪽에 동의하십니까?
① 경제적 지원 및 대화와 설득을 통해 북한의 변화를 이끌어내야 한다
② 북한이 변화하기 이전에는 경제적 지원을 재개하면 안 된다

Q16 선생님께서는 복지 정책에 대한 다음의 의견 중 어느 쪽에 가장 동의하십니까?
① 세금을 더 내더라도 가능한 한 많은 사람이 동일한 복지혜택을 누려야 한다
② 세금이 낭비될 수 있으므로 복지혜택은 꼭 필요한 사람에게 집중되어야 한다

Q17 선생님께서는 요즈음 논란이 되고 있는 민간인 사찰과 관련한 다음의 의견 중 어느 쪽에 동의하십니까?
① 이전 참여정부에서도 있던 일이기 때문에 현 정부의 잘못만은 아니다
② 과거의 관행여부를 떠나 개인의 사생활을 침해한 현 정부의 잘못이 크다

다음은 경제 상황 및 전망에 대해 몇 가지 여쭤보겠습니다

Q18 선생님께서는 4년 전과 비교해 우리나라의 경제사정이 어떻게 되었다고 보십니까?

Q19 그럼, 선생님께서는 4년 전과 비교해 선생님 댁의 경제사정이 어떻게 되었다고 보십니까?
① 매우 좋아졌다   ② 좋아진 편이다
③ 나빠진 편이다   ④ 매우 나빠졌다

Q20 앞으로 우리나라의 경제사정은 어떻게 될 것이라고 보십니까?

Q21 그럼, 앞으로 선생님 댁의 경제사정은 어떻게 될 것이라고 보십니까?
① 매우 좋아질 것이다   ② 좋아질 것이다
③ 나빠질 것이다   ④ 매우 나빠질 것이다

선생님께서는 다음 주장에 대해 어떻게 생각하십니까?

Q22 우리나라에서는 대다수 국민들의 의사와 상관없이 소수의 사람이 정부와 정치를 좌우한다

Q23 우리 같은 사람은 정부가 하는 일에 대해 말할 자격이나 능력이 없다

Q24 투표는 아주 많은 사람들이 하기 때문에 내가 투표하는가 안 하는가는 중요하지 않다.

① 매우 그렇다 ② 대체로 그렇다
③ 별로 그렇지 않다 ④ 전혀 그렇지 않다

Q25 선생님께서는 지난 2007년 대통령 선거에서 어느 후보에게 투표하셨습니까?

① 대통합민주신당 정동영 ② 한나라당 이명박
③ 민주노동당 권영길 ④ 민주당 이인제
⑤ 창조한국당 문국현 ⑥ 무소속 이회창
⑦ 기타 후보 (   ) ⑧ 투표하지 않았다
⑨ 투표권 없었다

끝으로 통계처리를 위해 몇 가지 여쭤보겠습니다

DQ1 선생님께서는 학교를 어디까지 마치셨습니까?

① 중졸 이하 ② 고졸
③ 대학교 재학 ④ 대졸 이상

DQ2 선생님의 직업은 무엇입니까?

① 농업/임업/어업

② 자영업 (상업, 소규모 장사, 개인택시운전사 등)

③ 판매/영업/서비스직 (상점 점원, 세일즈맨, 방문 판매원, 미용사 등)

④ 기능/숙련직 (운전기사, 세탁, 선반, 목공, 기능공 등)

⑤ 생산/노무직 (제조업 생산직, 현장직업, 일용노무직, 청소관리, 경비원 등)

⑥ 사무직 (차장이하 사무직, 초중고 교사, 6급이하 공무원)

⑦ 경영/관리직 (5급이상 공무원, 기업체 부장 이상)

⑧ 전문/자유직 (변호사, 의사, 건축사, 교수, 예술가, 종교지도자 등)

⑨ 가정주부 (가사와 육아만 하는 전업주부)

⑩ 학생

⑪ 무직

⑫ 기타

DQ3 보너스를 포함한 선생님 댁 가족 전체의 월 평균 소득은 얼마입니까?

① 100만원 이하 ② 101-200 만원

③ 201-300만원 ④ 301-400만원

⑤ 401-500만원 ⑥ 501만원 이상

DQ4 선생님의 종교는 무엇입니까?

① 개신교 ② 천주교

③ 불교 ④ 종교 없다

⑤ 기타 종교

DQ5 선생님의 고향은 어디십니까?

① 서울　　② 부산　　③ 대구　　④ 인천
⑤ 광주　　⑥ 대전　　⑦ 울산　　⑧ 경기
⑨ 강원　　⑩ 충북　　⑪ 충남　　⑫ 전북
⑬ 전남　　⑭ 경북　　⑮ 경남　　⑯ 제주
⑰ 이북　　⑱ 해외

DQ6-1 선생님께서는 OO(SQ1의 응답)에 살고 있다고 하셨는데요, 어느 시/군/구 인가요?

　　　(　　　　시/군/구)

DQ6-2 그럼, 무슨 읍/면/동 인가요?

　　　(　　　)

설문이 모두 끝났습니다. 협조해 주셔서 대단히 감사합니다.

아산정책연구원 선거연구
2012년 총선 · 대선 패널 2차 조사

안녕하십니까? 저는 리서치앤리서치의 면접원 OOO 입니다. 저희는 아산정책연구원의 의뢰를 받아 올해 있을 총선/대선과 관련해 전 국민을 대상으로 여론조사를 실시하고 있습니다. 지난 1차 조사에 참여해주신 것을 다시 한 번 감사드립니다. 오늘은 2차 조사를 진행하기 위해 전화를 드렸으며, 지난번과 같이, 전국 편의점에서 현금처럼 사용하실 수 있는 상품권 천원권을 사례로 지급해드립니다. 또한, 선생님의 답변은 통계법에 의해 엄격히 보호됩니다. 잠시만 시간을 내어 조사에 참여해주시길 부탁드립니다.

SQ1 선생님께서는 현재 어느 지역에 살고 계십니까?

① 서울 ② 부산 ③ 대구 ④ 인천
⑤ 광주 ⑥ 대전 ⑦ 울산 ⑧ 경기
⑨ 강원 ⑩ 충북 ⑪ 충남 ⑫ 전북
⑬ 전남 ⑭ 경북 ⑮ 경남 ⑯ 제주

SQ2 성별 (질문하지 말 것: 목소리로 판단할 것!)

① 남자 ② 여자

SQ3 선생님의 연령은 올해 만으로 어떻게 되십니까?

_____ 세 (▶만 19세 미만 면접중단!)

먼저 국회의원 선거와 관련해 몇 가지 여쭤보겠습니다

Q01 선생님께서는 지난 11일에 있었던 국회의원 선거에 투표하셨습니까?

① 투표했다 ▶Q02로

② 투표하지 않았다 ▶Q08로

이번 국회의원 선거는 지역구 국회의원을 선택하는 투표와 비례대표 국회의원을 뽑는 정당투표를 진행했습니다.

Q02 지역구 국회의원 선거에서는 어느 정당의 후보에게 투표하셨습니까?

① 새누리당 후보 ▶Q03-1로   ② 민주통합당 후보 ▶Q03-2로

③ 자유선진당 후보 ▶Q03-2로   ④ 통합진보당 후보 ▶Q03-2로

⑤ 무소속 후보 ▶Q03-2로   ⑥ 기타정당 후보 (   ) ▶Q03-2로

Q03-1 (Q02의 ① 응답자만) 지역구 국회의원으로 새누리당 후보에게 투표하신 가장 큰 이유는 다음 중 무엇입니까?

① 후보의 인물됨됨이가 마음에 들어서

② 후보의 공약/유세가 마음에 들어서

③ 주변의 평판이 좋아서/주변에서 권유해서

④ 지지하는 정당 후보라서

⑤ 당선 가능성이 높은 후보라서

⑥ 우리 지역을 잘 아는 후보라서

⑦ 지도부 인사가 직접 지역구를 챙겨서

⑧ 여당에 힘을 실어주기 위해서

⑨ 기타 (   )

Q03-2 (Q02의 ① 응답자 제외) 지역구 국회의원으로 OOO 후보(Q02 응답)에게 투표하신 가장 큰 이유는 다음 중 무엇입니까?
① 후보의 인물됨됨이가 마음에 들어서
② 후보의 공약/유세가 마음에 들어서
③ 주변의 평판이 좋아서/주변에서 권유해서
④ 지지하는 정당 후보라서
⑤ 당선 가능성이 높은 후보라서
⑥ 우리 지역을 잘 아는 후보라서
⑦ 지도부 인사가 직접 지역구를 챙겨서
⑧ 여당을 견제하기 위해서
⑨ 기타 (   )

Q04 비례대표를 뽑는 정당투표에서는 어느 정당에 투표하셨습니까?
① 새누리당 ▶Q05로   ② 민주통합당 ▶Q05로
③ 자유선진당 ▶Q05로   ④ 통합진보당 ▶Q05로
⑤ 기타정당 (   ) ▶Q05로

Q05 선생님께서 비례대표 정당으로 OOO당(Q04의 응답)에게 투표하기로 결정하실 때, "OOO당(Q04의 응답)의 정책 및 이념"이 얼마나 영향을 주었습니까? '전혀 영향을 주지 않았다'를 0, '보통이다'를 5, '매우 많이 영향을 주었다'를 10으로 할 때, 0에서 10사이의 숫자로 말씀해 주세요.

Q06 그럼, "OOO당(Q04의 응답) 지도부의 능력과 자질"이 비례대표를 뽑는 정당투표 결정에 얼마나 영향을 주었습니까? 0에서 10사이의 숫자로 말씀해 주세요.

Q07-1 그럼, (Q04의 ① 응답자만) "새누리당에 대한 만족"이 비례대표를 뽑는 정당투표 결정에 얼마나 영향을 주었습니까? 0에서 10사이의 숫자로 말씀해 주세요.

Q07-2 그럼, (Q04의 ① 응답자 제외) "집권여당 심판론"이 비례대표를 뽑는 정당투표 결정에 얼마나 영향을 주었습니까? 0에서 10사이의 숫자로 말씀해 주세요.

보기	전혀 영향을 주지 않았다　　　　보통이다　　　　매우 많이 영향을 주었다
	0——1——2——3——4——5——6——7——8——9——10

Q08 선생님께서는 이번 국회의원 선거에서 투표할 후보와 정당을 언제 결정하셨습니까?
　① 각 정당에서 지역구에 출마할 후보를 결정하기 전에 결정(3월 이전)
　② 각 정당에서 지역구에 출마할 후보를 확정한 직후 결정(3월 중순 경)
　③ 선거 운동 시작 시기에 결정(3월 말~4월초)
　④ 선거 운동 막바지시기에 결정(선거 2~3일전)
　⑤ 투표 당일에 결정(4월 11일)

Q09 선생님께서 이번 국회의원 선거에서 투표할 후보와 정당을 결정하는 데 가장 영향을 미친 사항은 다음 중 무엇입니까?
　① 민주통합당 김용민 후보의 막말 파문
　② 청와대 민간인 사찰 논란
　③ 제주 해군기지 건설 문제
　④ KBS, MBC 등 언론사 파업
　⑤ 한미 FTA 논란
　⑥ 북한 미사일 발사 위협
　⑦ 기타 (　　　　)

Q10 선생님께서는 이번 선거에 대한 정당들의 주장 중 어느 쪽에 더 공감하십니까?

① 이명박 정부를 심판해야 한다는 민주통합당, 통합진보당 등 야당의 주장

② 거대야당을 견제해야 한다는 새누리당의 주장

Q11 선생님께서는 이번 국회의원 선거결과에 대해 얼마나 만족하십니까?

① 매우 만족한다   ② 만족하는 편이다

③ 불만족하는 편이다   ④ 매우 불만족한다

Q12 선생님께서는 현 정부가 이번 국회의원 선거를 얼마나 공정하게 관리했다고 생각하십니까?

① 매우 공정하게 관리했다   ② 공정하게 관리한 편이다

③ 공정하게 관리하지 못한 편이다   ④ 전혀 공정하게 관리하지 못했다

Q13 민주통합당과 통합진보당은 이번 선거에서 양당 후보의 단일화 및 공동정책 발표 등 선거 연대를 했습니다. 선생님께서는 이러한 야권연대에 대해 긍정적으로 생각하십니까? 혹은 부정적으로 생각하십니까?

① 매우 긍정적이다   ② 긍정적인 편이다

③ 부정적인 편이다   ④ 매우 부정적이다

다음은 12월에 있을 대통령 선거와 관련하여 여쭙겠습니다

Q14 선생님께서는 이번 대통령 선거에서 다음 중 어떤 인물을 뽑으시겠습니까?

① 김두관   ② 김문수   ③ 문재인   ④ 박근혜

⑤ 손학규   ⑥ 안철수   ⑦ 유시민   ⑧ 정동영

⑨ 정몽준   ⑩ 정세균   ⑪ 정운찬   ⑫ 기타 (   )

다음은 정당에 대한 의견을 여쭤보겠습니다

Q15 '매우 싫어한다'를 0, '보통이다'를 5, '매우 좋아한다'를 10으로 했을 때, 선생님께서는 새누리당에 대해 어떻게 생각하십니까? 0에서 10 사이의 숫자로 말씀해주세요.

Q16 그럼, 민주통합당에 대해서는 어떻게 생각하십니까? 0에서 10 사이의 숫자로 말씀해주세요.

Q17 그럼, 통합진보당에 대해서는 어떻게 생각하십니까? 0에서 10 사이의 숫자로 말씀해주세요.

보기	매우 싫어한다					보통이다					매우 좋아한다
	0	1	2	3	4	5	6	7	8	9	10

지금부터는 우리나라의 몇몇 지도자들에 대해 여쭤보겠습니다.

Q18 '매우 싫어한다'를 0, '보통이다'를 5, '매우 좋아한다'를 10으로 했을 때, 선생님께서는 이명박 대통령에 대해서 어떻게 생각하십니까? 0에서 10 사이의 숫자로 말씀해주세요.

Q19 그럼, 박근혜 새누리당 선거대책위원장에 대해서는 어떻게 생각하십니까? 0에서 10 사이의 숫자로 말씀해주세요.

Q20 그럼, 한명숙 민주통합당 대표에 대해서는 어떻게 생각하십니까? 0에서 10 사이의 숫자로 말씀해주세요.

Q21 그럼, 문재인 국회의원 당선자에 대해서는 어떻게 생각하십니까? 0에서 10 사이의 숫자로 말씀해주세요.

Q22 그럼, 안철수 교수에 대해서는 어떻게 생각하십니까? 0에서 10 사이의 숫자로 말씀해주세요.

보기	매우 싫어한다	보통이다	매우 좋아한다
	0—1—2—3—4—5—6—7—8—9—10		

Q23 '매우 불만족스럽다'를 0, '보통이다'를 5, '매우 만족스럽다'를 10으로 할 때, 선생님께서는 현재 우리나라의 민주주의에 대해 전반적으로 어떻게 생각하십니까? 0에서 10 사이의 숫자로 말씀해주세요.

보기	매우 불만족스럽다	보통이다	매우 만족스럽다
	0—1—2—3—4—5—6—7—8—9—10		

Q24 선생님께서는 정부의 재벌 규제에 대한 다음의 의견 중 어느 쪽에 더 동의하십니까?
  ① 재벌개혁은 시장기능에 맡기고 가능한 간섭하지 말아야 한다
  ② 재벌에 대한 정부의 규제를 지금보다 강화해야 한다

다음은 매체이용에 대해 여쭤보겠습니다.
Q25 선생님께서는 평소 정치 관련 정보를 어느 경로를 통해 가장 많이 얻으십니까?
  ① 텔레비전 ▶종료
  ② 라디오 ▶종료
  ③ 신문 ▶종료
  ④ 인터넷 포털 사이트(네이버, 다음 등) ▶Q26으로
  ⑤ 인터넷 커뮤니티 및 소셜 네트워크[(SNS: 트위터, 미투데이, 페이스북 등)] ▶Q26으로
  ⑥ 주변 지인 ▶종료
  ⑦ 기타 경로 ▶종료
  ⑧ 없음 ▶종료

Q26 (Q25의 ④, ⑤응답자만) 이번 총선에서 인터넷을 통해 접한 정치관련 뉴스나 정보가 선생님의 투표 결정에 얼마나 영향을 주었다고 생각하십니까?

① 매우 영향을 주었다　　　　② 영향을 준 편이다
③ 영향을 주지 않은 편이다　　④ 전혀 영향을 주지 않았다

설문이 모두 끝났습니다. 협조해 주셔서 대단히 감사합니다.

아산정책연구원 선거연구
2012년 총선·대선 패널 3차 조사

안녕하십니까? 저는 리서치앤리서치의 면접원 OOO 입니다. 저희는 아산정책연구원의 의뢰를 받아 올해 있을 대선과 관련해 전 국민을 대상으로 여론조사를 실시하고 있습니다. 지난 1~2차 조사에 참여해주신 것을 다시 한 번 감사드립니다. 오늘은 3차 조사를 진행하기 위해 전화를 드렸으며, 지난번과 같이, 전국 편의점에서 현금처럼 사용하실 수 있는 상품권 천원권을 사례로 지급해드립니다. 또한, 선생님의 답변은 통계법에 의해 엄격히 보호됩니다. 잠시만 시간을 내어 조사에 참여해주시길 부탁드립니다.

SQ1 선생님께서는 현재 어느 지역에 살고 계십니까?

① 서울 ② 부산 ③ 대구 ④ 인천
⑤ 광주 ⑥ 대전 ⑦ 울산 ⑧ 경기
⑨ 강원 ⑩ 충북 ⑪ 충남 ⑫ 전북
⑬ 전남 ⑭ 경북 ⑮ 경남 ⑯ 제주

SQ2 성별 (질문하지 말 것: 목소리로 판단할 것!)

① 남자   ② 여자

SQ3 선생님의 연령은 올해 만으로 어떻게 되십니까?

_____세 (▶만 19세 미만 면접중단!)

Q01 선생님께서는 오는 12월에 있을 대통령 선거에 얼마나 관심이 있으십니까?
　　① 매우 관심이 많다　　　　② 대체로 관심이 있다
　　③ 별로 관심이 없다　　　　④ 전혀 관심이 없다

Q02 선생님께서는 이번 대통령 선거에서 누구를 찍을 것인지에 대해 주위 사람들과 얼마나 자주 이야기를 나누십니까?
　　① 매우 자주 한다　　　　② 대체로 자주하는 편이다
　　③ 별로 하지 않는 편이다　　　④ 전혀 하지 않는다

Q03. 선생님께서는 개인적으로 정치에 어느 정도 관심이 있으십니까?
　　① 매우 관심이 많다　　　　② 대체로 관심이 있다
　　③ 별로 관심이 없다　　　　④ 전혀 관심이 없다

다음은 이명박 대통령의 국정수행에 대해 여쭤보겠습니다

Q04 선생님께서는 이명박 대통령이 국정운영을 잘하고 있다고 보십니까? 아니면 잘못하고 있다고 보십니까?
　　① 매우 잘하고 있다　　　　② 다소 잘하고 있다
　　③ 다소 잘못하고 있다　　　④ 매우 잘못하고 있다

다음은 정당에 대한 의견을 여쭤보겠습니다

Q05 '매우 싫어한다'를 0, '보통이다'를 5, '매우 좋아한다'를 10으로 했을 때, 선생님께서는 새누리당에 대해 어떻게 생각하십니까? 0에서 10 사이의 숫자로 말씀해주세요.

Q06 그럼, 민주통합당에 대해서는 어떻게 생각하십니까? 0에서 10 사이의 숫자로 말씀해주세요.

Q07 그럼, 통합진보당에 대해서는 어떻게 생각하십니까? 0에서 10 사이의 숫자로 말씀해주세요.

보기	매우 싫어한다				보통이다				매우 좋아한다	
	0—1—2—3—4—5—6—7—8—9—10									

다음은 선생님과 주요 정치인의 이념성향에 대해 여쭤보겠습니다

Q08 '매우 진보적이다'를 0, '중도적이다'를 5, '매우 보수적이다'를 10으로 했을 때, 선생님의 이념성향은 어디에 가장 가깝다고 보십니까? 0에서 10 사이의 숫자로 말씀해주세요.

Q09 그럼, 박근혜 의원의 이념성향은 어디에 가장 가깝다고 생각하십니까? 0에서 10 사이의 숫자로 말씀해주세요.

Q10 그럼, 안철수 교수의 이념성향은 어디에 가장 가깝다고 생각하십니까? 0에서 10 사이의 숫자로 말씀해주세요.

Q11 그럼, 문재인 의원의 이념성향은 어디에 가장 가깝다고 생각하십니까? 0에서 10 사이의 숫자로 말씀해주세요.

보기	매우 진보적				중도적				매우 보수적	
	0—1—2—3—4—5—6—7—8—9—10									

Q12 선생님께서는 다음 중 어느 정당을 지지하십니까?
① 새누리당　　　　　② 민주통합당
③ 통합진보당　　　　④ 선진통일당
⑤ 기타정당 (　　　)

다음은 12월에 있을 대통령 선거와 관련하여 몇 가지 여쭙겠습니다

Q13 선생님께서는 이번 대통령 선거에서 다음 중 어떤 인물을 뽑으시겠습니까?
① 박근혜　　　　　　② 김문수
③ 유시민　　　　　　④ 손학규
⑤ 문재인　　　　　　⑥ 안철수
⑦ 김두관　　　　　　⑧ 기타 (　　　)

Q14 선생님께서는 이번 대통령 선거에서 [Q13. 선택후보 이름] 후보에게 투표하시겠다고 하셨는데, 무엇을 보고 투표하겠다고 생각하십니까?
① 도덕성과 청렴성　　② 정치경험
③ 이념과 정책　　　　④ 소속정당
⑤ 대통령 당선가능성　⑥ 출신지역
⑦ 기타 (　　　)

Q15 선생님의 지지여부와 관계없이, 이번 대통령 선거에서는 누가 당선될 것이라고 보십니까?
① 박근혜　　　　　　② 김문수
③ 유시민　　　　　　④ 손학규
⑤ 문재인　　　　　　⑥ 안철수
⑦ 김두관　　　　　　⑧ 기타 (　　　)

Q16 만약 올해 대통령 선거가 박근혜와 안철수 두 후보의 맞대결로 치러진다면, 선생님께서는 어느 후보에게 투표하시겠습니까?

① 박근혜　　　　　　② 안철수

Q17 그렇다면, 올해 대통령 선거가 박근혜와 문재인 두 후보의 맞대결로 치러진다면, 선생님께서는 어느 후보에게 투표하시겠습니까?

① 박근혜　　　　　　② 문재인

Q18 선생님께서는 이번 대통령 선거결과가 어떠할 것으로 예상하십니까?

① 누가 당선될 것인지 이미 결정되어 있다
② 누가 당선될 것인지는 투표일까지 가봐야 안다

Q19 선생님께서는 차기 대통령이 풀어야 할 가장 중요한 과제는 무엇이라고 생각하십니까?

① 경제성장　　　　　② 복지확대
③ 교육분야　　　　　④ 정치행정
⑤ 남북관계　　　　　⑥ 외교안보
⑦ 기타 (　　　)

다음은 정치 및 사회이슈 전반에 대해 몇 가지 여쭤보겠습니다

Q20 다음 중 지난달 우리나라 정부가 일본과 밀실 추진한 것이 밝혀지면서 파문이 된 것은 무엇입니까?

① 군사정보보호협정　　② 청구권협정
③ 상호군수지원협정　　④ 자유무역협정

Q21 현재 우리나라 대통령의 임기는 몇 년입니까? (　　　)년

Q22 현재 우리나라 국회의원 총 의석수는? (   )석

Q23 현재 우리나라 국무총리는 누구입니까? (   )

Q24 현재 우리나라의 여당은 어느 정당입니까? (   )

선생님께서는 지난 1년간 다음과 같은 행위를 하신 적이 있습니까?
Q25 사회현안과 관련된 온·오프라인 서명운동에 참여한 적이 있다.

Q26 정치모임이나 집회에 참가한 적이 있다
　　① 예(있다)　　　　　　　　② 아니오(없다)

선생님께서는 다음 주장에 대해 어떻게 생각하십니까?
Q27 우리나라에서는 대다수 국민들의 의사와 상관없이 소수의 사람이 정부와 정치를 좌우한다.

Q28 우리 같은 사람은 정부가 하는 일에 대해 말할 자격이나 능력이 없다.

Q29 투표는 아주 많은 사람들이 하기 때문에 내가 투표하는가 안 하는가는 중요하지 않다.
　　① 매우 그렇다　　　　　　② 대체로 그렇다
　　③ 별로 그렇지 않다　　　　④ 전혀 그렇지 않다

DQ1 선생님께서는 현재 00 지역에 사신다고 하셨는데요, 사시는 광역 시도와 주민등록 주소의 광역 시도가 일치하십니까?
　　① 일치함 → DQ3번으로　② 일치하지 않음→ DQ2번으로

DQ2 그렇다면, 주민등록 주소는 어느 광역 시도입니까?

① 서울　　② 부산　　③ 대구　　④ 인천
⑤ 광주　　⑥ 대전　　⑦ 울산　　⑧ 경기
⑨ 강원　　⑩ 충북　　⑪ 충남　　⑫ 전북
⑬ 전남　　⑭ 경북　　⑮ 경남　　⑯ 제주

DQ3. 선생님께서는 구체적으로 어느 시/군/구에 거주하십니까?
　　　(　　　　시/군/구)

DQ4 그럼, 무슨 읍/면/동 인가요? (　　　　)

설문이 모두 끝났습니다. 협조해 주셔서 대단히 감사합니다.

아산정책연구원 선거연구
2012년 총선·대선 패널 4차 조사

안녕하십니까? 저는 리서치앤리서치의 면접원 OOO 입니다. 저희는 아산정책연구원의 의뢰를 받아 올해 있을 대선과 관련해 전 국민을 대상으로 여론조사를 실시하고 있습니다. 지난 1~3차 조사에 참여해주신 것을 다시 한 번 감사드립니다. 오늘은 4차 조사를 진행하기 위해 전화를 드렸으며, 지난번과 같이, 전국 편의점에서 현금처럼 사용하실 수 있는 상품권 천원권을 사례로 지급해드립니다. 또한, 선생님의 답변은 통계법에 의해 엄격히 보호됩니다. 잠시만 시간을 내어 조사에 참여해주시길 부탁드립니다.

SQ1 선생님께서는 현재 어느 지역에 살고 계십니까?
① 서울   ② 부산   ③ 대구   ④ 인천
⑤ 광주   ⑥ 대전   ⑦ 울산   ⑧ 경기
⑨ 강원   ⑩ 충북   ⑪ 충남   ⑫ 전북
⑬ 전남   ⑭ 경북   ⑮ 경남   ⑯ 제주

SQ2 성별 (질문하지 말 것: 목소리로 판단할 것!)
① 남자   ② 여자

SQ3 선생님의 연령은 올해 만으로 어떻게 되십니까?
_____세 (▶만 19세 미만 면접중단!)

Q01 선생님께서는 오는 12월에 있을 대통령 선거에 얼마나 관심이 있으십니까?
① 매우 관심이 많다   ② 대체로 관심이 있다
③ 별로 관심이 없다   ④ 전혀 관심이 없다

Q02 선생님께서는 이번 대통령 선거에 투표할 생각이십니까, 투표하지 않을 생각이십니까?
① 반드시 투표할 것이다   ② 아마 투표할 것이다
③ 아마 투표하지 않을 것이다   ④ 투표하지 않겠다
⑤ 아직 결정하지 못했다

Q03 선생님께서는 개인적으로 정치에 어느 정도 관심이 있으십니까?
① 매우 관심이 많다   ② 대체로 관심이 있다
③ 별로 관심이 없다   ④ 전혀 관심이 없다

지금부터는 우리나라의 몇몇 지도자들에 대해 여쭤보겠습니다.

Q04 '매우 싫어한다'를 0, '보통이다'를 5, '매우 좋아한다'를 10으로 했을 때, 선생님께서는 새누리당 박근혜 후보에 대해서 어떻게 생각하십니까? 0에서 10 사이의 숫자로 말씀해주세요.

Q05 그럼, 민주통합당 문재인 후보에 대해서는 어떻게 생각하십니까? 0에서 10 사이의 숫자로 말씀해주세요.

Q06 그럼, 무소속 안철수 후보에 대해서는 어떻게 생각하십니까? 0에서 10 사이의 숫자로 말씀해주세요.

보기	매우 싫어한다	보통이다	매우 좋아한다
	0—1—2—3—4—5—6—7—8—9—10		

다음은 선생님의 이념 및 정치성향에 대해 몇 가지 여쭤보겠습니다

Q07 '매우 진보적이다'를 0, '중도적이다'를 5, '매우 보수적이다'를 10으로 했을 때, 선생님의 이념성향은 어디에 가장 가깝다고 보십니까? 0에서 10 사이의 숫자로 말씀해 주세요.

Q08 그럼, 새누리당 박근혜 후보의 이념성향은 어디에 가장 가깝다고 생각하십니까? 0에서 10 사이의 숫자로 말씀해주세요.

Q09 그럼, 민주통합당 문재인 후보의 이념성향은 어디에 가장 가깝다고 생각하십니까? 0에서 10 사이의 숫자로 말씀해주세요.

Q10 그럼, 무소속 안철수 후보의 이념성향은 어디에 가장 가깝다고 생각하십니까? 0에서 10 사이의 숫자로 말씀해주세요.

보기	매우 진보적				중도적				매우 보수적	
	0—1—2—3—4—5—6—7—8—9—10									

Q11 선생님께서는 특별히 가깝게 느끼는 정당이 있습니까?

① 있다 ▶Q111번으로 ② 없다 ▶Q113번으로

Q111 그렇다면, 그 정당은 어느 정당입니까?

① 새누리당   ② 민주통합당   ③ 통합진보당
④ 진보정의당   ⑤ 기타 정당 (   )

Q112 선생님께서는 [Q111. 선택정당 이름]에 대해 얼마나 가깝게 느끼십니까? ▶ 응답 후 Q12번으로

　① 상당히 가깝게 느낀다　　② 어느 정도 가깝게 느낀다

Q113 그래도 다른 정당에 비해 조금이라도 더 가깝게 느끼는 정당이 있습니까?

　① 있다 ▶Q114번으로　　② 없다 ▶Q12번으로

Q114 그렇다면, 그 정당은 어느 정당입니까?

　① 새누리당　　　　　② 민주통합당
　③ 통합진보당　　　　④ 진보정의당
　⑤ 기타 정당 (　　　)

다음은 12월에 있을 대통령 선거와 관련하여 몇 가지 여쭤보겠습니다

Q12 선생님께서는 이번 대통령 선거에서 다음 중 어떤 인물을 뽑으시겠습니까?

　① 박근혜　　　　　② 문재인
　③ 이정희　　　　　④ 심상정
　⑤ 안철수　　　　　⑥ 기타 (　　　)

Q13 선생님께서는 이번 대통령 선거에서 [Q12. 선택후보 이름] 후보에게 투표하시겠다고 하셨는데, 무엇을 보고 투표하겠다고 생각하셨습니까?

　① 도덕성과 청렴성　　② 정치경험
　③ 이념과 정책　　　　④ 소속정당
　⑤ 대통령 당선가능성　⑥ 출신지역
　⑦ 기타 (　　　)

Q14 (3차 조사와 지지후보가 달라진 응답자만) 선생님께서는 지난 조사에서 OOO후보를 지지한다고 하셨는데, 이번에 지지하는 후보가 달라지거나 지지하는 후보가 없다고 답하신 이유는 무엇입니까? (   )

다음은 양자대결을 가정하여 12월에 있을 대통령 선거에 대해 몇 가지 여쭙겠습니다

Q15 만약 올해 대통령 선거에 문재인 후보가 야권 단일화를 통해 민주통합당 후보로 나온다면, 선생님께서는 새누리당 박근혜, 민주통합당 문재인 후보 중에서 누구에서 투표하시겠습니까?
① 투표하지 않겠다
② 새누리당 박근혜 후보
③ 민주통합당 문재인 후보

Q16 그렇다면, 올해 대통령 선거에 안철수 후보가 야권 단일화를 통해 무소속 후보로 나온다면, 선생님께서는 새누리당 박근혜, 무소속 안철수 후보 중에서 누구에게 투표하시겠습니까?
① 투표하지 않겠다
② 새누리당 박근혜 후보
③ 무소속 안철수 후보

Q17 만약 올해 대통령 선거에 안철수 후보가 야권 단일화를 통해 민주통합당 후보로 나온다면, 선생님께서는 새누리당 박근혜, 민주통합당 안철수 후보 중에서 누구에서 투표하시겠습니까?
① 투표하지 않겠다
② 새누리당 박근혜 후보
③ 민주통합당 안철수 후보

다음으로는 차기 대통령으로서 갖추어야 할 자질에 대해 몇 가지 여쭙겠습니다. 먼저 주요 대선후보의 국정운영 능력 전반에 대해 묻겠습니다. '전혀 동의하지 않는다'를 1, '보통이다'를 3, '매우 동의한다'를 5로 했을 때, 선생님께서는 다음의 진술문에 얼마나 동의하십니까? 1에서 5 사이의 숫자로 말씀해주세요.

Q18 새누리당 박근혜 후보는 국정운영 능력을 갖추고 있다

Q19 민주통합당 문재인 후보는 국정운영 능력을 갖추고 있다

Q20 무소속 안철수 후보는 국정운영 능력을 갖추고 있다
   ① 전혀 그렇지 않다   ② 별로 그렇지 않다
   ③ 보통이다   ④ 대체로 그렇다
   ⑤ 매우 그렇다

다음은 주요 대선후보의 도덕성에 대해 묻겠습니다. '전혀 동의하지 않는다'를 1, '보통이다'를 3, '매우 동의한다'를 5로 했을 때, 선생님께서는 다음의 진술문에 얼마나 동의하십니까? 1에서 5 사이의 숫자로 말씀해주세요.

Q21 새누리당 박근혜 후보는 도덕적으로 깨끗하다

Q22 민주통합당 문재인 후보는 도덕적으로 깨끗하다

Q23 무소속 안철수 후보는 도덕적으로 깨끗하다
   ① 전혀 그렇지 않다   ② 별로 그렇지 않다
   ③ 보통이다   ④ 대체로 그렇다
   ⑤ 매우 그렇다

Q24 선생님께서는 만약 야권의 후보 단일화가 이루어진다면, 누가 야권의 대선후보가 되어야 한다고 생각하십니까?
① 문재인　　　　　　　② 안철수

Q25 선생님께서는 차기 대통령이 풀어야 할 가장 중요한 과제는 무엇이라고 생각하십니까?
① 사회통합　　　　　　② 경제성장
③ 복지확대　　　　　　④ 교육문제
⑤ 정치개혁　　　　　　⑥ 남북관계
⑦ 외교안보　　　　　　⑧ 기타 (　　　)

다음은 매체이용에 대해 여쭤보겠습니다.

Q26 선생님께서는 인터넷 게시판이나 트위터, 페이스북 같은 소셜 네트워크에 직접 글을 써본 경험이 있습니까?
① 전혀 없다　　　　　　② 한 달에 한 두 번 정도
③ 일주일에 한두 번 정도　④ 일주일에 서너 번 정도
⑤ 매일 쓴다

DQ1 선생님께서는 지난 8월 말과 비교해서 거주지를 옮기셨습니까?
① 그렇다, 옮겼다 (구체적 시군구 및 읍면동:　　　)
② 아니다, 옮기지 않았다.

설문이 모두 끝났습니다. 협조해 주셔서 대단히 감사합니다.

아산정책연구원 선거연구
2012년 총선·대선 패널 5차 조사

안녕하십니까? 저는 리서치앤리서치의 면접원 OOO 입니다. 저희는 아산정책연구원의 의뢰를 받아 올해 있을 대선과 관련해 전 국민을 대상으로 여론조사를 실시하고 있습니다. 지난 1~4차 조사에 참여해주신 것을 다시 한 번 감사드립니다. 오늘은 5차 조사를 진행하기 위해 전화를 드렸으며, 지난번과 같이, 전국 편의점에서 현금처럼 사용하실 수 있는 상품권 천원권을 사례로 지급해드립니다. 또한, 선생님의 답변은 통계법에 의해 엄격히 보호됩니다. 잠시만 시간을 내어 조사에 참여해주시길 부탁드립니다.안녕하십니까? 저는 리서치앤리서치의 면접원 OOO 입니다. 저희는 아산정책연구원의 의뢰를 받아 올해 있을 대선과 관련해 전 국민을 대상으로 여론조사를 실시하고 있습니다. 지난 1-4차 조사에 참여해주신 것을 다시 한 번 감사드립니다. 오늘은 5차 조사를 진행하기 위해 전화를 드렸으며, 지난번과 같이, 전국 편의점에서 현금처럼 사용하실 수 있는 상품권 천원권을 사례로 지급해드립니다. 또한, 선생님의 답변은 통계법에 의해 엄격히 보호됩니다. 잠시만 시간을 내어 조사에 참여해주시길 부탁드립니다.

SQ1 선생님께서는 현재 어느 지역에 살고 계십니까?

① 서울   ② 부산   ③ 대구   ④ 인천
⑤ 광주   ⑥ 대전   ⑦ 울산   ⑧ 경기
⑨ 강원   ⑩ 충북   ⑪ 충남   ⑫ 전북
⑬ 전남   ⑭ 경북   ⑮ 경남   ⑯ 제주

SQ2 성별 (질문하지 말 것: 목소리로 판단할 것!)
　　① 남자　　　　　　② 여자

SQ3 선생님의 연령은 올해 만으로 어떻게 되십니까?
　　_____세 (▶만 19세 미만 면접중단!)

Q01 선생님께서는 이번 대통령 선거에 얼마나 관심이 있으십니까?
　　① 매우 관심이 많다　　　　② 대체로 관심이 있다
　　③ 별로 관심이 없다　　　　④ 전혀 관심이 없다

Q02 선생님께서는 선거에 얼마나 자주 참여하셨습니까?
　　① 매번 참여했다　　　　　② 거의 항상 참여했다
　　③ 때때로 참여했다　　　　④ 거의 참여하지 않았다
　　⑤ 전혀 참여하지 않았다

Q03 선생님께서는 이번 대통령 선거에 투표할 생각이십니까, 투표하지 않을 생각이십니까?
　　① 반드시 투표할 것이다　　② 아마 투표할 것이다
　　③ 아마 투표하지 않을 것이다　④ 투표하지 않겠다
　　⑤ 아직 결정하지 못했다

Q031 (Q03 ① 응답자만) 그렇다면, 선생님께서는 대통령 선거 당일 몇 시경에 투표하실 생각이십니까?
　　① 오전 9시 이전　　　　　② 오전(9시-12시)
　　③ 오후(12시-6시)　　　　　④ 아직 시간을 정하지 않았다
　　⑤ 밝힐 수 없다/잘 모르겠다

Q04 선생님께서는 개인적으로 정치에 어느 정도 관심이 있으십니까?

① 매우 관심이 많다　　　　② 대체로 관심이 있다

③ 별로 관심이 없다　　　　④ 전혀 관심이 없다

다음은 이명박 대통령의 국정수행에 대해 여쭤보겠습니다

Q05 선생님께서는 지난 5년 동안 이명박 대통령이 국정운영을 잘했다고 보십니까? 아니면 잘못했다고 보십니까?

① 매우 잘했다　　　　② 다소 잘했다

③ 다소 잘못했다　　　④ 매우 잘못했다

다음은 정당에 대한 의견을 몇 가지 여쭤보겠습니다

Q06 선생님께서는 우리나라에 있는 정당 중 가깝게 느끼는 정당이 있습니까?

① 있다 ▶Q061번으로　② 없다 ▶Q063번으로

Q06-1 그렇다면, 그 정당은 어느 정당입니까?

① 새누리당　　② 민주통합당　　　③ 통합진보당

④ 진보정의당　⑤ 기타 정당 (　　　　)

Q062 선생님께서는 [Q061. 선택정당 이름]에 대해 얼마나 가깝게 느끼십니까?

▶ 응답 후 Q07번으로

① 상당히 가깝게 느낀다　　② 어느 정도 가깝게 느낀다

Q063 그래도 다른 정당에 비해 조금이라도 더 가깝게 느끼는 정당이 있습니까?

① 있다 ▶Q064번으로　② 없다 ▶Q07번으로

Q064 그렇다면, 그 정당은 어느 정당입니까?

① 새누리당　　　　② 민주통합당　　　　③ 통합진보당

④ 진보정의당　　　⑤ 기타 정당 (　　　)

Q07 '매우 싫어한다'를 0, '보통이다'를 5, '매우 좋아한다'를 10으로 했을 때, 선생님께서는 새누리당에 대해 어떻게 생각하십니까? 0에서 10 사이의 숫자로 말씀해주세요.

Q08 그럼, 민주통합당에 대해서는 어떻게 생각하십니까? 0에서 10 사이의 숫자로 말씀해주세요.

Q09 그럼, 통합진보당에 대해서는 어떻게 생각하십니까? 0에서 10 사이의 숫자로 말씀해주세요.

Q10 그럼, 진보정의당에 대해서는 어떻게 생각하십니까? 0에서 10 사이의 숫자로 말씀해주세요.

보기	매우 싫어한다　　　　　　　보통이다　　　　　　　매우 좋아한다
	0—1—2—3—4—5—6—7—8—9—10

다음은 이번 대통령 선거와 관련하여 몇 가지 여쭤보겠습니다

Q11 선생님께서는 이번 대통령 선거에서 다음 중 어떤 인물을 뽑으시겠습니까?

① 박근혜 ▶Q111번으로　　　② 문재인 ▶Q111번으로

③ 이정희 ▶Q111번으로　　　④ 기타 (　　　) ▶Q111번으로

Q111 (Q10 ①~④ 응답자만) 그럼, 선생님께서는 [Q11. 선택후보 이름]를 얼마나 지지하십니까? '매우 약하다'를 0, '보통이다'를 5, '매우 강하다'를 10으로 했을 때, 0에서 10 사이의 숫자로 말씀해주세요. ▶Q112번으로

보기	매우 약하다					보통이다					매우 강하다
	0	1	2	3	4	5	6	7	8	9	10

Q112 (Q11 ①~④ 응답자만) 선생님께서는 현재 지지하는 후보를 바꿀 가능성이 있습니까? ▶Q12번으로
① 전혀 없다　　　　　　② 없는 편이다
③ 상황에 따라 바꿀 수도 있다　④ 많이 있다

Q113 (Q11 ⑤~⑥ 응답자만) 그래도 다음 중 다른 후보에 비해 조금이라도 더 가깝게 느끼는 후보가 있습니까? ▶Q12번으로
① 박근혜　　　　　　② 문재인
③ 이정희　　　　　　④ 기타 (　　　)
⑤ 없다

Q12 선생님께서 이번 대통령 선거에서 누구에게 투표할지 결정하실 때, "후보자의 소속 정당"이 얼마나 영향을 주었습니까? '전혀 영향을 주지 않았다'를 0, '보통이다'를 5, '매우 많이 영향을 주었다'를 10으로 할 때, 0에서 10사이의 숫자로 말씀해 주세요.

Q13 그럼, "후보자의 능력과 경력"이 대선후보 선택에 얼마나 영향을 주었습니까? 0에서 10사이의 숫자로 말씀해 주세요.

Q14 그럼, "후보자의 정책 및 공약"이 대선후보 선택에 얼마나 영향을 주었습니까? 0에서 10사이의 숫자로 말씀해 주세요.

Q15 그럼, "후보자의 도덕성"이 대선후보 선택에 얼마나 영향을 주었습니까? 0에서 10사이의 숫자로 말씀해 주세요.

Q16 그럼, "후보자의 당선가능성"이 대선후보 선택에 얼마나 영향을 주었습니까? 0에서 10사이의 숫자로 말씀해 주세요.

| 보기 | 전혀 영향을 주지 않았다 　　　　　 보통이다 　　　　　 매우 많이 영향을 주었다
 0—1—2—3—4—5—6—7—8—9—10 |

Q17 선생님께서는 지지여부와 관계없이, 이번 대통령 선거에서 누가 당선될 것이라고 보십니까?
　① 박근혜　　　　　　　② 문재인
　③ 이정희　　　　　　　④ 기타 (　　　)

Q18 선생님께서는 이번 대통령 선거결과가 어떠할 것으로 예상하십니까?
　① 누가 당선될 것인지 이미 결정되어 있다
　② 누가 당선될 것인지는 투표일까지 가봐야 안다

다음은 사회 현안에 대한 선생님의 생각을 몇 가지 여쭤보겠습니다

Q19 선생님께서는 이번 대통령 선거가 이명박 정부를 심판하는 선거라는 주장에 대해 어떻게 생각하십니까?
　① 매우 공감한다　　　　② 대체로 공감한다
　③ 별로 공감하지 않는다　④ 전혀 공감하지 않는다

Q20 선생님께서는 박근혜 후보가 이명박 정부의 공동 책임자라는 주장에 대해 어떻게 생각하십니까?
① 매우 공감한다 ② 대체로 공감한다
③ 별로 공감하지 않는다 ④ 전혀 공감하지 않는다

Q21 선생님께서는 이번 야권후보 단일화결과에 대해 어떻게 생각하십니까?
① 매우 만족한다 ② 대체로 만족한다
③ 불만족하는 편이다 ④ 매우 불만족한다

Q22 선생님께서는 이번 대통령 선거에서 여성이 대통령이 되는 것에 대해 어떻게 생각하십니까?
① 매우 찬성한다 ② 찬성한다
③ 반대한다 ④ 매우 반대한다

Q23 '매우 불만족스럽다'를 0, '보통이다'를 5, '매우 만족스럽다'를 10으로 할 때, 선생님께서는 현재 우리나라의 민주주의에 대해 전반적으로 어떻게 생각하십니까? 0에서 10 사이의 숫자로 말씀해주세요.

보기	매우 불만족스럽다	보통이다	매우 만족스럽다
	0—1—2—3—4—5—6—7—8—9—10		

다음은 대선관련 매체보도에 대해 몇 가지 여쭤보겠습니다.

Q24 선생님께서는 이번 대선과정에서 TV 방송이 얼마나 공정했다고 생각하십니까? '매우 불공정했다'를 0, '보통이다'를 5, '매우 공정했다'를 10으로 할 때, 0에서 10 사이의 숫자로 말씀해주세요.

Q25 그럼, 일간 신문은 얼마나 공정했다고 생각하십니까? 0에서 10 사이의 숫자로 말씀해주세요.

Q26 그럼, 인터넷 뉴스 포털이 얼마나 공정했다고 생각하십니까? 0에서 10 사이의 숫자로 말씀해주세요.

보기	매우 불공정했다	보통이다	매우 공정했다
	0—1—2—3—4—5—6—7—8—9—10		

Q27 '투표할 가능성이 전혀 없다'를 0, '보통이다'를 5, '반드시 투표할 것이다'를 10이라고 할 때, 선생님께서 이번 대통령 선거에 투표할 가능성은 얼마나 되십니까?

보기	투표할 가능성이 전혀 없다	보통이다	반드시 투표할 것이다
	0—1—2—3—4—5—6—7—8—9—10		

DQ1 선생님께서는 지난 11월 초와 비교해서 거주지를 옮기셨습니까?

① 그렇다, 옮겼다 (구체적 시군구 및 읍면동: _____)

② 아니다, 옮기지 않았다.

설문이 모두 끝났습니다. 협조해 주셔서 대단히 감사합니다.

아산정책연구원 선거연구
2012년 총선·대선 패널 6차 조사

안녕하십니까? 저는 리서치앤리서치의 면접원 OOO 입니다. 저희는 아산정책연구원의 의뢰를 받아 올해 있을 대선과 관련해 전 국민을 대상으로 여론조사를 실시하고 있습니다. 지난 1~5차 조사에 참여해주신 것을 다시 한 번 감사드립니다. 오늘은 6차 조사를 진행하기 위해 전화를 드렸으며, 지난번과 같이, 전국 편의점에서 현금처럼 사용하실 수 있는 상품권 천원권을 사례로 지급해드립니다. 또한, 선생님의 답변은 통계법에 의해 엄격히 보호됩니다. 잠시만 시간을 내어 조사에 참여해주시길 부탁드립니다.

SQ1 선생님께서는 현재 어느 지역에 살고 계십니까?

① 서울　　② 부산　　③ 대구　　④ 인천
⑤ 광주　　⑥ 대전　　⑦ 울산　　⑧ 경기
⑨ 강원　　⑩ 충북　　⑪ 충남　　⑫ 전북
⑬ 전남　　⑭ 경북　　⑮ 경남　　⑯ 제주

SQ2 성별 (질문하지 말 것: 목소리로 판단할 것!)

① 남자　　　　② 여자

SQ3 선생님의 연령은 올해 만으로 어떻게 되십니까?

_____세　(▶만 19세 미만 면접중단!)

Q01 선생님께서는 이번 대통령 선거에 얼마나 관심이 있으십니까?

① 매우 관심이 많다　　　② 대체로 관심이 있다

③ 별로 관심이 없다　　　④ 전혀 관심이 없다

다음은 이명박 대통령의 국정수행에 대해 여쭤보겠습니다

Q02 선생님께서는 지난 5년 동안 이명박 대통령이 국정운영을 잘했다고 보십니까? 아니면 잘못했다고 보십니까?

① 매우 잘했다　　　② 다소 잘했다

③ 다소 잘못했다　　　④ 매우 잘못했다

다음은 정당에 대한 의견을 몇 가지 여쭤보겠습니다

Q03 선생님께서는 다음 중 가깝게 느끼는 정당이 있습니까?

① 새누리당　　　② 민주통합당

③ 통합진보당　　　④ 진보정의당

⑤ 기타정당 (　　　　)

Q04 '매우 싫어한다'를 0, '보통이다'를 5, '매우 좋아한다'를 10으로 했을 때, 선생님께서는 새누리당 박근혜 후보에 대해서 어떻게 생각하십니까? 0에서 10 사이의 숫자로 말씀해주세요.

Q05 그럼, 민주통합당 문재인 후보에 대해서는 어떻게 생각하십니까? 0에서 10 사이의 숫자로 말씀해주세요.

보기	매우 싫어한다					보통이다					매우 좋아한다
	0	1	2	3	4	5	6	7	8	9	10

다음은 선생님과 대선후보의 이념성향에 대해 여쭤보겠습니다

Q06 '매우 진보적이다'를 0, '중도적이다'를 5, '매우 보수적이다'를 10으로 했을 때, 선생님의 이념성향은 어디에 가장 가깝다고 보십니까? 0에서 10 사이의 숫자로 말씀해주세요.

Q07 그럼, 박근혜 후보의 이념성향은 어디에 가장 가깝다고 생각하십니까? 0에서 10 사이의 숫자로 말씀해주세요.

Q08 그럼, 문재인 후보의 이념성향은 어디에 가장 가깝다고 생각하십니까? 0에서 10 사이의 숫자로 말씀해주세요.

보기	매우 진보적　　　　　　　　중도적　　　　　　　　매우 보수적
	0—1—2—3—4—5—6—7—8—9—10

다음은 이번 대통령 선거와 관련하여 몇 가지 여쭤보겠습니다

Q09 선생님께서는 이번 대통령 선거에서 다음 중 어떤 인물을 뽑으시겠습니까?

　　① 박근혜 ▶Q091번으로　　② 문재인 ▶Q091번으로

　　③ 이정희 ▶Q091번으로　　④ 기타 (　　　) ▶Q091번으로

　　⑤ 아직 결정하지 않았다 ▶Q093번으로

Q091 (Q09 ①-④ 응답자만) 그럼, 선생님께서는 [Q09. 선택후보 이름]를 얼마나 지지하십니까? '매우 약하다'를 0, '보통이다'를 5, '매우 강하다'를 10으로 했을 때, 0에서 10 사이의 숫자로 말씀해주세요. ▶Q092번으로

보기	매우 약하다　　　　　　　　보통이다　　　　　　　　매우 강하다
	0—1—2—3—4—5—6—7—8—9—10

Q092 (Q09 ①-④ 응답자만) 선생님께서는 현재 지지하는 후보를 바꿀 가능성이 있습니까?
▶ Q10번으로
① 전혀 없다　　　　　　② 없는 편이다
③ 상황에 따라 바꿀 수도 있다　④ 많이 있다

Q093 (Q09 ⑤-⑦ 응답자만) 그래도 다음 중 다른 후보에 비해 조금이라도 더 가깝게 느끼는 후보가 있습니까? ▶ Q10번으로
① 박근혜　　　　　　② 문재인
③ 이정희　　　　　　④ 기타 (　　　)
⑤ 없다

Q10 선생님께서는 안철수 전 예비후보 사퇴 이전, 다음 중 어느 후보를 지지하셨습니까?
① 박근혜　　　　　　② 문재인
③ 안철수　　　　　　④ 기타 (　　　)
⑤ 지지하던 후보가 없었다

Q11 최근 안철수 전 예비후보는 민주통합당 문재인 후보에 대한 지원활동을 시작했습니다. 선생님께서는 안철수 전 예비후보의 지원이 문재인 후보의 득표에 얼마나 도움이 된다고 생각하십니까?
① 매우 도움이 된다　　　② 다소 도움이 된다
③ 별로 도움이 되지 않는다　④ 전혀 도움이 되지 않는다

Q12 선생님께서는 지지여부와 관계없이, 이번 대통령 선거에서 누가 당선될 것이라고 보십니까?
① 박근혜 ② 문재인
③ 이정희 ④ 기타 (   )

Q13 선생님께서는 이번 대통령 선거결과가 어떠할 것으로 예상하십니까?
① 누가 당선될 것인지 이미 결정되어 있다
② 누가 당선될 것인지는 투표일까지 가봐야 안다

다음은 경제 상황 및 전망에 대해 몇 가지 여쭤보겠습니다

Q14 선생님께서는 5년 전과 비교해 우리나라의 경제사정이 어떻게 되었다고 보십니까?

Q15 그럼, 선생님께서는 5년 전과 비교해 선생님 댁의 경제사정이 어떻게 되었다고 보십니까?
① 매우 좋아졌다 ② 좋아진 편이다
③ 나빠진 편이다 ④ 매우 나빠졌다

Q16 앞으로 우리나라의 경제사정은 어떻게 될 것이라고 보십니까?

Q17 그럼, 앞으로 선생님 댁의 경제사정은 어떻게 될 것이라고 보십니까?
① 매우 좋아질 것이다 ② 좋아질 것이다
③ 나빠질 것이다 ④ 매우 나빠질 것이다

다음은 대선후보에 대해 몇 가지 여쭤보겠습니다

Q18 선생님께서는 박근혜, 문재인 후보의 일자리 창출 정책에 대하여 어떻게 생각하십니까?

Q19 그렇다면, 대북 정책에 대하여 어떻게 생각하십니까?

Q20 그렇다면, 복지 정책에 대하여 어떻게 생각하십니까?

Q21 그렇다면, 정치개혁안에 대하여 어떻게 생각하십니까?

Q22 그렇다면, 경제민주화 정책에 대하여 어떻게 생각하십니까?
　　① 박근혜 후보의 정책이 더 낫다
　　② 문재인 후보의 정책이 더 낫다
　　③ 두 후보의 정책에 대해 잘 모른다
　　④ 두 후보의 정책 사이에 차이를 발견하기 어렵다

다음으로는 차기 대통령으로서 갖추어야 할 자질에 대해 몇 가지 여쭙겠습니다. '전혀 동의하지 않는다'를 1, '보통이다'를 3, '매우 동의한다'를 5로 했을 때, 선생님께서는 다음의 진술문에 얼마나 동의하십니까? 1에서 5 사이의 숫자로 말씀해주세요.

Q23 새누리당 박근혜 후보는 리더십이 있다

Q24 민주통합당 문재인 후보는 리더십이 있다
　　① 전혀 그렇지 않다　② 별로 그렇지 않다　　③ 보통이다
　　④ 대체로 그렇다　　⑤ 매우 그렇다

Q25 새누리당 박근혜 후보는 신뢰할 수 있다

Q26 민주통합당 문재인 후보는 신뢰할 수 있다
　　① 전혀 그렇지 않다　② 별로 그렇지 않다　　③ 보통이다
　　④ 대체로 그렇다　　⑤ 매우 그렇다

다음은 대선후보 TV 토론에 대해 몇 가지 여쭤보겠습니다.

Q27 선생님께서는 최근 진행된 대선후보 TV 토론을 시청하셨습니까?

① 두 번 이상 시청했다 ▶Q271번으로

② 한 번만 시청했다   ▶Q271번으로

③ 시청하지 않았지만 언론과 주변사람들을 통해 들었다 ▶Q271번으로

④ 시청하지도 않았고 전혀 알지 못했다

Q271 (Q27 ①, ② 응답자만) 선생님께서는 최근 진행된 대선후보 TV 토론 이후, 후보자에 대해 어떻게 생각하게 되었습니까?

① 지지하던 후보를 더 좋아하게 되었다

② 지지하던 후보를 바꾸지는 않았지만 좋아하는 마음이 약해졌다

③ 특별히 달라진 것이 없다

④ 지지하던 후보를 바꾸게 되었다

⑤ 지지하던 후보가 없었는데 지지하는 후보가 새로 생겼다

Q272 (Q27 ①, ② 응답자만) 선생님께서는 지지여부와 관계없이, 어느 후보가 가장 토론을 잘했다고 생각하십니까?

① 박근혜   ② 문재인

③ 이정희   ④ 기타 (   )

DQ1 선생님께서는 지난 2주 동안 거주지를 옮기셨습니까?

① 그렇다, 옮겼다 (구체적 시군구 및 읍면동: _____)

② 아니다, 옮기지 않았다.

설문이 모두 끝났습니다. 협조해 주셔서 대단히 감사합니다.

아산정책연구원 선거연구
2012년 총선·대선 패널 7차 조사

안녕하십니까? 저는 리서치앤리서치의 면접원 000 입니다. 저희는 아산정책연구원의 의뢰를 받아 이번 대선과 관련해 전 국민을 대상으로 여론조사를 실시하고 있습니다. 지난 1~6차 조사에 참여해주신 것을 다시 한 번 감사드립니다. 오늘은 7차 조사를 진행하기 위해 전화를 드렸으며, 지난번과 같이, 전국 편의점에서 현금처럼 사용하실 수 있는 상품권 천원권을 사례로 지급해드립니다. 또한, 선생님의 답변은 통계법에 의해 엄격히 보호됩니다. 잠시만 시간을 내어 조사에 참여해주시길 부탁드립니다.

SQ1 선생님께서는 현재 어느 지역에 살고 계십니까?

① 서울   ② 부산   ③ 대구   ④ 인천
⑤ 광주   ⑥ 대전   ⑦ 울산   ⑧ 경기
⑨ 강원   ⑩ 충북   ⑪ 충남   ⑫ 전북
⑬ 전남   ⑭ 경북   ⑮ 경남   ⑯ 제주

SQ2 성별 (질문하지 말 것: 목소리로 판단할 것!)

① 남자   ② 여자

SQ3 선생님의 연령은 올해 만으로 어떻게 되십니까?

_____세 (▶만 19세 미만 면접중단!)

먼저 이번 대통령 선거와 관련하여 몇 가지 여쭤보겠습니다

Q01 제 18대 대통령 선거는 지난 19일 치러졌습니다. 선생님께서는 이번 대통령 선거결과에 대해 얼마나 만족하십니까?

① 매우 만족한다 ② 만족하는 편이다
③ 불만족하는 편이다 ④ 매우 불만족한다

Q02 사람들은 때때로 아프거나, 바빠서 투표를 하지 못하기도 하는데요. 선생님께서는 지난 19일에 있었던 대통령 선거에 투표하셨습니까?

① 투표하지 않았다 ▶Q026번으로
② 늘 투표하는 편이나 이번에는 하지 않았다 ▶Q026번으로
③ 투표하려고 했지만 사정상 하지 못했다 ▶Q026번으로
④ 투표했다 ▶Q021번으로

Q021 (Q02 ④ 응답자만) 그렇다면, 선생님께서는 대통령 선거 당일 몇 시경에 투표하셨습니까? (   )

Q022 (Q02 ④ 응답자만) 선생님께서는 이번 대통령 선거에서 다음 중 누구에게 투표를 하셨습니까?

① 박근혜 ② 문재인
③ 기타 (   )

Q023 (Q02 ④ 응답자만) 선생님께서는 이번 대통령 선거에서 투표할 후보를 언제 결정 하셨습니까?

① 주요 정당에서 대선후보를 확정하기 전에 결정(9월 중순 이전)
② 대선후보 최종등록 이전에 결정(9월말~11월말)
③ 선거운동 시작 시기에 결정(12월초)
④ 선거운동 막바지 시기에 결정(선거 2~3일전)
⑤ 투표 당일에 결정(12월 19일)

Q024 (Q02 ④ 응답자만) 선생님께서 이번 대통령 선거에서 투표할 후보를 결정하는데 가장 영향을 미친 사항은 다음 중 무엇입니까?

① 북한의 장거리 로켓 발사
② 국정원 여직원 사건
③ 안철수 전 교수의 문재인 후보 지원
④ 이정희 전 대표의 대선후보 사퇴
⑤ 노무현 전 대통령의 NLL(서해 북방한계선)관련 발언
⑥ 여성 대통령론
⑦ TV 토론에서 드러난 후보역량
⑧ 기타 (   )
⑨ 없음

Q025 (Q02 ④ 응답자 중, 직전 조사와 투표 후보가 달라진 응답자만) 선생님께서는 지난 조사에서 OOO후보를 지지한다고 하셨는데, 이번 대선에서 OOO후보에게 투표하신 이유는 무엇입니까? (   )

Q026 (Q02 ①~③ 응답자만) 그렇다면, 선생님께서는 왜 투표를 하지 않으셨습니까?

　　① 회사나 집안 일로 시간이 없어서
　　② 내 한 표가 선거결과를 바꿀 수 없어서
　　③ 후보자간의 정책적 차이가 별로 없어서
　　④ 정치에는 관심이 없어서
　　⑤ 내가 지지하던 후보가 사퇴해서
　　⑥ 기타 (　　　)

Q03 선생님께서 이번 대통령 선거에서 누구에게 투표할지 결정하실 때, "후보자의 소속 정당"이 얼마나 영향을 주었습니까? '전혀 영향을 주지 않았다'를 0, '보통이다'를 5, '매우 많이 영향을 주었다'를 10으로 할 때, 0에서 10사이의 숫자로 말씀해 주세요.

Q04 그럼, "후보자의 능력과 경력"이 대선후보 선택에 얼마나 영향을 주었습니까? 0에서 10사이의 숫자로 말씀해 주세요.

Q05 그럼, "후보자의 정책 및 공약"이 대선후보 선택에 얼마나 영향을 주었습니까? 0에서 10사이의 숫자로 말씀해 주세요.

Q06 그럼, "후보자의 도덕성"이 대선후보 선택에 얼마나 영향을 주었습니까? 0에서 10사이의 숫자로 말씀해 주세요.

Q07 그럼, "후보자의 당선가능성"이 대선후보 선택에 얼마나 영향을 주었습니까? 0에서 10사이의 숫자로 말씀해 주세요.

보기	전혀 영향을 주지 않았다					보통이다					매우 많이 영향을 주었다
	0	1	2	3	4	5	6	7	8	9	10

다음은 선생님의 이념성향에 대해 여쭤보겠습니다

Q08 '매우 진보적이다'를 0, '중도적이다'를 5, '매우 보수적이다'를 10으로 했을 때, 선생님의 이념성향은 어디에 가장 가깝다고 보십니까? 0에서 10 사이의 숫자로 말씀해 주세요.

보기	매우 진보적	중도적	매우 보수적
	0—1—2—3—4—5—6—7—8—9—10		

다음은 역대 대통령의 국정수행에 대해 여쭤보겠습니다

Q09 선생님께서는 지난 5년 동안 이명박 대통령이 국정운영을 잘했다고 보십니까? 아니면 잘못했다고 보십니까?

① 매우 잘했다   ② 다소 잘했다
③ 다소 잘못했다   ④ 매우 잘못했다

Q10 그렇다면, 선생님께서는 노무현 전 대통령이 국정운영을 잘했다고 보십니까? 아니면 잘못했다고 보십니까?

① 매우 잘했다   ② 다소 잘했다
③ 다소 잘못했다   ④ 매우 잘못했다

Q11 선생님께서는 현 정부가 이번 대통령 선거를 얼마나 공정하게 관리했다고 생각하십니까?

① 매우 공정하게 관리했다
② 공정하게 관리한 편이다
③ 공정하게 관리하지 못한 편이다
④ 전혀 공정하게 관리하지 못했다

Q12 선생님께서는 차기 대통령이 풀어야 할 가장 중요한 과제는 무엇이라고 생각하십니까?

① 사회통합　　　② 경제성장　　　③ 복지확대

④ 교육문제　　　⑤ 정치개혁　　　⑥ 남북관계

⑦ 외교안보　　　⑧ 기타 (　　　)

다음은 정당에 대한 의견을 몇 가지 여쭤보겠습니다

Q13 선생님께서는 우리나라에 있는 정당 중 가깝게 느끼는 정당이 있습니까?

① 있다 ▶Q131번으로　　　② 없다 ▶Q133번으로

Q131 그렇다면, 그 정당은 어느 정당입니까?

① 새누리당　　　② 민주통합당

③ 통합진보당　　　④ 진보정의당

⑤ 기타 정당 (　　　)

Q132 선생님께서는 [Q131. 선택정당 이름]에 대해 얼마나 가깝게 느끼십니까?

▶ 응답 후 Q14번으로

① 상당히 가깝게 느낀다　　　② 어느 정도 가깝게 느낀다

Q133 그래도 다른 정당에 비해 조금이라도 더 가깝게 느끼는 정당이 있습니까?

① 있다 ▶Q134번으로　　　② 없다 ▶Q14번으로

Q134 그렇다면, 그 정당은 어느 정당입니까?

① 새누리당　　　② 민주통합당

③ 통합진보당　　　④ 진보정의당

⑤ 기타 정당 (　　　)

다음은 대선후보의 이념성향에 대해 여쭤보겠습니다

Q14 '매우 진보적이다'를 0, '중도적이다'를 5, '매우 보수적이다'를 10으로 했을 때, 박근혜 당선인의 이념성향은 어디에 가장 가깝다고 생각하십니까? 0에서 10 사이의 숫자로 말씀해주세요.

Q15 그럼, 문재인 후보의 이념성향은 어디에 가장 가깝다고 생각하십니까? 0에서 10 사이의 숫자로 말씀해주세요.

보기	매우 진보적	중도적	매우 보수적
	0—1—2—3—4—5—6—7—8—9—10		

다음은 대선관련 매체이용에 대해 몇 가지 여쭤보겠습니다.

Q16 선생님께서는 지난 1년 동안 트위터나 페이스북, 미투데이 같은 SNS(소셜 네트워크 서비스)를 얼마나 자주 사용하셨습니까?

① 거의 매일　　　　　　② 일주일에 서너번 이상
③ 일주일에 한두번 이상　④ 거의 사용하지 않았다
⑤ 전혀 사용하지 않았다

선생님께서는 올해 4월 총선이나 이번 대선기간 중에 인터넷과 SNS(소셜 네트워크 서비스)를 통해 아래와 같은 행동을 하신 적이 있습니까?

Q17 정치나 선거에 관련된 글이나 사진, 동영상 등을 인터넷이나 SNS(소셜 네트워크 서비스)에 올린 적이 있다

Q18 친구와 지인들에게 SNS(소셜 네트워크 서비스)나 이메일, 핸드폰 문자, 카카오톡 메시지 등으로 투표참여를 호소한 적이 있다

Q19 정당이나 후보자의 인터넷 홈페이지를 방문해본 적이 있다
① 있다   ② 없다

Q20 선생님께서는 인터넷에서 접한 정보 때문에 기존에 갖고 계시던 정치적 견해나 의견을 바꾼 경험이 있습니까?
① 자주 경험한다   ② 종종 경험한다
③ 별로 경험하지 못했다   ④ 전혀 그런 경험이 없다

선생님께서는 다음 주장에 대해 어떻게 생각하십니까?

Q21 우리나라에서는 대다수 국민들의 의사와 상관없이 소수의 사람이 정부와 정치를 좌우한다

Q22 우리 같은 사람은 정부가 하는 일에 대해 말할 자격이나 능력이 없다

Q23 투표는 아주 많은 사람들이 하기 때문에 내가 투표하는가 안 하는가는 중요하지 않다
① 매우 그렇다   ② 대체로 그렇다
③ 별로 그렇지 않다   ④ 전혀 그렇지 않다

DQ1 선생님께서는 지난 2주 동안 거주지를 옮기셨습니까?
① 그렇다, 옮겼다 (구체적 시군구 및 읍면동:)
② 아니다, 옮기지 않았다.

설문이 모두 끝났습니다. 협조해 주셔서 대단히 감사합니다.

아산 선거연구 회의록

회의일자: 2012년 4월 2일

회의주제	총선 · 대선 패널조사 계획 수립 및 1차 조사 설계

회의내용	1. 전체 조사설계
	(1) 표본구성
	   1) 아산정책연구원에서 2011년부터 수행한 15차례의 조사를 통해 확보한 휴대폰 임의걸기 (RDD) 방식 추출표본 15,000여 명 중, 3,000명의 응답표본을 할당추출(quota sampling: 성, 연령대, 지역)을 통해 구성.
	   2) 패널조사 최종 응답표본 목표: 2,000명
	
	(2) 패널조사
	   1) 목적: 2012년 총선부터 대선까지의 기간 동안 유권자의 투표 의사결정 과정을 추적. 20년 만에 총선과 대선이 함께 있는 해에 진행되는 선거연구로 학술적 · 저널리스트적 접근 사이의 접점을 찾는 것이 목표.
	   2) 패널유지 방안: 조사 참여의 의미부여, 즉각적 인센티브, 조사시기 사전 공지, 조사기간 중 지속적 공지로 관심 촉구
	   3) 설문문항 수: 최대 25문항
	
	(3) 단행본 출판 계획 및 챕터 주제 예시
	   1) 총선과 대선 직후 각각 단행본 1권씩 출판 목표
	   2) 유권자의 특성에 따른 투표행태 차이 분석: 중도 vs. 무당파 유권자
	   3) 선거관련 이슈의 영향: 한미 FTA, 제주 해군기지, 정당 공천과정 등
	
	(4) 패널조사 실사 일정(잠정적)
	   - 총 6회의 패널조사 실시 예정
	   1) 총선 전: 4월 7~9일 경
	   2) 총선 직후: 4월 11~12일 경
	   3) 대선 전: 8월말 (주요 정당의 대선후보 경선시기 고려)
	   4) 대선후보 결정 후: 11월 경 (선거 정세변화 반영하여 유동적으로)
	   5) 대선 1주일 전
	   6) 대선 직후
	
	2. 1차 조사 설문문항 토의
	(1) 인구학적 변수: 거주지(시군구, 읍면동), 성별, 연령, 교육수준, 직업, 소득, 종교, 고향
	(2) 응답자 특성: 선거 관심도, 투표의향, 응답자 이념성향, 정치효능감, 17대 대선 투표
	(3) 투표행태: 지역구 후보자 지지, 비례대표(정당) 지지, 대선후보 지지(다자구도)
	(4) 정당요인: 지지정당, 정당별 이념성향
	(5) 정부평가: 이명박 대통령 국정운영 평가
	(6) 이슈에 대한 태도: 한미 FTA, 총선, 대북정책, 복지정책, 민간인 사찰, 경제투표

회의일자: 2012년 4월 9일

회의주제	1차 조사 진행현황 보고 및 2차 조사 설계

회의내용	1. 1차 조사 진행 현황
	(1) 완료부수: 2,086부(2012년 4월 8일 기준)
	   1) 아산정책연구원에서 확보한 휴대폰 RDD 추출 표본 15,000여명에서 약 1,500명 패널 응답표본을 구축한 후, 부족한 표본은 추가 생성한 번호(휴대전화 RDD)를 이용하여 구축.
	   2) 고연령층 여성 표본 부족분은 가구전화 RDD를 이용하여 구축: 가구전화 접촉으로 휴대전화 번호 파악 후, 2차 조사부터 휴대전화 번호로 조사 실시 → 9일 오후부터 가구전화 RDD를 이용해 조사 진행 (아산정책연구원 월례조사 가구전화 RDD 표본을 이용).
	   3) 가구전화 RDD를 추가로 이용하는 것은 문제되지 않지만, 추후 패널 유지율을 높이기 위해 패널모집 및 접촉방법을 개선할 필요가 있음.
	
	2. 2차 조사 설계
	(1) 인구사회학적 변수(신규 응답자만)는 2차 조사에 불포함
	
	(2) 2차 조사 설문문항
	   1) 정당 선호도: 3개 또는 4개 주요 정당 대상 (3~4 문항)
	   2) 투표행태: 투표여부, 후보자 투표, 후보자 및 비례대표 선택이유 (4~5문항)
	   3) 선거 공정성: 선관위 평가 또는 선거관리에 대한 평가 (1문항)
	   4) 민주주의 평가: 민주주의에 대한 평가 또는 현재 만족도 (1문항)
	   5) 투표결정 영향요인: 보수/진보진영 관련 이슈의 수(예: 김용민 막말 파문, 민간인 사찰 논란 등)를 동일하게 응답지 구성 (1문항)
	   6) 투표결정 시기: 총선 투표 의사결정 시기 (1문항)
	
	3. 2차 조사 실사 일정: 총선 직후 (설문 확정 후 12일부터 실사 시작)

회의일자: 2012년 4월 12일

회의주제	총선결과 토의 및 2차 조사 문항 확정
회의내용	1. 총선결과 토의 (1) 박근혜 효과: 지방에서 인물요소가 위력을 발휘함 → 유력대선후보 예상: 새누리당 '박근혜' vs. 야권후보 미정 (2) 지역주의: 호남·영남의 지역주의 투표 경향이 지속됨 (3) 충청지역: 자유선진당의 몰락으로 보수 성향 새누리당에 대한 지지가 두드러짐 (4) 진보성향 젊은층의 결집 효과는 서울 지역에 한정됨 2. 2차 조사 문항수정 제안내용 (1) 비례대표 선택이유를 세분화: 인물/지도부, 정책/이념, 지역구 후보자, 매체, 주위의 권유→ 정당투표 선택이유를 3~4문항으로 구분하여 측정. (2) 후보 단일화의 효과 문항 추가: 야권연대의 영향을 측정하는 문항. (3) 매체이용 문항: 정치정보 습득 채널 문항만 남기고, 인터넷이나 SNS 이용 문항을 추가하는 방안. 3. 2차 조사 실사 일정: 회의 직후 시작

회의일자: 2012년 4월 20일

회의주제	선거연구 단행본 구성방안 논의

회의내용	1. 2차 조사 결과
	(1) 패널 유지율: 76.5% (표본수: 1차 3,062, 2차 2,342)
	(2) 패널 응답자 이탈 문제: 이탈 응답자의 인구학적 변수/정치적 특성 분석 필요
	(3) 향후 표본유지 계획: 일정 표본수준 유지위해 각 조사마다 신규 패널 응답자 추가하여 표본수 2,500명 유지
	
	2. 단행본 구성: 학술논문과 언론 보도기사 중간 수준의 글이 될 것
	(1) 총론: 조사 자료에 대한 기술적 분석과 총선에 대한 전반적 평가 (박찬욱)
	(2) 조사 방법론 정리: 가중치가 적용된 분석결과를 비교, 자료이용의 일관성을 확보하기 위해 분석에 이용한 자료를 명시
	(3) 주요 주제
	  1) 무당파 유권자의 변화: 정당, 이념성향 변화에 대한 논의와 무당파의 인구학적 속성, 정치적 성향 (조원빈)
	  2) 유권자에 대한 세대별 분석: 2030 세대의 총선 투표 결정이 대선에 갖는 함의 (박원호)
	  3) 대선후보전망: 총선 투표참여 유권자의 대선 지지후보 (김지윤)
	  4) 매체이용과 유권자의 투표행위 (이상신)
	  5) 비례대표(정당투표): 지지정당 vs. 정당투표의 차이 분석 (한정훈)
	  6) 이슈와 투표행위: 총선관련 단기/장기이슈가 투표에 미친 영향 (우정엽)
	
	** 단행본에서 다루어져야 하지만, 담당자가 정해지지 않은 주제
	  1) 분할투표: 민주통합당 + 통합진보당의 야권연대 지지층
	    (선거에서 나타난 일시적 지지 vs. 향후 정책적 연합을 고려한 지지인지)
	  2) 투표참여 vs. 기권층 유권자 비교: 1차 투표의향, 2차 투표여부 문항 이용
	
	(4) 단행본 작성 일정
	  1) 4월 30일: 초록 작성하여 전체 회람
	  2) 5월 중 회의: 단행본 전반의 방향을 정하고, 주제 조율
	  3) 5월 31일: 원고작성 마감일
	  4) 6월 중: 최종 원고 편집 및 출판
	
	3. 데이터 작업 요구사항
	  1) 선거구 변수 추가: 개방형 문항변수를 지역구 변수로 구성
	  2) 설문 초기 문항과 재코딩 문항을 원자료에 그대로 포함

회의일자: 2012년 7월 26일

회의주제	단행본 편집 및 3차 조사 논의
회의내용	1. 단행본 원고 편집회의 (1) 단행본 시리즈 및 제목(안) 　1) "아산정책연구원 선거연구 시리즈1" 　2) 1~2차 패널조사: "한국 유권자의 선택1: 19대 총선" 　3) 3~7차 패널조사: "한국 유권자의 선택2: 18대 대선" (2) 전체 단행본 구성 및 챕터별 제목(안) 　1) 서문 (박찬욱) 　2) 패널조사의 방법/패널조사 어떻게 했나?/19대 총선 여론조사 어떻게 했나? (배종찬) 　3) 대선 전초전으로서의 19대 총선 (박찬욱) 　4) 누가, 왜 투표했나? 누가 투표의향을 바꾸었나? (강신구) 　5) 정당호감도의 원천/본질/뿌리/기반/정체 (한정훈) 　6) 야권연대와 분할투표 (강원택) 　7) 무당파의 선택은? (조원빈) 　8) 19대 총선은 빠지면서 '세대효과'가 들어가는 제목 (박원호) 　9) 선거이슈와 유권자의 선택 (우정엽, 강충구) 　10) Web 2.0에서 소셜 네트워크 서비스로 (이상신) 　11) 2% 부족한 박근혜 대세론 (김지윤) (3) 원고 수정 요구사항 　1) 개념/용어 일치 　　① 1차 조사의 지지정당의 경우 '정당일체감'으로 통일 　　② 정당선호도/호오도(11점 척도 문항)는 '정당호감도'로 통일 　　③ 연령군/연령층은 '연령대'로 통일 　　④ 정당일체감과 투표행위(태도/행위차원)의 개념은 서로 구분되어야 함 　2) 챕터 구성: 참고문헌은 각 챕터 맨 뒤에 위치 　3) 본문 내, 조사자료 인용: '아산정책연구원 (선거연구) 패널조사 1~2차 자료' 2. 추가조사 목적 및 일정 (1) 3차 조사: 패널 이탈율을 낮추기 위해 추가조사 실시 　1) 일정: 여야 경선일정을 고려하여 대선후보가 결정되기 전 　2) 문항 설계: 설문문항에 대한 의견은 이메일로 공유 (2) 측정문항: 　1) 후보자(인물) 평가: 자질, 도덕성 등의 차원으로 나눠서 측정 　2) 양자구도 문항: 박근혜 vs. 안철수, 박근혜 vs. 문재인 　3) 이슈관련 문항: 정치인 발언(예: 박근혜, 5. 16은 불가피한 선택), 정책관련 이슈 　4) 대선후보 지지이유 측정 문항: 주요 이유를 폐쇄형 문항으로 구성하는 방안 고려할 것

회의일자: 2012년 10월 29일

회의주제	4차 조사 설계

회의내용	1. 4차 조사 설문문항
	(1) 대선후보 투표선택(다자구도): 박근혜/문재인/안철수 + 이정희, 심상정
	
	(2) 양자구도 문항: 단일화 상황에 따른 투표선택 문항으로 구성
	  1) 응답지 구성: 후보자(rotation), 투표하지 않겠다(fixed)
	  2) 설문문항 구성: 새누리당 박근혜 vs. 야권단일후보의 가상대결
	     새누리당 박근혜 vs. 민주통합당 문재인
	     새누리당 박근혜 vs. 무소속 안철수
	     새누리당 박근혜 vs. 민주통합당 안철수
	
	(3) 단일화에 대한 문항: 야권 단일화 후보 적합도(문재인 vs. 안철수)
	(4) 지지후보 변경이유: 지난 조사의 대선후보 지지를 확인하여 지지후보 변경이유를 묻는 문항 (개방형)으로 구성
	
	(5) 정당일체감: 단순하게 지지하는 정당을 묻는 문항 대신에 3단계로 질문
	  1) 지지정당 유무
	  2) (지지정당 있음)어느 정당을 지지하는지, (지지정당 없음)그래도 가깝게 느끼는 정당은?
	  3) 정당지지 강도(11점 척도)
	
	(6) 대선후보에 대한 평가: 국정운영 능력, 도덕성, 소통능력
	  1) ○○후보는 국정운영 능력이 뛰어나다
	  2) ○○후보는 도덕적으로 깨끗하다
	  3) ○○후보는 소통능력이 뛰어나다
	  → 측정: 5점 척도(전혀 그렇지 않다, 별로 그렇지 않다, 보통이다, 대체로 그렇다, 매우 그렇다); 문항 수가 많을 경우, 소통능력 문항 삭제
	(7) 매체이용: 2차 조사에 사용한 문항을 기반으로 정치정보 습득경로 문항 추가
	(8) 이슈문항: 3차 조사에 사용한 문항을 기반으로 차기 대통령 중요과제 문항 추가
	
	2. 조사 일정 및 향후 회의 일정
	(1) 설문지 확정: 11월 2일, (전체 회람을 통해 4차 조사 설문지 확정)
	(2) 실사 일정: 11월 3~10, 11일
	(3) 회의 일정: 11월 16일

회의일자: 2012년 11월 16일

회의주제	4차 조사결과 토의 및 5차 조사 설계

회의내용	1. 야권 단일화 문항 워딩
	- 경쟁력/적합도 중 택해야 함: 4차 조사에 포함된 문항은 적합도에 가까운 워딩임
	
	2. 향후 조사일정
	(1) 5차 조사: 야권 단일화 이후, 공식 선거운동 기간(11월 27일부터~)
	(2) 6차 조사: 12월 10일 이후
	(3) 7차 조사: 12월 19일, 선거일 당일
	
	3. 5차 조사 계획
	(1) 설문지 작성: 다음 주(11월 넷째 주 설문지 초안, 이메일 회람)
	(2) 5차 조사에 포함되어야 할 문항
	  1) 대선후보 지지문항: 다자/양자구도 지지
	  2) 정당지지/가깝게 느끼는 정당여부
	
	4. 문항구성 참고사항
	(1) 무당파의 최소/최대 비율 분석
	  3~4차 조사의 정당 지지문항 이용 (예)
	
	| 3차 조사
		4차 조사	무당파 비율 |
			|---|---|---|
			| 지지정당 없음 | 지지정당 없음 | 최소값 |
			| 정당지지층 +
			지지정당 없음 | 지지정당 없음 | 최대값 |
			
			(2) 정당 지지문항
			  1) 기존 조사문항/4차 조사문항 중 어느 문항을 포함시킬지 결정 필요
			  2) 정당지지문항 워딩 문제: 선생님께서는 (특별히) 가깝게 느끼는 정당이 있습니까?
			  3) 투표의향 문항: 투표의향 후보문항을 데일리 폴에 추가하여 테스트
			    예) 총선투표여부 × 투표의향 높은 응답자= 적극 투표층
			  4) 야권 단일화 TV 토론관련 문항: 문재인, 안철수 후보간 토론 일정이 확정되는 대로 문항
			    구성이 필요

회의일자: 2012년 11월 29일

회의주제	5차 조사 설계
회의내용	1. 5차 조사 설문문항 (1) 정치관심도 문항 유지: 정치관심도 추적 (2) 대통령 국정수행 문항 유지 　－ 이명박 정부에 대한 회고적 평가와 대선후보 지지 사이의 관계 분석 (3) 대선후보 혐오도 문항 삭제: 당선되어서는 안 된다고 생각하는 후보가 있습니까? (4) 지지후보 변경의향: 대선후보 지지의 하위문항으로 배치 　1) 지지후보가 있는 응답자: 지지후보 변경의향 　2) 잘모름/무응답 응답자: 대선후보 지지에 대해 재질문 (그래도 다음 중 다른 후보에 비해 조금이라도 더 가깝게 느끼는 후보가 있습니까?) (5) 이슈태도에 대한 문항 추가 　1) 이명박 정부 심판론에 대한 공감도 　2) 야당의 박근혜 공동책임론에 대한 공감도 (6) 여성 대통령론 문항 추가: 이번 대선에서 여성이 대통령이 되는 것에 대해 어떻게 생각하십니까? (7) 민주주의 만족도 문항 추가 2. 6차 조사 설문 예비문항 (1) TV 토론 문항: TV 토론 일정을 고려하여 6차 조사에서 실시 (2) 이슈태도(1, 2차 조사의 정책관련 문항) 　1) 대북정책, 복지정책, 재벌규제에 대한 의견 　2) 응답지 수정 필요 (3) 정치인 호감도(2, 4차 조사): 박근혜, 문재인 추가 (4) 정치인 이념성향(3, 4차 조사): 박근혜, 문재인 추가 3. 조사 일정 (1) 설문지 확정: 11월 30일 (2) 실사 일정: 11월 30일～12월 9일

회의일자: 2012년 12월 10일

회의주제	6차 조사 설계
회의내용	1. 6차 조사 설문문항 (1) 대선후보 지지(다자구도) 문항 응답지 추가: ⑤ 아직 결정하지 않았다 (2) 정당일체감 문항 수정: 질문 워딩 변경 　　- 어느 정당을 지지하십니까? 가깝게 느끼는 정당이 있습니까? (3) 정치인 호감도, 이념성향: 이정희 후보 문항 삭제 (4) 대선 TV 토론 시청하지 않은 이유 문항 삭제 (5) 정치현안 문항 수정 　　- 선생님께서는 [정치개혁/경제민주화/일자리 창출/복지문제/남북관계 및 안보문제]를 가장 잘 다룰 수 있는 사람은 다음 중 누구라고 생각하십니까? ① 박근혜 ② 문재인 ③ 두 후보간 별 차이가 없다 (6) 안철수 사퇴 전 지지후보 문항 추가 　　- 선생님께서는 안철수 전 예비후보 사퇴 이전, 다음 중 어느 후보를 지지하셨습니까? (7) 안철수 전 예비후보의 문재인 후보 지지에 대한 평가 문항 추가 　　- 최근 안철수 전 예비후보는 민주통합당 문재인 후보에 대한 지원활동을 시작했습니다. 선생님께서는 안철수 전 후보의 지원이 문재인 후보의 득표에 얼마나 도움이 된다고 생각하십니까? 2. 7차 조사 설문 예비문항 (1) 대선 투표 여부 판별 관련 문항 추가: 투표시간/투표 대기시간/투표소 위치 (2) 정당일체감 문항: 4, 5차 조사 문항 사용 (3) 정치인 자질평가 문항(4차): 국정운영 능력/도덕성 (4) 투표결정 영향요인 문항(5차): 후보자 소속정당/능력과 경력/정책 및 공약/도덕성/당선가능성 (5) 선거 캠페인 효과 문항: 매체 노출빈도/대선후보선택에 있어 각 매체의 영향/매체 노출에 따른 지지강도 변화 등 3. 조사일정 및 향후 회의 일정 (1) 설문지 확정: ~12월 12일 (2) 실사 일정: 12월 13일~12월 18일 (3) 다음 회의 일정: 12월 18일

회의일자: 2012년 12월 18일

회의주제	7차 조사 설계

회의내용	1. 7차 조사 설문문항
	(1) 선거 만족도 문항 순서 변경: 8번 문항에서 1번 문항으로
	(2) 응답지 수정
	    - 투표여부 문항
	    - 투표시간 문항: 개방형 문항으로 수정
	    - 투표결정시기 문항
	    - 대선 기권이유 문항
	(3) 본인 이념성향, 후보자 이념성향 문항 추가
	(4) 정당 호감도 문항 삭제
	(5) 노무현 전 대통령 국정운영 회고적 평가
	    - 이명박 대통령 국정운영 평가 다음에 추가
	(6) 대선 매체이용 문항 수정
	(7) 이슈문항 추가: 유권자의 후보선택에 미친 대선관련 이슈
	
	2. 조사일정
	(1) 설문지 확정: ~12월 19일 또는 20일
	(2) 실사 일정: 12월 20일 또는 21일
	(3) '한국 유권자의 선택2: 18대 대선' 단행본 출판 일정
	    - 단행본 관련 미팅: 1월 중순 (챕터별 주제, 방법론 등에 대해 논의할 예정)
	    - 1차 원고마감: 2월초

회의일자: 2013년 1월 14일

회의주제	단행본 출간 기획회의: 전체 집필 방향 및 챕터별 주제 논의
회의내용	1. 단행본 구성: '조사 방법론+총론+본문' 3 파트로 구성 2. 각 챕터별 주제 　1) 방법론: 3~7차 패널조사에 대한 조사개요 서술 　2) 총론(박찬욱): 대선에 대한 총괄적 평가및 조사결과 제시 　　　(예: 집합수준 대선후보 지지도 분석결과 포함) 　3) 이념성향(강신구): 응답자 이념성향 평가의 안정성, 정치인 이념성향 평가 분포, 이슈 및 　　　정책에 따른 이념성향 평가 변화, 이념성향이 최종 대선 투표선택에 미친 영향 　4) 정당일체감과 대선후보 지지 안정성/지지 결정시기(한정훈): 정당일체감 문항에 따른 분석 　5) 무당파층 특성 및 선거행태 연구(조원빈): 2×2집단 구분에 대한 타당성 논의, 학술적 논 　　　의보다는 언론이나 일반대중의 관심을 끌 수 있는 수준으로 원고 작성이 필요 　6) 50대 보수층 결집에 대한 세대론적 재음미(박원호): 연령대별 선거참여, 정치적 입장, 후 　　　보자 평가 및 대선 투표선택에 대해 분석 　7) 18대 대선에 나타난 안철수 현상분석(강원택): '안철수 현상'에 대한 분석, 향후 정국에 대 　　　한 전망(예: 안철수 전 대선후보를 중심으로)을 서술 　8) 18대 대선이슈 분석(우정엽, 강충구): 야권 단일화, 정책/비정책이슈, 경제투표 등과 유권 　　　자의 대선 투표선택의 관계 분석 　9) 미디어 효과와 태도 극화(이상신): 편향된 SNS 이용패턴과 태도극화의 관계, 미디어 이용 　　　과 투표행태에 대한 전반적 내용 개괄 　10) 성별격차 분석(김지윤): 성별 대선후보선택 분석, 세대/직업별 박근혜 지지에 대한 분석, 　　　외국/과거 선거와 비교하여 박근혜 당선자의 대선 승리요인 요인에 대해 분석 　11) 유권자의 표심 변화(김지윤, 우정엽; 잠정적): 대선후보 지지도 변화에 대한 미시적 수준 　　　의 분석, 기술적 수준에서 유권자의 표심변화를 추적 　12) 대선 이후, 향후 정국에 대한 전망(잠정적): 원고집필 후 연구팀 전원이 모여서 좌담회를 　　　갖고, 논의내용을 단행본에 포함하는 방안 3. 유의사항 (1) 본문 분석: 가중 전 자료 이용 (2) 정당일체감 변수: 코딩스킴을 전체 연구진에 공유 (3) 분석이 중첩될 경우, 기획안을 참고하여 저자 간 사전 연락을 통해 조율 4. 원고 작성시 참고사항: 일반 독자 대상의 글 쓸 것 (1) 제목: 되도록 쉬운 말, 최종 원고가 전체 회람된 이후에 결정 (2) 참고문헌 작성법: 한국정치학회보 양식 (3) 표/차트: 각 장에 포함될 표/차트 양식은 지난 단행본을 기준으로 하고, 챕터간 표/차트의 중 　　복여부는 사전 회람을 통해 점검 (4) 원고 분량(텍스트만): 챕터별로 원고지 기준 80~100매 (A4 15장 내외), 표/차트의 수는 적어 　　도 5~6개 정도(최대 10개가 넘지 않도록 조정) (5) 참고문헌: 각 챕터별로 정리

찾아보기

ㄱ

경쟁구도	12, 45, 47, 49, 288, 292
경제민주화	15, 74, 84, 238, 241, 243, 246, 280, 283~285, 293, 295, 364
고령화	13, 62, 82, 244
국가안보	362, 363
균열구조	96

ㄷ

다단계 표집	20
대선 결과 만족도	195, 196, 198
대선 관심도	190~193, 198
대선 투표율	61, 83

ㅁ

무당파	14, 16, 68~70, 83, 109, 119, 172~199, 237, 253, 357~359, 367~369

ㅂ

보수적 편향성	352, 354
비표본오차	24

찾아보기

ㅅ

사건이슈	278, 279, 298, 302
사회관계망	311, 312
사회적 바람직성 편향	303
선거이슈	15, 16, 18, 20, 74, 137~139, 146~148, 151, 154~159, 161, 164~166, 168, 169, 277~279, 281, 284, 286, 296, 299, 307~309
선택적 노출	337
세대균열	14, 83, 201, 202, 206, 212, 215, 244
세대효과	205, 223, 235
숙의민주주의	342

ㅇ

SNS	44, 313, 335~339, 341, 342
2030세대	13, 61~64, 66, 68, 82, 83
5060세대	13, 62~64, 66~68, 82, 83
안철수 현상	16, 172, 173, 248, 249, 256, 274, 275, 277
야권후보 단일화	12, 19, 74, 82, 84, 178, 192, 249, 273, 282
야권 단일화	19, 52, 53, 55, 56, 59, 285, 287
여성 대통령론	77, 155, 158, 161, 164, 165, 168, 297, 298, 301
연령효과	62, 128, 223
응답률	25~27, 29, 46, 59, 75
의제 설정	280
이념강도	158, 159, 163

이념경쟁	89, 93~98, 121, 122, 124, 127, 132
이념성향	16, 30, 33, 37~39, 70, 71, 78~81, 84, 98, 100~102, 104, 111, 115~117, 118, 120, 121, 124, 125, 127, 128, 130, 131, 156, 159, 260, 349, 351, 352, 357, 361, 363, 368
이념적 양극화	88, 102
이슈 소유권(issue ownership)	281, 284
이슈 프레이밍(issue framing)	280
이슈투표	147, 277, 280, 294, 308
이항 로지스틱	78, 79, 81, 261, 368, 369
인물이슈	278, 291, 298, 299
인지적 동원	265~269, 275
인지적 무당파	174, 175
임의번호 걸기(Random Digit Dialing, RDD)	21~23

ㅈ

정당일체감	68, 69, 78, 79, 98, 107, 109, 117, 118, 129, 137~142, 146~148, 151~153, 157~161, 163, 164, 166~168, 174, 176, 178~182, 184~186, 189~191, 193~196, 225, 226, 235, 258~271, 274, 275, 312, 357~359, 367~369
정책이슈	74, 147, 278, 279, 282, 285, 286, 291, 296~299, 307, 309
정치관심도	107, 108, 117, 119, 129, 130, 183~186, 190, 197, 198
정치무관심층	174
정치이념	91
정치지식	137, 175, 186~188, 197, 265, 269

찾아보기 451

정치참여	35, 208, 226, 275, 326, 337, 338, 341~343
정치효능감	107, 109, 117, 119, 129, 186~189, 197, 266, 267, 269
정파적 동원	265, 266, 268~270
제3후보	136, 249, 250~253, 274, 275
젠더격차	348, 349, 351, 352, 367
지역균열	14, 65, 83
지역주의	66, 88, 98, 201, 236, 252, 253, 256, 257, 264, 331, 332, 334
지지후보 결정시기	136~139, 144~153, 156~167

ㅊ

체계적 편향	21
층화표집법	20

ㅋ

CATI(Computer Assisted Telephone Interview) 23

ㅌ

태도극화	311, 313, 314, 325~342

ㅍ

패널 유지율	25, 26, 27, 28
패널조사	16, 18~41, 43~45, 49, 56, 68, 78, 82~84, 89, 99, 102~104, 121, 124, 139, 149, 153, 174, 176, 178~180, 183, 192, 193, 196, 207, 216, 217, 228, 279, 286, 288, 289, 291, 293, 296~298, 303, 313, 323, 360, 367
페미니즘	348, 350
포함오류	22
표본 이탈률	28

ㅎ

할당 표집	21
횡단면 자료	40

필자 약력 (가나다 순)

강신구
미국 로체스터대학교(University of Rochester) 정치학 박사.
현재 아주대학교 사회과학대학 정치외교학과 교수.
주요 논저 "The Influence of Presidential Heads of State on Government Formation in European Democracies: Empirical Evidence" (*European Journal of Political Research*, 2009), "Representation and Policy Responsiveness: The Median Voter, Election Rules and Redistributive Welfare Spending" (*Journal of Politics*, 2010; 공저), "정치참여에 대한 인터넷의 차등적 효과: '한국인의 삶과 가치변화에 관한 연구'(World Values Survey) 2005년 조사 자료를 중심으로" (평화연구, 2011)

강원택
영국 런던정경대학교(London School of Economics and Political Science) 정치학 박사.
현재 서울대학교 정치외교학부 교수.
주요 논저 『한국 선거정치의 변화와 지속』(나남, 2010), 『보수정치는 어떻게 살아남았나: 영국 보수당의 역사』(동아시아연구원, 2008), "Protest Voting and Abstention under Plurality Rule Elections: An Alternative Public Choice Approach" (*Journal of Theoretical Politics*, 2004)

강충구
고려대학교 사회학 석사.
현재 아산정책연구원 여론연구센터 연구원.
주요 논저 "'메멘토 모리(Memento Mori)'의 정치학: 부음기사(중앙일보 〈삶과 추억〉)에 나타난 집합기억과 망각의 구성" (한국언론학보, 2009; 공저), "비만의 사회적 구성: 한국 언론의 비만보도 20년(1990-2009)분석" (한국언론학보, 2010; 공저)

김지윤

미국 MIT대학교(Massachusetts Institute of Technology) 정치학 박사.
현재 아산정책연구원 여론연구센터장 및 연구위원.
주요 논저 "표집틀 설정과 표본추출방법에 따른 정치성향 분석의 문제점: 임의번호걸기(Random Digit Dialing)와 전화번호부 추출방법 비교" (조사연구, 2011; 공저), "국회의원 선거결과와 분배의 정치학" (한국정치학회보, 2010), "Public Spending, Public Deficits, and Government Coalitions" (*Political Studies*, 2010), "Political Judgment, Perceptions of Facts, and Partisan Effects" (*Electoral Studies*, 2010)

박원호

미국 미시간대학교(University of Michigan) 정치학 박사.
현재 서울대학교 정치외교학부 교수.
주요 논저 "Conditional Pocketbook Voting and Clarity of Responsibility in Korea" (한국정치학회보, 2012), "부동산 가격 변동과 2000년대의 한국선거: 지역주의 이후의 경제투표에 대한 방법론적 탐색" (한국정치연구, 2009), "Losing Fewer Votes: The Impact of Changing Voting Systems on Residual Votes" (*Political Research Quarterly*, 2010)

박찬욱

미국 아이오와대학교(University of Iowa) 정치학 박사.
현재 서울대학교 정치외교학부 교수.
주요 논저 『한국 유권자의 선택1: 2012 총선』 (아산정책연구원, 2012), 『2012년 국회의원선거 분석』 (나남, 2012), 『제17대 대통령선거를 분석한다』 (생각의 나무, 2008)

우정엽

미국 위스콘신주립대학교(University of Wisconsin at Milwaukee) 정치학 박사.
현재 아산정책연구원 안보연구센터장 및 연구위원.
주요 논저 "표집틀 설정과 표본추출방법에 따른 정치성향 분석의 문제점: 임의번호걸기(Random Digit Dialing)와 전화번호부 추출방법 비교" (조사연구, 2011; 공저), "Corruption and Foreign Direct Investment Attractiveness in Asia" (*Asian Politics and Policy*, 2009)

이상신

미국 아이오와대학교(University of Iowa) 정치학 박사.
현재 숭실대학교 정치외교학과 연구중점교수.
주요 논저 "정부신뢰의 위기: 천안함 사건을 중심으로" (한국정치학회보, 2010), "친중(親中)과 반미(反美)의 경계: 중국 국가이미지의 결정요인 연구" (국제정치논총, 2011)

조원빈

미국 미시간주립대학교(Michigan State University) 정치학 박사.
현재 성균관대학교 정치외교학과 교수.
주요 논저 "아프리카인들의 투표행태 분석: 종족투표 대 경제투표" (국제지역연구, 2012), "Citizens' Perceptions of Government Responsiveness in Africa" (*Comparative Political Studies*, 2010), "Accountability or Representation?: How Electoral Systems Promote Public Trust in African Legislatures" (*Governance*, 2012)

한정훈

미국 로체스터대학교(University of Rochester) 정치학 박사.
현재 숭실대학교 정치외교학과 교수.
주요 논저 "Analysing Roll Calls of the European Parliament: A Bayesian Application" (*European Union Politics*, 2007), "2009 유럽의회 선거, 또 다시 이 순위 국내정치 경쟁장인가?" (한국과 국제정치, 2009), "국회의원별 불참율의 차이에 관한 요인분석: 제18대 국회 전반기를 중심으로" (한국정치학회보, 2011)

아산정책연구원 선거연구 시리즈 3
한국 유권자의 선택 2
18대 대선

초판 1쇄 발행 2013년 7월 31일

엮은이 박찬욱 · 김지윤 · 우정엽

펴낸곳 아산정책연구원
주소 서울시 종로구 신문로 2가 1-176번지
등록 2010년 9월 27일 제 300-2010-122호
전화 02-730-5842
팩스 02-730-5876
이메일 info@asaninst.org
홈페이지 www.asaninst.org
편집 디자인 All Design Group

ISBN 979-11-5570-003-7 93340
값 22,000원

※ 이 책은 아산정책연구원이 저작권자와의 계약에 따라 발행한 것이므로
　본원의 허락 없이는 어떠한 형태나 수단으로도 이 책의 내용을 이용할 수 없습니다.